国家哲学社会科学成果文库
NATIONAL ACHIEVEMENTS LIBRARY
OF PHILOSOPHY AND SOCIAL SCIENCES

城乡融合发展视角下
服务乡村振兴的金融创新

李敬　张勋　著

人民出版社

责任编辑：许运娜

封面设计：石笑梦

版式设计：王欢欢　赵竟汐

图书在版编目（CIP）数据

城乡融合发展视角下服务乡村振兴的金融创新 / 李敬，张勋著. -- 北京 ： 人民出版社，2025. 5. --（国家哲学社会科学成果文库）. -- ISBN 978 - 7 - 01 - 027221 - 4

Ⅰ. F832. 35

中国国家版本馆 CIP 数据核字第 2025SN9856 号

城乡融合发展视角下服务乡村振兴的金融创新
CHENGXIANG RONGHE FAZHAN SHIJIAO XIA FUWU XIANGCUN
ZHENXING DE JINRONG CHUANGXIN

李　敬　张　勋　著

人民出版社 出版发行
（100706　北京市东城区隆福寺街 99 号）

北京中科印刷有限公司印刷　新华书店经销

2025 年 5 月第 1 版　2025 年 5 月北京第 1 次印刷
开本：710 毫米×1000 毫米 1/16　印张：25.5
字数：380 千字

ISBN 978 - 7 - 01 - 027221 - 4　定价：128.00 元

邮购地址 100706　北京市东城区隆福寺街 99 号
人民东方图书销售中心　电话（010）65250042　65289539

《国家哲学社会科学成果文库》
出版说明

为充分发挥哲学社会科学优秀成果和优秀人才的示范引领作用，促进我国哲学社会科学繁荣发展，自 2010 年始设立《国家哲学社会科学成果文库》。入选成果经同行专家严格评审，反映新时代中国特色社会主义理论和实践创新，代表当前相关学科领域前沿水平。按照"统一标识、统一风格、统一版式、统一标准"的总体要求组织出版。

全国哲学社会科学工作办公室
2025 年 3 月

目 录

CONTENTS

前　言

　　城乡融合发展是中国式现代化的必然要求。坚持城乡融合发展是实现乡村全面振兴的关键。促进城乡要素平等交换、双向流动，缩小城乡差别，是实现乡村全面振兴的必然路径。本书旨在城乡融合发展视角下研究服务乡村振兴的金融创新路径。本研究对提高农村金融服务水平，推动农村金融机构回归本源，破除妨碍城乡要素自由流动壁垒，更好满足乡村振兴多样化金融需求具有重要意义。本书是重庆三峡学院校长李敬教授主持完成的国家社科基金重点项目"城乡融合发展视角下农村金融服务乡村振兴战略研究"（批准号为19AJY016，结题优秀）的转化成果，同时整合了北京师范大学张勋教授关于"数字金融"的相关成果。本书入选2024年度《国家哲学社会科学成果文库》（批准号为24KJY003）。

　　本书的主要研究内容包含六个方面。

　　一是基于城乡融合发展视角，提出破解"四个局限性"的农村金融发展理论新框架。本研究着眼破解"没有跳出农村，县域金融等同于农村金融"的区域局限性，提出坚持城乡融合发展理念，构建城乡一体的价值链金融制度；着眼破解"主要关注农业生产环节，较少关注农业全产业链"的行业局限性，提出以促进现代农业发展和农村产业兴旺为重点的金融服务目标；着眼破解"缺少金融科技融入"的技术局限性，提出金融科技嵌入的金融产品创新思路；着眼破解"主要关注信贷，较少涉及农村资源资本化"的领域局限性，将农村资源资本化作为农村金融的重要功能。

二是从"全口径金融"和"农业全产业链"的角度揭示金融的支农效应。本研究运用中国投入产出表,将农业全产业链归为 13 个重点行业部门,构建了刻画"全口径金融"支持"农业全产业链"的新方法。研究发现,金融业和保险业对农业全产业链中间投入实现了增长,但对种植业、渔业、畜牧业和林业投入占比较小;金融业对农业全产业链中非金融性产业的综合效应有下降趋势,融资服务作用有弱化;农业全产业链中,保险业的作用明显小于金融业,但保险服务的作用在提高;金融业处于农业全产业链网络的中心地位,金融业和批发零售业发挥了农业全产业链第一驱动力作用,形成农业全产业链的第三产业驱动模式;金融对农业全产业链演化的作用发挥有限,但呈现时间异质性。

三是构建城乡融合的农业价值链金融制度,研究提出农村金融服务模式创新。城乡融合的农业价值链金融制度是以产业链和价值链为纽带,通过金融资本的诱导契合作用,使城市和农村实现有效的联结,使金融和产业有机整合。根据中国农村地区特点,可探索驱动四种农业价值链金融模式:首先是生产者驱动的价值链模式。此模式下,组建的生产者协会成为价值链的推动者。协会通常有储蓄和贷款能力,与农民签订合同,保证其产品的销售。其次是购买者驱动的价值链模式。这种模式以合同农业为代表。再次是中介驱动型价值链模式。由政府机构或非政府机构作为资金的主要提供者,推动促进小农户和农业企业融入商业价值链。最后是垂直一体化价值链模式。通过融合价值链流动和服务,将生产商与链条中的其他人(投入供应商、中间商、加工商、零售商和服务提供商)连接起来。

四是构建金融"供给领先"与主动引导机制,研究提出农村金融服务方式创新。大多数农村经济主体的自组织能力不强,"小、散、弱"特征明显。农村金融主体通常对市场变化的反应速度和产业发展方向的识别能力要强于普通农村经济主体。农村金融主体通过要素指挥棒,可以扮演组织者角色,有效引导农村产业发展新方向和农业生产新模式。具体方式可从"四个结合"和"三社"融合入手。首先，促进农村产业"线"和产业"面"相结合，发挥农村金融诱导机制的作用。产业"线"，就是发展特色效益农业产业链。产业"面"，就是要促进规模化经营和农业区域专业化。其次，促进农业产业链与先进生产要素相结合，农村金融为农业技术现代化、农业机械化、农业信息化服务提供融资便利。再次，促进农业产业链与现代化农业生产组织相结合，农村金融为新型农业生产合作组织提供融资便利。最后，促进农业产业链与现代农村人力资本相结合，农村金融为职业农民、农业技术能手提供融资便利。此外，还要发挥好现有农村信用社金融优势、农民专业合作社生产优势、供销社服务优势，推进"三社"融合发展，延长产业链、提升价值链、完善利益链。

五是将现代技术引入农村金融，研究提出农村金融产品创新。将现代技术引入农村金融，开发低交易成本和低风险金融产品，对于解决农村金融"偏离农村经济中数量最多的经济主体"问题具有重要意义。金融科技将为农村金融产品创新提供强效催化剂。数字金融可通过产业结构、人力资本和科技创新的三维机制促进城乡融合发展。基于区块链技术的金融产品，可以解决信息不对称带来的高风险问题，但区块链技术进入门槛较高，需要农村金融机构加大相关人才培养和引进力度。

六是从激活农村"沉睡"资源、推动农村资源资本化、发挥金融促收共富作用视角，研究提出农村金融服务功能创新。乡村振兴的最终目的是要农民富起来，实现共同富裕。农村金融发展的本义也应当是有效促进农民收入增长和共同富裕。因此，要将有效促进农民收入增长和实现共同富裕作为农村金融的重要功能。对于农村地区而言，农民收入增长乏力的重要原因在于缺乏资本和投资收益。事实上，农村有丰富的耕地、林地、草地、水域、"四荒地"等自然资源，但这些资源大多处于"沉睡"状态，没有被激活起来。因此，促进农民收入增长的重要方式就是要激活农村大量的"沉睡"资源，使农村资源资本化。各地可利用自身优势，积极探索实践五种农村资源资本化模式。首先是资源股权化经营模式。将农民的现金、房屋、土地、劳动力和集体资产入股，形成经营实体，通过实体经营，农民按股分红，得到投资收益。其次是资源抵押融资模式。将农村各种资源的价值进行核算，变成可抵押品。再次是资源股权化经营融资混合模式。成立村域资产管理公司，将在内部完成初次定价的资产参股或"发包"给村内不同经营主体，同时引入外来投资主体，形成PPP组合投资模式、资产证券化 ABS 融资模式。此外还有金融互助模式。通过金融互助，农民既可获得融资便利，又可获得金融投资收益。最后是"生态银行"模式，通过保护、恢复、新建生态资源产生生态信用，并通过交易将生态信用出售给资源开发者，实现生态产品向经济产品的转化。

总体而言，本书紧扣服务乡村振兴的金融创新，进行了"新理论、新思路和新范式"的有益探索，实现了理论研究、实证研究和对策研究的有机统一。在研究中综合运用分工理论、价值链理论等多种理论分析方法，将投入产出表、网络分析法、基于随机行动者的网络动力学模型等前沿分析技术引入农村金融研究领域。通过大量田野调查，获得众多实地调研资料，建立了农村金融服务乡村振兴案例库，包括30个案例，其中农业价值链金融创新案例 8 个、基于数字技术的科技金融创新案例 8 个、服务乡村振兴的综合金融创新案例 10 个和农业农村保险创新案例 4 个。本书既可为政府相关决策提供参考，又可为金融产品设计提供指引。

本书由重庆三峡学院校长李敬教授组织研究完成。主要参与写作的有张勋、刘洋、李颖慧、冉曦、肖伶俐、付陈梅、王琴、云梦丽、喻永红、王丽纳、吴明、陈一明、丁可可、李科翰、汤维晋、冯亚玲、刘磊、王娅秋等。

第一章

总　论

第一节　研究意义与价值

一、研究意义

党的二十大报告指出，全面建设社会主义现代化国家，最艰巨最繁重的任务仍然在农村。全面推进乡村振兴是加快构建新发展格局，着力推动高质量发展的重要部分。二十届三中全会进一步指出，城乡融合发展是中国式现代化的必然要求。本研究旨在城乡融合发展视角下探索农村金融服务乡村振兴战略的路径，其研究意义体现在三个方面：一、推进和支持城乡融合发展是金融服务乡村振兴的总体要求和遵循的基本原则。2019 年 2 月，人民银行、银保监会、证监会、财政部、农业农村部联合发布的《关于金融服务乡村振兴的指导意见》将"推动城乡融合发展"纳入金融服务乡村振兴的总体要求，同时提出，以机构改革为动力，促进金融"服务当地、支持城乡融合发展，增加农村金融资源有效供给"是其遵循的基本原则之一。二、"推动农村金融机构回归本源，更好满足乡村振兴多样化、多层次金融需求"是农村金融发展改革的方向。《中共中央国务院关于实施乡村振兴战略的意见》明确提出，要提高金融服务水平，坚持农村金融改革发展的正确方向，健全适合农业农村特点的农村金融体系，推动农村金融机构回归本源，把更多金融资源配置到农村经济社会发展的重点领域和薄弱环节，更好满足乡村振兴多样化金融需求。三、乡村振兴要求破除妨碍城乡要素自由流动的体制机制壁垒，要将农业农村作为金融优先服务领域。2019 年中央一号文件提出，要优先满足"三农"发展要素配置，坚决破除妨碍城乡要素自由流动、平等交换的体制机制壁垒，改变农村要素单向流出格局，推动资源要素向农村流动；要优先保障"三农"资金投入，坚持把农业农村作为金融优先服务领域。2022 年，党的二十大报告再次强调，要坚持农业农村优先发展，坚持城乡融合发展，畅通城乡要素流动。

二、研究价值

1. 学术价值

本研究的学术价值主要体现在对农村金融服务"新理论、新思路和新范式"的探索。

一是探索农村金融发展新理论。本研究根据乡村振兴战略的总体要求，分析传统农村金融发展理论的缺陷，将城乡融合发展理念引入农村金融发展理论的分析框架，将推动城乡要素自由流动、平等交换，推动构建新型工农城乡关系作为农村金融发展的主要方面，整合分工理论和产业链金融理论，探索构建以城乡一体的产业链金融制度为核心的农村金融发展理论。

二是探索农村金融发展新思路。党的二十大报告提出，继续推进实践基础上的理论创新，首先要把握好习近平新时代中国特色社会主义思想的世界观和方法论，坚持好、运用好贯穿其中的立场观点和方法。本研究坚持问题导向和系统观念，聚焦农村金融实践中遇到的新问题，运用系统思维和创新思维，研究构建城乡一体的产业链金融服务乡村振兴战略的新模式，解决"农村金融偏离城乡融合发展方向"问题，对农村金融服务模式进行创新；着眼发挥农村金融主动引导作用，研究农村金融服务乡村振兴战略的主动引导方式，解决"农村金融偏离农村经济中最重要产业"问题，对农村金融服务方式进行创新；着眼金融科技融入，研究城乡融合发展视角下农村金融服务乡村振兴战略的产品创新，解决"农村金融偏离农村经济中数量最多的经济主体"问题；研究城乡融合发展视角下农村金融服务乡村振兴战略的功能创新，推动农村资源资本化，发挥金融促收共富作用，解决"农村金融发展偏离促进农民收入增长本义"问题。

三是探索农村金融研究新范式。综合运用分工理论、价值链理论等多种理论分析方法，将投入产出表、网络分析法、基于随机行动者的网络动力学模型等前沿分析技术引入农村金融研究领域，将区块链技术、互联网金融等引入农村金融产品创新。同时，在研究中引入大量第一手案例分析资料。

2. 应用价值

本研究紧扣《中共中央国务院关于实施乡村振兴战略的意见》，人民银行、农业农村部等联合发布的《关于金融服务乡村振兴的指导意见》和二十大报告、二十届三中全会要求，理论研究可为农村金融服务乡村振兴战略提供新的理论支撑；实证研究可为农村金融服务乡村振兴战略提供现实依据；对策研究可为农村金融服务乡村振兴战略提供新思路。研究中做到宏观与微观相结合，成果既可作为政府决策参考，又可为金融机构设计金融产品提供支撑。

第二节　相关研究综述与政策制度梳理

一、国内关于农村金融服务乡村振兴战略的研究综述

1. 关于农村金融与农村经济的研究进展

（1）农村金融对农村产业发展的影响

巩固脱贫攻坚成果和实施乡村振兴战略是中国当下"三农"工作的重心，产业发展是脱贫攻坚和乡村振兴有效衔接的根本点。从国内文献来看，现有研究主要关注农村金融对农村产业融合、农村金融对农村产业结构优化的影响。

农村三产融合扩大了农业生产可能性边界，是世界发达国家农业现代化的首要选择，在城乡融合发展背景下，是我国突破农业资源环境约束、全面实施乡村振兴战略的有力抓手和重要推动力。[1]刘赛红等采用中国湖南省 79 个县域的面板数据，考察了信贷支持、农村三产融合与农民收入三者之间的关系，提出应大力发展农村金融，加大信贷投入，推动农村三产融合发展。[2]李晓龙和冉光和的研究表明，农村金融深化显著促进了中国农村产业融合发展水平的提升。[3]除了上述提到的农村金融发展对农村三产融合的单向影响关系，还有文献讨论了二者之间的耦合互动关系。例如，张林和张雯卿基于 2008—2019 年中国 30 个省份的面板数据，测算了普惠金融与农村产业融合发展的耦合协调度，发现中国大多数省份普惠金融与农村产业融合发展的耦合协调度处于勉强协调或中度协调状态，主要表现为普惠金融相对滞后。[4]而且，普惠金融与农村产业融合发展的耦合协调度存在较大区域差异，地区相对差异和地区绝对差异都随着农村产业融合发展试点推进而逐渐缩小。综上，已有研究为农村金融发展与农村三产融合之间的关系研究提供了理论支撑和实证检验。

对于农村金融对农村产业结构优化的影响，国内文献也进行了大量的研究探索。廖红伟和迟也迪认为政策性金融能够有效地支持农村产业结构调整进程的推进，但政策性金融支农也存在可持续性与政策性冲突、资金来源与循环经营冲突、供给方式与需求特征冲突等问题。[5]在实证研究方面，鲁钊阳和李树基于省域面板数据实证分析发现，农村正规与非正规金融的发展有利于区域产业结

1 黄祖辉. 改革开放四十年：中国农业产业组织的变革与前瞻［J］. 农业经济问题, 2018（11）：61—69.

2 刘赛红, 杨颖, 陈修谦. 信贷支持、农村三产融合与农民收入增长——基于湖南省县域面板数据的门槛模型分析［J］. 云南财经大学学报, 2021, 37（6）：56—66.

3 李晓龙, 冉光和. 农村金融深化促进了农村产业融合发展吗？——基于区域差异视角的实证分析［J］. 农业现代化研究, 2020, 41（3）：453—463.

4 张林, 张雯卿. 普惠金融与农村产业融合发展的耦合协同关系及动态演进［J］. 财经理论与实践, 2021, 42（2）：2—11.

5 廖红伟, 迟也迪. 乡村振兴战略下农村产业结构调整的政策性金融支持［J］. 理论学刊, 2020（1）：86—96.

构升级，且二者在促进区域产业结构升级方面的互补效应明显。[1]王汉杰等研究显示，随着第一产业比重的不断上升，贫困地区农村金融的减贫效应不断减弱；贫困地区第二产业的发展不利于农村金融减贫效应的发挥；贫困地区第三产业的发展与农村金融减贫之间尚未形成有效协同，但随着第三产业的发展，农村金融减贫效应逐渐显现。[2]另外，也有文献基于产业结构优化升级这一传导机制，分析了农村金融发展的减贫效应。例如，孟维福和任碧云在测算中国各省份包容性金融发展水平的基础上，研究发现，包容性金融发展能够促进产业结构优化升级子维度的产业结构合理化和产业结构高度化，但产业结构合理化对包容性金融发展减缓农村贫困不具有中介效应，而产业结构高度化则具有部分中介效应。[3]

（2）农村金融对城乡收入差距的影响

尽管现有文献就金融发展与城乡收入差距之间的关系展开了大量研究，但研究结果远未达成一致。第一种观点是"倒 U 型"论，即金融发展对城乡差距的影响呈"倒 U 型"变化。邓创和徐曼从规模和结构双重视角，验证了二者的"倒 U 型"变化。[4]而苏鹏等则认为，尚未呈现出"倒 U 型"的缩小态势。[5]第二种是线性论。乔海曙和陈力、杨俊和王佳以及王国刚的研究指出，中国大部分地区金融发展扩大了城乡收入差距；[6]而另外一部分学者则持相反观

1 鲁钊阳，李树. 农村正规金融与非正规金融发展对区域产业结构升级的影响 [J]. 财经研究，2015，41（9）：53—64.

2 王汉杰，温涛，韩佳丽. 贫困地区农村金融减贫的产业结构门槛效应 [J]. 财经科学，2018（9）：26—37.

3 孟维福，任碧云. 包容性金融发展、产业结构优化升级与贫困减缓 [J]. 西南民族大学学报（人文社科版），2020，41（6）：97—107.

4 邓创，徐曼. 金融发展对中国城乡收入差距的非线性影响机制——基于规模和结构双重视角的研究 [J]. 南京社会科学，2019（6）：8—18.

5 苏鹏，赫永达，孙巍. 收入分布变迁的需求效应及内需问题——基于准面板数据门限模型的分位数回归 [J]. 山西财经大学学报，2014，36（6）：28—38.

6 乔海曙，陈力. 金融发展与城乡收入差距"倒 U 型"关系再检验——基于中国县域截面数据的实证分析 [J]. 中国农村经济，2009（7）：68—76+85. 杨俊，王佳. 金融结构与收入不平等：渠道和证据——基于中国省际非平稳异质面板数据的研究 [J]. 金融研究，2012（1）：116—128. 王国刚. 从金融功能看融资、普惠和服务"三农" [J]. 中国农村经济，2018（3）：2—14.

点，他们认为金融发展具有缩小收入差距的作用。张贺和白钦先基于省级数据的实证研究发现，中国金融发展对城乡收入不平等的影响呈现显著的负向作用。[1]但是，该研究未能从微观角度考察数字金融使用对创业的影响。周利等则从微观家庭视角，验证了中国金融发展缩小城乡收入差距的作用，且在低分位点处其边际效应更大。[2]

（3）农村金融对农户创业的影响

文献研究发现农村数字金融发展对农户创业行为具有正向影响，对于提高农户创业绩效同样具有正向影响。在农村数字金融发展对农户创业行为影响的作用机制方面，主要有信贷约束缓解机制、信息约束缓解机制和社会信任强化机制。[3]第一，从信贷约束缓解机制来看，数字金融的融资功能可以通过缓解农户的信贷约束对农户创业产生正向影响[4]。第二，从信息约束缓解机制来看，数字金融使用可以通过缓解信息约束对农户创业产生正向影响[5]。第三，从社会信任强化机制来看，数字金融能够提升社会信任程度。[6]

2. 关于农村金融与现代技术的研究进展

2021年中央一号文件《中共中央国务院关于全面推进乡村振兴加快农业农村现代化的意见》凸显"科技"含量，指出要"发展农村数字普惠金融"；《关于金融支持巩固拓展脱贫攻坚成果全面推进乡村振兴的意见》（银发〔2021〕171号）进一步强调，要"强化金融科技赋能""发展农村数字普惠金融""开展金融科技赋能乡村振兴示范工程，探索运用新一代信息技术因地

---

1 张贺，白钦先. 数字普惠金融减小了城乡收入差距吗？——基于中国省级数据的面板门槛回归分析[J]. 经济问题探索，2018（10）：122—129.

2 周利，冯大威，易行健. 数字普惠金融与城乡收入差距："数字红利"还是"数字鸿沟"[J]. 经济学家，2020（5）：99—108.

3 何婧，李庆海. 数字金融使用与农户创业行为[J]. 中国农村经济，2019（1）：112—126.

4 谢平，邹传伟，刘海二. 互联网金融的基础理论[J]. 金融研究，2015（8）：1—12.

5 苏岚岚，彭艳玲，孔荣. 社会网络对农户创业绩效的影响研究——基于创业资源可得性的中介效应分析[J]. 财贸研究，2017，28（9）：27—38.

6 周广肃，谢绚丽，李力行. 信任对家庭创业决策的影响及机制探讨[J]. 管理世界，2015（12）：121—129+171.

制宜打造惠农利民金融产品与服务"。可见，发展数字普惠金融特别是中国农村地区的数字普惠金融，已经成为巩固拓展脱贫攻坚成果同乡村振兴有效衔接，助推城乡融合发展的重要路径。从现有研究来看，国内文献就"现代技术+金融"展开了许多研究，主要集中于"互联网技术+金融"和"区块链技术+金融"两个方面。

从"互联网技术+金融"来看，研究认为互联网金融能够促进乡村普惠金融服务范围的延伸、风险可控性的提升以及交易成本的降低。[1]但是，也有研究认为，互联网只是一种技术手段，而互联网金融只是金融渠道创新，它能带来便利但不能解决信任问题。[2]从"区块链技术+金融"来看，供应链金融被寄予厚望，人们希望通过区块链技术赋能的方式解决传统供应链金融发展痛点。区块链技术是一种复合型技术，通过特定组合以去中心化方式对数据进行记录和存储，并对存储数据打上时间戳，进而形成一个具有时间连续性的链式结构分布式共享账本。[3]在这个账本中，共识算法决定了记账者，非对称密码和哈希算法保证数据不可篡改，因此，区块链系统是值得信任的系统，它使传统经济模式中许多因数据缺乏透明度而无法开展的业务得以实现。[4]

3. 关于农村金融组织体系的研究进展

除了探索整个农村金融组织的改革与创新外，不少文献围绕某一类型农村金融机构的变迁与效率进行了研究。譬如，蒋永穆和王丽程认为中国农村合作金融的发展经历了古典式合作金融、"官办"合作金融、合作金融属性复归、

---

1 王一婕. 以互联网金融推动乡村普惠金融向纵深发展 [J]. 人民论坛，2020（1）：100—101.

2 陈志武. 互联网金融到底有多新？[N]. 经济观察报，2014-01-06. 中国人民银行征信中心与金融研究所联合课题组，纪志宏，王晓明，等. 互联网信贷、信用风险管理与征信 [J]. 金融研究，2014（10）：133—147. 吴本健，毛宁，郭利华. "双重排斥"下互联网金融在农村地区的普惠效应 [J]. 华南师范大学学报（社会科学版），2017（1）：94—100+190. 安佳，王丽巍，田苏俊. 互联网金融与传统金融农村信贷风控模式比较研究 [J]. 新金融，2016（9）：54—58.

3 宋华. 智慧供应链金融 [M]. 北京：中国人民大学出版社，2019.

4 徐鹏杰，吴盛汉. 基于"互联网+"背景的供应链金融模式创新与发展研究 [J]. 经济体制改革，2018（5）：133—138.

合作金融属性异化和新型农村合作金融五个阶段，且贯穿这一变迁历程的总体主线是始终服从服务于农业农村现代化的需要，其又具体体现为农村合作金融在组织形式创新、功能价值拓展和政府角色完善三个方面不断探寻。[1]石连忠对中国农村信用合作机构的发展改革效率进行了评价，发现农村信用合作机构发展改革的效率在东部、中部和西部呈现明显差异。[2]王克强等则基于江苏上市农商行与村镇银行对比视角，发现"新三板"村镇银行总体管理水平良好，除常熟农商行与无锡农商行外，其余农商行效率受到管理水平影响，并且村镇银行与农商行规模报酬普遍降低。进一步研究表明，政府的支持对农村金融机构效率提高的影响显著；资产质量综合技术效率及纯技术效率与农村金融机构效率正相关；观察期内，创新能力对效率影响不显著。[3]

4. 关于农村金融产品创新的研究进展

研究指出，在农村金融产品设计和供给方面，农村金融产品定价方式应更加灵活，在成本收益约束下，通过产品差异策略开展市场竞争，通过创新增加机构收入。[4]在农村金融产品创新原则、模式和监管方面，农村金融产品应在法律制度框架下大胆创新，且不能仅限于贷款等基础产品，而应向衍生产品拓展，同时注重风险监管。[5]在农村金融产品创新机制方面，目前农村金融产品供

1 蒋永穆，王丽程. 新中国成立 70 年来农村合作金融：变迁、主线及方向 [J]. 政治经济学评论，2019，10（6）：78—94.
2 石连忠. 新时代中国农村金融机构发展改革效率评价研究——基于中国农村信用合作机构的实证分析 [J]. 山东社会科学，2020（3）：148—153.
3 王克强，蒋涛，刘红梅，等. 中国农村金融机构效率研究——基于上市农商行与村镇银行对比视角 [J]. 农业技术经济，2018（9）：20—29.
4 张梅，谢志忠. 新时期农村信用社金融产品创新的成本收益研究 [J]. 经济学动态，2012（2）：75—78. 魏岚. 农村金融产品与服务创新研究 [D]. 吉林大学，2013. 谢平，邹传伟，刘海二. 互联网金融监管的必要性与核心原则 [J]. 国际金融研究，2014（8）：3—9.
5 孙少岩，张奎. 存款准备金率政策效应研究 [J]. 财经问题研究，2013（5）：59—63. 杨小玲. 我国农村金融产品创新存在问题及其对策研究 [J]. 农村金融，2013（4）：70—73. 阎庆民. 简政放权：推进银行业转型升级 [J]. 求是，2014（24）：39—41. 严谷军，何嗣江. 统筹城乡发展背景下农村新型金融组织创新研究 [M]. 杭州：浙江大学出版社，2014. 曹明贵，高琪. 推进河南农村金融产品和服务方式创新的政策建议 [J]. 现代农业科技，2014（24）：339—341.

需矛盾以及影响相关产品创新活动的最主要因素在于机制问题，破解的关键也在于各项配套机制的建立与完善。[1]

二、中央关于金融服务乡村振兴战略重要政策梳理

1. 推动金融支持乡村振兴建设的专项政策

为深入贯彻落实中央农村工作会议、《中共中央国务院关于实施乡村振兴战略的意见》和《乡村振兴战略规划（2018—2022年)》有关要求，切实提升金融服务乡村振兴效率和水平，2019年1月29日，人民银行、银保监会、证监会、财政部、农业农村部联合印发《关于金融服务乡村振兴的指导意见》（以下简称《指导意见》）。

《指导意见》强调，要以习近平新时代中国特色社会主义思想为指导，紧紧围绕党的十九大关于实施乡村振兴战略的总体部署，坚持以市场化运作为导向、以机构改革为动力、以政策扶持为引导、以防控风险为底线，聚焦重点领域，深化改革创新，建立完善金融服务乡村振兴的市场体系、组织体系、产品体系，促进农村金融资源回流。

《指导意见》对标实施乡村振兴战略的三个阶段性目标，明确了相应阶段内金融服务乡村振兴的目标。具体而言，短期内，突出目标的科学性和可行性，到2020年，要确保金融精准扶贫力度不断加大、金融支农资源不断增加、农村金融服务持续改善、涉农金融机构公司治理和支农能力明显提升。中长期，突出目标的规划性和方向性，推动建立多层次、广覆盖、可持续、适度竞争、有序创新、风险可控的现代农村金融体系，最终实现城乡金融资源配置合理有序和城乡金融服务均等化。

---

1 孙延滨，贾军福. 农村金融产品与服务创新存在的问题应予重视 [N]. 金融时报，2012-09-06. 郎波. 农村金融与担保机制研究——基于专业农牧担保的实证分析 [D]. 西南财经大学，2013. 彭雁. 制约农村金融产品创新的因素及解决途径 [J]. 西安建筑科技大学学报（社会科学版），2015（10)：46—49. 马延安. 中国东北地区农村金融发展问题研究 [D]. 东北师范大学，2015.

《指导意见》指出，要坚持农村金融改革发展的正确方向，健全适合乡村振兴发展的金融服务组织体系，积极引导涉农金融机构回归本源；明确重点支持领域，切实加大金融资源向乡村振兴重点领域和薄弱环节的倾斜力度，增加农村金融供给；围绕农业农村抵质押物、金融机构内部信贷管理机制、新技术应用推广、"三农"绿色金融等，强化金融产品和服务方式创新，更好满足乡村振兴多样化融资需求；充分发挥股权、债券、期货、保险等金融市场功能，建立健全多渠道资金供给体系，拓宽乡村振兴融资来源；加强金融基础设施建设，营造良好的农村金融生态环境，增强农村地区金融资源承载力和农村居民金融服务获得感。

2. 推动金融支持巩固拓展脱贫攻坚成果同乡村振兴有效衔接的专项政策

为贯彻落实《中共中央国务院关于实现巩固拓展脱贫攻坚成果同乡村振兴有效衔接的意见》和《中共中央国务院关于全面推进乡村振兴加快农业农村现代化的意见》部署要求，切实做好"十四五"时期农村金融服务工作，支持巩固拓展脱贫攻坚成果、持续提升金融服务乡村振兴能力和水平，2021年6月29日，人民银行、银保监会、证监会、财政部、农业农村部、乡村振兴局联合发布《关于金融支持巩固拓展脱贫攻坚成果全面推进乡村振兴的意见》（以下简称《意见》）。

《意见》提出，金融机构要围绕巩固拓展脱贫攻坚成果、加大对国家乡村振兴重点帮扶县的金融资源倾斜力度、强化对粮食等重要农产品的融资保障、建立健全种业发展融资支持体系、支持构建现代乡村产业体系、增加对农业农村绿色发展的资金投入、研究支持乡村建设行动的有效模式、做好城乡融合发展的综合金融服务等八个重点领域，加大金融资源投入。

《意见》对原金融精准扶贫产品和金融支农产品、民生领域贷款产品等进行整合优化，以小额信用贷款、产业带动贷款、新型农业经营主体贷款、民生领域贷款、农村资产抵押质押贷款、农业农村基础设施建设贷款、保险产品等十类金融产品为重点，充分发挥信贷、债券、股权、期货、保险等金融子市场合力，增强政策的针对性和可操作性。

《意见》对银行业金融机构提升服务能力提出了明确要求，督促银行业金融机构健全农村金融组织体系、改进内部资源配置和政策安排、强化金融科技赋能。同时，《意见》明确，将通过推进农村信用体系建设、改善农村支付服务环境、推动储蓄国债下乡、开展金融知识宣传教育和金融消费者权益保护等，持续完善农村基础金融服务，优化农村金融生态环境，并通过资金支持、财税奖补和风险分担、考核评价和监管约束等措施，强化对银行业金融机构的激励约束。

第三节 研究框架与思路

一、总体框架

本书包含 10 章。第一章为总论，重点阐述研究意义与价值。对国内相关研究与政策制度进行梳理，对研究设计进行说明。第二章为农村金融理论的创新。阐释城乡融合发展视角下农村金融发展理论创新的缘由，回顾传统农村金融发展理论的脉络，并分析存在的区域局限性（没有跳出农村，县域金融等同于农村金融）、行业局限性（局限于农业生产环节，没有全产业链关注）、技术局限性（缺少金融科技融入）、领域局限性（主要关注信贷，对农村资源资本化关注较少）。根据城乡融合发展视角下农村金融发展的使命变化，提出城乡融合发展视角下农村金融发展理论创新框架。破解区域局限，坚持城乡融合发展理念，构建城乡一体的价值链金融制度；破解行业局限，以促进现代农业发展和农村产业兴旺为重点；破解技术局限，融入金融科技；破解领域局限，将农村资源资本化作为农村金融的重要功能。第三章为乡村振兴过程中农村金融服务需求的变化及特征。基于乡村振兴战略实施的目标任务和内在要求,分析乡村振兴战略引致的农村金融服务需求变化和主要特征。第四章为农村金融服务乡村振兴战略的实际状况及问题。本章首先从总体上分析农村金融服务乡村振兴战略的现状和存在的问题;然后基于投入产出表与网络关系视角对金融对农业产业链的支持效应进行剖析,测算金融对农业产业链的中间投入情况、金融对农业产业链的支持效应,构建了农业产业链网络,对金融在网络中的作用进行了分析;最后基于随机行动者的网络动力学模型实证分析了金融在农业产业链网络演化中的作用。第五章为城乡融合发展视角下农村金融服务乡村振兴战略的模式创新。分析农业价值链金融的内涵,农业价值链金融的优势与解决的主要问题、农业价值链金融的发展模式,研究农业价值链金融对城乡融合发展的作用以及城乡融合发展视角下农业价值链金融发展的实践逻辑、面临的问题和障碍,提出了城乡融合发展视角下中国农业价值链金融发展的思考。第六章为城乡融合发展视角下农村金融服务乡村振兴战略的方式创新。重点研究了金融"供给领先"与主动引导促进农村产业发展的机理、金融"供给领先"与主动引导促进农村产业发展的实践、金融"供给领先"与主动引导促进农村产业发展面临的问题和障碍、金融"供给领先"与主动引导的实施路径与政策;重点解析了金融"供给领先"与主动引导的"三社"融合发展机制与路径以及金融"供给领先"与主动引导的农村金融对农业技术的诱导。第七章为推动金融科技融入的农村金融服务乡村振兴战略的产品创新。对金融科技融入农村金融服务进行了理论分析,重点研究了数字金融促进城乡融合发展的产业结构、人力资本和科技创新三维中介机制,区块链技术推动农村金融产品创新的优势、问题与策略。第八章为推动农村资源资本化的农村金融服务乡村振兴战略的功能创新。重点研究了农村资源资本化的内涵特征、主要渠道和可行路径,重点解析了农村资源资本化的资源股权化经营模式、资源抵押融资模式、资源股权化经营融资混合模式、金融互助模式和"生态银行"

模式等五种模式，提出全面促进农村资源资本化的政策建议。第九章为城乡融合发展视角下农村金融服务乡村振兴战略的推进策略。提出根据乡村振兴战略目标，设计金融服务乡村振兴战略的长效机制；根据东部、中部、西部区域发展差异，明确各区域农村金融服务重点，实施区域差异推进策略；将金融资源向乡村产业振兴与农村基础设施领域倾斜，实施两个"倾斜"策略；根据各类农村金融组织的特点，实施分工协同策略。第十章为农村金融服务乡村振兴战略的创新案例。其中包括 8 个农业价值链金融创新案例、8 个基于数字技术的科技金融创新案例、10 个服务乡村振兴的综合金融创新案例、4 个服务乡村振兴的农业农村保险创新案例。这些案例对开展农村金融服务创新，推进乡村全面振兴具有重要的参考价值。

二、思路方法

本研究遵循理论→实证→对策的基本思路。首先，根据乡村振兴战略的总体要求，分析传统农村金融发展理论的缺陷，构建城乡融合发展视角下的农村金融发展理论。在此基础上，根据乡村振兴战略实施的要求和目标任务，分析乡村振兴的多样化、多层次金融需求；根据调研数据和中国投入产出表，从总体状况和农业产业链角度揭示农村金融服务乡村振兴战略的现状与面临的问题。基于城乡融合发展的农村金融发展理论、乡村振兴战略的总体要求以及农村金融服务的实际，探索农村金融服务乡村振兴战略的模式创新、方式创新、产品创新、功能创新等四个方面的创新，最后根据乡村振兴战略的目标任务，研究提出农村金融服务乡村振兴战略的策略。

第四节 研究的主要创新

本书在以下六个方面取得一定突破和创新。

一是基于城乡融合发展视角，提出破解"四个局限性"的农村金融发展理论新框架。着眼破解"没有跳出农村，县域金融等同于农村金融"的区域局限性，提出坚持城乡融合发展理念，构建城乡一体的价值链金融制度；着眼破解"局限于农业生产环节，没有全产业链关注"的行业局限性，提出以促进现代农业发展和农村产业兴旺为重点的金融服务目标；着眼破解"缺少金融科技融入"的技术局限性，提出金融科技嵌入的金融产品创新思路；着眼破解"主要关注信贷，较少涉及农村资源资本化"的领域局限性，将农村资源资本化作为农村金融的重要功能。

二是从"全口径金融"和"农业全产业链"的角度揭示金融的支农效应。本研究运用中国投入产出表，将农业产业链归为 13 个重点行业部门，构建了研究"全口径金融"对"农业全产业链"支持效应的新框架。研究发现，金融业和保险业对农业产业链中间投入实现了增长，但对种植业、渔业、畜牧业和林业投入占比较小；金融业对农业产业链中非金融性产业的综合效应有一定下降趋势，融资服务作用有弱化；农业产业链中，保险业的作用明显小于金融业，但保险服务的作用在提高；金融业处于农业产业链网络的中心地位，金融业和批发零售业发挥了农业产业链第一驱动力的作用，形成农业产业链的第三产业驱动模式；金融对农业产业链演化的作用发挥有限，但呈现时间异质性。

三是构建城乡融合的农业价值链金融制度，研究提出农村金融服务模式创新。城乡融合的农业价值链金融制度是以产业链和价值链为纽带，通过金融资本的诱导契合作用，使城市和农村实现有效的联结，使金融和产业有机整合。根据中国农村地区特点，可探索驱动四种农业价值链金融模式：首先是生产者驱动的价值链模式。在此模式下，组建的生产者协会成为价值链发展的推动者。协会通常有储蓄和贷款能力，与农民签订合同，保证其产品的销售。其次是购买者驱动的价值链模式。合同农业是最常见的买方驱动的价值链模式。再次是中介驱动型价值链模式。由政府机构或非政府机构作为资金的主要提供者，推动促进小农户和农业企业融入商业价值链。最后是垂直一体化价值链模式。将生产商与链条中的其他人（投入供应商、中间商、加工商、零售商和服务提供商，包括金融服务）连接起来，并融合价值链流动和服务。

四是构建金融"供给领先"与主动引导机制，研究提出农村金融服务方式创新。整体而言，农村金融主体对市场变化的反应速度和产业发展方向的识别能力要强于普通的农村经济主体。大多数农村经济主体的自组织能力不强，"小、散、弱"特征比较明显。本研究提出，农村金融主体通过要素指挥棒，可以扮演组织者角色，有效引导农村产业发展方向和农业生产模式。具体方式可从"四个结合"和"三社"融合入手：首先，通过农村金融诱导机制，促进农村产业"线"和产业"面"的协同发展。产业"线"，就是发展特色效益农业产业链；产业"面"，就是要促进规模化经营和农业区域专业化。其次，农村金融要为农业技术现代化、农业机械化、农业信息化服务提供融资便利，促进农业产业链与先进生产要素相结合。再次，农村金融要为新型农业生产合作组织提供融资便利，促进农业产业链与现代化农业生产组织相结合。最后，农村金融要为职业农民、农业技术能手提供更多的融资便利，促进农业产业链与现代农村人力资本相结合。此外，还要发挥好现有农村信用社金融优势、农民专业合作社生产优势、供销社服务优势，推进"三社"融合发展，延长产业链、提升价值链、完善利益链，让农民合理分享全产业链增值收益。

五是将现代技术引入农村金融，研究提出农村金融的产品创新。将现代技术引入农村金融，开发低交易成本和低风险金融产品，对于解决农村金融"偏离农村经济中数量最多的经济主体"问题具有重要意义。本研究对金融科技融入农村金融服务进行了理论分析，重点研究了数字金融促进城乡融合发展的产业结构、人力资本和科技创新的三维中介机制，以及区块链技术推动农村金融产品创新的优势、问题与策略。本研究提出要研发基于区块链技术的金融产品，解决信息不对称带来的高风险问题，但区块链技术进入门槛很高，这就需要农村金融机构加大相关人才培养和引进力度。

六是从激活农村"沉睡"资源、推动农村资源资本化、发挥金融促收共富作用视角，研究提出农村金融服务功能创新。乡村振兴的最终目的是要农民富起来，实现共同富裕。农村金融发展的本义也应当是有效促进农民收入增长和共同富裕。因此，要将有效促进农民收入增长和共同富裕作为农村金融的重要功能。对于农村地区而言，农民收入增长乏力的重要原因在于缺乏资本和投资收益。事实上，农村有丰富的耕地、林地、草地、水域、"四荒地"等自然资源，但这些资源大多处于"沉睡"状态，没有被激活起来。因此，促进农民收入增长的重要方式就是要激活农村大量的"沉睡"资源，使农村资源资本化。本研究提出，各地可利用自身优势，积极探索实践五种农村资源资本化模式。首先是资源股权化经营模式，将农民的现金、房屋、土地、劳动力和集体资产入股，形成经营实体，通过实体经营，农民按股分红，得到投资收益。其次是资源抵押融资模式，将农村各种资源的价值进行核算，变成可抵押品。再次是资源股权化经营融资混合模式，成立村域资产管理公司，将在内部完成初次定价的资产参股或"发包"给村内不同经营主体，同时引入外来投资主体，形成PPP组合投资模式、资产证券化ABS融资模式。此外，还有金融互助模式。通过金融互助，农民既可获得融资便利，又可以获得金融投资收益。最后是"生态银行"模式，通过恢复、保护、新建生态资源产生生态信用，并通过交易将生态信用出售给资源开发者，实现生态产品向经济产品的转化。

第二章
农村金融理论的创新

城乡融合发展是推进乡村全面振兴的必经之路、与时俱进的农村金融创新发展是实现城乡融合发展的基础和关键，是推进乡村振兴战略的客观要求和重要组成部分，是高质量发展格局下乡村经济发展的新增长点，也是解决"三农"问题的重要理论切入点。本章通过对传统农村金融理论的梳理和反思，发现传统农村金融理论指导下的农村金融存在结构不完整、产品单一、风控滞后、金融科技融入不足、系统环境尚未建立以及存在相应区域、行业、技术和领域局限等问题。对农村金融发展的内涵和重点、农村金融支持领域、农村金融与城市金融关系等问题进行了与时俱进的理论思考，提出基于城乡融合发展的农村金融发展理论创新框架。

第一节　城乡融合发展视角下农村金融理论创新的缘由

城乡融合发展不是此消彼长的零和博弈，而是互利共赢、要素合理流动配置和共享共生的可持续发展过程。党和国家一直非常重视城乡融合发展。党的十八大以来，相继出台了一系列促进城乡融合发展的文件。2019 年国务院印发的《关于促进乡村产业振兴的指导意见》中明确指出，要"推动形成城乡融合发展格局，为农业农村现代化奠定坚实基础"；2020 年《中共中央国务院关于建立健全城乡融合发展体制机制和政策体系的意见》提出，"促进各类要素更多向乡村流动，在乡村形成人才、土地、资金、产业、信息汇聚的良性循环，为乡村振兴注入新动能"，并要"完善乡村金融服务体系"。随后，2021年和2022年中央一号文件分别提出要"持续深化农村金融改革、发展农村数字普惠金融"和"强化乡村振兴金融服务"；《中华人民共和国乡村振兴促进法》明确指出，要"改进、加强乡村振兴的金融支持和服务"，并且"健全多层次、广覆盖、可持续的农村金融服务体系"等。这一系列政策制度文件的出台都凸显了城乡融合发展以及农村金融发展改革创新的重要性、必要性和紧迫性。

目前中国最大的发展不平衡依然是城乡发展不平衡，最大的发展不充分是农村发展不充分，城乡要素流动合理性和顺畅度亟待提升，城乡金融服务和普惠共享体制尚未健全。与此同时，虽然国家对"三农"领域的财政扶持支持力度一直在加大，但金融机构的金融服务供给不足、农村地区的金融资源和金融供需不匹配等难题仍未得到有效解决。此外，传统金融机构面临信息不完全和不对称，在选择融资服务对象时对需求方的风险和成本进行考虑，导致"三农"领域相关需求方常常成为传统金融排斥的主要对象。并且金融服务不足和农村金融的信用缺失双重困境的存在，使得中国"三农"发展领域长期处于金融抑制和排斥的状态。[1] 由于金融排斥造成的农村金融服务触达范围有限，部分金融机构服务"三农"领域的水平和效率不高、普惠性不足，传统农村金融服务模式已无法满足现阶段的融资需求。[2]

---

1 王国刚. 从金融功能看融资、普惠和服务"三农"[J]. 中国农村经济，2018（3）：2—14；杜晓山，孙同全. 中国公益性小额信贷政策法规与组织制度发展研究[J]. 农村金融研究，2019（12）：3—12.

2 陈一明. 数字经济与乡村产业融合发展的机制创新[J]. 农业经济问题，2021，504（12）：81—91；聂秀华，江萍，郑晓佳，等. 数字金融与区域技术创新水平研究[J]. 金融研究，2021（3）：132—150；黄卓，王萍萍. 数字普惠金融在数字农业发展中的作用[J]. 农业经济问题，2022（5）：27—36.

第二节　传统农村金融理论回顾

20 世纪 80 年代以前，以金融抑制理论为奠基的"农业信贷补贴论"（Subsidized Rural Credit Paradigm）一直是农村金融理论界的主流。该理论提出由于支持农村地区的外部资金十分匮乏，因而必须通过政府干预，如专项贷款、贴息贷款等政策措施降低融资成本，并通过降低涉农金融业务的成本和风险，引导商业银行在农村地区设立分支机构，缓解农村信贷紧张的局面。但无论是纯粹依靠政府帮扶，或是依赖市场机制，信息不对称问题都依旧十分明显，而且交易成本的上升会进一步产生逆向选择和道德风险的问题。[1]

20 世纪 80 年代，以金融深化理论为参考的"农村金融市场论"或"农村金融系统论"（Rural Financial Systems Paradigm）逐渐成为农村金融系统发展的主流理论。与农村信贷补贴论的假设前提相反，该理论认为农户和涉农企业是有储蓄意愿和能力的，政府的利率约束等不当干预措施反而会使得农村金融市场失衡，因而应该通过利率的市场化发展，发展乡村内部的金融中介，减少政府干预，达到涉农资金的供求平衡。农村金融市场论虽然在一定程度上促进了多元化的涉农金融机构发展，但由于缺乏担保抵押物，正规渠道的信贷总需求有所下降，而且也存在市场失灵的风险。

20 世纪 90 年代，在金融约束理论和不完全信息理论的基础上，诞生了"不完全竞争市场论"（Imperfect Market Paradigm）以及哈耶克主张的"局部知识论"[2]。这进一步对农村金融发展理论进行了扩充，采取政府局部干预手段弥补市场的缺陷，提高对散落在不同时间的局部知识的整合效率，因而政府

1　Stiglitz J E, Weiss A. "Credit rationing in markets with imperfect information" [J]. *The American Economic Review*, 1981, 71 (3)：393-410.

2　Hayek F A. "The use of knowledge in society" [J]. *American Economic Review*, 1945, 35 (4)：519-530.

可以通过逐步推进利率市场化、实施部分特惠政策、建立连带责任人和借款方的互助合作组织等方式来优化农村金融的服务环境，并且通过有效利用局部知识，促进知识的竞争、分工和合作，缓解不完全竞争和信息不完全带来的劣势，进一步优化金融工具和产品创新。

几十年间，国内外的农村金融发展理论探讨百家争鸣，"农业信贷补贴论"主张外部政策性资金的注入，"不完全竞争市场论"提出由于市场失灵，故需要政府的介入，而哈耶克提出的"局部知识论"则主张通过劳动分工加竞争的方式，通过政府找准自身定位和利用市场机制相结合进行金融的创新发展，进而提升金融体系的效率。关于金融的结构深化和创新发展会带来有利影响、中性影响或是不利影响，学术界在不同历史阶段和不同国家中一直存在着争议，处于动态变化之中，这些关于金融创新和发展丰富而深刻的理论与应用研究，为本书提供了理论借鉴和逻辑起点。但直接套用商业金融的模式与经验进行分析存在一定的局限性，因为"三农"领域面临的影响因素、决定条件、外部环境和激励约束等与商业世界不一样。总体而言，传统农村金融理论有许多精华和依然值得学习借鉴的思路，但是客观分析，其也存在着一些缺陷，需要进一步优化推动和创新完善。

一、区域局限性：县域金融等同于农村金融

区域通常指一定的地域空间，也可广泛地包括自然、人文、经济区域，具有层次性、差异性和可变性等特征。部分研究和实际从业者以地理区域为划分依据，认为县域金融等同于农村金融，而现实并非如此，农村金融包含的范围更广，并且需要城市金融融入农贷市场，为农村服务。而"农业信贷补贴论"认为农村居民没有储蓄能力，并且由于农业的不确定性导致以盈利为目标的商业银行融资不会优先考虑"三农"领域，因而要从农村外部注入政策性资金，但是这导致金融机构缺乏服务农村的动力，致使难以建立农村金融循环发展的

长效机制。并且，农村地区长期存在金融排斥现象和工农剪刀差，周振等（2015）通过测算得出在 1978—1991 年间，农村地区向城市地区大约净流入资金 26.66 万亿元。1993 年前后，乡村二三产业逐渐兴起，原有的农村金融体系已经不能适应农村经济发展的需求。[1]此外，在"三农"领域，由于客户群体所处的地理位置分散，传统金融服务机构交易成本高、风险控制难等原因，农村人均银行网点数低、覆盖率少，融资难、贵、慢等问题长期存在，农村金融体系改革和农村金融服务功能尚未得到有效发挥，并且由于长期以来的城乡二元结构，以及城乡的地理区域差异和限制，不同区域内的生产要素流动的成本又存在较大差异，进一步导致了城乡差异的扩大。

二、行业局限性：不重视农村全产业链

在批判改进"农业信贷补贴论"的基础上，"农村金融市场论"开始强调市场机制发挥的作用。但一方面，依据该理论，由于服务"三农"领域的融资服务较高的机会成本，高利率的非正规金融发展是可行的，故存在于农村地区的民间借贷、地下钱庄和高利贷等现象凸显，但是这些非正规金融机构存在超高的风险性，这也抑制了部分正规金融市场的服务和信贷业务发展；另一方面，由于缺乏正规抵押担保物品，农业从业者能借到的贷款依然有限，相应贷款也绝大部分只是服务于农业的生产，而并未涉及覆盖全产业链的发展。[2]实际上，金融作为现代经济的核心和实体经济的血脉，必须切实发挥职能作用，加快服务全面推进乡村振兴的步伐。习近平总书记明确强调："金融要为实体经济服务，满足经济社会发展和人民群众需要。"[3]但截至目前，大多数涉农金融

---

1 周振，伍振军，孔祥智. 中国农村资金净流出的机理、规模与趋势：1978—2012 年［J］. 管理世界，2015（1）：63—74.

2 农业全产业链是农业产前、产中、产后各环节纵向一体，农业与二三产业贯通融合，资源要素全流程优化，农业经营主体密切分工、有机联结的产业组织形式，是农业产业化发展的高级形态。

3 习近平. 论把握新发展阶段、贯彻新发展理念、构建新发展格局［M］. 北京：中央文献出版社，2021：308.

的服务对象仅局限在农业生产环节，而实际情况却是涉农全产业链发展迅猛，社区团购（CSC 社区支持农业）、订单农业、牧场基地直供、农产品电子商务直播、休闲观光体验农业等新模式层出不穷，这些新模式从农村生产流通运输到城市加工销售，相应的生产、流通、溯源、交易等环节都需要金融的支持，以及保险的协同。与此同时，农业发展的周期性、风险性和市场不确定性等特殊属性，决定了需要的"三农"金融服务产品和政策往往是差异化和多层次的，仅局限于农村生产环节的信贷产品供给远远无法匹配和满足现阶段的金融需求。

三、技术局限性：缺少农村金融的科技融入

为了建立有效率的金融市场，"不完全竞争市场论"提出，为补救市场失灵部分，应引入社会性、政府性、中介性的要素和组织去支持农村金融市场的发展。但是即便通过小组组织、小额信贷等非市场要素的加持，金融机构依旧无法掌握贷款人的信息和行为，相应的道德风险和高交易成本依旧存在，机构发展的社会可持续性和财务盈利性效率面临双重困境，并且传统金融服务"三农"领域长期面临着成本高、风险高的障碍，导致其供给不足且金融产品和服务的形式单一。需求方的信贷融资渠道大多数是通过抵押担保，但许多融资需求方缺乏正规的担保抵押物，且没有相应的信用数据等原因，导致供需双方难以得到有效匹配。随着互联网技术的广泛应用、渗透和智慧城市的快速发展，有学者从约束诱导、规避性和交易费用等方面提出了金融创新的相关理论，并将金融创新的原因归结为技术创新的需要。尤其是随着大数据、区块链和云计算技术等的快速发展，传统金融机构的数字化转型以及数字金融创新产品和活动与"三农"领域生产生活等联系日益密切，呈现许多新的社会经济现象。

四、领域局限性：农村资源资本化较少涉及

传统农村金融理论主要关注银行贷款这一传统领域，原因在于银行作为金融体系的核心组成部分，长期以来在资金调配和风险管理方面具有主导地位。这种聚焦表现为理论研究大多围绕银行贷款的供给、需求、利率定价以及风险控制等方面展开。传统农村金融理论总体上对于新兴的农村金融需求关注不足，存在明显的领域局限性。特别是，农村有丰富的耕地、林地、草地、水域、"四荒地"等自然资源，这些自然资源开发利用程度普遍较低，大多处于"沉睡"状态，但蕴含着巨大的开发潜力。当前，要推动城乡融合、促进乡村全面振兴，迫切需要通过金融手段，激活农村大量的"沉睡"资源，使农村资源资本化。但现有农村金融理论很少关注农村资源资本化问题。由于缺乏有效的农村金融理论指导，农村自然资源的开发与利用水平总体偏低。当前，农村自然资源交易市场建设滞后，缺乏规范的交易平台和中介服务机构，这些资源的价值难以得到有效发现和准确评估。同时，农村资源开发风险相对较高，金融机构对其信贷支持有限，导致资源开发资金短缺。这种理论与现实的脱节，严重制约了农村资源资本化进程，迫切需要对传统农村金融理论进行创新。

第三节　城乡融合发展视角下农村金融的使命变化

城市与乡村是相互依存的有机体，二者互促共荣。恩格斯在《共产主义原理》中首次提出了城乡融合发展的思想，并指出未来城乡发展的趋势是通过城乡融合，结合城市和乡村生活方式的优点，避免两者的偏颇和缺点，从而使社会全体成员得到全面的发展，最终达成经济、社会、生态环境的可持续协同发展。[1]

1　马克思恩格斯选集（第1卷）[M]．北京：人民出版社，2012：308—309.

城乡融合发展是基于平等、开放、融合和共享的理念支撑，通过加快城乡间各种要素的自由流动和合理配置实现城乡协调和一体化发展，是实现乡村全面振兴的重要载体，是整个社会可持续发展的基础。新中国成立以来，"自上而下"的顶层设计和"自下而上"的探索实践进行了生动碰撞，逐步形成积累了具有中国特色的农村金融发展的成功案例和中国故事。实践是推进理论发展的根本动力，理论的完善反过来为实践的发展带来更加强大的动力和指导。农村金融理论也应随着时代使命的发展变化而动态发展和调整完善。

中国是一个发展中大国，也是一个城乡二元经济结构突出的大国。城乡融合发展的关键是突破传统城乡二元结构的桎梏，在金融、经济、产业、公共服务、生产生活等多方面形成优势互补、协调发展的有机结合和双向流动格局。城乡融合发展的本质是在城乡要素自由流动、公平与共享基础上实现城乡协调和一体化发展。[1]那么，在坚持城乡融合发展理念下，农村金融的发展重点和过去有什么不同？农村金融支持领域与过去有何变化？农村金融与城市金融的关系如何处理？农村金融的内涵和使命是否有变化？对这些问题的探讨和回答，有利于中国农村金融发展理论的进一步丰富和完善，从而进一步推进城乡融合，实现乡村全面振兴。

一、与时俱进的农村金融发展内涵和重点

农村金融主要是指一切与农村货币流通和信用活动有关的各种经济活动。在交易视角下，依据新制度经济学的分析框架，"农村金融"本质是信用关系制度化的产物，是不同产权主体在信息、信任、信誉和制度约束基础上的信用

1　魏后凯. 新常态下中国城乡一体化格局及推进战略［J］. 中国农村经济，2016（1）：2—16；何仁伟. 城乡融合与乡村振兴：理论探讨、机理阐释与实现路径［J］. 地理研究，2018，37（11）：2127—2140；戈大专，龙花楼. 论乡村空间治理与城乡融合发展［J］. 地理学报，2020，75（6）：1272—1286；温涛，陈一明. 社会金融化能够促进城乡融合发展吗？——来自中国 31 个省（直辖市、自治区）的实证研究［J］. 西南大学学报（社会科学版），2020，46（2）：46—58+191.

交易活动。[1]农村金融机构的发展是农村金融市场、体系、制度发展的核心组成部分，在促进农村经济社会发展方面发挥了重要作用。传统的农村金融组织主要可以分为正规农村金融机构（银行类、非银行类）和体制外的非正规农村金融组织（民间借贷、钱庄等）。随着时代的变化和进步，正规农村金融机构中的新型农村金融机构发展愈发迅猛，如村镇银行、农村信用社、农村合作金融组织（股份制、合作制）及其他内生性合作金融组织，这为农村金融服务的创新发展提供了新动能。

但就现实发展而言，农村金融长期是金融服务的薄弱环节，日益多样化的农村金融需求与较为单一的农村金融服务和产品的矛盾日益突出，具体表现为：一是以往的农村金融所关注的绝大部分重点仅局限于为满足农业生产需求而进行信贷活动，贷款方式主要通过线下开设的银行等金融机构的网点，交易成本高，导致农村金融严重缺位。对农村全产业链金融、保险和担保等领域的关注很少，金融机构的服务和产品单一。二是除了城乡差异，农村不同地区间的金融资源禀赋、数字基础设施和互联网发展水平也不平衡，新型农业经营主体和农户对于数字金融产品的实践操作能力有限。虽然有部分乡镇组织了一些提升新型农业经营主体和农民数字素养的培训，但是培训的覆盖率、针对性和有效性仍然不足。[2]三是涉农金融机构在服务城乡融合发展的过程中，对生产、供应、加工、销售、运输和管理等全产业链中不同活动提供的有效金融服务不充分，注重经营主体内的资金运转效率提升和有针对性地提供季节性和多品种的贷款产品不足，不能促进多种金融机构在"三农"领域的良性竞争和合作发展。

随着互联网、大数据、云计算等新型数字化技术的兴起，以及"三农"领域自上而下和自下而上的协同创新发展，"三农"发展对全方位、创新性、

1　熊德平. 农村金融与农村经济协调发展的机制与模式研究［M］. 北京：社会科学文献出版社，2009.
2　陈一明. 数字经济与乡村产业融合发展的机制创新［J］. 农业经济问题，2021（12）：81—91.

特色化和可持续的金融需求逐步增加，农村金融的服务方式、信贷手段、体制机制及产品创新都需要提高效率和质量，进而使得供需匹配达到动态平衡。因此，在坚持城乡融合发展理念下，在新一轮信息技术革命背景下，农村金融发展的内涵和重点也在不断丰富和完善。随着大数据等技术向金融业的渗透，新型金融业态——"数字金融"[1]和金融科技[2]将会成为农村金融发展的重点。数据这一核心生产要素将注入农村金融发展的内涵。金融是一种先导要素，能够优化资源配置，尤其是以数据这种新型生产要素为主的数字金融服务新业态，会对生产要素组合带来突破性的改变。通过要素禀赋结构的升级，在传统生产函数模型基础上，数据和信息也能作为新型生产要素投入生产。新的生产要素将带来新的生产方式和资源配置系统重构，这能够降低信息不对称程度，降低交易成本，优化要素流动通道。以数据为核心，以信息技术为主要驱动力的数字金融和金融科技有助于降低金融服务的门槛，提供多样化的金融服务，扩大金融服务的有效边界，降低交易成本。[3]其具有能打通城乡要素流动渠道，拓宽城乡间的服务范围，提高服务效率和降低服务成本等优势，也为传统金融机构的数字化转型升级提供了动力。并能够以其显著的包容和普惠效应，有效缓解以往涉农金融体系中的信息不对称问题，解决金融包容公益性和商业可盈利性不可兼容的问题，有效扩大金融服务在农业农村中的覆盖率，遏制传统的"金融排斥"现象。

总之，在城乡融合发展理念和视角下，农村金融发展需进一步朝着多元化和广覆盖的目标不断完善。具体而言，一是在总结提炼中国农村金融改革试点

---

1 数字金融通常是指通过互联网及信息技术手段与传统金融服务业态相结合的新一代金融服务。

2 根据金融稳定理事会（FSB）定义，金融科技主要指由大数据、区块链、云计算、人工智能等新兴前沿技术带动，对金融市场以及金融服务业务供给产生重大影响的新兴业务模式、新技术应用和新产品服务等。

3 温涛，陈一明．数字经济与农业农村经济融合发展：实践模式、现实障碍与突破路径 [J]．农业经济问题，2020（7）：118—129；张勋，万广华，吴海涛．缩小数字鸿沟：中国特色数字金融发展 [J]．中国社会科学，2021（8）：35—51+204—205；黄卓，王萍萍．数字普惠金融在数字农业发展中的作用 [J]．农业经济问题，2022（5）：27—36.

创新经验的基础上，对比结合国际上农村金融机构和组织发展的经验，通过借鉴并加以分析，尤其是如何防控金融风险、操作风险、技术研发风险、市场竞争风险等，构建出适合中国农村经济和产业融合发展，包括农村金融的支付、融资、征信、保险和投资等多领域，且具有普惠性、市场性、科技性和融合性等转型升级的新型农村金融发展体系。二是在依据时代性，把握规律性，富于创造性的基础上，构建多层次、多样化、适度竞争又优势互补的农村金融创新体制机制。三是在坚持城乡融合发展理念下，为实现农村金融的可持续发展，需要以农村金融需求为导向，从整体角度调整农村金融机构的区域布局，重构农村金融组织体系多种金融机构并存格局，并不断拓宽有利于提高效率、更具差异性和定制化的创新服务和创新产品供给。四是利用数字技术的进步和发展，进一步与其他的资源进行优化组合并形成跨时空的动态变化，使农村金融的发展重点不仅局限在生产环节的信贷领域，而且扩展到乡村产业发展的产中、产后、流通、电商、订单融资等全产业链，以及保险、担保、期货等全领域，使金融服务普惠性增强，金融改革有序推进，金融体系不断完善，进而促进市场竞争，提高市场效率，更好地满足多样化、多层次的农村金融需求。

二、日新月异的农村金融支持领域及范围

农业是中国经济和社会可持续发展的基础保障，乡村振兴是实现共同富裕远景目标的重要途径。在世界面临百年未有之大变局的新时代和"双循环"新发展格局下，农村金融发展更要立足当前、着眼长远，科学应变、主动求变。习近平总书记强调："要坚持工业反哺农业、城市支持农村和多予少取放活方针，促进城乡公共资源均衡配置，加快形成以工促农、以城带乡、工农互惠、城乡一体的工农城乡关系，不断缩小城乡发展差距。"[1]因此，一方面，党

1　习近平. 论把握新发展阶段、贯彻新发展理念、构建新发展格局［M］. 北京：中央文献出版社，2021：86—87.

和政府高度重视并不断加大金融对农业农村农民全方位全领域的支持和扶持力度，特别是加强数字乡村、农业农村现代化建设，发展普惠金融，对新型农业经营主体给予金融支持，推进土地流转和"三变"改革等。另一方面，农村金融服务综合改革示范区先行先试，取得了可喜成绩，农村金融发展创新如数字普惠金融促进乡村产业融合发展及其溢出效应明显；数字金融服务和产品不断丰富，农村金融支持"三农"发展，呈现出日新月异的蓬勃生机。但农村金融发展仍在一定程度上难以满足"三农"现阶段快速发展的需求。

产业兴旺是解决农村一切问题的前提，是实现乡村振兴的基石。随着金融功能的优化和社会的发展，金融对"三农"的影响也在发生着转变。目前的农村金融体系和产品跟不上农业产业化经营的运作需求，因此需要进一步创新金融供给模式，借助交易主体间的交易关系，嵌入保险和担保元素，多方合作，开展农业产业链融资创新。[1]在坚持城乡融合发展理念下，农村金融支持领域与以往相比也有所拓展，除了传统的生产信贷支持，还应该扩充支持农业产中、产后等全产业链的发展，构建多层次、广覆盖、有差异的农村金融发展服务体系，支持农业经营和发展方式的创新和转变，加大对新型农业经营主体多样化和多层次的金融服务和产品创新力度。要不断完善农村金融从业人员、机构、运行、治理、监管和调控的相应制度和服务体系。要丰富农村金融服务主体，并不断完善涉农保险、担保和期货等市场，培养相关的复合型人才，创造更好的农村金融发展生态环境。

党的十八大报告指出，"培育新型经营主体，发展多种形式规模经营，构建集约化、专业化、组织化、社会化相结合的新型农业经营体系"。随着市场环境制约逐步被突破，要素资源和商品流通市场逐渐发展完善，专业大户、农

1　刘西川，程恩江. 中国农业产业链融资模式——典型案例与理论含义［J］. 财贸经济，2013（8）：47—57；黄少安. 改革开放40年中国农村发展战略的阶段性演变及其理论总结［J］. 经济研究，2018，53（12）：4—19.

民合作社、家庭农场等新型经营主体也逐渐发展壮大，乡村产业主体和组织随之逐渐多元化。现阶段，新型农业经营主体是推动乡村产业融合发展、推进乡村振兴战略和带领小农户增收致富的中坚力量。大多数从事融合型产业的新型农业经营主体已经与许多农户建立了利益联结机制，并且在金融支持和技术支持方面有越来越多的刚性需求。[1]但这部分群体面临着融资供给需求不匹配的问题。在坚持城乡融合发展理念下，农村金融支持的对象除了传统的小农户以外，还应该关注种植养殖大户、家庭农场、涉农企业、合作社、政府、高校和其他涉农相关组织等。

在坚持城乡融合发展理念下，农村金融的支持领域应根据城乡间的经济文化多样性，因地制宜且有差异化和针对性地拓展金融服务体系的深度和广度，丰富金融产品的种类，并通过金融这种先导要素吸引多领域要素流入。在现代农业产业链发展和乡村全面振兴的过程中，农村金融服务体系的支持领域不应只局限于信贷领域，还应扩充支持信托、担保、农业保险和期货等多种形式，从而更有效地助力产业链融资、价值链提升、农产品电子商务销售、休闲观光农业创新等。

三、推陈出新的农村金融与城市金融关系

金融是资源配置和宏观调控的重要工具，是推动经济社会发展的重要力量。因此，中国共产党自诞生以来就高度重视对金融工作的领导和对农村金融与城市金融关系的调适，以期整体发展的动态平衡。1926 年，中国共产党建立了湖南衡山柴山洲特别区第一农民银行，这将广大农民从高利贷等剥削性质的金融关系中解放出来，有效促进了农业生产的发展。1978 年改革开放后，城乡合为一体的金融体系难以适应新的生产力和生产关系的变化。1979 年，

1　杨久栋，马彪，彭超. 新型农业经营主体从事融合型产业的影响因素分析——基于全国农村固定观察点的调查数据［J］. 农业技术经济，2019（9）：105—113.

国家通过恢复和改变原有金融机构的结构和功能，将中国农业银行恢复成为国家专业银行，并承接以前由中国人民银行管理的农村金融业务，重新形成了以农业银行和农村信用社为主的农村金融供给体系。中国农业银行也成为改革开放后第一家恢复成立的国家农业专业银行。1996 年，国务院在针对"三农"领域的《关于农村金融体制改革的决定》中进一步提出"建立和完善以合作金融为基础，商业性金融、政策性金融分工协作的农村金融体系"。随着政策性银行、股份制商业银行和其他涉农金融机构的发展，农村金融体系逐步形成了以农信社和商业金融服务为主、政策性金融和合作性金融为辅的多层次农村金融体系。同时，取缔了出现经营性偏差的农村合作基金会，精简了中国建设银行和中国银行在其商业化和股份制改造过程中县域的营业网点和从业人员。这在一定程度上导致涉农业务的萎缩和农村资金的外流。此外，工农业产品的剪刀差、资产确权的界限不明和金融运作成本较高是困扰金融支持"三农"发展的主要因素。[1]农村金融有别于城市商业金融，长期以来农村金融的信贷成本较高，且受制于不完善的所有权制度、社会保障制度等，"三农"领域的金融供给一直处于匮乏状态。

在城乡融合发展理念下，城市和农村的金融发展不应是城市独大或者城市优先的，而应该是协调的、互补的和因势利导的。但长期以来，中国农村金融的资金投入、网点布局、产品服务、运作模式、风险控制和外部环境等和城市金融都存在较大差距。因此，《中华人民共和国国民经济和社会发展第十四个五年规划和 2035 年远景目标纲要》提出"健全城乡融合发展体制机制"，并强调"建立健全城乡要素平等交换、双向流动政策体系，促进要素更多向乡村流动，增强农业农村发展活力"。

---

1 王国刚. 从金融功能看融资、普惠和服务"三农"［J］. 中国农村经济，2018（3）：2—14.

第四节　城乡融合发展视角下农村金融理论创新的方向

一、区域局限破解：坚持融合发展理念，创新城乡一体价值链金融

价值链（Value Chain）概念首先由迈克尔·波特于 1985 年提出，主要指企业在设计、生产和销售等环节的价值创造过程，后续扩展到了全球价值链发展等领域。价值链金融是社会金融化外延的一部分，某种程度上可以看作是金融服务和赋能实体经济生产加工销售等全产业链环节进行价值创造的全过程，通过差异化和定制化的金融配套服务方式构建城乡一体化的价值链金融体系，有助于形成农村金融发展的多元化、多层次、动态性、开放性、包容性、成长性等复合型特征。"社会金融化"是金融创意创新和社会供需变化交织迸发的过程。[1]金融创新发展的重要目的之一就是为客户的金融需求提供有效的解决方案或者开发出新的产品。在某种意义上，可以把金融业看作是一种特殊的产业，有着独特的市场机制和高度的风险性，能够经营多样化金融商品以及金融服务，且金融能通过促进劳动分工进而推动经济增长。[2]涉农金融是乡村振兴发展资金的重要来源，是推进乡村振兴的源头活水，市场对资源配置起着基础性和决定性的作用，金融市场也在不断地自我更迭，但是由于中国农村金融体系的特殊性和农业的弱质性，直接使用欧美国家小政府大市场的模式通过市场力量来解决问题是不可取的，必须通过有为政府主导和有效市场结合的方式，发展壮大城乡融合发展的金融生态体系，提升金融服务的覆盖率和效率，构建具有中国特色的城乡一体化价值链金融服务体系，这样才更加适合我国的发展。

1　Rajan R G, Zingales L. "Financial dependence and growth" [J]. *American Economic Review*, 1999, 88 (3): 559—586; 温涛，陈一明. 社会金融化能够促进城乡融合发展吗？——来自中国 31 个省（直辖市、自治区）的实证研究 [J]. 西南大学学报（社会科学版），2020, 46 (2): 46—58+191.

2　冉光和，王定祥，熊德平. 金融产业可持续发展理论的内涵 [J]. 管理世界，2004 (4): 137—138; 李敬. 中国区域金融发展差异研究——基于分工理论的视角 [D]. 重庆大学，2007; Robert J Shiller. "Finance and the good society" [M]. New Jersey: *Princeton University Press*, 2013.

发展壮大城乡融合发展的金融生态体系不仅在于城乡间金融市场、机构、产品间的融通畅通，而且还需要城乡间多链条的融合发展，如价值链、产业链、供应链与技术链间相互集合联结，形成创新型的系统工程和新的发展模式，满足现阶段农村金融和城市金融相互融合发展之间的内在需求。通过不断协调和整合涉农价值链上的商流、物流、资金流和信息流，更好地在"链"上创造机遇，有利于缓解传统的金融排斥和城乡二元金融结构，解决金融资源错配问题，并不断突破区域局限，让农村金融发展有更多元化的方式与城市金融相互融合，更好地分散风险和共享价值。

金融活动是基于现实需要产生的，金融市场是由有限理性的个体的社会互动分化出的网络结构，金融行为是嵌入特定社会网络关系中的，不同个体的行为和互动造成了不同社会现象的发生，人们会依据期望的成本和额外收益来进行选择，并不断权衡利弊进行优化。从一定程度上而言，城乡融合发展是将分工、空间和生产率等多要素进行耦合，具有更为丰富的地域空间经济和产业经济的内在含义。为此，在坚持城乡融合发展理念的背景下，农村金融发展需要拓展传统理论和实践视野，在农村和城市之间建立利益联结机制，构建以城乡协同发展的金融制度为核心，协同打造产业链、供应链、价值链，构建立体多维的城乡金融系统生态体系。在进行金融产品创新发展和布局时，需要考虑多种模式的发展来破解传统的区域局限性，即在风险可控的基础上，可进行城乡一体的价值链金融服务体系创新实践，如探索合同农业等买方驱动的价值链模型，通过具有社会责任感的机构提供资助，使家庭农场等融入商业价值链的便利价值链模型，及融合价值链流动和服务混合结构的集成价值链模型等，既能发挥农村金融机构和服务的社会责任，破解传统的区域局限性，也能实现其商业可持续性运行。构建城乡一体的价值链金融制度是一种共担风险、共享价值的创新方式，能够让城市和农村金融市场中的多元金融机构和服务主体充分发挥各自的比较优势，进行专业化分工与合作，发挥市场在资源配置中的决定性作用；构建城乡一体的价值链金融制度不仅能打通城乡间的生产消费渠道，还有利于吸引更多人才服务于农村，让创新创造力得到更有效的发挥，从而将城乡的社会资源极大调动起来，优化完善城乡协同发展多场景、更立体且能以客户需求为导向的金融服务生态体系。农业产业链金融是农业供应链管理与金融融资服务相结合的新型融资方式，其作为有利于促进城乡金融有效协同发展的重要方式，具有信息传递及时性的优点，在一定程度上能降低交易成本，将金融机构及产业链和产业链上下游的分布在城乡间不同区域的经营主体紧密联结起来，进而有助于降低信贷成本、控制金融风险，在农村和城市之间建立起利益联结机制，构建出城乡融合的良好金融生态和信用体系，为提升"三农"快速可持续发展的信息和金融支持提供良好的生态环境。因此，不断发展壮大城乡金融生态体系，引导社会资本流入，构建城乡一体的价值链金融制度和产业链等多层次的金融服务体系，并优化相应的制度，是十分重要的。

二、行业局限破解：以促进现代农业发展和农村产业兴旺为重点

长期以来，金融服务"三农"领域主要关注生产信贷，但要推动城乡融合发展实现乡村全面振兴，农业产业相关的研发、加工、仓储物流以及农耕文化和休闲旅游的各环节都需要金融的强力支持，这不仅增加了对金融创新服务的渴求，而且拓展了农村金融的市场容量。在全面建设社会主义现代化国家的进程中，农村仍然是薄弱环节，乡村产业兴旺和现代农业发展是建设农业强国和实现农业农村现代化的必经之路，不仅需要依托农业农村特色资源，推动乡村产业全链条升级，增强农业的市场竞争力和可持续发展能力，更需要通过金融体系结构的优化，提升金融服务实体经济和农民增收的效能来进行。与此同时，处于创业初期和成长发展期的新型农业经营主体对金融的需求尤其迫切和旺盛，且其金融需求还呈现出多层次、多样化和综合性等特征。在加快推进现代农业和乡村产业高质量发展进程中的涉农金融需求，也必将成为农村金融创新和金融数字化转型升级的一片"蓝海"。

农村金融创新发展有着非常重要的现实意义和广阔的发展空间，在不断进行实践和探索，也在不断实现理论创新和实践创新的良性互动。在实践探索创新层面，我国正快速从农业大国向农业强国发展，"三农"领域产业体系的良好发展，为金融业务的创新提供了广阔的市场需求。实现乡村产业兴旺的重要途径之一就是畅通城乡产业融合发展渠道，城乡全产业链的结构优化和协调发展依赖金融的支持。为了破解传统的行业局限性，除了在信贷方面进行城乡融合的创新以外，还应该多维度全方位地进行城乡间保险、担保等金融创新。河南省创新实行差异化费率的水稻收入保险产品，开发小龙虾养殖天气指数保险及"稻虾共作"新型种养模式保险。这些保险既包含了自然风险，又包含了价格风险，无论是因为自然灾害等外界原因导致农产品产量、品质下降，还是因为农产品市场价格下降导致主体收入减少，都可以获得相应的赔偿，这种"双保险"的模式有助于提高参保积极性和激发内生动力。宁夏回族自治区试点"订单农业+保险+期货+融资"模式，通过举办培训班提升乡镇分管领导和从业主体的金融素养，利用订单合同、保险业务与农产品期货协同，建立保价格、包收购和防跌价的多层次、多手段风险分担机制，有效抵御了玉米市场价格波动风险，为经营主体提供风险保障服务。

农村金融应坚持以市场需求为导向，以促进现代农业发展和农村产业兴旺为重点，创新更有效率、更个性化的金融服务和产品，提升服务农村产业的能力，并不断与城市金融产品进行融合和协同创新。具体而言，一是基于农业农村发展的特殊性，参照城市金融保险产品设计原则和种类，不断丰富完善涉农金融产品服务体系和提升农业保险的覆盖率。涉农保险可与大数据、卫星遥感等新兴技术相结合，按照"愿保尽保、应赔尽赔、快赔早赔"的原则，以

"提标、扩面、增品"为方向，更加主动、迅速、合理地开展承保理赔服务。二是有效发挥金融的社会责任和多样化功能，兼顾公平与效率。坚持有效市场和有为政府相结合，在坚持农民主体地位和维护农民权益的基础上，一方面利用金融跨时空的资源配置性能，通过合理配置城乡金融资源，为农业经营主体提供有效的资金保障；另一方面通过城乡不断融合发展的金融生态体系防范和缓释风险，推动实现新旧动能的转化，通过协调不同机构的决策功能，降低农业所面临的自然和市场双重风险，用城乡协同的金融创新赋能乡村产业高质量发展。三是不断拓展城乡金融服务农村实体经济的广度和深度，相应的金融产品与服务应从原来农村金融单一化、标准化的信贷产品，转向面对不同客户类型探索差异化服务和多样化金融产品，从单一的农村金融业务承载转向城乡金融互动发展的产品创新和业务生态创新。四是加快建立一个包含支付、信贷、保险、理财等多种服务的适合乡村产业发展壮大和城乡融合发展的金融生态体系，循序渐进地推动农业农村现代化发展。

三、技术局限破解：加快实现农村普惠金融的科技融入

新中国农村金融体系的发展总体上是由政府主导自上而下进行的。中国农村数字金融的快速发展也得益于国家政策的大力支持和相应资金的大量投入及基础设施的不断完善。随着数字经济和科学技术的飞速发展，以大数据、云计算（Cloud）、互联网+、第三方支付、大数据风控、区块链、人工智能（AI）等为代表的金融科技创新（Financial Technology，简称 Fintech）形成了一系列新的金融业态、产品、服务和模式，正在悄然改变着传统金融业的发展格局，也在逐步打通城乡金融行业产品和服务的边界。以数字金融和金融科技为主的金融创新具有便捷性、效率性、高渗透性、外部经济性、普惠性和边际效益递增性等特征优势，有利于解决信息不对称产生的问题、弥补市场的不完美、降低交易营销成本，进一步推动农村金融机构的数字化转型升级和数字金融业务

创新，高效发挥数字金融服务"三农"发展的功能和效应。[1]《中国金融科技和数字普惠金融发展报告（2022）》指出，金融科技底层技术适用范围不断扩大，创新能力进一步增强。我国银行数字化转型步伐进一步加快，互联网保险业务持续保持高速发展态势，智能投顾、供应链金融、消费金融、第三方支付和监管科技发展稳定，技术应用水平进一步提高。因此，政府、企业和金融机构等需协调发力，进一步扩大和推广数字金融的覆盖范围和影响深度，进一步提升金融服务的可得性，搭建数字金融助农生态圈，不断健全农村金融服务体系，充分发挥数字普惠金融服务体系对"三农"可持续发展的积极作用。

目前，在城乡融合发展的大背景下，农村地区与城市地区互联网普及率的差异逐年减小，非现金支付工具在农村的使用率在不断提高，信用数据的收集在城乡间的进程趋近。金融创新与乡村实体产业、数据要素与其他生产要素间的融合不仅能破除传统的金融排斥，使得以往城乡二元结构下要素错配问题逐渐改善，促进城乡要素双向流动和配置，还能带动激活"三农"领域潜在的消费需求和投资需求。AI技术在智能风控、反欺诈、智能营销等金融场景中的应用不断深化和完善；区块链基础设施与前沿技术不断融合；云计算技术的上游为芯片厂商和基础设备供应商，中游为互联网数据中心（IDC，Internet Data Center），下游则为行业运用（如物流、金融等），这些都为农村金融创新发展中的技术局限破解提供了新的路径。

由于金融的本质问题是信用风险与信息之间的关系，金融机构提供的商品和服务越多元，市场融通资金和降低交易成本的能力越强，就越能够发挥金融的不同功能，促进经济资源的优化配置。通过金融与数字技术、科技创新相结

1　李建军，彭俞超，马思超. 普惠金融与中国经济发展：多维度内涵与实证分析［J］. 经济研究，2020，55（4）：37—52；宋敏，周鹏，司海涛. 金融科技与企业全要素生产率——"赋能"和信贷供给的视角［J］. 中国工业经济，2021（4）：138—155；张勋，万广华，吴海涛. 缩小数字鸿沟：中国特色数字金融发展［J］. 中国社会科学，2021（8）：35—51+204—205.

合，金融机构通过数字化渠道获得更丰富的交易方式，农村地区获得更多的金融服务，同时也为城乡融合发展提供新机遇、新动能和新活力。[1]因而对于"三农"领域而言，在农村金融发展过程中融入各种信息技术，有利于缩短金融机构与目标客户之间的距离，优化金融供给；提高数据和信息的透明度和可靠性，提升服务效率；更好地解决传统的信息不对称等问题，提升风险甄别和防控能力，有助于突破农村金融服务"最后一公里"的瓶颈，助力健全城乡融合的数字普惠金融服务体系。

总之，从传统的农耕时代到信息科技时代，随着数字经济和金融科技的快速发展，金融机构在业务拓展、运作模式、企业文化和风险控制等方面利用数字金融创新，逐步打破各主体信息分割格局，实现数据间的直连对接和共享使用，强化地方政府各部门间信息互联互通，能够在一定程度上缓解城乡金融市场主体之间的信息不对称问题。具体而言，一方面，运用多元化的信息收集渠道和科技赋能降低信息收集成本，加快完善相应的金融数据征信系统，建立分层次、多维度的征信数据库共享机制。数据不仅有虚拟性、衍生性和非竞争性等特征，还有强外部性、边际产出递增性等特点；在金融市场中，数据还能够降低信息的摩擦程度，具有高使用效率和价值提升的优势。另一方面，加快金融科技融入城乡金融体系融合发展的进度，通过金融生态系统内部的信息数据传输，增加金融体系内部的竞争性供给；利用数字金融不断优化效率，带动创新性金融服务的供给，促进要素配置和流动更加有效和合理化，大幅降低信息处理成本，提高对征信数据的再分析能力，推进城乡金融服务的供给侧结构性改革，激发包容性金融的可持续发展。

---

1 Bachas P, Gertler P, Higgins S, et al. "Digital financial services go a long way: Transaction costs and financial inclusion" [J]. *American Economic Review*, 2018 (1): 444-448; 彭澎，周月书. 新世纪以来农村金融改革的政策轨迹、理论逻辑与实践效果——基于 2004—2022 年中央一号文件的文本分析 [J]. 中国农村经济，2022 (9): 2—23.

四、领域局限破解：农村资源资本化作为农村金融重要功能

全面推进乡村振兴面临巨大融资需求。现阶段农村金融服务创新需要扩面、提质、增效，需要盘活乡村各种资源，提升涉农资产的价值，优化乡村全面振兴的条件。习近平总书记强调："要全面推进乡村振兴，加快农业产业化，盘活农村资产，增加农民财产性收入，使更多农村居民勤劳致富。"[1]长期以来，农民收入增长乏力的主要原因在于缺乏资本和投资收益。虽然乡村的自然资源、非物质文化遗产等资源丰富，但大多数乡村"沉睡"资源未能得到合理有效的激活。土地系统是人、地、权关系系统，依托土地的资源与空间属性，主要包含自然和人文两个子系统，土地、市场、技术、信息和金融资本的获取及可持续性价值对城乡融合发展施加着多重影响，其中土地利用转型通过效率提升、价值显化、要素流通与结构优化四大渠道助推城乡融合发展。[2]农地流转有着特殊的市场规律，盘活土地经营权还有赖于交易组织与交易方式的完善。我国应在发挥集体经济优势的基础上，探索出具有中国特色的现代农业发展道路[3]。实践层面，发达国家关于农村资源资本化的实践创新为中国提供了部分有益借鉴。如19世纪前后，德国政府通过成立农村宅基地抵押信用合作社和发行农村宅基地债券等方式进行土地改革，拓展农业融资渠道；20世纪初期，荷兰进行耕地整治，综合发展可持续农业、乡村旅游服务业等，取得了较好的经济社会效益；20世纪中期，日本开展了以农村合作金融组织为主体的农村宅基地投资权益资本化尝试，提升土地价值等。由此可见，资源资本化具有增值和扩张属性，农村要素市场化配置改革与土地制度、经营制度和产权

1　习近平. 论"三农"工作［M］. 北京：中央文献出版社，2022：50.

2　龙花楼，陈坤秋. 基于土地系统科学的土地利用转型与城乡融合发展［J］. 地理学报，2021，76（2）：295—309.

3　罗必良. 科斯定理：反思与拓展——兼论中国农地流转制度改革与选择［J］. 经济研究，2017，52（11）：178—193；张红宇. 中国农村改革的未来方向［J］. 农业经济问题，2020（2）：107—114.

制度的关联性改革有助于农民就业增收、实现共同富裕和乡村可持续发展。

习近平总书记指出："资本是社会主义市场经济的重要生产要素"[1]。资本在不同领域的流动性能够提升金融投资作用于土地和劳动力等生产要素的收益。尤其是在数字经济时代，数据要素与资本进行融合形成的数据资本能够更快速实现跨城乡空间和领域的无限增值性。在坚持城乡融合发展理念下，不仅要重视乡村产业的多元化价值开发，而且要将农村资源资本化作为农村金融重要功能。要加快深化农村要素市场化配置改革，重视发展新型集体经济和农村土地金融化等创新模式。要在坚持农村土地"三权分置"的改革思路下，在保障粮食和重点农产品总量安全的前提下，积极探索和丰富农村土地的利用方式，进一步利用市场机制盘活土地，发展新型农村集体经济，探索农村集体经营性建设用地入市途径，并不断完善农村集体经营性建设用地进入市场的政策保障，建设城乡统一的市场；要健全土地增值收益分配机制，将农村资源资本化作为农村金融重要功能之一，畅通其相关投融资渠道，由过去资源的单向流动向城乡间互动互通发展，发挥金融促收共富作用；充分赋予农村产权抵押融资权能，拓宽抵押担保渠道，提高所有者的金融资源意识和能力，助力农业扩大再生产发展步伐，形成良性发展。

由此，一是通过在农村建立共享平台的方式，及时有效盘活农村闲置资产，打通城乡要素市场间的藩篱，提高农村的资产利用率。土地是农村的重要资源，要通过对土地用途的高效率与高价值转换实现土地资源的资本化和资产化。通过农地"三权分置"制度改革、农村宅基地制度改革、集体经营性建设用地入市、资源核算抵押融资、"生态银行"和土地流转等方式破除土地要素在城乡间自由流通的约束和局限。积极推进农村集体产权制度改革，盘活农村的"沉睡资产"。二是利用多元化、特色化、技术化经营等多种方式发展智

1　习近平谈治国理政（第四卷）[M]. 北京：外文出版社，2022：217.

慧农业、农耕文化体验和乡村休闲观光旅游等，提升农村土地利用效率与价值，实现"绿水青山就是金山银山"，并在农村资源资本化的过程中，将其与人力资本、技术、信息等要素进行协同联动，促进城乡内外部的资源优化配置。三是农村金融创新应与农村其他改革如农地"三权分置"改革、农业保险改革等协同进行，与抵押融资创新、城乡公共服务均等化配套进行，统筹推进全面改革创新，加速推进乡村全面振兴。

第三章

乡村振兴过程中农村金融
服务需求的变化及特征

乡村振兴是推进城乡融合以缓解城乡发展不平衡、促进乡村持续发展以缓解农村发展不充分的重大战略。[1]全面实施乡村振兴战略将带来新的金融需求。本章基于乡村振兴战略实施的目标任务与内在要求，分析乡村振兴战略引致的农村金融服务需求的主要变化和特征。

第一节　乡村振兴战略实施的目标任务及内在要求

一、乡村振兴战略实施的目标任务

2018 年中央一号文件明确提出了乡村振兴战略实施的三阶段目标任务和总要求：到 2020 年，乡村振兴取得重要进展，制度框架和政策体系基本形成；到 2035 年，乡村振兴取得决定性进展，农业农村现代化基本实现；到 2050年，乡村全面振兴，农业强、农村美、农民富全面实现。实现以上目标，需要促进乡村产业兴旺、生态宜居、乡风文明、治理有效、生活富裕。这五个方面既是实施乡村振兴战略的总要求，也体现了乡村振兴战略的内涵。[2]

1　刘彦随. 中国新时代城乡融合与乡村振兴 [J]. 地理学报，2018，73（4）：637—650.
2　左正龙. 绿色金融创新助力乡村振兴：机制、困境、路径 [J]. 学术交流，2021（9）：83—95.

产业兴旺是乡村振兴的重点。要以城市产业发展带动乡村产业进步，既促进农业技术进步、生产效率提高、农产品质量提升，又促进农村产业融合，承接城市二产转移，发展乡村特色三产，以农业为基础实现"接二连三"。

生态宜居是乡村振兴的关键。经济发展的同时应注重生态保护，保护绿水青山才能留住金山银山。要加强农村生态环境治理和保护，加强农村基础设施建设，提升农村公共服务水平，改善农村人居环境，建设美丽乡村，畅通城乡交流渠道。

乡风文明是乡村振兴的保障。要以社会主义核心价值观、优秀传统文化、农耕文化为主要内容，加强农村地区精神文明建设，培育积极向上的乡风、家风和民风，形成和谐、乐观的社会氛围。

治理有效是乡村振兴的基础。要坚持党对乡村振兴工作的领导地位，发挥农村基层党组织作用，保障党的方针政策在农村落地生效；加强数字乡村建设，提升乡村治理数字化水平，提高党和政府工作效率，营造安定有序的社会环境。

生活富裕是乡村振兴的根本。要提升农民收入水平，缩小城乡收入差距，优化农村消费结构，改善农民生活质量，实现共同富裕。

二、乡村振兴战略实施的内在要求

乡村振兴战略的提出是为了更好地解决"三农"问题，最终实现农业强、农村美、农民富。根据内因外因辩证原理，要实现乡村振兴，应从农业、农村、农民三者入手，盘活乡村要素资源，激活乡村发展内在动力。同时，在乡村经济发展的同时，还应统筹推进"五位一体"总体布局，促进乡村经济、政治、文化、社会、生态文明建设协同发展。

1. 盘活乡村要素资源，促进乡村经济发展

实现乡村振兴，促进乡村经济发展是基石。发展乡村经济，盘活乡村要素

资源是关键。根据经济增长理论，土地、劳动力、资本、技术水平是促进经济增长的关键要素。换言之，要实现乡村经济发展，推动乡村振兴，需要激活农村土地、劳动力、资金及农业技术等要素。[1]

土地是促进农业农村发展的核心要素。农村土地有序流转是中国农村经济高质量发展的重要依托。[2]改革开放以来，循序渐进的土地要素市场化改革盘活了土地要素的经济价值，提高了土地资源配置效率，助力中国经济总量在1979—2020 年间实现高速增长。[3]农地"三权分置"改革对县域农业经济发展有着显著促进作用。[4]农村土地经营权抵押能缓解农业农村发展资金约束，助力农业向规模化、现代化发展。农村宅基地制度改革能提高宅基地要素配置效率，促进其财产权能实现，带动农民收入增长。[5]

劳动力是农业农村发展的根本要素。受农业逐渐向规模化、机械化、智能化、集群化转型，促进农业高质量发展和农村产业融合的影响，农业农村发展对劳动力的质量要求提高、数量要求降低，农村剩余劳动力将发生流动。一是剩余劳动力在产业间流动。农村劳动力更倾向于选择工业和服务业部门而非农业部门就业，农业劳动力数量近 30 年来逐渐下降，预计未来还将进一步减少。[6]随着农村剩余劳动力向非农产业转移，农村劳动力的边际生产效率提高，有利于促进农村地区经济增长。二是农村剩余劳动力将在省际、城市和县域间流动。研究发现，县域内的流动对农户共同富裕的促进效应最大，而省际流动的促进效应最小。[7]

1　刘同山，韩国莹. 要素盘活：乡村振兴的内在要求 [J]. 华南师范大学学报（社会科学版），2021（5）：123—136+207.

2　张亮，江庆勇. 引导农村土地经营权有序流转的政策建议 [J]. 经济纵横，2019 (1)：99—106.

3　崔占峰，辛德嵩. 深化土地要素市场化改革　推动经济高质量发展 [J]. 经济问题，2021 (11)：1—9.

4　甘天琦，李波，邓辉. 农地"三权分置"改革与县域农业经济增长 [J]. 华中农业大学学报（社会科学版），2021 (5)：147—157+198—199.

5　张广辉，张建. 宅基地"三权分置"改革与农民收入增长 [J]. 改革，2021 (10)：41—56.

6　黄季焜. 加快农村经济转型，促进农民增收和实现共同富裕 [J]. 农业经济问题，2022 (7)：4—15.

7　谭昶，吴海涛，彭燕. 农村劳动力流动对农户共同富裕的影响研究 [J]. 中国农业资源与区划，2023，44 (9)：223—231.

资金是农业农村发展的关键要素。中国农村存款余额长期高于贷款余额，资本逐利性驱使农村金融资源流向城市，促进城市经济快速发展，城乡发展差距拉大。随着乡村振兴战略的提出，"三农"事业不断推进，乡村建设与发展产生了巨额资金需求。农村金融是满足乡村振兴资金需求的主要渠道。政策性金融能够通过释放政策信号和改善农业投资环境吸引商业金融流入。[1] 合作性金融通过将合作社内资金剩余与资金短缺对接，实现社内资金流动。随着资金需求得到满足，融资约束得以缓解，新型农业经营主体农业生产经营效率不断提高，经营利润实现增长，对促进农村产业发展和经济增长将产生显著正向影响。[2]

促进农村经济发展，还需要提升农村技术水平以提高各类资源要素使用效率。刘凤和刘英恒太（2020）发现农业机械化水平对种植业全要素生产率有显著正向影响。[3] 廖开妍等研究发现农业技术进步不仅能提升农业生产效率增加粮食产量，还能通过对劳动力的替代和释放效应增加农民经营性收入与工资性收入。[4] 随着互联网的普及和数字乡村建设的开展，农村地区电子商务不断增加，县域经济中第一产业占比降低，非农产业结构得以优化，服务业占比提高，县域经济逐步向第三产业转型。[5]

总体而言，实现乡村振兴需要激活乡村要素资源，深化土地制度改革，提升农村人力资本水平，满足农村农业发展资金需求，不断推动技术进步，促进

1　史歌，郭俊华. 农村金融对农业经济增长贡献率的测算［J］. 统计与决策，2020，36（21）：155—158.

2　刘婷婷. 新型农业经营主体的融资困境与金融支农改革路径［J］. 农村经济，2016（3）：73—77；许秀川，高远东，梁义娟. 借贷能力、风险收益与新型农业经营主体经营效率［J］. 华中农业大学学报（社会科学版），2019（1）：54—67+165.

3　刘凤，刘英恒太. 生态效率、农业机械化与农业经济发展——基于pvar模型的动态研究［J］. 农业经济与管理，2020（6）：43—54.

4　廖开妍，杨锦秀，曾建霞. 农业技术进步、粮食安全与农民收入——基于中国31个省份的面板数据分析［J］. 农村经济，2020（4）：60—67.

5　陶涛，樊凯欣，朱子阳. 数字乡村建设与县域产业结构升级——基于电子商务进农村综合示范政策的准自然实验［J］. 中国流通经济，2022，36（5）：3—13.

各要素协同和城乡间要素自由流动，促进农村实体经济发展。

2. "五位一体"建设协同，实现乡村全面振兴

2018 年中央一号文件中明确提出乡村振兴以"产业兴旺、生态宜居、乡风文明、治理有效、生活富裕"为总要求，与经济建设、政治建设、文化建设、社会建设和生态文明建设总体布局相呼应。在激活乡村要素资源、促进乡村经济发展的基础上，要以实现乡村全面振兴为目标，全面加强乡村政治、文化、社会和生态文明建设。

乡村经济建设要以产业兴旺为目标，激发农村创新创业活力，利用农业技术与设备，发展现代农业，推动农村一二三产业深度融合，构建现代产业体系。乡村政治建设要以治理有效为目标，始终坚持党对乡村振兴工作的指导。农村基层党组织能够最直接、广泛地接触到广大农村人民群众，是乡村振兴战略的组织者和执行者，具有政治领导、思想引领、凝聚动员和政治服务功能，能保证和提高乡村振兴成效。[1]乡村文化建设要以乡风文明为目标，弘扬社会主义核心价值观，重建乡村道德规范，保留乡村特色文化，丰富乡村文化生活，传承中华优秀传统文化。[2]要改善农民精神风貌，提高乡村社会文明程度。乡村社会建设要以生活富裕为目标，增加农村公共服务供给，提升农村公共服务水平，改善农民就业质量，提高农民收入水平，优化农民消费结构，缩小城乡居民的生活质量差距，促进城乡协调发展，共享社会主义现代化建设的成果。生态文明建设要以生态宜居为目标，既包括统筹山水林田湖草沙系统治理的自然生态宜居，还包括农村基础设施和人居环境改善的人工环境宜居。[3]乡村经济发展给乡村环境带来挑战，乡村生态文明建设对乡村经济发展产生制约，应发展

1　刘立光. 乡村振兴视域下农村基层党组织政治功能探析［J］. 湖南社会科学，2022（3）：37—44.

2　李重，林中伟. 乡村文化振兴的核心内涵、基本矛盾与破解之道［J］. 北京工业大学学报（社会科学版），2022，22（6）：39—48.

3　芦风英，庞智强，邓光耀. 中国乡村振兴发展的区域差异测度及形成机理［J］. 经济问题探索，2022（4）：19—36.

绿色低碳循环的现代农业产业体系来缓解二者之间的矛盾。

第二节　乡村振兴战略引致的农村金融服务需求及特征

一、乡村振兴战略引致的农村金融服务需求

乡村振兴战略的实施将催生巨大的资金需求和金融服务需求。财政支农资金、社会资金、金融资金共同发挥着弥补资金缺口的作用。但金融资金对资金缺口的弥补能力较财政支农资金、社会资金更强。[1]由于城乡金融发展不平衡，金融支持"三农"不充分，农村获得的资金支持与金融服务明显不足，乡村振兴战略的有效实施受到严重制约。[2]因此，为促进乡村振兴战略顺利、有效实施，应基于乡村振兴的内在要求，提高金融服务"三农"的能力与水平。

1. 金融产品与服务的新需求

农村金融根据乡村振兴战略实施需求提供新的金融产品和服务。一方面，农村、农业、农民发展的资金不足是实现乡村振兴的首要制约因素。因此，金融服务乡村振兴的首要任务是提供金融资金支持。各类银行发放贷款是金融提供资金支持最普遍的方式。但借款主体不同，其需要的贷款产品也存在差异。农村居民对小额贷款需求较大。[3]农村承包土地经营权抵押融资能够对农户家庭收入与支出产生积极影响，进而改善农户福利。[4]新型农业经营主体对额度较

1　王小华，杨玉琪，程露. 新发展阶段农村金融服务乡村振兴战略：问题与解决方案 [J]. 西南大学学报（社会科学版），2021，47（6）：41—50+257—258.

2　吴本健，王蕾，罗玲. 金融支持乡村振兴的国际镜鉴 [J]. 世界农业，2020（1）：11—20+57.

3　刘明轩，姜长云. 农户分化背景下不同农户金融服务需求研究 [J]. 南京农业大学学报（社会科学版），2015，15（5）：71—78+139；王蕾，郭晓鸣. 新型农业经营主体融资需求研究——基于四川省的问卷分析 [J]. 财经科学，2017（8）：118—132.

4　牛晓冬，罗剑朝，牛晓琴. 农户分化、农地经营权抵押融资与农户福利——基于陕西与宁夏农户调查数据验证 [J]. 财贸研究，2017，28（7）：21—35.

大、期限较长的贷款产品需求较高。[1]银行贷款能够缓解新型农业经营主体融资约束，从而提升农业生产经营效率和利润。[2]另一方面，随着从传统小农户经营逐渐向合作化、规模化、产业化的经营模式转变，乡村振兴引致的金融产品与服务需求更加多元化和综合化。新型农业经营主体在生产经营过程中对信贷、保险、期货等金融产品有着较为强烈的需求。[3]虽然保险、担保、期货等试点工作不断推开，但农村金融风险和金融服务成本的降低程度有限，还应开发并推广信托、租赁等服务。[4]新型经营主体对"期货+保险""订单+期货+保险""订单+保险+融资""担保+融资"等组合产品需求明显增加。[5]

科技进步带动农村金融科技水平提升，增强农村金融线下、线上服务乡村振兴的能力。一方面，在线下农村金融基础服务基本实现全覆盖的基础上，增加各金融机构网点智能化设备提供自助服务，可提升农村金融线下服务效率；另一方面，随着互联网在农村地区普及程度不断提高，数字乡村建设不断推进，对线上金融服务平台、农村数字普惠金融产品与服务的需求将不断增强。

2. 金融组织新需求

金融组织提供贷款、担保、保险、期货等金融产品和服务，满足乡村振兴战略实施的新需要。银行业金融机构主要通过提供贷款满足新型农业经营主体

1　刘俊奇，周杨. 新型农业经营主体的信贷需求及影响因素研究——基于辽宁样本的考察 [J]. 广西大学学报（哲学社会科学版），2017，39（3）：74—78.

2　刘婷婷. 新型农业经营主体的融资困境与金融支农改革路径 [J]. 农村经济，2016（3）：73—77；许秀川，高远东，梁义娟. 借贷能力、风险收益与新型农业经营主体经营效率 [J]. 华中农业大学学报（社会科学版），2019（1）：54—67+165.

3　毛政，兰勇，周孟亮. 新型农业经营主体金融供给改革探析 [J]. 湖南农业大学学报（社会科学版），2016，17（1）：9—14.

4　温涛，何茜. 中国农村金融改革的历史方位与现实选择 [J]. 财经问题研究，2020（5）：3—12.

5　王小华，杨玉琪，程露. 新发展阶段农村金融服务乡村振兴战略：问题与解决方案 [J]. 西南大学学报（社会科学版），2021，47（6）：41—50+257—258.

和农民的资金需求。农村商业银行贷款和信用社贷款是家庭农场满足资金需求的主要渠道。[1] 王吉鹏等（2018）基于 131 家新型农业经营主体的研究发现，农村商业银行、农村信用社、村镇银行等农村金融机构、政策性银行、商业银行分别满足新型农业经营主体 50%、22.9%、27.1% 的贷款需求。[2] 村镇银行的设立会产生"鲶鱼效应"，提高农信机构发放涉农贷款的意愿，刺激农信机构提高涉农贷款比重；农商行倾向于提高涉农经济组织贷款率；农信社倾向于提高农户贷款率。[3] 对于缺乏信用评估与抵押资产的农民，其资金需求可通过农村合作金融满足。农村合作金融鼓励合作社内成员自愿出资入股，社内资金服务社内成员，支持农民拓宽融资渠道、调剂社员资金余缺、提升社员的信用风险意识。

乡村振兴除需要满足资金需求的银行业金融机构外，还需要满足担保、保险、期货等其他金融产品与服务需求的金融组织。银行业金融机构出于安全性、盈利性和经营可持续性的考虑，更倾向于发放抵押贷款和担保贷款。[4] 随着农村抵押品范围不断扩大，对农产品、农地经营权等抵押资产进行评估、确权服务的需求增加，相应的评估、确权组织与机构需求也不断增强。对于缺乏信用评估与抵押资产的农民及新型经营主体，担保服务能够提升其获取贷款的可能性，其对融资担保公司的需求也不断增强。新型农业经营主体和农民需要保险机构提供农业保险，转移农村农业生产经营可能遭遇的自然灾害风险，降低可能受到的损失；需要期货市场提供农产品期货交易，对冲价格变动带来的市

---

1 郭树华，裴璇. 新型农业经营主体融资影响因素分析 [J]. 经济问题探索，2019（11）：173—179；阎立娜，李录堂，文龙娇. 金融支持对农地产权流转效率影响的实证研究——以陕西省杨凌示范区为例 [J]. 华东经济管理，2015，29（8）：55—61.

2 王吉鹏，肖琴，李建平. 新型农业经营主体融资：困境、成因及对策——基于 131 个农业综合开发产业化发展贷款贴息项目的调查 [J]. 农业经济问题，2018（2）：71—77.

3 马九杰，崔恒瑜，王雪，等. 设立村镇银行能否在农村金融市场产生"鲶鱼效应"？——基于农信机构贷款数据的检验 [J]. 中国农村经济，2021（9）：57—79.

4 华中昱，林万龙. 贫困地区新型农业经营主体金融需求状况分析——基于甘肃、贵州及安徽 3 省的 6 个贫困县调查 [J]. 农村经济，2016（9）：66—71.

场风险。

可见，不同金融组织能够在各自领域内提供金融产品与服务满足乡村振兴战略实施要求。但随着农业农村现代化进程不断推进，多元化、多层次、广覆盖、强合作的金融组织体系才能真正助力乡村振兴的实现。因此，在鼓励各类金融机构服务"三农"的基础上，还需要加强金融组织体系内的合作，如"银担合作""银保合作""银保担合作"等，共同助力乡村振兴实现。

3. 金融基础设施新需求

银行业金融机构提供贷款服务，尤其是信贷服务，对信息依赖程度高。[1]而我国农村地区尚未建立起系统完备的个人和中小企业征信体系，金融机构难以全面掌握农户和企业的信用情况，信息不对称现象较为严重。[2]信息不对称可能导致新型农业经营主体和农户面临较严重的信贷配给和较高金融交易成本，降低农村金融服务乡村振兴的效率。因此，应加强农村信用体系建设，建立和完善农村信用信息系统平台，整合新型农业经营主体及农民信用信息，实现农村信用信息共享。

大力发展农业担保，对于激活农村金融市场，破解农业融资困境具有重要的作用。[3]一方面，担保具有信息传递功能，通过降低信贷主体间的信息不对称程度，对新型农业经营主体融资约束的缓解有积极的影响；[4]另一方面，担保可发挥中介作用，对银行发放给农业与小微企业的贷款进行风险分担，提高新型农业经营主体信用水平，有效调动银行支农支小的积极性。[5]但宋洪远等调研1621个新型农业经营主体后发现，新型农业经营主体申请贷款获批率低，贷

---

1 何广文，刘甜. 基于乡村振兴视角的农村金融困境与创新选择 [J]. 学术界，2018 (10)：46—55.
2 陆静超. 新时期金融精准支持乡村振兴对策研究 [J]. 理论探讨，2021 (3)：145—149.
3 李亚中. 四川农业担保体系发展的困境与对策 [J]. 农村经济，2014 (11)：87—91.
4 陈军，帅朝. 新型农业经营主体供给型融资约束与融资担保——基于湖北省的数据考察 [J]. 农村经济，2021 (2)：95—104.
5 李江源，马松，李佳驹，等. 加快政策性担保和再担保机构建设破解中小微企业融资难融资贵难题——基于四川的思考 [J]. 现代管理科学，2017 (7)：100—102.

款额度满足率不高，基本未获得政府的信贷担保支持。[1]何广文等发现担保是农户获得正规信贷的主要方式之一，但由于农户缺乏法定意义上的规范的担保物，农户获得信贷资金的能力不足。[2]因此，应根据农村地区现状，建立政策性担保和商业担保相结合的农业信贷担保体系，发挥担保"获客、增信、分险"的功能，助力乡村振兴战略实施。[3]

促进金融科技创新，发展农村金融科技，是农村金融供给方与需求方的共同需求。金融科技创新是金融服务与底层技术的双向创新，能破解传统农村金融服务供给中触达难、风控难、盈利难等痛点，推动金融组织方式、服务模式、产品体系等不断创新，以满足乡村产业发展多元主体、融合业态、数智应用的新型金融服务需求；[4]能通过减少金融交易的信息不对称、降低交易成本、改善农村数字和金融生态环境，助力农村产业兴旺；[5]还能为农民创业提供支持、提高农民收入、缩小城乡收入差距，进而对农村家庭幸福感产生积极影响。[6]

农村金融基础设施需求除从供给侧考虑的信用体系、担保体系和金融科技需求外，还应从需求侧关注农村金融素养提高的需求。农村金融素养通过信贷机制、资产机制和保险机制发挥作用。从信贷机制角度看，农村金融素养的提升能够降低农村家庭贫困脆弱性，可以通过提升正规信贷可得性、促进家庭资产积累和增加商业保险购买等渠道发挥防范返贫的作用。[7]提升农村金融

———————————

1 宋洪远，石宝峰，吴比. 新型农业经营主体基本特征、融资需求和政策含义 [J]. 农村经济，2020 (10)：73—80.

2 何广文，刘甜. 基于乡村振兴视角的农村金融困境与创新选择 [J]. 学术界，2018 (10)：46—55.

3 刘世佳，魏亚飞. 深化农村金融改革助力乡村振兴发展 [J]. 学术交流，2020 (11)：12—18+191.

4 孙晓，罗敬蔚. 金融科技赋能乡村产业振兴的核心优势与基本模式研究 [J]. 学习与探索，2022 (2)：136—143.

5 朱丽萍，杨绪彪，李程. 数字金融助推乡村产业兴旺 [J]. 宏观经济管理，2022 (8)：42—49.

6 尹振涛，李俊成，杨璐. 金融科技发展能提高农村家庭幸福感吗？——基于幸福经济学的研究视角 [J]. 中国农村经济，2021 (8)：63—79.

7 张梦林，李国平，侯宇洋. 从脱贫攻坚到乡村振兴：金融素养如何防范返贫 [J]. 统计与信息论坛，2022，37 (2)：117—128.

素养能够帮助新型农业经营主体和农民充分表达信贷需求，避免过度负债，降低财务风险。[1]从资产机制角度看，农村金融素养的提升能帮助新型农业经营主体和农民利用现有金融产品优化资产配置，避免投资决策失误和不理性行为，降低资产波动的不确定性。从保险机制角度看，农村金融素养的提升能增强新型农业经营主体和农民的风险判断能力与风险规避意识，通过增加保险购买进行风险管理，降低不确定性可能带来的负面影响。

二、农村金融服务乡村振兴战略重点的变化及趋势

《关于促进乡村产业振兴的指导意见》指出，"产业兴旺是乡村振兴的重要基础，是解决农村一切问题的前提"。农村产业兴旺助推农业农村高质量发展、促进城乡融合、缩小城乡差距、改善农民生活、促进共同富裕，是乡村振兴的首要任务和根本保障。[2]农村基础设施是产业兴旺的"先行资本"，是生态宜居的"必要条件"，是生活富裕的"重要保障"[3]，是实现乡村振兴的重要基础。农村基础设施为农村产业振兴提供配套辅助，农村产业发展推动农村基础设施完善，二者相互促进，是农村金融服务乡村振兴应重点支持的领域。

农村金融服务乡村振兴，重点支持乡村产业兴旺，既要促进农业高质量发展，又要促进农村一二三产业融合。促进农业高质量发展，一方面，支持农业技术开发，提升农业机械化利用率，提升农业现代化水平，提高农业生产效率；另一方面，发展设施农业突破农业生产所具有的季节性短板，发展订单农业，降低市场风险威胁。此外，促进土地等农业生产要素资源整合，实现农业规模化经营，打造各地特色农产品，发展县域富民产业，为产业融合奠定基

1　吴卫星，吴锟，王琟. 金融素养与家庭负债——基于中国居民家庭微观调查数据的分析 [J]. 经济研究，2018（1）：97—109.

2　赵培，郭俊华. 产业振兴促进农民农村共同富裕：时代挑战、内在机理与实现路径 [J]. 经济问题探索，2022（9）：1—11；张吉岗，吴嘉荜，杨红娟. 乡村振兴背景下中西部脱贫地区产业兴旺实现路径 [J]. 中国人口·资源与环境，2022，32（8）：153—162.

3　曾福生，蔡保忠. 农村基础设施是实现乡村振兴战略的基础 [J]. 农业经济问题，2018（7）：88—95.

础。促进农村一二三产业融合，一方面，利用大中城市产业向县域延伸的契机，引导县域企业在农产品产地发展粮油加工、食品制造等，建设农业产业园、产业强镇，利用直播带货等方式发展电子商务，拓宽农产品销售渠道与市场；另一方面，推动农业农村绿色发展，以特色产业与特色产品引导发展乡村旅游业、乡村餐饮业、乡村住宿业等，以一、二产业带动第三产业在农村发展。

农村金融除重点服务乡村产业发展，还要补上农村基础设施短板，包括农村生产基础设施与农村生活基础设施。补充农村生产基础设施的短板可从以下六个方面着力：一是进行耕地保护和质量提升，改造中低产农田，建设高标准农田和节水灌溉系统。二是农业关键核心技术攻关，推动实现种业振兴，提升农机装备研发与应用水平。三是发展现代设施农业，发展塑料大棚、日光温室、连栋温室等设施，发展集约化、规模化生产、养殖，应用智能化设施装备。四是推动农业绿色可持续发展，实施生态保护修复，研发推广减碳增汇农业技术，加强生物多样性保护。五是防范农业重大灾害，加大农业防灾减灾救灾能力建设和投入力度，强化灾害监测预警体系建设，维护与修复农业、水利基础设施，增强防汛、抗旱能力。六是加强农村交通基础设施建设，支持新改建农村公路、农村公路安全生命防护工程、农村公路危桥改造，打通水陆交通堵点。此外，农村金融还应当支持农村供水工程、农村电网、宽带建设、农村清洁能源、房屋质量安全、乡村物流等农村生活基础设施建设与完善，缩小城乡基础设施差距，促进城乡基础设施互联互通。[1]

三、乡村振兴战略引致的农村金融服务需求主要特征

1. 服务范围广

在城乡融合视角下，城乡涉农产业均是金融服务的范围。既要对农村地区

1　陆静超. 新时期金融精准支持乡村振兴对策研究 [J]. 理论探讨，2021（3）：145—149.

各项活动提供金融支持，推进高标准农田建设，提升农村人居环境，完善农村基础设施，推进数字乡村建设，促进城乡公共服务均等化实现；也要在城市端支持城乡融合的相关产业发展。就服务农业而言，农村金融需要助力保障粮食安全和重要农产品供给，发展特色农业，助力农村一二三产业融合发展；推进农业关键核心技术开发，提升农机装备研发应用水平，促进乡村产业规模化、绿色化发展。就服务主体而言，也是多元的，包括新型农业经营主体和农户。农村金融以新型农业经营主体和农户为服务对象，为其提供贷款、保险、期货等金融产品和服务，满足其生产经营、生活消费需要。

2. 需求差异大

新型农业经营主体和农户是实现乡村振兴的主体，二者对农村金融的需求存在差异。与普通农户相比，家庭农场、专业大户、农民专业合作社等新型农业经营主体资金需求额度较大、贷款期限较长。[1]各类新型农业经营主体对农村金融的需求也存在差异。融资需求意愿方面，家庭农场意愿最强，其后依次是龙头企业、农民专业合作社和种养大户。[2]融资需求规模方面，龙头企业资金需求规模最大，其后依次是农民专业合作社、家庭农场和种养大户。正规信贷获取方面，龙头企业向银行业金融机构获取正规信贷资源的意识较农民专业合作社、家庭农场和种养大户强，种养大户、龙头企业、家庭农场、农民专业合作社的银行贷款获批率依次下降。贷款发放率方面，种养大户、农民专业合作社、龙头企业、家庭农场的银行贷款足额发放率依次提升。政府信贷担保方面，新型农业经营主体获得支持的力度较弱，各类经营主体平均获得政府信贷担保支持的比例只有3.8%，仅龙头企业比重超过平均数，约为9.2%。[3]

1 刘俊奇，周杨. 新型农业经营主体的信贷需求及影响因素研究——基于辽宁样本的考察 [J]. 广西大学学报（哲学社会科学版），2017，39（3）：74—78.

2 王吉鹏，肖琴，李建平. 新型农业经营主体融资：困境、成因及对策——基于131个农业综合开发产业化发展贷款贴息项目的调查 [J]. 农业经济问题，2018（2）：71—77.

3 宋洪远，石宝峰，吴比. 新型农业经营主体基本特征、融资需求和政策含义 [J]. 农村经济，2020（10）：73—80.

　　随着农业保险的不断发展，新型农业经营主体和农户的农业保险需求意愿均呈增强的趋势，且新型农业经营主体的农业保险需求意愿较农户更强。[1]但二者对保险购买的偏好存在明显差异。普通农户偏好以应对自然风险为主的"低保额、低保费"类农业保险，新型经营主体偏好以应对市场风险为主的农业保险，且对有财政补贴的农业保险认可度更高。[2]此外，养殖业经营主体较种植业经营主体而言对农业保险的需求更强烈。[3]

3. 政策支持力度大

　　为确保涉农金融投入稳定增长，提升县域农村金融服务的质量与效率，中国人民银行、银保监会、财政部、税务总局等机构在货币政策、财政政策、监管政策等方面给予农村金融政策较大力度的保障与支持。

　　货币政策方面，给予最优准备金等优惠。中国人民银行对县域农村金融机构执行最优惠的存款准备金政策，2022 年 4 月，农村商业银行、农村合作银行、农村信用社和村镇银行等小型银行存款准备金率为 5%，远低于国有银行的 9.75% 和股份制商业银行的 7.75%。2022 年 1 月至 2023 年 6 月，人民银行创设普惠小微贷款支持工具，对地方法人金融机构发放的普惠小微贷款，按照余额增量的 2% 提供激励资金，鼓励其持续增加普惠小微贷款。

　　财政政策方面，给予税收优惠、财政补贴等支持。财政部、税务总局联合发布的《关于延续实施普惠金融有关税收优惠政策的公告》明确，2023 年 12 月 31 日前，对向小微企业、个体工商户、农户发放的符合条件的贷款利息收入免增值税、减计应纳税所得额，以降低税收负担。自 2021 年起五年内，中

　　1　鞠光伟，张燕媛，陈艳丽，等. 养殖户生猪保险参保行为分析——基于 428 位养殖户问卷调查 [J]. 农业技术经济，2018 (6)：81—91；王韧，潘家宝，陈嘉婧. 异质性视角下"二元主体"的农业保险需求研究 [J]. 云南财经大学学报，2022, 38 (7)：48—62.

　　2　江世忠，朱文冲. 基于 Logit 模型对新型农业经营主体农业保险购买偏好的特征研究 [J]. 财经理论与实践，2021, 42 (2)：50—56.

　　3　牛浩，陈盛伟，安康，等. 农业保险满足新型农业经营主体的保障需求了吗？——基于山东省 422 家省级示范家庭农场的证据 [J]. 保险研究，2020 (6)：58—68.

央财政对政策性农担业务实行担保费用补助和业务奖补；省级财政进一步建立健全担保费用补助和业务奖补政策，支持省级农担公司降低担保费用和应对代偿风险，确保政策性农担业务贷款主体实际负担的担保费率不超过0.8%，政策性扶贫项目不超过0.5%。

　　监管政策方面，实行差异化监管政策。银保监会为督促银行加大普惠性涉农贷款投放，对涉农贷款的不良贷款率不超过自身不良贷款率3%的，在监管评级和内部考核时不予扣分，让银行"敢贷""愿贷""能贷"。

第四章

农村金融服务乡村振兴战略的
实际状况及问题

本章基于全面推进乡村振兴的金融需求，从金融供给层面分析农村金融服务乡村振兴战略的现实情况，重点揭示金融供给对金融需求的满足情况。第一节从整体上分析金融服务乡村振兴的现状及存在的问题。考虑到在乡村振兴战略中，产业兴旺是重中之重，产业兴旺的关键是激活农业产业链，因此，第二节聚焦于金融对农业全产业链的支持效应，揭示金融服务乡村振兴的情况。

第一节　农村金融服务乡村振兴战略的现状

一、农村金融组织体系持续完善

乡村振兴战略实施以来，农村银行、保险、担保等金融机构覆盖广度不断拓宽，服务水平不断提升。

截至 2020 年末，全国乡镇银行业金融机构覆盖率为 97.13%，全国行政村基础金融服务覆盖率为 99.97%。[1]聚焦"三农"金融服务，国家开发银行、中国农业发展银行深化"三农"金融事业部改革，股份制商业银行推进普惠金

---

[1] 数据来源于中国人民银行发布的《中国普惠金融指标分析报告（2020 年）》，见 http://camlmac.pbc.gov.cn/goutongjiaoliu/113456/113469/4335821/20210908163 43161697.pdf。

融事业部建设。北京、上海、天津、重庆、安徽、湖北、江苏、山东、江西、湖南、广东、青海 12 个省市完成农信社改制工作，截至 2021 年末，全国农村商业银行共计 1596 家[1]，较上年末增长 3.7%；全国村镇银行共计 1651 家[2]，较上年末增长 0.86%。2022 年 3 月末，地方法人银行普惠型贷款余额达到 11.96 万亿元，约占全国总量的 51%；涉农贷款达到 18.05 万亿元，占全国总量的 39.5%。[3]普惠金融服务稳步提高。

2020 年，银保监会批准 29 家保险公司总公司经营农业保险业务[4]。2021 年，全国农业保险保费规模为 965.18 亿元，同比增长 18.4%，为 1.88 亿户次农户提供风险保障共计 4.78 万亿元。其中，中央财政拨付保费补贴 333.45 亿元，同比增长 16.8%。[5]

截至 2021 年底，全国融资担保法人机构共计 4838 家。随着政府性融资担保体系不断完善，国有控股融资担保机构行业占比持续提高，达 55.4%，融资担保直保余额 4.2 万亿元。[6]

二、涉农贷款投放呈现增加态势

近年来，农村金融支农力度不断加强。由表 4-1 可知，中国涉农贷款总

1　银保监会公布最新银行业金融机构法人名单：农商银行已达 1596 家［EB/OL］．［2022-03-24］https://baijiahao.baidu.com/s？id=1728183707868687486&wfr=spider&for=pc.

2　欧阳洁．中小银行总体运行平稳风险可控［N/OL］．［2022-05-23］http://m.people.cn/n4/2022/0523/c3535-20074076.html.

3　普惠金融服务能力持续增强［N］．经济日报，2022-04-22.

4　符合农业保险经营条件的 29 家保险公司为：中国人民财产保险股份有限公司、中华联合财产保险股份有限公司、中国太平洋财产保险股份有限公司、中国人寿财产保险股份有限公司、阳光农业相互保险公司、安华农业保险股份有限公司、国元农业保险股份有限公司、中国平安财产保险股份有限公司、中原农业保险股份有限公司、中航安盟财产保险有限公司、安信农业保险股份有限公司、紫金财产保险股份有限公司、中国大地财产保险股份有限公司、北部湾财产保险股份有限公司、锦泰财产保险股份有限公司、永安财产保险股份有限公司、中煤财产保险股份有限公司、泰山财产保险股份有限公司、阳光财产保险股份有限公司、华农财产保险股份有限公司、安诚财产保险股份有限公司、太平财产保险有限公司、诚泰财产保险股份有限公司、国任财产保险股份有限公司、黄河财产保险股份有限公司、英大泰和财产保险股份有限公司、燕赵财产保险股份有限公司、海峡金桥财产保险股份有限公司、大家财产保险有限责任公司。

5　中华人民共和国财政部金融司．全国农业保险保费规模超 900 亿元［EB/OL］．［2022-01-12］http://jrs.mof.gov.cn/gongzuodongtai/202201/t20220112_3782216.htm.

6　融资担保机构创新产品倾力帮扶小微［N］．金融时报，2022-09-07.

量从 2017 年的 30.95 万亿元增加到 2021 年的 43.21 万亿元，年均增速为 8.7%；农林牧渔业贷款从 2017 年的 3.87 万亿元增加到 2021 年的 4.57 万亿元，年均增速为 4.24%；其他涉农贷款从 2017 年的 27.08 万亿元增加到 2021 年的 38.64 万亿元，年均增速为 9.3%。可见，从乡村振兴战略提出以来，涉农贷款不断增加，农村金融支持乡村振兴的力度不断加大。

表 4-1　2017—2021 年涉农贷款统计情况[1]　　单位：万亿元，%

年份	全口径涉农贷款		农林牧渔业贷款		其他涉农贷款	
	本期余额	同比增长	本期余额	同比增长	本期余额	同比增长
2017	30.95	9.64	3.87	5.74	27.08	10.22
2018	32.68	5.59	3.94	1.81	28.74	6.13
2019	35.19	7.68	3.97	0.76	31.22	8.63
2020	38.95	10.68	4.27	7.56	34.68	11.08
2021	43.21	10.94	4.57	7.03	38.64	11.42

数据来源：中国人民银行调查统计司，见 http://www.pbc.gov.cn/diaochatongjisi/116219/index.html。

由表 4-2 可知，银行业金融机构是满足农村贷款需求的主要力量，大型、中型、小型银行提供的涉农贷款占涉农贷款总额的 95.12%。银行业金融机构中，全国性大型政策性、开发性银行提供涉农贷款占比 36.25%，小型银行占比 35.79%，中型银行占比 23.08%。小型银行是为农林牧渔业提供贷款的主力银行，大型银行是其他涉农贷款的主力银行。小型银行中，农村商业银行提供的各项涉农贷款服务占比大于 65%，是提供涉农贷款的小型银行中的主力银行。进一步分析发现，小型银行在农村地区的贷款服务占比略高于大型银行和中型银行，小型银行的农户贷款服务明显优于大型银行和中型银行。可见，小型银行立足本地提供农村金融服务，满足当地农村、农业、农民的金融需求效果明显。

1　涉农贷款按用途划分包括农林牧渔业贷款和其他涉农贷款两部分。农林牧渔业贷款是指金融机构发放给各主体进行农林牧渔业生产的贷款，包括农业贷款、林业贷款、牧业贷款、渔业贷款和农林牧渔服务业贷款；其他涉农贷款主要是金融机构发放的除农林牧渔业贷款之外的其他贷款（不含票据融资）。

表 4-2 2020 年末金融机构涉农贷款情况[1]   单位：万亿元，%

机构类型	全口径涉农贷款		农林牧渔业贷款		其他涉农贷款		农村（县及县以下）贷款		农户贷款	
	余额	贷款占比	余额	贷款占比	余额	贷款占比	余额	贷款占比	余额	贷款占比
全部金融机构	38.95	100	4.27	100	34.68	100	32.27	100	11.81	100
中资全国性大型银行	14.12	36.25	0.91	21.31	13.21	38.09	12.11	37.53	4.13	34.97
中资中型银行	8.99	23.08	0.36	8.43	8.63	24.88	5.75	17.82	0.26	2.2
中资小型银行	13.94	35.79	2.36	55.27	11.58	33.39	12.69	39.32	6.37	53.94
其中：										
农村商业银行	9.42	24.18	1.86	43.56	7.56	21.8	8.53	26.43	5.12	43.35
农村合作银行	0.11	0.28	0.04	0.94	0.07	0.2	0.09	0.28	0.06	0.51
村镇银行	0.87	2.23	0.23	5.39	0.64	1.85	0.8	2.48	0.62	5.25
农村信用合作社	1.71	4.39	0.63	14.75	1.08	3.11	1.56	4.83	1.02	8.64
中资财务公司	0.19	0.49	0.01	0.23	0.18	0.52	0.16	0.5	0.04	0.34

数据来源：中国人民银行发布的《中国农村金融服务报告(2020)》。

三、金融产品创新赋能乡村振兴

个性化、特色化的农村金融产品不断涌现。一是针对特色产业、支撑产业贷款产品不断增加。如农业银行针对广西特色产业推出"油茶贷""六堡茶农贷""普惠桂木贷"等线下贷款产品和"惠农 e 贷"等线上贷款产品。"油茶贷"审批贷款金额 35.86 亿元，实现投放贷款 21.96 亿元，"六堡茶农贷"累

---

1 中资全国性大型银行包括中资全国性四家银行（中国工商银行、中国农业银行、中国银行、中国建设银行）、国家开发银行、交通银行、中国邮政储蓄银行。中资中型银行包括招商银行、中国农业发展银行、上海浦东发展银行、中信银行、兴业银行、中国民生银行、中国光大银行、华夏银行、进出口银行、广发银行、平安银行、北京银行、上海银行、江苏银行。中资小型银行包括恒丰银行、浙商银行、渤海银行、小型城商行、农村商业银行、农村合作银行、村镇银行和其他中资小型银行。

计发放贷款 1.45 亿元,"普惠桂木贷"累计发放贷款 4.8 亿元,"惠农 e 贷"累计发放农户贷款 479.72 亿元。[1]青岛农商银行也推出"丰收 e 宝""丰收 e 贷""社保 e 贷""乡村振兴信用卡"四款乡村振兴金融产品。二是抵押、质押方式创新,抵押品、质押品范围扩大。林权、宅基地和房产所有权、农村土地经营权、厂房和大型农机具、圈舍和活体畜禽均可进行抵押,仓单和应收账款等可进行质押。三是农业保险"扩面、提标、增品"不断取得新突破,农业保险覆盖率不断提升。黑龙江三大主粮作物承保覆盖率超过 82%,以甜菜、中药材种植、肉用仔鹅、肉羊养殖等县域特色产业为标的,创新开发出 112 款地方特色农业保险产品,提供农业保险保障。四是开发应用组合型金融产品。截至 2021 年 6 月,"保险+期货"试点已于 27 个省、459 个县支持超过 930 个项目,涉及农产品达到 14 个,服务 141 万户农户,赔付金额超过 13 亿元。[2]

金融科技赋能农村金融,助力乡村振兴。农村地区互联网普及率为 58%,农村网民规模已达 2.8 亿,使用电子支付的比例为 83%,数字乡村建设取得明显进展,为科技进步与农村金融结合奠定了良好的基础。一是金融机构开发线上金融产品,如农业银行开发"惠农 e 贷",提供线上贷款服务。二是农村金融云服务农业、农村和农民,利用"互联网+"、遥感技术、地理信息系统等技术与金融服务相结合,辅助开展贷前评估、贷后管理,辅助保险机构精准核保、精准理赔、监测灾情,利用遥感数据设计指数保险产品。三是金融科技助力完善信用体系建设,畅通信息交流,降低农村金融服务成本,提高服务效率。截至 2020 年末,全国共建设农户信用信息系统 270 个,累计为近 1.9 亿农户建立信用档案。征信系统已经收录了 11 亿自然人、6092.3 万户企业及其

---

1 农行广西分行:创新涉农金融产品助力乡村振兴 [EB/OL]. [2022-08-01] https://www.gxnews.com.cn/staticpages/20220801/newgx62e7d22d-20846125.shtml.

2 冯琦,冯占军. 扩大和优化新疆棉花"价格保险+期货"试点的建议 [J]. 中国棉花,2021,48 (11):1—6+14.

他组织的信用信息，其中小微企业法人数为 3542.39 万户。[1]

第二节　农村金融服务乡村振兴战略存在的问题

一、短期考量，多长期制度安排不足

表 4-3 反映了 2017—2020 年全口径涉农贷款、农林牧渔业贷款、农村贷款、农户贷款占各项贷款比重。虽然总量上看全口径涉农贷款余额从 2017 年的 30.95 万亿元增加到 2020 年的 38.95 万亿元，但涉农贷款占各项贷款比重从 2017 年的 25.4% 逐年下降至 2020 年的 22.9%；农林牧渔业贷款余额从 2017 年的 3.87 万亿元增加到 2020 年的 4.27 万亿元，但其占各项贷款比重从 3.2% 逐年下降至 2.5%；农村贷款余额从 2017 年的 25.14 万亿元增加到 2020 年的 32.27 万亿元，但其占各项贷款比重从 20.7% 逐年下降至 19%；农户贷款余额从 2017 年的 8.11 万亿元增加到 2020 年的 11.81 万亿元，其占各项贷款比重从 6.7% 小幅上涨至 6.9%。从总量与占比两个角度对农村金融支持乡村振兴进行动态分析，全口径涉农贷款、农林牧渔业贷款、农村贷款、农户贷款总量均呈增加趋势，说明短期内金融机构对农村、农业投入金融资源明显增加，农业农村得到的金融支持不断加大；全口径涉农贷款、农林牧渔业贷款、农村贷款占比逐年下降，农户贷款占比略微上升，说明对"三农"的金融资源支持在金融机构贷款资源分配中处于较为弱势的地位。金融机构出于盈利性及经营可持续的考虑，更愿意为经营风险较低、资金周转较快、收益较高的行业和经营规模较大、资产价值较高的经营主体提供金融资源；向其他行业和企业提供金融资源时，金融机构更倾向于提供短期金融产品或服务，避免受到长期服务带来的不确定性影响。农业较低的盈利能力决定了其无法提供较高的资本回报率，

1　数据来源于中国人民银行发布的《中国农村金融服务报告（2020）》。

资本的盈利性与农业低盈利能力矛盾凸显，导致农村金融机构为"三农"事业提供金融资源的积极性不足。为缓解该矛盾对农村金融支持带来的不利影响，政府机构与金融组织应协同配合。政府要加强政策引导，金融机构在追求盈利与可持续发展的同时，要担起金融支农的社会责任，同时激活农村资本市场，三方协同建立健全金融支农的长效机制，才能更好地满足乡村振兴的金融需求。

表 4-3   2017—2020 年涉农贷款占各项贷款比重情况   单位:%

年份	全口径涉农贷款	农林牧渔业贷款	农村贷款	农户贷款
2017	25.4	3.2	20.7	6.7
2018	24	2.9	19.6	6.8
2019	23.3	2.6	19.1	6.9
2020	22.9	2.5	19.0	6.9

数据来源：中国人民银行调查统计司，见 http://www.pbc.gov.cn/diaochatongjisi/116219/index.html。

二、总体考量多，区域差异关注不足

中国地域辽阔，不同地区经济发展水平不同，农村金融发展水平不一致，不同地区农村金融供给与需求也存在差异。

农村金融供给方面，一是党中央、国务院以及农业农村部、财政部、中国人民银行、银保监会等多个部门出台了一系列指导意见或暂行办法，鼓励金融机构为乡村振兴给予金融支持，但不同区域政策实施效果不同。如人民银行明确对县域农村金融机构执行最优惠的准备金政策，但由于中西部地区农村金融机构的金融基础资源明显较东部少，准备金优惠政策在"马太效应"的影响下，使具备资源优势的东部区域获取更多金融资源，而中西部由于基数限制，获取的农村金融增量资源有限，东部与中西部农村金融资源差异进一步拉大。[1]

---

[1] 陈亮，杨向辉. 农村金融的区域差异影响因素及政策分析 [J]. 中国特色社会主义研究，2018（3）：42—50.

二是不同区域农村金融服务乡村振兴的工作重点因农村金融基础设施水平不同而有所差异。东部地区较中西部互联网普及程度更高，数字化技术应用更娴熟，农村金融机构服务网点密度更大，农村信用体系、支付体系、农村金融消费者权益保护制度等农村金融基础设施更完善。所以，东部地区农村金融服务重点在于产品与服务创新以满足农村农业发展需求，中、西部地区则需在完善农村金融基础设施的同时创新金融产品与服务。

农村金融需求方面，东部、中部和西部地区地理位置、农村经济发展水平不同，对农村金融产品与服务的需求也存在差异。中东部地区地形以平原和丘陵为主，具备农业规模化发展条件，乡村产业集群化程度较高，产业发展的规模化集群效应明显。同时，中东部地区是农业研发机构与研发人才聚集地，农业科技水平较高。西部地区农业发展受地形地貌条件限制，农业机械化水平受限，整体耕作效率较中东部地区低；区域内县域间产业雷同且县域内缺乏协同，新型农业经营主体规模较小，产业集群化程度较低。中东部地区经营主体对农村金融产品种类、规模、期限等的需求与西部地区经营主体存在明显差异。

东、中、西部地区地理环境、经济发展水平、金融基础设施等不同，对农村金融的需求也不同。但政府以全国农业农村发展一般情况为参考，制定服务乡村振兴战略的农村金融优惠政策，引导金融机构向农村提供金融资源；金融机构提供贷款、保险等金融产品与服务时也未充分考虑到区域之间的差异，这就暴露出农村金融服务乡村振兴战略在全国统一性基础上对区域差异关注不足的问题。

三、重点领域及薄弱环节针对性不足

国务院及相关部门出台了一系列支持农村产业融合发展的政策文件，引导、鼓励金融机构为农村产业融合提供金融服务。但金融机构出于自身盈利性与可持续发展的考虑，对农村基础设施建设项目以及经营风险、市场风险均较

高的农村经营主体提供金融服务的积极性和主动性不足，农村金融资源供需失衡，农村产业发展和基础设施建设受到农村金融服务数量不足和服务效率低下的制约。[1]乡村振兴战略提出以来，涉农贷款总量逐年增加，农村金融支持乡村振兴的力度不断加大。表4-4显示了2020年按贷款用途分类各项涉农贷款情况。按贷款用途，涉农贷款可细分为农林牧渔业贷款、农用物资和农副产品流通贷款、农村基础设施建设贷款、农产品加工贷款、农业生产资料制造贷款、农田基本建设贷款、农业科技贷款和其他涉农贷款。其中，农林牧渔业贷款、农用物资和农副产品流通贷款、农村基础设施建设贷款、农产品加工贷款、农业生产资料制造贷款、农田基本建设贷款、农业科技贷款合计15.87万亿元，占当年涉农贷款总额的40.75%，即农村金融机构提供给企业和各类组织用于支付农业产前、产中、产后各环节和农村基础设施建设贷款总额尚未达到涉农贷款总额的50%；其他涉农贷款包含县域地区的房地产贷款、建筑业贷款等，其贷款总额高达23.08万亿元，占涉农贷款总额的59.26%。可见，对于农村产业发展与基础设施建设两个领域，农村金融提供的资源规模与其重要性尚不匹配，农村金融应加大对农村产业发展与基础设施建设领域的支持力度。

表4-4　2020年按贷款用途分类各项涉农贷款情况

单位：万亿元,%

项目	本期余额	占涉农贷款比重	同比增长
全口径涉农贷款	38.95	100	10.7
农林牧渔业贷款	4.27	10.96	7.5
农用物资和农副产品流通贷款	2.68	6.88	-2.2
农村基础设施建设贷款	6.96	17.87	11
农产品加工贷款	1.19	3.06	2.6
农业生产资料制造贷款	0.47	1.21	-6.9

1　张林，温涛. 数字普惠金融如何影响农村产业融合发展［J］. 中国农村经济, 2022（7）: 59—80.

续表

项目	本期余额	占涉农贷款比重	同比增长
农田基本建设贷款	0.25	0.64	9.8
农业科技贷款	0.05	0.13	27.8
其他涉农贷款	23.08	59.26	13.9

数据来源：中国人民银行发布的《中国农村金融服务报告（2020）》。

四、同质化竞争，组织分工协同性不足

银行业金融机构是目前服务乡村振兴的主要农村金融机构，其在提供服务乡村振兴的金融支持时暴露出交叉与空白并存的特点。[1]这是由银行业金融机构战略定位同质、目标客户同质、业务种类同质、经营管理理念同质、提供的金融产品与服务差异性不明显造成的。[2]

表 4-2 的数据显示，中国农业银行、国家开发银行等大型银行涉农贷款占涉农贷款总额的 36.25%，较小型银行略高。同时，中资全国性大型银行不良贷款同比下降，中资小型银行不良贷款余额却同比上升。可见，银行业金融机构间相互竞争，大型银行获得优质客户青睐，经营风险较小；小型银行获得次优客户，经营风险较高。

除银行外，保险、担保等非银行金融机构也存在产品和服务同质化的问题，如各农业保险公司提供的成本保险、收入保险、指数保险等产品的标的、条款类似。这就必然导致部分金融产品消费不足，部分金融产品和服务的消费需求无法满足，供给过剩与供给不足同时存在的问题。

金融机构间的合作依赖政府引导，自发性协作较少。如前文所述，农村金融市场上盈利性金融机构的客户重叠、产品和服务同质，导致各类金融机构内

---

1 陆静超. 新时期金融精准支持乡村振兴对策研究 [J]. 理论探讨，2021（3）：145—149.
2 温涛，何茜. 中国农村金融改革的历史方位与现实选择 [J]. 财经问题研究，2020（5）：3—12.

部竞争大于合作。政府为鼓励农村金融机构服务"三农",出台了一系列优惠政策,如保险保费财政补贴、政策性农担等,鼓励银行、保险、农担公司合作,但在缺乏政府干预领域,各类金融机构间合作极少。

第三节　投入产出表及网络关系视角下金融对农业产业链的影响效应

前面从整体上分析了金融服务乡村振兴的情况。在乡村振兴战略中,产业兴旺是重中之重,产业兴旺的关键是要激活农业产业链。本节聚焦金融对农业全产业链的支持效应,揭示金融服务乡村振兴的情况。

一、金融对农业全产业链支持效应的研究方法

1. 投入产出分析方法

农业全产业链是与农业相关联的上游与下游产业形成的循环链条。农业全产业链本质是与农业相关联产业形成的投入产出关系。因此,金融对农业全产业链的支持效应可用投入产出分析方法来研究。投入产出分析是全部互相依存(general interdependence)这一古典经济理论的延伸。[1]自 20 世纪 50 年代以来,这一方法已经成为众多经济分析模型的基础。依据投入产出分析方法编制的投入产出表,可以比较全面地反映国民经济循环中生产、分配、流通、消费等情况,其中涉及农业全产业链上全部产业间的投入产出情况,因此可用投入产出表数据计量分析金融对农业全产业链的支持效应。国家层面的投入产出表一般5 年编制一次。国家统计局在线公布了 2002 年、2007 年、2012 年、2017 年、2018 年和 2020 年中国投入产出表(样表见4-5),其中 2018 年和 2020 年属于

---

1 Leontief W W. "Input-output Economics"[M]. New York: *Oxford University Press*, 1966.

表4-5 中国投入产出表（样表）

产出 投入	中间使用				最终使用							进口	总产出
	产业部门1	…	产业部门N	中间使用合计	农村消费	城镇消费	政府消费	固定资本形成	存货增加	出口	最终使用合计		
中间投入 产业1													
…													
产业N													
中间投入合计													
增加值 劳动者报酬													
生产税净额													
固定资产折旧													
营业盈余													
增加值合计													
总投入													

追加编制。由于 2018 年与 2017 年只相差一年，数据变化不大，在本研究中，仅使用 2002 年、2007 年、2012 年、2017 年和 2020 年 5 个时期的中国投入产出表。

2. 农业全产业链的产业部门划分

2020 年竞争型全国投入产出表有 153 个产业部门。通过产业分析，农业全产业链涉及其中 43 个产业部门。为了方便与以前公布的投入产出表对应，将其中的谷物磨制品，饲料加工品，植物油加工品，糖及糖制品，屠宰及肉类加工品，水产加工品，蔬菜、水果、坚果和其他农副食品加工品，方便食品，乳制品，调味品、发酵制品，其他食品，酒精和酒，饮料，精制茶，烟草制品，棉、化纤纺织及印染精加工品，毛纺织及染整精加工品，麻、丝绢纺织及加工品，针织或钩针编织及其制品，纺织制成品，纺织服装服饰，皮革、毛皮、羽毛及其制品，鞋，木材加工和木、竹、藤、棕、草制品，家具，造纸和纸制品等 26 个产业部门归入农产品加工业。将计算机、互联网和相关服务、软件服务、信息技术服务归为信息产业；将批发和零售合并为批发零售业；将货币金融和其他金融服务、资本市场服务合并为金融业（这里金融主要是融资服务，不包含保险）；保险业单列。这样，农业全产业链的产业部门归为 13 个（见表 4-6）。

表 4-6　农业全产业链的产业部门划分

部门归类	代码	部门名称
种植业	01001	农产品
林业	02002	林产品
畜牧业	03003	畜牧产品
渔业	04004	渔产品
农业服务业	05005	农、林、牧、渔服务产品

续表

部门归类	代码	部门名称
农产品加工业	13012	谷物磨制品
	13013	饲料加工品
	13014	植物油加工品
	13015	糖及糖制品
	13016	屠宰及肉类加工品
	13017	水产加工品
	13018	蔬菜、水果、坚果和其他农副食品加工品
	14019	方便食品
	14020	乳制品
	14021	调味品、发酵制品
	14022	其他食品
	15023	酒精和酒
	15024	饮料
	15025	精制茶
	16026	烟草制品
	17027	棉、化纤纺织及印染精加工品
	17028	毛纺织及染整精加工品
	17029	麻、丝绢纺织及加工品
	17030	针织或钩针编织及其制品
	17031	纺织制成品
	18032	纺织服装服饰
	19033	皮革、毛皮、羽毛及其制品
	19034	鞋
	20035	木材加工和木、竹、藤、棕、草制品
	21036	家具
	22037	造纸和纸制品
肥料产业	26044	肥料
农药产业	26045	农药

部门归类	代码	部门名称
农机产业	35075	农、林、牧、渔专用机械
信息产业	39088	计算机
	64123	互联网和相关服务
	65124	软件服务
	65125	信息技术服务
批发零售业	51105	批发
	52106	零售
金融业（银行类和资本市场）	66126	货币金融和其他金融服务
	67127	资本市场服务
保险业	68128	保险

3. 金融对农业全产业链支持效应的计量方法

从产业链角度，金融对农业相关产业的支持效应可分为投入效应和市场效应两个方面（如图 4-1 所示）。投入效应是从产业链上游角度，为农业相关产业带来的投入。投入效应又可分为直接投入效应和间接投入效应两种：直接投入效应是金融对农业相关产业的直接投入情况，可用金融对该产业的中间投入与该产业的总中间投入比来反映；间接投入效应是金融对其他相关产业进行中间投入，其他相关产业又对该产业进行中间投入带来的效应。

假如，金融对农业全产业链中 i 产业的中间投入为 F_i，农业全产业链中 i 产业的中间投入合计为 D_i，则金融对 i 产业的直接投入效应为：

$$DI\,E_i = \frac{F_i}{D_i} \qquad (4\text{-}1)$$

金融对 i 产业的间接投入效应为：

$$II\,E_i = \sum_{j=1}^{13} \frac{F_j}{D_j} \times \frac{P_{ji}}{D_i} \qquad (4\text{-}2)$$

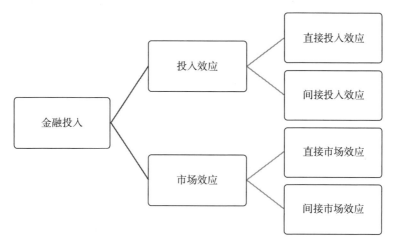

图 4-1　金融对农业全产业链支持效应的分析框架

式（4-2）中，i 和 j 分别代表 1……13 个产业，F_j 为金融对农业全产业链中 j 产业的中间投入，D_j 为农业全产业链中 j 产业的中间投入合计，D_i 为农业全产业链中 i 产业的中间投入合计，P_{ji} 为农业全产业链中 j 产业对 i 产业的中间投入。

市场效应是从产业链下游角度，为农业全产业链上各个产业提供市场份额的效应。市场效应又可分为直接市场效应和间接市场效应两种。直接市场效应是金融直接购买农业全产业链上各个产业生产产品的情况，可用金融对该产业的中间使用与该产业的总中间使用比来反映。间接市场效应是金融对其他相关产业进行中间投入，其他相关产业又对该产业进行产品购买形成中间使用带来的效应。

假如，金融对农业全产业链中 i 产业的中间使用为 MF_i，农业全产业链中 i 产业的中间使用合计为 MD_i，则金融对 i 产业的直接市场效应为：

$$DME_i = \frac{MF_i}{MD_i} \qquad (4-3)$$

金融对 i 产业的间接市场效应为：

$$IME_i = \sum_{j=1}^{13} \frac{F_j}{D_j} \times \frac{MP_{ji}}{MD_i} \qquad (4\text{-}4)$$

式（4-4）中，i 和 j 分别代表 1……13 个产业，F_j 为金融对农业全产业链中 j 产业的中间投入，D_j 为农业全产业链中 j 产业的中间投入合计，MD_i 为农业全产业链中 i 产业的中间使用合计，MP_{ji} 为农业全产业链中 j 产业对 i 产业的中间使用。

4. 农业全产业链与金融支农的网络分析方法

产业间的互动投入和相互市场提供形成了产业间的多边网络关系。农业全产业链并不是一条简单的"链"，而是一张"网络"。这个网络密度越大，说明产业间的分工和经济联系就越紧密，农业全产业链就越发达。通过网络分析，可以揭示不同产业在农业全产业链中的地位和作用，特别是可以有效分析金融和保险对驱动农业全产业链形成的作用；通过网络动态分析，还可以探索促进产业间分工和经济联系的内生和外生动力，特别是金融和保险的动力表现。因此，运用网络分析方法来研究金融对农业全产业链的支持效应是一种有价值的方法创新。遗憾的是，受研究数据和方法复杂性限制，现有研究很少运用此方法。本书运用中国投入产出表数据，构建了农业全产业链 13 个产业部门的网络关系模型，运用网络分析方法计量分析了产业间的网络关系以及金融和保险在网络中的地位和作用。不仅如此，本书还运用基于随机行动者的网络动力学模型（stochastic actor-based models for network dynamics）揭示了影响农业全产业链网络关系演变的机理以及金融和保险在推动网络演变中的作用。基于随机行动者的网络动力学模型将"网络截面"分析推向"网络面板"分析，可以分析网络的动态变化，在国内学术领域还很少用到，具有国际前沿水平。

二、金融对农业全产业链的中间投入实际状况

根据 2002—2020 年中国投入产出表，对农业全产业链 13 个产业部门投入

产出进行重新汇总处理，并通过生产者价格指数进行物价处理，得到金融对农业全产业链的中间投入情况（见表4-7和表4-8）。

表4-7 金融业（银行类和资本市场）对农业全产业链的中间投入情况

单位：万元,%

产业名称	2002 年	2007 年	2012 年	2017 年	2020 年	年均增长
种植业	2000151	1192711	5103818	5322002	5904161	6.20
林业	544999	136043	295568	521387	678662	1.23
畜牧业	1075815	435078	1233626	1511614	1110647	0.18
渔业	493783	414716	1042624	1445107	1410048	6.00
农业服务业	62899	142778	198262	254809	306106	9.19
农产品加工业	3284900	8718012	16302817	13969323	12756562	7.83
肥料产业	207745	493030	1151579	1017072	971755	8.95
农药产业	48784	208559	396691	216303	191375	7.89
农机产业	54207	106482	234763	156950	131424	5.04
信息产业	1499925	4732301	11407536	8412009	12964688	12.73
批发零售业	7662664	8465110	19480251	33989359	46269614	10.51
金融业	4168725	5807485	13078294	23012662	21167720	9.45
保险业	173260	1276275	10071875	25915260	31342558	33.48

注：本表以2002年为基期，数据通过生产者价格指数进行了物价处理。

表4-8 保险业对农业全产业链的中间投入情况 单位：万元,%

产业名称	2002 年	2007 年	2012 年	2017 年	2020 年	年均增长
种植业	152062	329831	24884	503488	669883	8.59
林业	41060	60261	33973	213386	310437	11.89
畜牧业	37286	276893	14887	525529	455649	14.92
渔业	92395	188986	107603	696656	833543	13.00
农业服务业	13424	183566	164724	296014	426773	21.19
农产品加工业	463795	972775	827006	1604652	1827767	7.92

产业名称	2002 年	2007 年	2012 年	2017 年	2020 年	年均增长
肥料产业	22989	36750	33237	29998	32634	1.97
农药产业	7069	6985	7429	13035	14202	3.95
农机产业	3236	6276	35103	19089	19697	10.56
信息产业	190533	242963	468600	366341	819940	8.45
批发零售业	2175854	968816	1614818	3145732	4878758	4.59
金融业	250333	85702	678969	4147211	3531808	15.84
保险业	393088	3173406	3314528	8483326	11616888	20.70

注：本表以 2002 年为基期，数据通过生产者价格指数进行了物价处理。

1. 金融业（银行类和资本市场）对农业全产业链的中间投入情况

从中间投入总量看，金融业（银行类和资本市场）对批发零售业、保险业、信息产业和农产品加工业 4 个产业投入较多，2020 年均超过 1000 亿元。2020 年，在 13 个产业部门中，金融业（银行类和资本市场）对批发零售业、保险业、信息产业和农产品加工业中间投入占比分别为 34.22%、23.18%、9.59% 和 9.43%，合计占比 76.42%；而金融业（银行类和资本市场）对种植业、渔业、畜牧业和林业中间投入占比分别为 4.37%、1.04%、0.82% 和 0.50%，合计仅为 6.73%，总量为 910.36 亿元；金融业（银行类和资本市场）对肥料产业、农业服务业、农药产业、农机产业中间投入占比分别为 0.7%、0.23%、0.14% 和 0.10%，合计仅为 1.17%，总量为 160.07 亿元。

从中间投入增长看，2002—2020 年，金融业（银行类和资本市场）对农业全产业链 13 个产业部门实现了中间投入的增长，但 13 个产业部门之间的中间投入增长差异较大。金融业（银行类和资本市场）对信息产业、批发零售业、保险业中间投入年均增长超过 10%；其次对农业服务业、农产品加工业、肥料产业、农药产业中间投入年均增长超过 7%；对种植业、林业、畜牧业、渔业直接中间投入增长并不高。对种植业和渔业直接中间投入年均增长率分别为 6.20% 和 6.0%，对林业、畜牧业直接中间投入年均增长率分别为 1.23% 和 0.18%。对农机产业直接中间投入年均增长率也仅有 5.04%。

总体来看，无论是总量还是增长率，金融业（银行类和资本市场）将资金更多分配于农业全产业链后端产业，对农业全产业链前端产业的支持相对较少，尤其是对种植业、林业、畜牧、渔业投入总量不高，增长速度不快。

2. 保险业对农业全产业链的中间投入情况

从中间投入总量看，保险业对批发零售业、金融业（银行类和资本市场）和农产品加工业投入相对较多。2020 年在 13 个产业部门中，保险业对批发零售业、金融业（银行类和资本市场）和农产品加工业中间投入占比分别为 19.18%、13.88% 和 7.19%，合计占比 40.25%，共计 1023.83 亿元；其次是渔业、信息产业和种植业，保险业对这三个行业的中间投入占比分别为 3.28%、3.22% 和 2.63%，合计占比 9.13%，共计 232.34 亿元；再次是畜牧业、农业服务业和林业，保险业对这三个行业的中间投入占比分别为 1.79%、1.68% 和 1.22%，合计占比 4.69%，共计 119.29 亿元。保险业对肥料、农机和农药的中间投入较少，合计占比 0.26%，共计 6.65 亿元。

总体来看，在总量上，保险业将中间投入更多分配于农业全产业链后端产业，对农业全产业链前端产业的支持相对较少；从增长速度看，除农药和肥料产业外，保险业对其他农业全产业链行业中间投入都实现了较快增长。

三、金融对农业全产业链支持效应的计量测算

1. 直接投入效应

（1）金融业（银行类和资本市场）的直接投入效应

根据式（4-1）可计算出金融业（银行类和资本市场）的直接投入效应（见表 4-9）。

**表 4-9 金融业（银行类和资本市场）对农业
全产业链的直接投入效应测算**

序号	行业	2002 年	2007 年	2012 年	2017 年	2020 年	2020 年相对2002 年变化	平均值
1	种植业	4.09%	1.67%	4.10%	3.32%	3.18%	-0.91%	3.27%
2	林业	6.51%	2.80%	3.41%	3.88%	4.22%	-2.29%	4.17%
3	畜牧业	2.34%	0.63%	1.18%	1.30%	0.91%	-1.44%	1.27%
4	渔业	3.70%	2.90%	4.07%	4.07%	3.57%	-0.12%	3.66%
5	农业服务业	2.12%	1.84%	1.59%	1.17%	1.09%	-1.04%	1.56%
6	农产品加工业	1.21%	1.30%	1.52%	0.93%	0.87%	-0.34%	1.17%
7	肥料产业	1.92%	2.05%	3.02%	2.56%	2.50%	0.58%	2.41%
8	农药产业	1.70%	2.83%	3.29%	1.22%	1.11%	-0.59%	2.03%
9	农机产业	0.97%	1.17%	1.32%	0.84%	0.91%	-0.05%	1.04%
10	信息产业	2.36%	3.54%	5.23%	2.92%	2.82%	0.46%	3.38%
11	批发零售业	9.75%	8.90%	11.73%	11.25%	11.06%	1.31%	10.54%
12	金融业	22.39%	21.97%	8.65%	9.34%	9.79%	-12.60%	14.43%
13	保险业	2.23%	5.41%	38.55%	38.62%	36.54%	34.31%	24.27%

从直接投入效应大小看，金融业（银行类和资本市场）对保险业支持力度最大，5 年平均直接投入效应为 24.27%，其次为批发零售业，为 10.54%。金融业（银行类和资本市场）对林业、渔业、信息产业和种植业 5 年平均直接投入效应均超过 3%，分别为 4.17%、3.66%、3.38%、3.27%；金融业（银行类和资本市场）对肥料产业和农药产业 5 年平均直接投入效应均超过 2%；金融业（银行类和资本市场）对农业服务业、畜牧业、农产品加工业和农机产业 5 年平均直接投入效应超过 1%，低于 2%。

从态势看，对比 2020 年和 2002 年的数据发现，金融业（银行类和资本市场）对种植业、林业、畜牧业、渔业、农业服务业、农产品加工业、农药产业和农机产业的直接投入效应处于下降态势；金融业（银行类和资本市场）

对信息产业、肥料产业和批发零售业的直接投入效应有小幅度上升；金融业（银行类和资本市场）对保险业的直接投入效应有大幅上升，这说明融资性金融与保险有融合发展趋势。总体而言，金融业（银行类和资本市场）对农业全产业链中非金融产业的直接投入效应总体处于下降态势，说明农业全产业链中直接性融资性金融服务有弱化趋势。

（2）保险业的直接投入效应

根据式（4-1）可计算出保险业的直接投入效应（见表4-10）。

表4-10　保险业对农业全产业链的直接投入效应测算

序号	行业	2002年	2007年	2012年	2017年	2020年	2020年相对2002年变化	平均值
1	种植业	0.31%	0.46%	0.02%	0.31%	0.36%	0.05%	0.29%
2	林业	0.49%	1.24%	0.39%	1.59%	1.93%	1.44%	1.13%
3	畜牧业	0.08%	0.40%	0.01%	0.45%	0.37%	0.29%	0.26%
4	渔业	0.69%	1.32%	0.42%	1.96%	2.11%	1.42%	1.30%
5	农业服务业	0.45%	2.37%	1.32%	1.36%	1.52%	1.06%	1.40%
6	农产品加工业	0.17%	0.15%	0.08%	0.11%	0.13%	−0.05%	0.13%
7	肥料产业	0.21%	0.15%	0.09%	0.08%	0.08%	−0.13%	0.12%
8	农药产业	0.25%	0.09%	0.06%	0.07%	0.08%	−0.16%	0.11%
9	农机产业	0.06%	0.07%	0.20%	0.10%	0.14%	0.08%	0.11%
10	信息产业	0.30%	0.18%	0.21%	0.13%	0.18%	−0.12%	0.20%
11	批发零售业	2.77%	1.02%	0.97%	1.04%	1.17%	−1.60%	1.39%
12	金融业	1.34%	0.32%	0.45%	1.68%	1.63%	0.29%	1.09%
13	保险业	5.07%	13.44%	12.69%	12.64%	13.54%	8.48%	11.48%

从直接投入效应大小看，保险业直接投入效应远小于金融业（银行类和资本市场）。保险业直接投入效应相对较大的行业有农业服务业、批发零售业、渔业、林业和金融业，5年平均直接投入效应均超过1%，分别为1.40%、

1.39%、1.30%、1.13%和1.09%；保险业对种植业、畜牧业、信息产业、农产品加工业、肥料产业、农机产业和农药产业5年平均直接投入效应均在0.3%以下。

从态势看，对比2020年和2002年数据发现，保险业对林业、渔业、农业服务业直接投入效应增长超过1%；保险业对畜牧业、金融业、农机产业和种植业的直接投入效应均有一定程度增长；保险业对农产品加工业、信息产业、肥料产业、农药产业和批发零售业的直接投入效应有一定程度的下降趋势。总体而言，保险业对农业全产业链特别是前端产业的直接投入效应有一定上升趋势，主要是前端的产业总体风险较高，这说明农业全产业链中的保险服务水平呈现提升态势。

2. 间接投入效应

（1）金融业（银行类和资本市场）的间接投入效应

根据式（4-2）可计算出金融业（银行类和资本市场）的间接投入效应（见表4-11）。

表4-11 金融业（银行类和资本市场）对农业
全产业链的间接投入效应测算

序号	行业	2002年	2007年	2012年	2017年	2020年	2020年相对2002年变化	平均值
1	种植业	3.04%	2.04%	3.63%	2.69%	2.80%	-0.24%	2.84%
2	林业	4.31%	2.39%	3.34%	2.67%	2.87%	-1.44%	3.12%
3	畜牧业	3.53%	1.69%	2.92%	2.35%	2.34%	-1.19%	2.57%
4	渔业	3.09%	2.03%	2.99%	2.75%	2.79%	-0.30%	2.73%
5	农业服务业	2.35%	1.54%	3.33%	2.36%	2.46%	0.11%	2.41%
6	农产品加工业	2.40%	1.54%	2.94%	2.21%	2.28%	-0.12%	2.27%
7	肥料产业	1.29%	1.01%	1.42%	1.20%	1.24%	-0.05%	1.23%

续表

序号	行业	2002 年	2007 年	2012 年	2017 年	2020 年	2020 年相对 2002 年变化	平均值
8	农药产业	1.19%	1.41%	1.56%	0.96%	1.04%	-0.15%	1.23%
9	农机产业	0.99%	0.77%	0.97%	1.05%	1.21%	0.22%	1.00%
10	信息产业	1.64%	1.94%	2.50%	1.46%	1.37%	-0.27%	1.78%
11	批发零售业	3.05%	2.38%	2.54%	1.72%	1.79%	-1.26%	2.30%
12	金融业	5.58%	5.28%	1.70%	1.91%	2.00%	-3.58%	3.30%
13	保险业	1.20%	2.42%	8.82%	8.72%	8.86%	7.66%	6.00%

从间接投入效应大小看，金融业（银行类和资本市场）对保险支持力度最大，5 年平均间接投入效应为 6.00%，其次为林业，为 3.12%。金融业（银行类和资本市场）对种植业、渔业、畜牧业、农业服务业、批发零售业和农产品加工业 5 年平均间接效应均超过 2%，分别为 2.84%、2.73%、2.57%、2.41%、2.30% 和 2.27%；金融业（银行类和资本市场）对信息产业、肥料产业、农药产业、农机产业 5 年平均间接投入效应均超过 1%，分别为 1.78%、1.23%、1.23% 和 1.00%。

从态势看，对比 2020 年和 2002 年的数据发现，金融业（银行类和资本市场）对林业、批发零售业、畜牧业、渔业、信息产业、种植业、农药产业、农产品加工业和肥料产业的间接投入效应处于下降态势；金融业（银行类和资本市场）对农业服务业和农机产业的间接投入效应有小幅度上升；金融业（银行类和资本市场）对保险业的间接投入效应有 7.66% 的上升，这再次说明融资性金融与保险有融合发展趋势。总体而言，金融业（银行类和资本市场）对农业全产业链中非金融产业的间接投入效应总体处于下降态势，说明农业全产业链中间接性融资性金融服务总体上也呈现弱化趋势。结合前面分析，农业全产业链中非金融产业的直接性和间接性融资性金融服务总体上都呈现弱化趋势，说明农业全产业链中资金投入呈现不足。

（2）保险业的间接投入效应

根据式（4-2）可计算出保险业的间接投入效应（见表4-12）。

表4-12 保险业对农业全产业链的间接投入效应测算

序号	行业	2002年	2007年	2012年	2017年	2020年	2020年相对2002年变化	平均值
1	种植业	0.37%	0.39%	0.15%	0.32%	0.40%	0.03%	0.32%
2	林业	0.45%	0.75%	0.45%	1.01%	1.22%	0.77%	0.78%
3	畜牧业	0.42%	0.38%	0.12%	0.34%	0.35%	-0.07%	0.32%
4	渔业	0.50%	0.57%	0.31%	0.71%	0.78%	0.28%	0.57%
5	农业服务业	0.35%	0.67%	0.43%	0.60%	0.70%	0.34%	0.55%
6	农产品加工业	0.36%	0.28%	0.16%	0.32%	0.37%	0.01%	0.30%
7	肥料产业	0.24%	0.08%	0.08%	0.11%	0.13%	-0.11%	0.13%
8	农药产业	0.21%	0.07%	0.06%	0.10%	0.12%	-0.10%	0.11%
9	农机产业	0.18%	0.06%	0.11%	0.12%	0.15%	-0.03%	0.12%
10	信息产业	0.28%	0.12%	0.16%	0.14%	0.15%	-0.12%	0.17%
11	批发零售业	0.44%	0.20%	0.27%	0.34%	0.37%	-0.07%	0.32%
12	金融业	0.47%	0.15%	0.14%	0.40%	0.42%	-0.05%	0.32%
13	保险业	0.40%	1.86%	1.82%	2.26%	2.46%	2.06%	1.76%

从间接投入效应大小看，保险业间接投入效应远小于金融业（银行类和资本市场）。针对所有行业，保险业5年平均间接投入效应均小于1%。按照效应大小顺序，分别为林业、渔业、农业服务业、种植业、畜牧业、批发零售业、金融业、农产品加工业、信息产业、肥料产业、农机产业和农药产业，5年平均间接投入效应依次为0.78%、0.57%、0.55%、0.32%、0.32%、0.32%、0.32%、0.30%、0.17%、0.13%、0.12%和0.11%。

从态势看，对比2020年和2002年的数据发现，保险业对林业、农业服务业、渔业、种植业和农产品加工业间接投入效应有一定增长；保险业对农机产业、金融业、批发零售业、畜牧业、农药产业、肥料产业和信息产业的间接投入效应均有一定程度下降。总体而言，保险业对农业全产业链前端和中端产业的间接投入效应有一定上升趋势，这与产业风险是相匹配的。结合直接投入效应分析，保险业对农业全产业链中非金融性产业的直接性和间接性保险服务均有上升。

3. 直接市场效应

（1）金融业（银行类和资本市场）的直接市场效应

根据式（4-3）可计算出金融业（银行类和资本市场）的直接市场效应（见表4-13）。

表4-13　金融业（银行类和资本市场）对农业
全产业链的直接市场效应测算

序号	行业	2002年	2007年	2012年	2017年	2020年	2020年相对2002年变化	平均值
1	种植业	0.00%	0.00%	0.00%	0.00%	0.00%	0.00%	0.00%
2	林业	0.00%	0.00%	0.01%	0.15%	0.10%	0.10%	0.05%
3	畜牧业	0.00%	0.00%	0.00%	0.00%	0.00%	0.00%	0.00%
4	渔业	0.00%	0.00%	0.00%	0.00%	0.00%	0.00%	0.00%
5	农业服务业	0.00%	0.00%	0.00%	0.00%	0.00%	0.00%	0.00%
6	农产品加工业	0.32%	0.26%	0.36%	0.78%	0.58%	0.25%	0.46%
7	肥料产业	0.00%	0.00%	0.00%	0.00%	0.00%	0.00%	0.00%
8	农药产业	0.00%	0.00%	0.00%	0.00%	0.00%	0.00%	0.00%
9	农机产业	0.00%	0.00%	0.00%	0.00%	0.00%	0.00%	0.00%
10	信息产业	3.51%	2.37%	7.42%	6.91%	6.20%	2.69%	5.28%
11	批发零售业	0.36%	0.24%	1.51%	0.71%	0.48%	0.13%	0.66%
12	金融业	8.49%	5.88%	3.86%	4.35%	3.45%	-5.05%	5.21%
13	保险业	1.79%	0.40%	3.04%	9.20%	5.24%	3.45%	3.94%

从直接市场效应大小看，金融业（银行类和资本市场）对信息产业、保险业、批发零售业、农产品加工业和林业有一定直接市场效应，金融业（银行类和资本市场）对这几个产业5年平均直接市场效应分别为5.28%、3.94%、0.66%、0.46%和0.05%。从态势看，对比2020年和2002年的数据发现，金融业（银行类和资本市场）对保险业、信息产业、农产品加工业、批发零售业、林业的直接市场效应有一定增长；金融业（银行类和资本市场）对种植业、畜牧业、渔业、农业服务业、肥料产业、农药产业和农机产业没有直接市场效应。

（2）保险业的直接市场效应

根据式（4-3）可计算出保险业的直接市场效应（见表4-14）。

表4-14　保险业对农业全产业链的直接市场效应测算

序号	行业	2002年	2007年	2012年	2017年	2020年	2020年相对2002年变化	平均值
1	种植业	0.00%	0.00%	0.00%	0.00%	0.00%	0.00%	0.00%
2	林业	0.00%	0.00%	0.01%	0.01%	0.01%	0.01%	0.00%
3	畜牧业	0.00%	0.00%	0.00%	0.00%	0.00%	0.00%	0.00%
4	渔业	0.00%	0.00%	0.00%	0.00%	0.00%	0.00%	0.00%
5	农业服务业	0.00%	0.00%	0.00%	0.00%	0.00%	0.00%	0.00%
6	农产品加工业	0.14%	0.21%	0.04%	0.08%	0.09%	-0.05%	0.11%
7	肥料产业	0.00%	0.00%	0.00%	0.00%	0.00%	0.00%	0.00%
8	农药产业	0.00%	0.00%	0.00%	0.00%	0.00%	0.00%	0.00%
9	农机产业	0.00%	0.00%	0.00%	0.00%	0.00%	0.00%	0.00%
10	信息产业	1.57%	2.44%	1.21%	1.55%	2.62%	1.05%	1.88%
11	批发零售业	0.17%	0.29%	0.15%	0.08%	0.08%	-0.08%	0.15%
12	金融业	0.35%	1.29%	2.97%	4.90%	5.10%	4.75%	2.92%
13	保险业	2.81%	14.68%	14.86%	18.82%	17.24%	14.43%	13.68%

从直接市场效应大小看，保险业对金融业、信息产业、批发零售业、农产品加工业和林业有一定直接市场效应，2020 年保险业对这 5 个产业直接市场效应分别为 5.10%、2.62%、0.08%、0.09% 和 0.01%。从态势看，对比 2020 年和 2002 年数据发现，保险业对金融业、信息产业和林业的直接市场效应有一定增长，对农产品加工业和批发零售业的直接市场效应有一定下降。保险业对种植业、畜牧业、渔业、农业服务业、肥料产业、农药产业和农机产业没有直接市场效应。

4. 间接市场效应

（1）金融业（银行类和资本市场）的间接市场效应

根据式（4-4）可计算出金融业（银行类和资本市场）的间接市场效应（见表 4-15）。

表 4-15　金融业（银行类和资本市场）对农业
全产业链的间接市场效应测算

序号	行业	2002 年	2007 年	2012 年	2017 年	2020 年	2020 年相对 2002 年变化	平均值
1	种植业	5.31%	4.58%	6.13%	4.68%	4.68%	-0.63%	5.08%
2	林业	2.73%	0.49%	0.68%	0.72%	0.77%	-1.96%	1.08%
3	畜牧业	1.69%	0.97%	0.86%	1.11%	0.79%	-0.90%	1.08%
4	渔业	1.75%	0.67%	0.86%	1.08%	0.89%	-0.86%	1.05%
5	农业服务业	0.13%	0.29%	0.56%	0.54%	0.54%	0.41%	0.41%
6	农产品加工业	3.33%	10.12%	13.84%	12.37%	10.65%	7.33%	10.06%
7	肥料产业	0.19%	0.46%	0.62%	0.41%	0.36%	0.18%	0.41%
8	农药产业	0.20%	0.52%	0.75%	0.30%	0.27%	0.06%	0.41%
9	农机产业	0.32%	0.52%	0.60%	0.31%	0.24%	-0.07%	0.40%
10	信息产业	0.70%	2.71%	3.57%	1.63%	1.87%	1.17%	2.09%
11	批发零售业	7.29%	2.82%	3.93%	3.47%	3.58%	-3.71%	4.22%
12	金融业	3.24%	1.42%	2.08%	4.26%	2.49%	-0.75%	2.70%
13	保险业	0.11%	1.19%	6.07%	7.78%	6.88%	6.77%	4.41%

从间接市场效应大小看，金融业（银行类和资本市场）对农产品加工业的支持力度最大，5 年平均间接市场效应为 10.06%，其次为种植业，为 5.08%。金融业（银行类和资本市场）对保险业和批发零售业 5 年平均间接市场效应均超过 4%，分别为 4.41% 和 4.22%；金融业（银行类和资本市场）对信息产业、畜牧业、林业和渔业 5 年平均间接市场效应分别为 2.09%、1.08%、1.08% 和 1.05%。金融业（银行类和资本市场）对农业服务业、农药产业、肥料产业、农机产业的间接市场效应较小。

从态势看，对比 2020 年和 2002 年数据发现，金融业（银行类和资本市场）对农产品加工业、保险业的间接市场效应增长较多，2020 年在 2002 年基础上分别增长了 7.33% 和 6.77%；金融业（银行类和资本市场）对信息产业、农业服务业、肥料产业和农药产业的间接市场效应也有一定增长；金融业（银行类和资本市场）对农机产业、种植业、渔业、畜牧业、林业和批发零售业的间接市场效应有不同程度的下降。

（2）保险业的间接市场效应

根据式（4-4）可计算出保险业的间接市场效应（见表 4-16）。

表 4-16　保险业对农业全产业链的间接市场效应测算

序号	行业	2002 年	2007 年	2012 年	2017 年	2020 年	2020 年相对 2002 年变化	平均值
1	种植业	0.70%	1.18%	0.45%	0.69%	0.85%	0.16%	0.78%
2	林业	0.17%	0.21%	0.15%	0.33%	0.40%	0.23%	0.25%
3	畜牧业	0.28%	0.52%	0.06%	0.29%	0.21%	-0.07%	0.27%
4	渔业	0.24%	0.38%	0.24%	0.45%	0.43%	0.18%	0.35%
5	农业服务业	0.03%	0.26%	0.20%	0.26%	0.30%	0.27%	0.21%
6	农产品加工业	1.55%	4.07%	1.99%	3.81%	3.80%	2.25%	3.05%
7	肥料产业	0.05%	0.05%	0.04%	0.02%	0.02%	-0.03%	0.04%

续表

序号	行业	2002 年	2007 年	2012 年	2017 年	2020 年	2020 年相对2002 年变化	平均值
8	农药产业	0.04%	0.02%	0.02%	0.02%	0.02%	−0.01%	0.02%
9	农机产业	0.03%	0.03%	0.10%	0.04%	0.04%	0.01%	0.05%
10	信息产业	0.27%	0.27%	0.40%	0.19%	0.29%	0.02%	0.28%
11	批发零售业	1.20%	0.67%	0.99%	1.00%	1.12%	−0.08%	1.00%
12	金融业	0.23%	0.08%	0.43%	1.26%	0.79%	0.56%	0.56%
13	保险业	0.16%	1.98%	1.90%	2.47%	2.42%	2.27%	1.79%

从间接市场效应大小看，保险业的作用明显小于金融业（银行类和资本市场）。相对而言，保险业对农产品加工业支持力度最大，5 年平均间接市场效应为 3.05%，其次为批发零售业，为 1.00%。保险业对种植业、金融业、渔业、信息产业、畜牧业、林业、农业服务业、农机产业、肥料产业和农药产业 5 年平均间接效应均低于 1%，分别为 0.78%、0.56%、0.35%、0.28%、0.27%、0.25%、0.21%、0.05%、0.04%和 0.02%。

从态势看，对比 2020 年和 2002 年的数据发现，保险业对农产品加工业的间接市场效应增长较多，2020 年在 2002 年基础上增长了 2.25%；保险业对金融业、农业服务业、林业、渔业、种植业、信息产业和农机产业的间接市场效应有一定增长；保险业对批发零售业、畜牧业、肥料产业和农药产业的间接市场效应有不同程度的下降。

5. 综合效应

（1）金融业（银行类和资本市场）的综合效应

将四种效应进行加总处理，得到金融业（银行类和资本市场）对各产业的综合效应（见表4-17）。

表 4-17　金融业（银行类和资本市场）对农业
全产业链的综合效应测算

序号	行业	2002 年	2007 年	2012 年	2017 年	2020 年	2020 年相对 2002 年变化	平均值
1	种植业	12.44%	8.28%	13.87%	10.69%	10.67%	-1.77%	11.19%
2	林业	13.55%	5.68%	7.44%	7.42%	7.96%	-5.59%	8.41%
3	畜牧业	7.56%	3.29%	4.96%	4.75%	4.03%	-3.52%	4.92%
4	渔业	8.54%	5.60%	7.93%	7.90%	7.26%	-1.28%	7.45%
5	农业服务业	4.60%	3.68%	5.49%	4.07%	4.09%	-0.51%	4.38%
6	农产品加工业	7.26%	13.22%	18.65%	16.29%	14.39%	7.12%	13.96%
7	肥料产业	3.40%	3.52%	5.07%	4.17%	4.10%	0.70%	4.05%
8	农药产业	3.10%	4.76%	5.59%	2.48%	2.41%	-0.68%	3.67%
9	农机产业	2.28%	2.47%	2.89%	2.19%	2.37%	0.09%	2.44%
10	信息产业	8.20%	10.57%	18.71%	12.92%	12.26%	4.05%	12.53%
11	批发零售业	20.45%	14.34%	19.71%	17.15%	16.92%	-3.52%	17.71%
12	金融业	39.71%	34.56%	16.29%	19.86%	17.73%	-21.98%	25.63%
13	保险业	5.33%	9.42%	56.48%	64.33%	57.53%	52.20%	38.62%

从效应大小看，金融业（银行类和资本市场）对保险业支持力度最大，5年平均综合效应为 38.62%。其次为批发零售业、农产品加工业、信息产业和种植业，金融业（银行类和资本市场）对这 4 个产业 5 年平均综合效应均超过 10%，分别为 17.71%、13.96%、12.53% 和 11.19%；再次是林业和渔业，金融业（银行类和资本市场）对这 2 个产业 5 年平均综合效应分别为 8.41% 和 7.45%。金融业（银行类和资本市场）对畜牧业、农业服务业、肥料产业、农药产业和农机产业的综合效应较小，5 年平均综合效应在 5% 以下。

从态势看，对比 2020 年和 2002 年的数据发现，金融业（银行类和资本市场）对林业、批发零售业、畜牧业、种植业、渔业、农药产业、农业服务业的综合效应均有明显下降。金融业（银行类和资本市场）对这几个产业的综合效应 2020 年较 2002 年分别下降了 5.59%、3.52%、3.52%、1.77%、1.28%、0.68% 和 0.51%。金融业（银行类和资本市场）对保险业、农产品加工业、信息产业、肥料产业和农机产业的综合效应有不同程度的增长。金融业（银行类和资本市场）对这几个产业的综合效应 2020 年较 2002 年分别上升了 52.20%、7.12%、4.05%、0.70%、0.09%。综合而言，金融业（银行类和资本市场）对农业全产业链中非金融性产业的综合效应有一定的下降趋势，因此金融融资服务的作用在减弱。

（2）保险业的综合效应

将四种效应进行加总处理，得到保险业的综合效应（见表 4-18）。

表 4-18　保险业对农业全产业链的综合效应测算

序号	行业	2002 年	2007 年	2012 年	2017 年	2020 年	2020 年相对 2002 年变化	平均值
1	种植业	1.37%	2.03%	0.62%	1.33%	1.62%	0.24%	1.39%
2	林业	1.12%	2.20%	0.99%	2.94%	3.56%	2.44%	2.16%
3	畜牧业	0.78%	1.29%	0.19%	1.08%	0.93%	0.15%	0.86%
4	渔业	1.44%	2.27%	0.97%	3.13%	3.32%	1.88%	2.22%
5	农业服务业	0.84%	3.29%	1.95%	2.22%	2.52%	1.68%	2.17%
6	农产品加工业	2.22%	4.72%	2.27%	4.31%	4.38%	2.16%	3.58%
7	肥料产业	0.50%	0.28%	0.21%	0.21%	0.23%	-0.26%	0.29%
8	农药产业	0.50%	0.19%	0.15%	0.19%	0.22%	-0.28%	0.25%
9	农机产业	0.27%	0.16%	0.40%	0.26%	0.33%	0.05%	0.28%
10	信息产业	2.41%	3.02%	1.99%	2.00%	3.24%	0.83%	2.53%
11	批发零售业	4.57%	2.17%	2.39%	2.47%	2.74%	-1.83%	2.87%
12	金融业	2.39%	1.84%	4.00%	8.24%	7.94%	5.55%	4.88%
13	保险业	8.43%	31.97%	31.27%	36.20%	35.67%	27.24%	28.71%

从效应大小看，保险业的作用明显小于金融业（银行类和资本市场）。相

对而言，保险业对金融业和农产品加工业的支持力度相对较大，5 年平均综合效应分别为 4.88% 和 3.58%。保险业对批发零售业、信息产业、渔业、农业服务业和林业 5 年平均综合效应均大于 2%，分别为 2.87%、2.53%、2.22%、2.17% 和 2.16%。保险业对种植业、畜牧业、肥料产业、农机产业和农药产业 5 年平均综合效应相对较小，分别为 1.39%、0.86%、0.29%、0.28% 和 0.25%。

从态势看，对比 2020 年和 2002 年数据发现，保险业对金融业、林业、农产品加工业、渔业、农业服务业、信息产业、种植业、畜牧业和农机产业的综合效应均有一定增长，2020 年较 2002 年分别增长了 5.55%、2.44%、2.16%、1.88%、1.68%、0.83%、0.24%、0.15% 和 0.05%；保险业对批发零售业、农药产业、肥料产业的综合效应有一定下降，2020 年较 2002 年分别下降了 1.83%、0.28%、0.26%。综合而言，保险业对农业全产业链中非金融性产业的综合效应有一定提升，因此保险服务的作用在增强。

四、金融在农业全产业链网络中的作用

农业全产业链中各产业间的互动投入和相互市场提供，形成了农业全产业链多边网络关系。本部分首先构建农业全产业链网络，然后运用网络分析工具从网络密度、各产业在网络中的地位和作用来刻画农业全产业链网络关系及其特征，揭示金融和保险对驱动农业全产业链形成的作用。

1. 农业全产业链网络构建与特征分析

农业全产业链网络由行动者和行动者彼此相连的关系组成。每一个行动者就是网络中的一个结点（node），行动者彼此相连的关系（tie）就是网络中的连线。[1] 把农业全产业链中 13 个产业部门作为行动者，产业之间投入产出关系

1　约翰·斯科特，彼得·J. 卡林顿. 社会网络分析手册［M］. 刘军，刘辉，等，译. 重庆：重庆大学出版社，2019.

作为连线，便可构建起农业全产业链网络。运用 2002 年、2007 年、2012 年、2017 年、2020 年的中间投入产出表，可构建 5 个农业全产业链网络。运用中间投入和中间使用的绝对数量构建网络，连线太多，不便于网络特征分析。为此，可用 Jaccard 指数将绝对数量关系网络转化为相关系数网络，计算公式为：

$$Jaccard = X_{ij}/(X_i + X_j - X_{ij}) \tag{4-5}$$

其中，X_i 和 X_j 分别表示产业 i 和产业 j 对于其他 12 个产业的中间投入或中间需求总量，X_{ij} 表示产业 i 和产业 j 之间的投入产出数量。

Jaccard 指数可以使两个本来关系就密切的产业显得更密切，使两个关系疏远的产业显得更疏远，有利于划分和展现各个产业之间的投入产出关系，同时也能减少因为量级差距带来的影响，因此，Jaccard 网络能更好反映产业间的关联强度。按照 Jaccard 指数门槛 0.02 标准进行二值化处理，形成最后的 0—1 网络矩阵（代表性年份网络矩阵见表 4-19 至表 4-21）。其中，1 代表有显著关系，0 代表没有显著关系。

表 4-19　2002 年农业全产业链网络 Jaccard 指数 0—1 网络矩阵

	种植业	林业	畜牧业	渔业	农业服务业	农产品加工业	肥料产业	农药产业	农机产业	信息产业	批发零售业	金融业	保险业
种植业	1	0	1	0	0	1	0	0	0	0	0	0	0
林业	0	1	0	0	0	1	0	0	0	0	1	0	0
畜牧业	0	0	1	0	0	1	0	0	0	0	0	0	0
渔业	0	0	0	1	0	1	0	0	0	0	0	0	0
农业服务业	1	1	0	1	0	0	0	0	0	0	0	0	0
农产品加工业	0	0	1	0	0	0	0	0	0	0	0	0	0
肥料产业	1	1	0	0	0	0	1	0	0	0	0	0	0
农药产业	1	1	0	0	0	0	0	1	0	0	0	0	0
农机产业	1	0	0	1	0	0	0	0	1	0	0	0	0
信息产业	0	0	0	0	0	0	0	0	0	1	1	1	1

	种植业	林业	畜牧业	渔业	农业服务业	农产品加工业	肥料产业	农药产业	农机产业	信息产业	批发零售业	金融业	保险业
批发零售业	1	0	1	1	0	1	0	0	0	1	1	0	0
金融业	1	1	0	0	0	0	0	0	0	1	1	1	0
保险业	0	0	0	0	0	0	0	0	0	0	1	1	1

表 4-20　2012 年农业全产业链网络 Jaccard 指数 0—1 网络矩阵

	种植业	林业	畜牧业	渔业	农业服务业	农产品加工业	肥料产业	农药产业	农机产业	信息产业	批发零售业	金融业	保险业
种植业	1	0	1	0	0	1	0	0	0	0	0	0	0
林业	0	1	0	0	0	0	0	0	0	0	0	0	0
畜牧业	0	0	1	0	0	1	0	0	0	0	0	0	0
渔业	0	0	0	1	0	0	0	0	0	0	0	0	0
农业服务业	1	1	0	1	1	0	0	0	0	0	0	0	0
农产品加工业	1	0	1	0	0	1	0	0	0	0	0	0	0
肥料产业	1	0	0	0	0	0	1	0	0	0	0	0	0
农药产业	1	1	0	0	0	0	0	1	0	0	0	0	0
农机产业	1	1	0	0	0	0	0	0	1	0	0	0	0
信息产业	0	0	0	0	0	0	0	0	0	1	0	1	1
批发零售业	0	0	0	0	0	1	0	0	0	1	1	1	0
金融业	1	0	0	0	0	0	0	0	0	1	1	1	1
保险业	0	0	0	0	0	0	0	0	0	0	1	0	1

表 4-21　2020 年农业全产业链网络 Jaccard 指数 0—1 网络矩阵

	种植业	林业	畜牧业	渔业	农业服务业	农产品加工业	肥料产业	农药产业	农机产业	信息产业	批发零售业	金融业	保险业
种植业	1	0	1	0	0	1	0	0	0	0	0	0	0
林业	0	1	0	0	0	1	0	0	0	0	0	0	0

续表

	种植业	林业	畜牧业	渔业	农业服务业	农产品加工业	肥料产业	农药产业	农机产业	信息产业	批发零售业	金融业	保险业
畜牧业	0	0	1	0	0	1	0	0	0	0	0	0	0
渔业	0	0	0	1	0	1	0	0	0	0	0	0	0
农业服务业	1	1	0	1	1	0	0	0	0	0	0	0	0
农产品加工业	0	0	1	1	0	1	0	0	0	0	0	0	0
肥料产业	1	0	0	0	0	0	1	0	0	0	0	0	0
农药产业	1	1	0	0	0	0	0	1	0	0	0	0	0
农机产业	1	1	0	0	0	0	0	0	1	0	0	0	0
信息产业	0	0	0	0	0	0	0	0	0	1	1	1	1
批发零售业	1	0	1	0	0	1	0	0	0	1	1	0	0
金融业	1	0	0	0	0	0	0	0	0	1	1	1	1
保险业	0	0	0	0	0	0	0	0	0	0	1	1	1

根据0—1网络矩阵可以绘制农业全产业链网络图（代表性年份网络图见图4-2至图4-4）。图中每个圆圈代表一个产业。连线代表有显著关系，就是矩阵中的1。矩阵中显示0，则没有连线。一个产业的连线越多，表示显著关系越多，则圆圈越大，在网络中处于核心地位。图4-2显示，2002年，批发零售业、农产品加工业、种植业、金融业、林业、信息产业处于核心地位。图4-3显示，2012年，种植业、金融业、批发零售业、农产品加工业、信息产业、畜牧业处于核心地位。图4-4显示，2020年，种植业、农产品加工业、批发零售业、金融业、畜牧业处于核心地位。显然，各产业在网络中的地位，随着时间推移，发生了相应变化。

进一步对各年度农业全产业链网络的特征进行分析。计算了平均度数、网络直径、图密度和平均路径长度4个指标。结果发现，2012年4个指标在

2002 年的基础上都有减小的趋势。2020 年相关指标在 2012 年基础上有一定提升，但都小于 2002 年水平。这说明农业全产业链网络的紧密度有所下降，13个产业间的脆弱性变强。

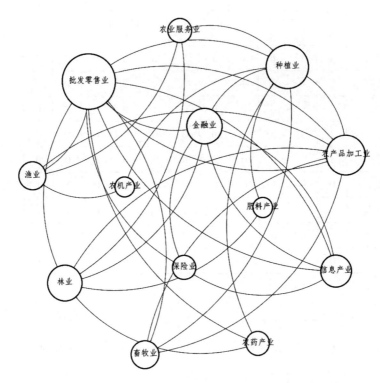

图 4-2　2002 年农业全产业链网络图

表 4-22　2002 年、2012 年、2020 年农业全产业链网络总体特征

年度	平均度数	网络直径	图密度	平均路径长度
2002	3.385	6	0.282	2.269
2012	2.769	3	0.231	1.587
2020	3.154	3	0.263	1.627

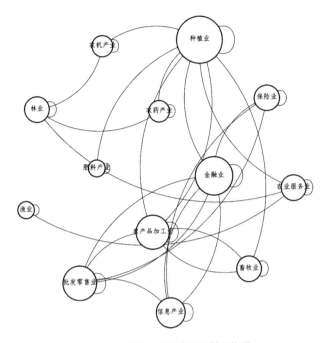

图 4-3　2012 年农业全产业链网络图

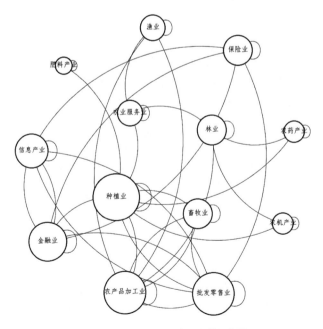

图 4-4　2020 年农业全产业链网络图

2. 农业全产业链网络分析与金融和保险的作用

（1）农业全产业链动力分析与金融和保险的作用

网络中各产业的出度（outdegree）是产业作为关系的发动者主动与其他产业建立显著关系的数量。通过统计各产业的出度可以反映产业发挥的动力作用，出度高的产业就是农业全产业链的主要动力源。2002年，出度最高的是批发零售业，出度为5，其次是金融业，出度为4；2012年，出度最高的是金融业，出度为4，其次是批发零售业和农业服务业，出度都为3；2020年，出度最高的是金融业和批发零售业，出度为4。综合来看，金融业和批发零售业发挥了农业全产业链第一驱动力的作用。金融业和批发零售业均为第三产业，因此，农业全产业链的主要驱动力来自第三产业，可以称为第三产业驱动模式。金融业和批发零售业分别为农业全产业链提供资金和市场，因此，资金和市场成为农业全产业链的主要推动力。

对于保险业，在2002年、2012年和2020年的网络中，出度分别为2、1、2，对农业全产业链的驱动作用不强。

（2）农业全产业链市场分析与金融和保险的作用

网络中各产业的入度（indegree）是产业作为关系的接受者与其他产业建立显著关系的数量。通过统计各产业的入度可以反映产业在提供市场方面的作用。2002年，入度最高的是种植业和批发零售业，入度都为6；2012年，入度最高的是种植业，入度为6；2020年入度最高的是种植业，入度为6。因此，种植业是网络中最主要的接受者，为其他产业提供市场和投资机会，同时也体现了其他产业对种植业的支持作用。

对于金融业，在2002年、2012年和2020年的网络中，入度都为2，对农业全产业链的市场作用不强。对于保险业，在2002年、2012年和2020年的网络中，入度分别为1、2、2，对农业全产业链的市场作用也不强。

（3）农业全产业链网络的中心性分析与金融和保险的网络地位

中心性（centrality）是反映农业全产业链中各产业在网络中的地位和作用的指标。一个产业在网络中越处于中心位置，在产业链中越能影响到其他产业。刻画网络中心性常用相对度数中心度（degree centrality，De），其计算方法是，在网络中实际与某产业有显著关系的产业数目（n）和最大可能有显著关系的产业数目（$N-1$）之比（N 为组成网络的产业总数）。De 的具体计算公式为：

$$De = n/(N-1) \tag{4-6}$$

对于有向网络，n 为入度和出度之和。根据入度和出度可分别计算入度和出度中心度。

$$InDe = indegree/(N-1) \tag{4-7}$$

$$OutDe = outdegree/(N-1) \tag{4-8}$$

由表 4-23 至表 4-25 可知，2002 年，金融业出度中心度为 0.3333，处于第 2 位；入度中心度为 0.1667，处于第 7 位；总中心度为 0.5000，排名第 4 位。2012 年，金融业出度中心度为 0.3333，处于第 1 位；入度中心度为 0.1667，处于第 4 位；总中心度为 0.5000，排名第 2 位。2020 年，金融业出度中心度为 0.3333，处于第 1 位；入度中心度为 0.1667，处于第 6 位；总中心度为 0.5000，排名第 4 位。从中心度得分看，金融业出度中心度、入度中心度和总中心度的得分一直保持稳定，2002 年、2012 年和 2020 年的结果均一致。从中心度排名看，金融业出度中心度排名高，因此，金融业在投入方面处于网络中最重要位置；总中心度排名也靠前，说明金融业在整个网络中的中心地位较高。

对比可见，保险业中心地位要明显低于金融业。从保险业的总中心度来看，2002 年为 0.2500，处于第 9 位；2012 年为 0.2500，处于第 6 位；2020 年为 0.3333，处于第 6 位。但保险业总中心度得分和排名均有一定上升，说明保险业在网络中的中心地位在提高。

表 4-23　2002 年农业全产业链网络入度、出度与中心度

行业部门	入度 indegree	出度 outdegree	入度中心度 InDe	出度中心度 OutDe	总中心度 De
批发零售业	6	5	0.5000	0.4167	0.9167
种植业	6	2	0.5000	0.1667	0.6667
农产品加工业	5	2	0.4167	0.1667	0.5833
林业	4	2	0.3333	0.1667	0.5000
金融业	2	4	0.1667	0.3333	0.5000
信息产业	2	3	0.1667	0.2500	0.4167
畜牧业	3	1	0.2500	0.0833	0.3333
渔业	3	1	0.2500	0.0833	0.3333
农药产业	0	3	0.0000	0.2500	0.2500
保险业	1	2	0.0833	0.1667	0.2500
肥料产业	0	2	0.0000	0.1667	0.1667
农机产业	0	2	0.0000	0.1667	0.1667
农业服务业	0	2	0.0000	0.1667	0.1667

表 4-24　2012 年农业全产业链网络入度、出度与中心度

行业部门	入度 indegree	出度 outdegree	入度中心度 InDe	出度中心度 OutDe	总中心度 De
种植业	6	2	0.5000	0.1667	0.6667
金融业	2	4	0.1667	0.3333	0.5000
农产品加工业	3	2	0.2500	0.1667	0.4167
批发零售业	2	3	0.1667	0.2500	0.4167
信息产业	2	2	0.1667	0.1667	0.3333
畜牧业	2	1	0.1667	0.0833	0.2500

续表

行业部门	入度 indegree	出度 outdegree	入度中心度 InDe	出度中心度 OutDe	总中心度 De
林业	3	0	0.2500	0.0000	0.2500
农业服务业	0	3	0.0000	0.2500	0.2500
保险业	2	1	0.1667	0.0833	0.2500
农药产业	0	2	0.0000	0.1667	0.1667
农机产业	0	2	0.0000	0.1667	0.1667
渔业	1	0	0.0833	0.0000	0.0833
肥料产业	0	1	0.0000	0.0833	0.0833

表4-25　2020年农业全产业链网络入度、出度与中心度

行业部门	入度 indegree	出度 outdegree	入度中心度 InDe	出度中心度 OutDe	总中心度 De
种植业	6	2	0.5000	0.1667	0.6667
农产品加工业	5	2	0.4167	0.1667	0.5833
批发零售业	3	4	0.2500	0.3333	0.5833
金融业	2	4	0.1667	0.3333	0.5000
信息产业	2	3	0.1667	0.2500	0.4167
畜牧业	3	1	0.2500	0.0833	0.3333
林业	3	1	0.2500	0.0833	0.3333
保险业	2	2	0.1667	0.1667	0.3333
渔业	2	1	0.1667	0.0833	0.2500
农业服务业	0	3	0.0000	0.2500	0.2500
农药产业	0	2	0.0000	0.1667	0.1667
农机产业	0	2	0.0000	0.1667	0.1667
肥料产业	0	1	0.0000	0.0833	0.0833

五、金融在农业全产业链网络演化的影响效应

从 2002 年至 2020 年，农业全产业链网络发生着演化。厘清农业全产业链网络演化的影响因素，特别是金融在农业全产业链网络演化中的作用对于政策制定具有重要意义。本部分对农业全产业链网络演化的影响因素作出假设，并建立基于随机行动者的网络动力学模型进行实证检验。

1. 农业全产业链网络演化的影响因素分析

根据网络动态演化理论，推动网络演化的最主要因素有两方面：一是内生结构因素；二是外生属性因素。[1]

（1）内生结构因素

设网络用二元矩阵表达，矩阵 i 行和 j 列上的元素用 X_{ij} 表示。则有以下三个比较重要的结构性因素：

一是出度效应（outdegree）。反映一个产业与其他产业已有关联关系的数量对关联网络演化的影响，也反映一个产业在网络中拥有关联关系的总趋势。出度效应（outdegree）计算公式为：

$$Out = \sum_j X_{ij} \tag{4-9}$$

一个产业经济规模是有限的，在关联关系已经较多的情况下，再增加关联连线的成本大于收益，呈现边际递减效应。事实上，大多数稀疏网络（密度远低于 0.5）增加连线的成本大于收益，出度效应是一个负参数。[2]因此，在农业全产业链网络中，出度效应预期为负。

二是互惠效应（reciprocity）。如果互惠效应显著为正，表明一个产业向另一个产业输出商品，则另一个产业向本产业输入商品的可能性也很大，由单向

---

1 在 SIENA 中，还有速率函数，这不是我们讨论的重点，在此忽略。

2 Snijders T，Bunt G，Steglich C．"Introduction to stochastic actor-based models for network dynamics"［J］. *Social Networks*，2010，32（1）：44—60.

关系演化为双向关系。互惠效应（reciprocity）计算公式为：

$$Rec = \sum_{j} X_{ij} X_{ji} \tag{4-10}$$

互惠效应源于两方面重要机制：一是信息机制。网络中具有联系的两个产业会产生更多信息流动，因此相互更为了解，减少交易的不确定性。二是产业互动机制。前端产业为后端产业提供原材料和产品，后端产业可以以市场为保证向前端产业投资。比如，一些农产品加工产业，可以建立自己的原材料供给基地，于是向第一产业投资。事实上，互惠关系是大多数网络的基本特征。[1]互惠效应一般预期为正，但产业链具有明显流动特征，如果产业缺乏互动，在农业全产业链网络中，互惠效应也可能并不显著。

三是传递效应。除了互惠之外，大多数网络的一个基本特征是趋向于传递性。[2]随着分工深化，产业之间的分工可能并不局限在两两之间。比如，A 产业提供原材料，B 产业进行中间加工生产，C 产业进行最终产品售卖，C 产业为了增强产业稳定性，也可能进行反向投资，这种分工演化模式十分复杂。本书考虑三种传递效应，分别是传递三元组（transitive triplets）、传递纽带效应（transitive ties）和三循环（three-cycles）。

传递三元组反映节点与邻居节点形成传递三元组的趋势。其计算公式为：

$$Tra_1 = \sum_{j, h} X_{ih} X_{ij} X_{jh} \tag{4-11}$$

式（4-11）中，i 所具有的传递三元组是指 i 连接到 h 可以通过 $i-j-h$ 和 $i-h$ 两条不同路径。如果传递效应显著，说明产业之间的分工可能并不局限在两两之间，产业间分工具有深化趋势。反之，说明产业分工没有出现明显深化。

1　Wasserman S, Faust K. "Social network analysis: methods and applications" [M]. Cambridge: *Cambridge University Press*, 1994.

2　Holland P W, Leinhardt S. "Transitivity in structural models of small groups" [J]. *Social Networks*, 1977, 2 (2): 49—66.

传递纽带效应同样反映分工深化趋势。传递纽带效应预示，如果存在一个中介，额外的中介将不会进一步促进形成纽带 $i \rightarrow h$ 的趋势。其计算公式为：

$$Tra_2 = \sum_h X_{hj} \max_j (X_{ij} X_{jh}) \tag{4-12}$$

三循环是三个产业之间形成分工闭环。其计算公式为：

$$Tra_3 = \sum_{j,\ h} X_{ij} X_{jh} X_{hi} \tag{4-13}$$

如果分工闭环越多，则分工具有小团体性和等级性。随着分工深化，不同产业之间分工会越来越密切，三循环的数量应当会有减少趋势。Davis（1970）发现，在许多网络中，都存在三循环相对减少的趋势。[1]

（2）金融及其他外生属性因素

外生属性因素是其他对网络演化的影响因子，也就是那些影响产业之间关联的因素。我们重点关注的是金融因素。前面我们分析了金融业和保险业对农业全产业链的效应，我们将金融业和保险业对农业全产业链的综合效应作为两个重要外生属性因素；另外，我们将固定资本积累水平、产业开放水平两个特征性因素作为控制性外生属性因素。固定资本积累水平用投入产出表中产业固定资本形成额与中间投入总额之比来反映，产业开放水平用产业出口额与产出总额之比来反映。

归结起来，外生属性因素包含以上 4 个变量。对于属性因素变量 V，有 ego 效应、alter 效应和 sim 效应（相似效应）三种基本效应。ego 效应衡量的是属性因素变量 V 值越高的产业是否更倾向于将产品输出到其他产业，也即发送者效应。其计算公式为：

$$V_{ego} = \sum_j X_{ij} V_i \tag{4-14}$$

alter 效应衡量的是属性因素变量 V 值越高的产业是否会更倾向于接受其

---

1 Davis J A. "Clustering and hierarchy in interpersonal relations: testing two graph theoretical models on 742 sociomatrices" [J]. *American Sociological Review*, 1970, 35 (5): 843-852.

他产业产品，也即接受者效应。其计算公式为：

$$V_{alter} = \sum_{j} X_{ij} V_{j} \qquad (4-15)$$

sim 效应衡量的是在属性因素变量 V 上具有相似值的产业之间是否更容易产生关联关系。sim 效应构成了许多社会关系的基本特征。其计算公式为：

$$V_{sim} = \sum_{j} X_{ij} (sim_{ij} - \overline{sim}) \qquad (4-16)$$

式（4-16）中的 $sim_{ij} = (1 - \dfrac{|V_i - V_j|}{\Delta})$，其中，$\Delta = \max_{ij} |V_i - V_j|$。

2. 基于随机行动者的网络动力学模型（stochastic actor-based models for network dynamics）构建

一般而言，经济学的理论都作出简化假设，认为所有行动者在最重要方面都是相同或相似的，且除了网络模型和博弈模型外，较少考虑行动者之间的互动。[1]产业链中各产业差异较大，且相互关联，呈现显著的网络化特征。因此，传统模型很难模拟农业全产业链网络演化的机制。本研究基于行动者的模型是一种计算机模型，与大多数数学模型不同，它能够包含在特征和能力上有异质性的行动者，能够对远离均衡的情况建模，并能够直接处理行动者之间的互动结果。

基于随机行动者的网络动力学模型认为，产业链网络的形成和演化是由网络中各产业的关联行为所决定的，每个产业通过控制自身的关联行为来决定与其他产业建立或取消关联关系。在网络演化的过程中，每个产业都尽力使自己的关联结构最优化，进而最终带来整个关联网络的变化。随机行动者模型作为一种计算机模型，在实际运行过程中利用计算机随机产生马尔可夫过程，结合农业全产业链网络的历史纵向数据来模拟网络结构演化。随机行动者模型具有比率函数（rate function）和目标函数（objective function）。比率函数 $\lambda_i(x; \alpha)$

---

[1] 奈杰尔·吉尔伯特. 基于行动者的模型［M］. 盛智明，译. 上海：格致出版社，2012.

由行动产业 i 和当前网络状态 x 决定，表明行动产业 i 改变关系的概率。目标函数 $f_i(x;\beta)$ 决定了网络改变的概率，代表了行动产业的"网络行为规则"。当行动产业有可能从一组网络状态转移到另一状态时，该状态的目标函数值越高，给定移动的概率也相应越高。[1] 其网络动力学过程如下：

当前 13 个产业的关联网络状态用 $x = X(t)$ 表示。时间变量 t 是一个随机变量，服从参数为 $\sum_{h=1}^{13} \lambda_h(x;\alpha)$ 的指数分布，其增量为 Δt，则下一个网络状态为 $x^{'} = X(t + \Delta t)$。对于 $i \in \{1, 2, \cdots, 13\}$，以概率 τ_i 选择行动产业 i：

$$\tau_i = \frac{\lambda_i(x;\alpha)}{\sum_{h=1}^{13} \lambda_h(x;\alpha)} \tag{4-17}$$

对于 $j \in \{1, 2, \cdots, 13\}$，以概率 π_{ij} 选择下一个网络 $x^{'}$：

$$\pi_{ij} = \frac{exp(f_i(x^{'};\beta) - f_i(x;\beta))}{\sum_{h=1}^{13} exp(f_i(x^{'};\beta) - f_i(x;\beta))} \tag{4-18}$$

上式 exp 为指数符号。对于行动产业 i 来说，如果目前关联网络状态接近于目标函数 $f_i(x;\beta)$ 最优值，则变动概率 π_{ij} 较小，倾向于维持原有关联网络状态。

我们假定 13 个产业都能自主进行关联选择，比率函数 $\lambda_i(x;\alpha)$ 都以相同概率 τ_i 选择行动产业。对于目标函数我们可以表达为内生性结构因素和外生性属性因素的线性组合：

$$f_i(x;\beta) = \beta_1 Out + \beta_2 Rec + \beta_3\, Tra_1 + \beta_4\, Tra_2 + \beta_5\, Tra_3 +$$
$$\sum \beta_i\, V_{iego} + \sum \beta_i\, V_{ialter} + \sum \beta_i\, V_{isim} \tag{4-19}$$

式（4-19）的经济含义是揭示各产业之间建立关联关系或改变关联行为的影响因素。如果右边变量的估计参数为正，则有增加网络密度、促进产业关

1 Snijders T, Bunt G, Steglich C. "Introduction to stochastic actor-based models for network dynamics" [J]. Social Networks, 2010, 32 (1): 44-60.

联的效应，有利于加强产业间经济联系；反之，则有负面影响。式（4-19）中，前面 5 个统计变量分别代表出度效应、互惠效应、传递三元组、传递纽带效应和三循环；$\sum \beta_i V_{iego}$、$\sum \beta_i V_{ialter}$、$\sum \beta_i V_{isim}$ 分别代表 4 个属性因素的 ego 效应、alter 效应和 sim 效应；β 为待估计的参数。

3. 实证分析

（1）数据处理与描述性分析

与网络特征分析一样，对于 2002 年、2007 年、2012 年、2017 年和 2020 年 5 个农业全产业链网络均转化为 Jaccard 相关系数网络，进行二值化处理，形成 0—1 网络。对于结构因素变量，均从网络直接计算而来。对于属性因素，根据估计要求，按照等级离散化为 1—9 级数据。

由于有 5 个时间点的数据，形成 4 个变动时期，2002—2007 年为时期 1；2007—2012 年为时期 2；2012—2017 年为时期 3；2017—2020 年为时期 4。网络变化与相关变量描述性统计见表 4-26。

表 4-26　网络变化与相关变量描述性分析

网络变化与相关变量	数据
1. 时期 1 网络关系变动数（2002—2007 年）	8.0000
2. 时期 2 网络关系变动数（2007—2012 年）	11.0000
3. 时期 3 网络关系变动数（2012—2017 年）	8.0000
4. 时期 4 网络关系变动数（2017—2020 年）	3.0000
5. 网络关系总数	106.0000
6. 互惠网络关系数	36.0000
7. 传递三元组数	24.0000
8. 三循环数	14.0000
9. 传递纽带数	47.0000
10. 金融业的 alter 效应	109.6308

网络变化与相关变量	数据
11. 金融业的 ego 效应	81.6308
12. 金融业的 sim 效应	3.5240
13. 保险业的 alter 效应	29.8615
14. 保险业的 ego 效应	1.8615
15. 保险业的 sim 效应	4.4131
16. 固定资本积累水平的 alter 效应	−21.0308
17. 固定资本积累水平的 ego 效应	13.9692
18. 固定资本积累水平的 sim 效应	1.1090
19. 产业开放水平的 alter 效应	1.1692
20. 产业开放水平的 ego 效应	64.1692
21. 产业开放水平的 sim 效应	−8.2379
22. 金融业在时期 1 的行为变化量	20.0000
23. 金融业在时期 2 的行为变化量	22.0000
24. 金融业在时期 3 的行为变化量	9.0000
25. 金融业在时期 4 的行为变化量	2.0000
26. 金融业线性趋势	2.8000
27. 保险业对金融业的影响效应	234.1200
28. 保险业在时期 1 的行为变化量	13.0000
29. 保险业在时期 2 的行为变化量	11.0000
30. 保险业在时期 3 的行为变化量	11.0000
31. 保险业在时期 4 的行为变化量	5.0000
32. 保险业线性趋势	6.8000
33. 金融业对保险业的影响效应	191.4738
34. 固定资本积累水平在时期 1 的行为变化量	5.0000
35. 固定资本积累水平在时期 2 的行为变化量	1.0000
36. 固定资本积累水平在时期 3 的行为变化量	1.0000

续表

网络变化与相关变量	数据
37. 固定资本积累水平在时期 4 的行为变化量	6.0000
38. 固定资本积累水平线性趋势	−0.6000
39. 产业开放水平在时期 1 的行为变化量	14.0000
40. 产业开放水平在时期 2 的行为变化量	9.0000
41. 产业开放水平在时期 3 的行为变化量	8.0000
42. 产业开放水平在时期 4 的行为变化量	8.0000
43. 产业开放水平线性趋势	1.8000

（2）模型估计结果

运用 Ruth Ripley 和 Tom A. B. Snijders 等开发的 RSiena 网络仿真工具包[1]，采用 Robbins-Monro 随机逼近算法进行 20000 次迭代，对式（4-19）进行无条件矩估计。考虑到金融业和保险业可能存在线性趋势，因此在实际估计时，在式（4-19）基础上，加入线性趋势项。同时金融业和保险业两个产业关系密切，两产业之间可能发生相互影响，在估计时也加入相互影响效应。估计分为三个阶段，第一阶段估计目标对参数向量的导数矩阵；第二阶段进行参数估算；第三阶段运行一个仿真来估计标准误差并检查模型的收敛性。估计结果见表 4-27。对计算机模拟的网络模型进行收敛诊断，发现所有估计参数的均值偏离目标的 t-比率（t-ratios）的绝对值（见表 4-27）均小于 0.1 的判别标准，网络模型整体最大收敛比率 0.161，小于 0.25 的判别标准，因此具有良好的收敛性，得到的参数估计结果是有效的[2]。进一步对网络模型的拟合优度（Outdegree Distribution）进行统计分析，发现蒙特卡罗马氏距离检验 p 值较大，为 0.318，表明模拟结果与实际分布没有显著差异，拟合情况较好（见图

1　具体资料参见：http://www.stats.ox.ac.uk/~snijders/siena。
2　判断收敛的经验法则：所有收敛的 t-ratios 绝对值应小于 0.1，总体最大收敛比应小于 0.25。

4-5）。对所有估计参数，通过 wald 检验进行显著性检验，所有参数的 p 值见表 4-27。

表 4-27 目标函数估计结果

估计参数	估计值 （Estimates）	标准误 （standard errors）	偏离目标的 t-比率 （t-ratios）	wald 检验 p 值
1. 时期 1 网络关系变动（2002—2007 年）	0.7063	0.2605	−0.0099	0.007
2. 时期 2 网络关系变动（2007—2012 年）	1.0710	0.3486	0.0142	0.002
3. 时期 3 网络关系变动（2012—2017 年）	0.7836	0.2995	−0.0308	0.009
4. 时期 4 网络关系变动（2017—2020 年）	0.2582	0.1552	−0.0626	0.096
5. 出度效应	−1.6413	0.5881	0.0064	0.005
6. 互惠效应	0.6772	0.7497	0.0088	0.366
7. 传递三元组	0.5485	1.1359	−0.0067	0.629
8. 三循环	−0.4130	0.6778	−0.0122	0.542
9. 传递纽带	0.1088	0.7505	−0.0057	0.885
10. 金融业的 alter 效应	0.0232	0.1630	−0.0297	0.887
11. 金融业的 ego 效应	0.1947	0.1728	−0.0041	0.260
12. 金融业的 sim 效应	0.4394	1.5352	−0.0017	0.775
13. 保险业的 alter 效应	0.1026	0.2175	0.0219	0.637
14. 保险业的 ego 效应	0.1497	0.2414	0.0244	0.535
15. 保险业的 sim 效应	3.7123	2.9048	−0.0039	0.201
16. 固定资本积累水平的 alter 效应	−0.8591	0.5257	−0.0204	0.090
17. 固定资本积累水平的 ego 效应	0.0893	0.4104	−0.0063	0.828
18. 固定资本积累水平的 sim 效应	0.0111	1.7765	0.0025	0.995
19. 产业开放水平的 alter 效应	−0.0660	0.1090	−0.0061	0.545
20. 产业开放水平的 ego 效应	−0.0183	0.1076	−0.0118	0.865
21. 产业开放水平的 sim 效应	−1.0785	1.1507	0.0215	0.349
22. 金融业在时期 1 的行为变化量	8.2206	4.2089	−0.0099	0.051

续表

估计参数	估计值 （Estimates）	标准误 （standard errors）	偏离目标的 t-比率 （t-ratios）	wald 检验 p 值
23. 金融业在时期 2 的行为变化量	12.3383	9.1087	−0.0147	0.176
24. 金融业在时期 3 的行为变化量	2.1452	1.2162	−0.0253	0.078
25. 金融业在时期 4 的行为变化量	0.2911	0.2182	0.0227	0.182
26. 金融业线性趋势	−0.1293	0.0999	−0.0210	0.195
27. 保险业对金融业的影响效应	0.1694	0.0701	−0.0398	0.016
28. 保险业在时期 1 的行为变化量	3.6772	2.0145	−0.0006	0.068
29. 保险业在时期 2 的行为变化量	2.5241	1.1637	0.0265	0.03
30. 保险业在时期 3 的行为变化量	2.6906	1.3475	0.0548	0.046
31. 保险业在时期 4 的行为变化量	0.8427	0.4496	0.0043	0.061
32. 保险业线性趋势	0.0444	0.1509	−0.0021	0.769
33. 金融业对保险业的影响效应	0.0994	0.0587	0.0116	0.091
34. 固定资本积累水平在时期 1 的行为变化量	0.8242	0.4462	0.0078	0.065
35. 固定资本积累水平在时期 2 的行为变化量	0.1244	0.1292	−0.0169	0.336
36. 固定资本积累水平在时期 3 的行为变化量	0.1224	0.1276	−0.0327	0.338
37. 固定资本积累水平在时期 4 的行为变化量	1.0722	0.5673	0.0089	0.059
38. 固定资本积累水平线性趋势	0.2375	0.2721	0.0043	0.383
39. 产业开放水平在时期 1 的行为变化量	4.5687	2.4626	−0.0016	0.064
40. 产业开放水平在时期 2 的行为变化量	1.9548	0.9452	−0.0341	0.039
41. 产业开放水平在时期 3 的行为变化量	1.5868	0.7631	0.0322	0.038
42. 产业开放水平在时期 4 的行为变化量	1.5656	0.7643	−0.0152	0.041
43. 产业开放水平线性趋势	0.1534	0.1315	0.0068	0.243

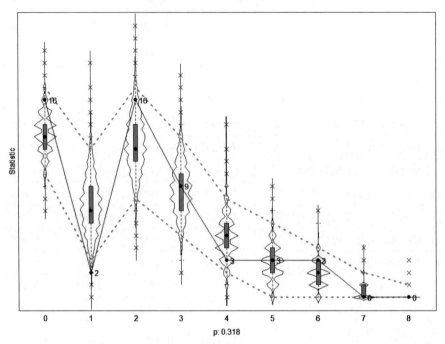

图 4-5　网络模型的拟合情况

　　根据表 4-27 的结果，前三个时期的网络关系变动均在 1% 显著性水平显著，说明网络关系在前三个时期有显著变化。在最后一个时期，网络关系变动在 10% 显著性水平显著，可能是时间间隔较短的原因。但总体上看，2002 —2020 年，农业全产业链网络关系发生了显著演化。

　　从内生结构因素看，出度效应的估计系数在 1% 的显著性水平上为负，这与前面的理论分析是一致的。一个产业的经济流量是有限的，随着关联关系增多，会呈现边际递减效应，关联成本会大于关联收益，因此产业链循环也具有空间约束。互惠效应的估计系数为正，但并不显著，说明产业间有一定互动关系，但这种互动作用发挥得并不充分。传递三元组和传递纽带效应的估计系数为正，说明存在关联深化现象。三循环的估计系数表现为负，说明产业间关联闭环较少，等级性不强，具有开放性。但传递三元组、传递纽带效应、三循环估计系数都不显著。农业全产业链分工并没有呈现显著性的分工深化现象。

金融业线性趋势为负，说明金融业综合效应在 2002—2020 年间有弱化趋势，但并不显著，这与前面分析是一致的。金融业的 alter 效应、ego 效应和 sim 效应的估计系数均为正，表明金融业综合效应发挥越大，发送关系、接受关系越多，相似产业正向协同作用越强。说明提高金融业的综合效应对织密农业全产业链网络大有裨益；但这三个效应的估计系数均不显著，说明金融业的作用发挥有限。相比较而言，金融业的 ego 效应更突出，说明金融业的发送者效应更明显，即金融业向其他产业投入的作用更明显。

保险业线性趋势为正，说明保险业综合效应在 2002—2020 年间有增强趋势，但并不显著。保险业的 alter 效应、ego 效应和 sim 效应估计系数也均为正，情况与金融业类似，对促进网络关系形成有正向作用，但不显著。相比而言，保险业综合效应类似的产业间相对更容易形成显著关系，可能是因为保险业介入较高的产业风险较低。

从金融业和保险业之间的互动关系看，保险业对金融业的影响效应估计系数显著为正，在 5% 水平显著。金融业对保险业的影响效应估计系数也显著为正，在 10% 水平显著。说明金融业与保险业之间互动行为很显著，这与前面分析的结论，即金融业与保险业融合发展的趋势具有一致性。

对于其他控制性属性变量，固定资本积累水平线性趋势为正，说明固定资本积累水平在 2002—2020 年间有增强趋势，但并不显著。固定资本积累水平的 alter 效应为负，并在 10% 显著性水平上显著，说明固定资本积累水平较低的产业更期望其他产业的投入。产业开放水平的 alter 效应、ego 效应和 sim 效应估计系数均为负，说明开放水平越高的产业与国内产业链的联系更弱，说明农业全产业链中，内循环与外循环没有很好协调。不过估计系数并不显著，因此这种内外循环之间的不协调性并不显著。

（3）时间异质性分析

各种因素在网络演化中的作用可能在不同时期的表现存在差异，对各种因素在网络演化中的作用进行时间异质性检验是有必要的。时间异质性检验采用 Schweinberger（2012）的分类型检验（the score type test）[1]，Lospinoso 等（2011）对此方法也作出了贡献[2]。检验中，受限模型即 sienaFit 对象中的模型作零假设，无限制模型，其中包含时期 $m = 2 \cdots (m-1)$ 的模型，用作备选假设。

先进行时间异质性联合显著性检验，chi-squared = 118.53，d. f. = 69，$p = 0.0002$，结果表明，存在显著时间异质性。然后，进行各时期联合显著性检验，每个周期包含所有参数。检验结果见表4-28。时期1（2002—2007年）和时期3（2012—2017年）p 值分别 0.064 和 0.075，在10%显著性水平显著。时期2（2007—2012年）和时期4（2017—2020年）p 值分别为 0.001 和 0.004，在1%显著性水平上显著。所有变量综合看，各时期存在显著时间异质性。

表4-28　各时期联合显著性检验

时期	chi-sq.	d. f.	p-value
时期1（2002—2007年）	34.09	23	0.064
时期2（2007—2012年）	50.41	23	0.001
时期3（2012—2017年）	33.34	23	0.075
时期4（2017—2020年）	44.67	23	0.004

再进行个体显著性检验和一步估计，结果见表4-29。

---

1 Schweinberger M. "Statistical modeling of network panel data: Goodness-of-fit" [J]. *British Journal of Statistical and Mathematical Psychology*, 2012 (65): 263-281.

2 Lospinoso J A, Schweinberger M, Snijders T A B, et al. "Assessing and accounting for time heterogeneity in stochastic actor oriented models" [J]. *Advances in Data Analysis and Computation*, 2011 (5): 147-176.

表 4-29　个体显著性检验和一步估计

变量名	初始估计值	一步估计值	p 值
出度效应	−1.6413	−3.2849	0.005
互惠效应	0.6772	0.4443	0.366
传递三元组	0.5485	2.4467	0.629
三循环	−0.413	−1.0641	0.542
传递纽带	0.1088	1.5742	0.885
金融业的 alter 效应	0.0232	−0.9374	0.887
金融业的 ego 效应	0.1947	−0.5693	0.260
金融业的 sim 效应	0.4394	−5.558	0.775
保险业的 alter 效应	0.1026	1.1051	0.637
保险业的 ego 效应	0.1497	0.1245	0.535
保险业的 sim 效应	3.7123	7.335	0.201
固定资本积累水平的 alter 效应	−0.8591	−0.789	0.090
固定资本积累水平的 ego 效应	0.0893	0.334	0.828
固定资本积累水平的 sim 效应	0.0111	2.5255	0.995
产业开放水平的 alter 效应	−0.066	−0.1459	0.545
产业开放水平的 ego 效应	−0.0183	−0.2568	0.865
产业开放水平的 sim 效应	−1.0785	−1.9276	0.349
金融业线性趋势	−0.1293	−0.2663	0.195
保险业对金融业的影响效应	0.1694	0.1211	0.016
保险业线性趋势	0.0444	0.1561	0.769
金融业对保险业的影响效应	0.0994	−0.1228	0.091
固定资本积累水平线性趋势	−0.2375	−0.2464	0.383
产业开放水平线性趋势	−0.1534	0.0126	0.243
（＊）Dummy2：出度效应	0	1.1722	0.488
（＊）Dummy3：出度效应	0	2.5831	0.009
（＊）Dummy4：出度效应	0	4.255	0.708
（＊）Dummy2：互惠效应	0	1.5318	0.591
（＊）Dummy3：互惠效应	0	0.0803	0.143
（＊）Dummy4：互惠效应	0	−1.5789	0.197
（＊）Dummy2：传递三元组	0	−4.1944	0.465

续表

变量名	初始估计值	一步估计值	p 值
（＊）Dummy3：传递三元组	0	1.3807	0.023
（＊）Dummy4：传递三元组	0	−4.8777	0.036
（＊）Dummy2：三循环	0	2.8513	0.149
（＊）Dummy3：三循环	0	−1.8779	0.190
（＊）Dummy4：三循环	0	0.0263	0.166
（＊）Dummy2：传递纽带	0	−1.1031	0.938
（＊）Dummy3：传递纽带	0	−2.1749	0.020
（＊）Dummy4：传递纽带	0	−2.4686	0.110
（＊）Dummy2：金融业的 alter 效应	0	1.3005	0.961
（＊）Dummy3：金融业的 alter 效应	0	1.3762	0.072
（＊）Dummy4：金融业的 alter 效应	0	1.0672	0.784
（＊）Dummy2：金融业的 ego 效应	0	1.1547	0.342
（＊）Dummy3：金融业的 ego 效应	0	0.6208	0.151
（＊）Dummy4：金融业的 ego 效应	0	−0.2913	0.507
（＊）Dummy2：金融业的 sim 效应	0	12.6899	0.558
（＊）Dummy3：金融业的 sim 效应	0	4.6912	0.886
（＊）Dummy4：金融业的 sim 效应	0	−4.0328	0.060
（＊）Dummy2：保险业的 alter 效应	0	−1.3562	0.879
（＊）Dummy3：保险业的 alter 效应	0	−1.5458	0.389
（＊）Dummy4：保险业的 alter 效应	0	−0.845	0.144
（＊）Dummy2：保险业的 ego 效应	0	−0.4628	0.807
（＊）Dummy3：保险业的 ego 效应	0	0.5777	0.685
（＊）Dummy4：保险业的 ego 效应	0	1.7671	0.502
（＊）Dummy2：保险业的 sim 效应	0	−7.9409	0.270
（＊）Dummy3：保险业的 sim 效应	0	−2.5595	0.538
（＊）Dummy4：保险业的 sim 效应	0	9.9233	0.209
（＊）Dummy2：固定资本积累水平的 alter 效应	0	−0.2392	0.599
（＊）Dummy3：固定资本积累水平的 alter 效应	0	0.2733	0.996
（＊）Dummy4：固定资本积累水平的 alter 效应	0	0.7973	0.929
（＊）Dummy2：固定资本积累水平的 ego 效应	0	−0.9119	0.688

续表

变量名	初始估计值	一步估计值	p 值
（ ＊ ）Dummy3：固定资本积累水平的 ego 效应	0	1. 2705	0. 381
（ ＊ ）Dummy4：固定资本积累水平的 ego 效应	0	−0. 7872	0. 823
（ ＊ ）Dummy2：固定资本积累水平的 sim 效应	0	−6. 9174	0. 423
（ ＊ ）Dummy3：固定资本积累水平的 sim 效应	0	5. 5541	0. 189
（ ＊ ）Dummy4：固定资本积累水平的 sim 效应	0	−13. 6719	0. 467
（ ＊ ）Dummy2：产业开放水平的 alter 效应	0	−0. 2259	0. 055
（ ＊ ）Dummy3：产业开放水平的 alter 效应	0	−0. 1482	0. 690
（ ＊ ）Dummy4：产业开放水平的 alter 效应	0	0. 8116	0. 038
（ ＊ ）Dummy2：产业开放水平的 ego 效应	0	0. 0485	0. 398
（ ＊ ）Dummy3：产业开放水平的 ego 效应	0	0. 5215	0. 060
（ ＊ ）Dummy4：产业开放水平的 ego 效应	0	0. 3321	0. 210
（ ＊ ）Dummy2：产业开放水平的 sim 效应	0	1. 1112	0. 292
（ ＊ ）Dummy3：产业开放水平的 sim 效应	0	−2. 4228	0. 293
（ ＊ ）Dummy4：产业开放水平的 sim 效应	0	4. 4612	0. 850
（ ＊ ）Dummy2：金融业线性趋势	0	0. 4809	0. 014
（ ＊ ）Dummy3：金融业线性趋势	0	−0. 2007	0. 145
（ ＊ ）Dummy4：金融业线性趋势	0	−0. 791	0. 172
（ ＊ ）Dummy2：保险业对金融业的影响效应	0	0. 0917	0. 414
（ ＊ ）Dummy3：保险业对金融业的影响效应	0	0. 2001	0. 166
（ ＊ ）Dummy4：保险业对金融业的影响效应	0	−0. 7424	0. 026
（ ＊ ）Dummy2：保险业线性趋势	0	−0. 7801	0. 004
（ ＊ ）Dummy3：保险业线性趋势	0	0. 1831	0. 120
（ ＊ ）Dummy4：保险业线性趋势	0	0. 6211	0. 092
（ ＊ ）Dummy2：金融业对保险业的影响效应	0	0. 3585	0. 116
（ ＊ ）Dummy3：金融业对保险业的影响效应	0	0. 2591	0. 268
（ ＊ ）Dummy4：金融业对保险业的影响效应	0	0. 255	0. 652
（ ＊ ）Dummy2：固定资本积累水平线性趋势	0	1. 2577	0. 204
（ ＊ ）Dummy3：固定资本积累水平线性趋势	0	1. 3159	0. 202
（ ＊ ）Dummy4：固定资本积累水平线性趋势	0	−0. 363	0. 186
（ ＊ ）Dummy2：产业开放水平线性趋势	0	−0. 4326	0. 318

变量名	初始估计值	一步估计值	p 值
（＊）Dummy3：产业开放水平线性趋势	0	−0.0099	0.586
（＊）Dummy4：产业开放水平线性趋势	0	−0.4586	0.332

对于结构因素，出度效应在时期3（2012—2017年）的一步估计值为2.5831，在1%水平上显著，说明网络中显著性关系越多的产业，更倾向于与其他产业建立显著关系，说明网络处于扩张期。传递纽带效应在时期3（2012—2017年）的一步估计值为−2.1749，在5%水平上显著，但传递三元组在时期3（2012—2017年）的一步估计值为1.3807，在5%水平上显著，说明在此时期，传递纽带效应为负，但传递三元组显著为正。产业分工以三元组的方式深化，但传递三元组在时期4（2017—2020年）的效应又显著为负。

金融业线性趋势在时期2（2007—2012年）的一步估计值为0.4809，在5%水平上显著。说明金融业综合效应在时期2（2007—2012年）处于显著提升状态。金融业的 alter 效应在时期3（2012—2017年）的一步估计值为1.3762，在10%水平上显著，说明金融业综合效应对农业全产业链网络形成有显著正向促进作用。金融业的 sim 效应在时期4（2017—2020年）的一步估计值为−4.0328，在10%水平上显著，说明金融业综合效应差异大的行业间更容易形成网络联系。保险业线性趋势在时期2（2007—2012年）的一步估计值为−0.7801，在1%水平上显著，说明保险业的综合效应在此时期有下降趋势；保险业线性趋势在时期4（2017—2020年）的一步估计值为0.6211，在10%水平上显著，说明保险业的综合效应在此时期呈上升趋势。

另外，产业开放水平的 alter 效应在时期2（2007—2012年）的一步估计值为−0.2259，在10%水平上显著。说明这一时期出口多的产业，与内部产业关系显著变小。产业开放水平的 alter 效应在时期4（2017—2020年）的一步估计值为 0.8116，说明在 2017—2020 年，出口多的产业，与内部产业关系显著增强，更容易接受内部产业投入，呈现出外循环与内循环相互促进的状态。产业开放水平的 ego 效应在时期 3（2012—2017 年）的一步估计值为 0.5215，在 10% 水平上显著。说明在 2012—2017 年，出口多的产业对内部产业投入也多，呈现出外循环带动内循环的状态。综合来看，自 2012 年后，产业开放水平对农业全产业链网络演化产生重要影响，内循环与外循环的协调性显著增强。

第五章
城乡融合发展视角下农村金融
服务乡村振兴战略的模式创新

解决农村金融服务"偏离城乡融合发展方向"问题，需要推进农村金融服务模式创新，在农村和城市之间建立利益联结机制，探索城乡一体的农业价值链金融服务模式。本章构建了城乡融合发展视角下农业价值链金融发展的理论框架，梳理了实践案例，进而分析了农业价值链金融面临的问题和障碍，并提出城乡一体农业价值链金融在服务模式方面的创新思考。

第一节　农业价值链金融的探索

国外学者对农业价值链融资研究成果较为丰富，主要集中在以下几个方面：

一是农业价值链融资组织模式的研究。农业价值链融资可分为直接价值链融资和间接价值链融资。[1] 价值链内部参与者的筹资方式有三种，即通过存款自筹资金，通过非正规金融进行直接价值链融资，以及正规金融机构

---

1 Coon J，Campion A，Wenner M D. "Financing agricultural value chains in central America" [J]. *General Information*，2010，3（2）：123-149.

为价值链金融参与者提供信贷支持。[1]非金融机构参与的融资模式包括信用交易、订单农业以及仓单收据三种主要金融产品，除此之外还有租赁、担保、注资附属公司等。根据利益联结者之间关系的差异性，农业价值链金融又被划分为：生产者驱动型、购买者驱动型、中介驱动型以及垂直一体化模式。[2]

二是农业链式融资产生机理研究。金融机构经常面临信息不对称问题，导致融资面临更高的交易成本和贷款风险。价值链参与者能够更好地了解彼此的业务和关系，金融机构可以利用这一网络来克服信息不对称问题，并为不同的链式参与者设计金融产品或服务。[3]金融是小农农业现代化的主要制约因素之一，在很多国家，农民获得机构融资的机会极其有限[4]，对于小农来说，这些比例甚至更低。投资水平的提高和获得金融服务的机会是农业生产率增长的关键决定因素。联合国开发计划署指出，银行和信贷设施的提供不仅加强了对农业投入和咨询服务的需求和供应，而且通过促进创业、创新和技术采用促进了农业增长。对于商业银行和其他金融机构来说，为小农提供贷款的交易成本和贷款风险较高。[5]原因在于小农的资产有限，缺乏抵押品，以及政策导致的农村金融市场扭曲，都阻碍了金融机构为小农农业融资。

---

1 Meyer R L. "Analyzing and financing value chains: Cutting edge developments in value chain analysis" [C]. African Microfinance Conference: *New Options for Rural & Urban Africa*, 2007.

2 Miller C, Jones L. "Agricultural value chain finance: Tools and lessons" [M]. Warwickshire: *Practical Action Publish*, 2010; Vorley B, Lundy M, Macgregor J, et al. "Business models that are inclusive of small farmers" [C]. *Papers From the First Global Agro-Industries Forum*, 2009; Chen K Z, Joshi P K, Cheng E, et al. "Innovations in financing of agri-food value chains in China and India: Lessons and policies for inclusive financing" [J]. *China Agricultural Economic Review*, 2015, 7 (4): 616-640.

3 Miller C. "Agricultural value chain finance strategy and design" [M]. Rome: *Published by FAO and Practical Action*, 2012.

4 Gale F, Lohmar B, Tuan F. "How tightly has China embraced market reforms in agriculture?" [J]. *Amberwaves*, 2009, 7 (2): 30-35; Pal D. "Managing rural institutional credit: Lessons from interlinked transactions" [R]. *Indian Institute of Management*, 2012.

5 Miller C, Jones L. "Agricultural value chain finance: Tools and lessons" [M]. Warwickshire: *Practical Action Publish*, 2010; Shwedel K. "Agricultural value chain finance" [R]. *Paper Presented at the Conference on Agricultural Value Chain Finance in Costa Rica*, 2010.

农业价值链金融使小规模生产者和企业家能够提高生产率，并从供应链下游的增值中获益。对于农民来说，获得信贷也是参与有组织价值链的重要动机。[1]

三是农业链式融资发展效果研究。农业价值链金融能够帮助金融机构扩大服务范围，缓解农户与金融机构之间信息不对称，降低借贷成本，提升农户收入水平，调整农村经济结构。[2]对于农户来说，通过与核心农业企业合作，除了可以获得融资支持外，还能获得技术溢出带来的收益。[3]参与合作社可以实行标准化生产，维持收入的稳定。Mulema 等（2021）的研究发现，采用创新价值链融资可以提高企业盈利能力和促使青年从事农业生产。[4]

四是关于农业价值链融资成功案例的研究。Houessou 等（2020）对乌干达北部西瓜的价值链和营销进行了分析，研究发现，西瓜的营销利润率受到信贷获取、营销渠道信息获取和劳动力成本的显著影响，并呼吁采取政策干预措施，使西瓜价值链参与者能够获得低成本的信贷安排。[5]Rogito 等（2020）评估了金融资源获取和肯尼亚青年参与价值链每个环节之间的关系，研究表明，获得金融服务与青年参与农业价值链之间存在密切关系；政府应该增加青年获得

---

1 Maertens M, Dries L, Dedehouanou F A, et al. "High-value supply chains, food standards and rural households in Senegal" [J]. Wallingford UK: *CABI*, 2007: 159-172; Guo H, Jolly R W. "Contract farming in China: perspectives of smallholders" [C]. *Paper Presented at the Conference of the International Association of Agricultural Economists*, Beijing, 2009; Narayanan S. "Notional contracts: The moral economy of contract framing arrangements in India" [R]. *Indira Gandhi Institute of Development Research*, 2012; Reardon T, Minten B. "The quiet revolution in India's food supply chains" [R]. IFPRI Discussion Paper 1115. Washington, DC: *International Food Policy Research Institute* (IFPRI), 2011.

2 Miller C, Jones L. "Agricultural value chain finance: Tools and lessons" [M]. Warwickshire: *Practical Action Publish*, 2010; Kumar S M. "Does access to formal agricultural credit depend on caste?" [J]. *World Development*, 2013, 43: 315-328.

3 Birthal P S, Negi D S. "Livestock for higher, sustainable and inclusive agricultural growth" [J]. *Economic and political weekly*, 2012 (47): 89-99.

4 Mulema J, Mugambi I, Kansiime M, et al. "Barriers and opportunities for the youth engagement in agribusiness: Empirical evidence from Zambia and Vietnam" [J]. *Development in Practice*, 2021 (2): 1-17.

5 Houessou J A, Mugonola B, Odongo W. "Value chain and marketing margins analysis of watermelon: An insight from Northern Uganda" [J]. *African Journal of Science Technology Innovation and Development*, 2020 (2): 1-9.

金融资源的机会，从而使他们参与农业价值链，增加收入，改善福祉。[1]Flifli
等（2019）研究了贝宁的大米创新价值链融资系统（VCFS），实证得出基于
利益相关方平台的生产者和加工者更有可能获得信贷，并在获得信贷借款人批
准的条件下获得更大数额的信贷。该研究还指出，获得信贷对提高农业生产率
和收入至关重要，其研究成果在农村地区减贫方面具有社会意义。[2]Luan
（2019）的研究认为，消除信贷准入障碍可以提高农民从肉桂种植活动中获得
的收入。[3]Darko-Koomson 等（2020）研究加纳木薯价值链及其对升级的影响，
认为有限的信贷渠道是价值链升级的关键约束。[4]Luan 和 Kingsbury（2019）通
过对越南北部农村地区竹木和肉桂价值链的案例研究，提出价值链贷款将成为
改善小农获得信贷的有效工具；银行的贷款方式需要创新，"跳出抵押品的思
维"来提高链的凝聚力。[5]

　　国内关于农业价值链融资的研究探索主要集中在四个方面。

　　一是关于农业价值链融资模式及国内外案例的探讨。何广文和潘婷
（2014）的研究发现，农业价值链融资有利于改善和强化农业生产条件。[6]贾丽
丽（2016）分析了秘鲁洋蓟价值链融资的运作方式及融资主体的各种优劣势，

　　1 Rogito J M, Makhanu E, Mombinya B K, et al. "Relationship between access to financial services and youth involvement in agricultural value chains in Kakamega county, Kenya" [J]. *Agricultural and Resource Economics*: *International Scientific E-Journal*, 2020, 6 (2): 24–336.

　　2 Flifli V, Okuneye P A, Akerele D, et al. "Lenders and borrowers' collaboration-based risk mitigation credit market: Factors influencing access to formal credit in the agricultural sector in the Benin Republic" [J]. *Agricultural Finance Review*, 2019, 80 (2): 173–199.

　　3 Luan D X. "Motivation and barriers to access to formal credit of primary cinnamon producers from the perspective of value chain development in Northwestern Vietnam" [J]. *Journal of Agribusiness in Developing and Emerging Economies*, 2019, 10 (2): 117–138.

　　4 Darko-Koomson S, Aidoo R, Abdoulaye T. "Analysis of cassava value chain in Ghana: implications for upgrading smallholder supply systems" [J]. *Journal of Agribusiness in Developing and Emerging Economies*, 2020, 10 (2): 217–235.

　　5 Luan D X, Kingsbury A J. "Thinking beyond collateral in value chain lending: access to bank credit for smallholder Vietnamese bamboo and cinnamon farmers" [J]. *International Food and Agribusiness Management Association*, 2019, 22 (4): 1–22.

　　6 何广文, 潘婷. 国外农业价值链及其融资模式的启示 [J]. 农村金融研究, 2014 (5): 19—23.

认为订单农业是买方驱动的农业价值链的一种协调方式。[1]马九杰等（2011）
研究了中国农业银行、龙江银行基于订单农业的价值链金融创新案例。[2]马九杰
和罗兴（2017）分析了广东省湛江市对虾产业养殖环节和流通环节的价值链
金融的运作机制和风险控制机制。[3]庞金波和李宗瑛（2017）提出"农产品价
格保险+农业价值链"的新型融资模式，并通过 Shapely Value 合作博弈模型，
对农产品价格保险引入农业价值链融资模式后各参与主体收益变化情况进行了
实证分析。[4]

　　二是关于中国农业价值链金融创新的困境与对策研究。尽管农业价值链金
融有助于降低信息不对称和交易成本，还能够弥补农户信用水平不足并实现农
业价值链增值，但是，在实践中因农业产业化水平、小农户的信用水平不高，
加上金融机构的供给能力不足，影响了农业价值链金融作用的发挥。[5]杨兆廷和
孟维福（2017）认为农民专业合作社作为新型农业经营主体，是开展农业价
值链融资的主要平台，但是农民专业合作社与价值链其他主体的关系比较松
散，农业价值链融资产品供给不足和配套机制不健全，农民专业合作社在农业
价值链中处于弱势地位，不能为农业价值链融资提供有力支持。[6]姜松（2018）
在解构重庆市农业价值链金融创新模式、评判效果的基础上发现，现行农业价
值链金融创新存在锚定对象偏差、聚焦价值链环节"哑铃式"塌陷、纵向增
信机制缺失、政府角色缺位、信贷资金不足等现实困境，并提出新时期农业价

───────────

　　1　贾丽丽. 国外农业价值链融资案例研究及其借鉴——以秘鲁洋蓟产业为例［J］. 世界农业，2016
（12）：71—77.

　　2　马九杰，张永升，佘春来. 基于订单农业发展的农业价值链金融创新策略与案例分析［J］. 农村金融
研究，2011（7）：11—17.

　　3　马九杰，罗兴. 农业价值链金融的风险管理机制研究——以广东省湛江市对虾产业链为例［J］. 华南
师范大学学报（社会科学版），2017（1）：76—85+190.

　　4　庞金波，李宗瑛. 农业价值链融资模式研究——基于农产品价格保险视角［J］. 农村金融研究，2017
（11）：62—67.

　　5　刘娜娜. 乡村振兴背景下中国农业价值链金融发展研究［J］. 西南金融，2021（10）：89—100.

　　6　杨兆廷，孟维福. 依托农业价值链破解农民专业合作社融资难：机制、问题及对策［J］. 南方金融，
2017（3）：91—98.

值链金融创新走出困境的化解之策。[1]

三是关于"互联网+"农业价值链金融的研究。"互联网+"农业价值链金融利用互联网技术建立起金融服务平台，可以拓展融资渠道，降低融资门槛，在不同程度上缓解了农户的资金压力。[2]汪雯羽和孙同全（2019）以目前互联网农业价值链金融发展中三家具有代表性的机构为例，研究其运行模式及风险控制特征，从信息不对称理论、交易成本理论、互联合同理论、自偿性贸易融资理论四个方面总结了农业价值链金融的作用原理。[3]在融合模式上，"互联网+"农业价值链融资创新主要有"农业价值链+'三农'服务商"、"农业价值链+电商平台"、P2P模式、众筹模式以及PPP模式等互联网金融模式。[4]

四是关于农业价值链金融支持乡村振兴的路径研究。金强（2022）认为构建起现代农业生产体系、产业体系、经营体系，延长产业链，融入供应链，提升价值链，对乡村振兴战略有着至关重要的支撑作用。[5]姜松和喻卓（2019）提出应拓展农业价值链，建立风险共担机制和农业金融创新合作机制，增强农业价值链金融支持乡村振兴的持续性。[6]还有部分学者对农户参与农业价值链金融的行为进行了分析。[7]

1　姜松. 农业价值链金融创新的现实困境与化解之策——以重庆为例 [J]. 农业经济问题，2018（9）：44—54.

2　成德宁，汪浩，黄杨. "互联网+农业"背景下中国农业产业链的改造与升级 [J]. 农村经济，2017（5）：52—57；李建英，武亚楠. "互联网+"农业价值链融资的融合模式、运行机制及效果 [J]. 西南金融，2019（10）：66—72.

3　汪雯羽，孙同全. 互联网农业价值链金融模式分析——以蚂蚁金服、京东金融和农金圈为例 [J]. 农村金融研究，2019（7）：13—19.

4　张庆亮，许浩. "互联网+"背景下我国农业价值链的构建 [J]. 金陵科技学院学报（社会科学版），2017，31（4）：19—22.

5　金强. 增强农业价值链　以农业产业振兴推动乡村振兴 [J]. 蔬菜，2022（3）：1—12.

6　姜松，喻卓. 农业价值链金融支持乡村振兴路径研究 [J]. 农业经济与管理，2019（3）：19—32.

7　张雅博. 中国农业价值链金融扶贫模式研究 [D]. 辽宁大学，2018；郑秀峰，张雅博. 农户参与农业价值链扶贫的行为分析——基于SEM模型的实证研究 [J]. 经济经纬，2019，36（4）：141—148；董翀. 农业价值链金融、价值链组织与农户技术采纳 [J]. 农村经济，2017（12）：56—61.

现有文献缺乏基于城乡融合发展视角，对农业价值链金融发展的理论逻辑与现实逻辑的思考。本章结合理论逻辑与实践逻辑，分析中国目前农业价值链金融面临的问题和障碍，并提出城乡一体的农业价值链金融创新思路。

第二节　城乡一体农业价值链金融发展的理论框架

一、农业价值链金融的探索

1. 农业价值链金融的概念

理解农业价值链金融的内涵可以从以下三个一般定义开始。一是价值链。价值链（Value Chain）是美国学者迈克尔·波特（1985）在《竞争优势》（*Competitive Advantage*）一书中提出的。价值链上的各个组成部分是一个有机整体，呈现出多层次的网络结构特征。而以农产品作为主要研究对象进行定义，则衍生出了农业价值链。它是指一组参与者，包括供应商、生产者、加工商与零售商等将农产品从生产带到最终消费的一系列价值传递、转移和增值活动。二是价值链分析。它是指对影响行业价值链效果的参与者和各因素进行评估和分析，包括对价值链上各节点参与者之间的关系进行评估，以确定提高农产品及整个农业行业的生产率和竞争力的驱动因素，以及如何克服这些因素的制约。三是价值链金融。它是指价值链参与者通过提供金融服务和产品以解决或者缓解行业增长所面临的融资约束问题。

2. 农业价值链融资的分类

按照资金来源不同，农业价值链金融被划分为价值链内部融资和价值链外部融资两种典型类型。价值链外部融资是指金融机构对农业价值链参与者所提供的资金融通活动。农业价值链外部融资的资金供给主体主要有商业性金融机构、政策性金融机构、小微型金融机构、非正规金融机构四大类；提供的贷款主要包括融资租赁、仓单质押、应收账款融资、回购融资等。[1]价值链内部融资则是指农业价值链上的参与者之间进行的融资活动，也称为直接价值链融资。[2]农业价值链内部融资主要以贸易融资的方式进行。[3]从操作流程来看，农业价值链内部融资的交易次数比价值链外部融资频繁，合作流程也比正规贷款简单。与外部融资相比，农业价值链内部融资可以通过连锁交易使借贷双方的利益深度联结。

3. 农业价值链融资参与主体和产品

从金融主体来看，提供农业价值链金融服务的主要有政策性金融机构、商业性金融机构、小微型金融机构、风险投资公司、非正式金融机构、公共资金等。这些金融主体主要提供各类金融服务。除金融主体外，农业价值链参与者还包括投入品供应商、小生产者、生产者联合、加工商、销售商以及消费者等，他们提供的经营服务包括土壤管理、作物灌溉、收割、交通运输、贸易和销售。农业价值链融资的金融产品主要包括常规产品（存款、贷款、保险等）、中长期贷款（股权投资、保付代理、设备租赁融资等）和短期流动贷款（预付款、赊销、贸易信贷、仓单融资、回购融资等）。[4]

二、城乡一体农业价值链金融制度的构建

1. 城乡一体农业价值链金融的内涵

国际国内的理论与实践证明，实现农户小生产者与城市大市场的有效联结，将农产品生产和加工、农产品流通运输、城市的批发市场和终端的超级市场等各个环节进行无缝对接，形成从农村到城市、城乡一体化的产业链，是实

1　张庆亮. 农业价值链融资：解决农业融资难的新探索 [J]. 财贸研究, 2014, 25 (5): 39—45.

2　姜松. 农业价值链金融创新的现实困境与化解之策——以重庆为例 [J]. 农业经济问题, 2018 (9): 44—54.

3　宋雅楠, 赵文, 于茂民. 农业产业链成长与供应链金融服务创新：机理和案例 [J]. 农村金融研究, 2012 (3): 11—18.

4　张庆亮. 农业价值链融资：解决农业融资难的新探索 [J]. 财贸研究, 2014, 25 (5): 39—45.

现乡村振兴、促进城乡融合发展的重要途径。[1] 解决农村金融服务"偏离城乡融合发展方向"的问题，需要推进农村金融服务模式创新，在农村和城市之间建立利益联结机制，探索城乡一体的价值链金融服务制度。要从农村产业链的角度而不是从单一农户或农业企业的角度进行信贷制度设计，农村金融主体要深度介入产业链的各个环节并提供有效的金融服务，以推进城乡一体化的农业全产业链形成和有效运转，促进农业全产业链价值最大化，实现城乡共赢。

2. 城乡一体农业价值链金融的运行机理

一是农业全产业链的形成和有效运转有利于现代农业生产经营体系的构建，降低了农业生产的风险，有利于农业规模化经营，农业剩余增加，解决了传统农业项目风险高、收益低的问题，增加了农业对资本的吸引力，为农村金融发展提供了良好产业基础；二是有利于系统性化解产业链上农户以及生产、流通等各环节企业组织的资金约束，增强对农户的金融服务能力；三是从产业链和价值链的角度进行资金配置，有利于降低农村金融的运行风险，提高资金配置的总体效益，提升贷款质量，解决了农村金融商业化运行的可持续问题；四是通过城镇的农产品销售终端企业进行产业链内部和外部融资，可将城市资本引入农业全产业链，有利于城乡间经济与金融的互动，推动城乡融合发展。

3. 城乡一体农业价值链金融的范式

目前的农村产业链金融多数还局限在农村内部"打转"，没有实现城乡金融的有机结合。建立"城市金融机构—城市批发企业（或超市连锁集团、生产加工企业）—农村生产基地企业（或生产合作社）—农户"模式，并整合"农村金融机构—农村生产基地企业（或生产合作社）—农户"模式，构建以农业全产业链为纽带的从城市向农村反向延伸的价值链，可以将城市需求和农业生产进行有效对接，将金融风险在城市和农村之间进行分散，并能将城市资

1　李敬. 论构建城乡联结的农村产业链金融制度 [N]. 重庆日报，2013-04-26.

本引入农村。

具体做法是：城市批发企业、超市连锁集团或生产加工企业在捕捉到城市的有效需求后，城市金融机构对其进行信用支持；然后城市企业基于与农村生产基地企业或生产合作社建立的订单式契约关系，向农村生产基地企业或生产合作社进行部分生产信贷，同时农村金融机构也对其进行信用支持；最后农村生产基地企业或生产合作社以契约为支撑，通过赊销，提供农药、种子、化肥等方式向农户提供信用支持。

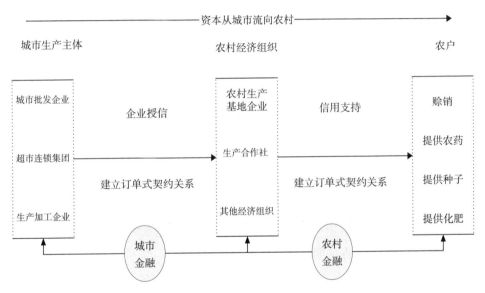

图 5-1　城乡一体农业价值链金融的范式

三、城乡一体农业价值链金融的发展模式

1. 生产者驱动的价值链模式

生产者驱动的价值链模式是价值链的关键组成部分。通常情况下是小规模生产者为了获得更高的市场价格和稳定的市场保障而加入生产者协会。此模式下组建的生产者协会成为价值链发展的推动者，通常拥有储蓄和贷款能力。他

们与农民签订合同，保证其产品的销售，并为他们提供技术支持、市场营销、合同安排、融资处理、市场准入和相关培训服务。生产者驱动的模型是价值链底层驱动的模型，金融供给则通过介入该模型，形成价值链金融。但该模型的成功实施面临两大难题：首先，生产者可能无法掌握市场需求以及链条中那些更接近最终用户的需求；其次，生产者往往难以获得融资，除非他们能找到强有力的合作伙伴或能够获得融资援助。

2. 购买者驱动的价值链模式

购买者驱动的模式构成了价值链金融应用的基础。主要以买方的购买目标作为主要驱动力，经常与农业订单挂钩。因此，合同农业、订单农业是最常见的购买者驱动的农业价值链融资模式。合同农业模式下，生产者和其他主要利益相关者之间的交易由预先建立的协议管理，通常采用严格的条款规定农产品的生产类型、质量、数量和交付时间，无论这些协议是否正式登记，都可以成为收回贷款的基础。事实上，由于合同的存在，农业企业或第三方（如银行）可以直接向农民提供贷款。一方面，农业企业，如农业加工商，将降低其运营风险，因为与生产商签订的合同保障了对原材料的获取；另一方面，如果生产商拥有其产品的担保市场，则参与合同关系可以作为一种虚拟抵押品。卖方和买方之间合同的有效性证明，降低了不确定性和风险。合同可能会带来更大的收益或技术支持，也可能会受到产品销售条件的限制，如价格、数量和交付日期等。

3. 中介驱动型价值链模式

中介驱动型主要是由政府机构或非政府机构作为资金的主要提供者，推动促进小农户和农业企业融入商业价值链。这些机构一方面可以通过与小农户签订合同直接为其提供技术服务和资金支持，另一方面可以通过为小农户提高信用等级，促进小农生产者和金融机构的直接联系。这些非营利性的开发机构在世界各地的农业价值链中发挥作用，这些外生力量的支持可以为小农户价值链一体化和融资提供机会，以促进不同层次的农业产品的开发。中介驱动型价值链模式可以主动识别和发展价值链，从而引领脱贫地区农业发展。在价值链促进方面，需要解决的一个重要问题是服务的持续能力和支付能力，尤其是在与所有生产商和加工商进行交易时。

4. 垂直一体化价值链模式

垂直一体化（Integrated）价值链模式是将前面三种模式进行整合，由多方主体形成。它不仅将生产商与价值链上的其他人（投入供应商、中间商、加工商、零售商和服务提供商）联系在一起，并通过正式的契约关系或者所有权关系将各节点参与者进行捆绑，从而构成一个综合性的垂直一体化价值链模式。这种价值链模式兼顾其他模式的特点，如与多方协议、技术指导和严格合规的紧密联系，是一种融合了价值链流动和服务的混合结构。

灵活运用以上四种农业价值链金融发展模式，能够在促进农业经济发展、增加农民收入的同时减少融资风险，并确保投入、生产和最终产品与市场需求相适应。

第三节　农业价值链金融发展面临的问题和障碍

在中国，农业价值链金融是新生事物，还存在这样或那样的不足。受限于农业产业特征和农业经营主体金融意识薄弱、价值链嵌入水平和金融供给能力不足以及外部环境缺失和配套机制不健全等，农业价值链金融存在发展偏离问题。一是偏离城乡融合发展方向，没能有效推动城乡要素自由流动与平等交换；二是偏离农村经济中最重要的产业，不能对农业进行有效的金融支持；三是偏离农村经济中数量最多的经济主体，不能对农户进行有效的金融支持，导致农村金融不能有效促进农民收入增长和农村经济发展。

一、受限于农业产业特征和农业经营主体金融意识薄弱

1. 农业生产周期长，易受外部因素影响和制约

农业具有独有的产业特征，天然容易受到自然环境、市场供求等外部因素的影响和制约。而且，诸多外部因素对农业的渗透非常强。以种植农业为例，作物产量和质量与土壤、光照、温湿度、降雨量密切相关。干旱、洪涝、台风、暴雨等自然灾害以及病虫害都将造成农作物的严重减产。哪怕是设施较好的大棚等种植也依然不能彻底摆脱自然环境的影响。另外，农业还受市场供求关系的影响和制约。由于农业的生产周期较长，市场需求与农业供给匹配存在较长的时间差。市场需求虽然可以较为即时地传达给农户，但农户为了满足市场需求所匹配的农产品供给需要明显的一段时长。比如，某年猪肉价格暴涨，传递给农户强烈的市场需求信号，但养猪的生产周期至少半年。市场需求是瞬息万变的，等到大量养殖农户所养生猪出栏时，供大于求又会导致猪肉价格下跌，影响农民收入。与自然环境一样，市场信息的不对称和市场需求变化无法敏锐地预判都严重影响和制约农业发展，给农户和农业企业带来潜在的风险，影响金融机构对农业的参与热情。现代农业产业发展又急需金融服务向"三农"领域倾斜，金融机构对农业的投资热情、农业生产所需的要素在城乡之间的配置不均衡。农业价值链的发展障碍导致价值链金融服务偏离城乡融合发展方向，不能有效推动城乡要素自由流动、平等交换。

2. 农业基础相对薄弱，产业化总体水平不高

除了农业风险不断积聚之外，目前中国农业基础仍相对比较薄弱。首先，与工业、建筑业和服务业相比，中国现阶段农业的整体发展水平不高，农业产业化规模有限，绝大部分地区仍以小规模家庭为主，即便涌现出一大批农业合作社或大户，但其总体经营实力仍较为有限，导致农业过于分散、农业经营主体实力相对较弱。因此，对金融机构来说，与其他产业相比，农业融资的风险

相对较高，成本收益比也难以优化，农业金融始终没有实现大规模成长。其次，土地占农业资源中的比重较大，也是农业价值链金融的基础资产。但是土地总体规模数量基本固定，因此其产能也基本固定，导致现行涉农金融产品的结构无法实现大规模复制。

3. 农业经营主体对供应链金融缺乏足够的认知与实践

首先，各参与主体对农业价值链金融缺乏充分理解。比如，龙头企业担心为农民合作社提供担保而卷入信贷纠纷，增加了金融机构对价值链金融服务产品进行营销的难度。因此，金融机构更愿意把主要精力放在传统信贷业务上，不愿对农业价值链金融产品和服务进行推广与创新。[1]其次，由于农业发展水平的限制，农业从业人员的专业程度等与其他产业相比具有较大差距，因此，对于复杂金融服务的理解、认知和接受等存在较大空白。从中国资本市场的涉农金融衍生品来看，无论是农户抑或是农业企业，在交易量上都十分有限，无法实现通过现有金融市场进行风险管理和对冲的目标。最后，农户作为农业经济中数量最大的经营主体，其金融意识较为淡薄，宁愿坚持小规模生产也不愿意通过融资的方式扩大生产规模。一是受传统观念和乡村风俗的影响，不愿意成为金融借贷者。二是担心农业投资风险过大，对于融资产生的偿还能力存在较大的顾虑。

二、受限于价值链嵌入水平和金融供给能力不足

1. 目标主体出现偏差，小农户增信机制未能有效解决

现有农业价值链金融的目标主体仍是涉农企业、农民专业合作社等新型农业经营主体。对于大量分散经营的小农户来说，其征信机制欠缺、抵押品缺乏等问题未能得到有效解决，并未完全体现农业价值链金融与传统金融的本质差

---

1 周妮笛，李明贤. 农民专业合作社融资难问题解析——基于供应链金融视角［J］. 中南林业科技大学学报（社会科学版），2013，7（3）：85—87.

异。从创新的角度来看，农业价值链金融就是要满足农业生产环节的资金需求，而现行价值链金融仍主要关注产前、产后环节。因此，农业价值链金融偏离了农户这一农村经济中数量最多的经济主体，未能为其提供有效金融支持，导致农村金融不能在农村"生根"。金融机构较少与农户建立直接的联系，新型农业经营主体也难以帮助农户建立增信机制，不能体现农业价值链的运行特色，价值链金融就难以普遍推广。

2. 价值链参与者合作关系不够紧密，利益联结度不高

农业价值链成员间关系紧密程度直接影响融资效率的提高。当前，中国农业价值链金融发展障碍之一便是价值链参与者合作关系不够紧密、利益联结薄弱，导致市场风险较大。一是一些龙头企业与农民企业合作社之间是一种短期的合作行为，关系不够紧密。二是农村金融机构与龙头企业和农民专业合作社关系不够紧密。通常情况下，金融机构较少同时为合作社和龙头企业提供金融服务，因此无法获取相应信息，不能及时提供合适的金融产品。三是新型农业经营主体与农户之间的利益连接松散、委托代理成本高昂、分配机制不完善。四是农民专业合作社与农业价值链上其他主体的关系比较松散。农民专业合作社大多处于发展初期，在市场中缺少话语权，与核心企业之间多为短期合作，难以形成紧密的长期合作关系。农民专业合作社与金融机构的合作也大多停留在传统信贷支持层面，双方合作有待加强。

3. 金融机构类型单一，供给能力持续性面临挑战

农村中小金融机构类型单一、数量不足，影响了农村金融服务供给，制约了金融资源向农村有效配置。目前，参与农业价值链融资的金融机构多为农村商业银行、村镇银行、合作银行和互联网金融机构。尽管这些金融机构在信息获取和服务效率等方面较大中型金融机构有绝对优势，但其规模小、金融供给能力有限。而且，当前农村商业银行、合作银行、村镇银行以及互联网金融平台所推出的各类农业价值链金融产品依然是以服务周期小于 1 年的短期产品为

主，这与农业发展周期较长、投资规模大、风险高且回报慢的特质相背离，影响了其运作的持续性。[1]金融机构与价值链上的农业经营主体合作比较松散且多为短期行为，无法深入了解参与主体的经营状况等真实信息，难以真正嵌入农业价值链内部，也因此难以设计出满足实际融资需求的金融产品。因此，现有的农业价值链金融服务可能存在偏离农村金融发展本义的问题，呈现农村金融功能的异化，不能有效促进农民收入增长和农村经济发展。

三、受限于外部环境缺失和配套机制不健全

1. 政府角色缺位，配套机制不健全

由于农业价值链本身所具有的差异性和特色性，要求政府作为价值链融资非常重要的政策保证者和风险补偿者参与其中。然而，在农业价值链融资实践中，虽然政府发挥了极其重要的政策主导作用，但在政策扶持和风险保障环节，政府仍存在角色缺位的现象。价值链上新型农业经营主体和农户之间存在的多重委托代理关系，导致金融机构承担风险较大，进而影响其农业价值链金融创新的积极性。农业产业发展的周期长、风险高等特征以及农业价值链运行的不稳定性等因素也决定着政府需要实现角色"补位"。除了政策保障之外，政府还需要为农业价值链金融创新与发展提供财税、制度方面的支持，以调动金融机构从事农业价值链金融创新的积极性，更好地服务"三农"发展。

2. 支持价值链金融发展的外部环境缺失

良好的外部环境是农业价值链金融发展的重要支撑，但中国农村金融生态环境还需不断改善。信用环境方面，农村地区信用缺失比较严重，农业价值链金融部分参与主体信用意识淡薄，缺乏信用道德。法治环境方面，中国有关农业价值链金融的法律法规建设还没有及时跟上实际融资的发展速度，还不能为

1　刘娜娜. 乡村振兴背景下中国农业价值链金融发展研究［J］. 西南金融，2021（10）：89—100.

农业价值链金融的发展提供较为安全、稳定的法律环境。农业价值链金融在中国还处于新生发展阶段，对价值链参与者金融机构与核心企业、金融机构与农民专业合作社、农民专业合作社与农户之间的法律关系，及各参与主体的权利与义务，尚缺专门的法律法规进行明确和规范的制度安排。

第四节　城乡一体农业价值链金融发展的路径

一、促进农业价值链增值，提高农业现代化水平

1. 增加价值回报，激发农业经营主体参与价值链金融的积极性

农业价值链的核心在于提高各参与主体的价值回报，实现农业全产业链的价值增值。持续增值农业价值链，加速农业产业融合发展，助力乡村振兴的必要条件之一是提高农业企业和农户的参与热情和组织化程度，激发他们参与农业价值链金融的积极性。首先，激励农业价值链中的核心农业企业向上下游单向或双向延长农业全产业链，提高价值增值以及各节点参与主体的价值回报。其次，对于小农户来说，一方面通过加强与合作社或直接与核心企业合作获得生产经营回报；另一方面加大自身对劳动力、土地、资金等生产要素的提供，全程参与农业价值链，获得生产要素回报。最后，加强农业价值链金融业务宣传和推广，增强农业经营主体的金融参与意识以及农村金融机构从业人员的金融服务意识。

2. 激励农业企业科技创新，加强农业价值链的科技驱动力

持续增值农业价值链的另一必要条件是激励农业企业科技创新，加强农业价值链的科技驱动力，不断提高农产品附加值。一是要加大财政支持力度，支持涉农类企业的研发；同时，健全知识产权保护制度，提高从事涉农领域研发的科研人员待遇水平，激发其工作积极性。二是要打造农业科技创新平台，大力推动涉农重点实验室、研究中心等创新平台基地建设；不断整合高

校、企业、科研院所等资源，形成科技创新联盟，支持农业上市企业、龙头企业建立高水平研发机构，培育具有国际影响力的涉农领军企业，带动中小企业发展。[1]三是要打通创新链和产业链的精准对接，加快农业科技创新成果转化落地。

3. 健全农业风险管理体系，提高农业风险防范能力

农业价值链金融发展障碍之一是农业产业易遭受各种灾害或市场风险而出现较大损失，不仅农业经营主体难以承受，消费者也难以接受供应不足带来的后果。因此，必须加快健全农业风险管理体系，提升农业本身的风险承受能力以及分散风险的能力，促进农业价值链增值。首先，要树立综合风险管理理念，强化农业风险管理的战略性布局和前瞻性预案，把农业风险管理作为完善农业支持保护、服务农业高质量发展、服务乡村振兴的重要手段。其次，要切实抓好农业保险基层服务体系建设，充分发挥基层网络在保险政策宣传、承保信息采集等方面的作用。再次，要善于运用新一代信息技术，提高气象站点的数据监测质量和水平，提高增雨防雹的能力。最后，要加大风险教育培训力度，帮助价值链上的农业经营主体运用市场化风险管理工具分散风险和转移风险。

二、统筹城乡金融资源，提高金融供给能力

1. 统筹城乡金融资源配置，促进城乡资金要素自由流动和平等交换

在城乡融合发展和乡村振兴大背景下，农业价值链金融服务需求呈快速增长态势，解决农业融资问题急需统筹城乡金融资源配置，引导资金流向农业、农村。一是适当放宽市场准入条件，允许更多的金融租赁公司、村镇银行、小额贷款公司等新型金融机构在农村开展涉农金融业务，提高金融供给水平。二

1　吕庆喆. 以科技创新引领农业转型升级［N］. 经济日报，2020-03-07.

是针对农业经营的特点，推出保险、期货、农业资产抵押等创新型金融产品，满足农业经营主体的金融需求。三是针对涉农贷款，通过利率优惠促进社会资金流向农业、农村。[1]四是推动"农业价值链+互联网金融"创新。互联网金融机构是继村镇银行、农村商业银行等农村金融主体之后的农业价值链金融创新主力。"农业价值链+互联网金融"是基于农业价值链开展的互联网金融业务创新，克服了传统金融面临的障碍，实现整个农业价值链资金流、信息流和物流的统一，降低涉农贷款的交易成本。最重要的是利用互联网金融平台能拓展农业价值链上所需资金的筹措渠道，其高效的贷款流程和信用价值挖掘能保证资金及时流向农业生产，尤其是能引导城市资金流向农村，推动城乡资金要素的自由流动和平等交换。

2. 加强农业价值链从业人员队伍建设，促进城乡人才的自由流动

推动城乡融合发展为一体的农业价值链金融，需要构建合理的人才流动机制，让更多优秀的人才参与农业价值链，促进城乡人才的自由流动。农业价值链上的企业具有广泛的劳动力吸收能力，为城市青年及大学生提供巨大的就业潜力。一方面，青年参与农业价值链金融能为价值链上的农业企业提供更优质的劳动力和信息技术保障，不仅能提高农业企业的生产效率，还能作为企业软实力提升企业获得融资的机会，为企业吸引更多的融资资本。同时，青年参与到农业价值链金融的融资机构中去，能提高农村金融机构活力，提升其信息化处理能力。另一方面，农业价值链金融的各个环节为城乡青年和大学生提供了广阔的就业平台，使其深入参与农业生产、运输、销售等各个环节，从事更多样化的农业活动，既能获得就业机会，提升收入水平，还能展示个人才能，实现个人理想。然而，目前整个农业价值链从生产到销售，青年参与度极低。因此，一方面要借助乡村振兴的良好机遇，营造良好的乡村创业就业环境，通过

1　叶菲菲. 乡村振兴背景下城乡融合发展的困境与出路［J］. 农业经济，2020（10）：94—95.

搭建创业平台，提供创业贷款、减免税收等方式，吸引青年返乡就业、创业；另一方面要进一步完善高校毕业生到基层就业的配套政策，让农村成为广大青年的有为之地。

3. 增强农户信贷可得性，激发小农贷款积极性

农户是农业价值链金融的主要经营主体。构建城乡一体的农业价值链金融必须要增强小农户获取农业信贷的可得性，激发小农贷款融资积极性，从而解决农村金融"偏离农村经济中数量最多的经济主体"问题。一是要拓宽农户融资渠道，增加资金流，降低金融服务交易成本，切实缓解农户融资难的现实问题。二是要开发创新性的价值链金融服务工具，弥补农户信用水平不足的问题，降低农户融资交易成本。三是要深入宣传推广农业价值链金融服务产品，纠正农户对信贷融资的偏见，激发他们的贷款积极性。四是要创新财政支农方式，加大对农户的财政补贴。除了直接补贴外，还可以通过将农业组织的专项资金以及涉农企业的补助资金转化为股份的方式，惠及更多小农户，提高他们在农业价值链中的价值索取。[1]

4. 增加利益联结，延伸和拓展价值链金融辐射"半径"

农业价值链发展的高级阶段是不断延伸和拓展价值链。因此，首先，要建立价值链上各市场主体之间多形式、有深度的利益联结机制，不断延伸和拓展价值链金融的辐射"半径"，为农业价值链各环节提供有力的外部支持，推动农业生产的规模化和现代化。其次，要增强农民专业合作社的自身实力和可持续发展能力，提升其在农业价值链中的地位。最后，要加强农户与新型农业经营主体之间的合作，尤其是与龙头企业的合作。龙头企业和其他农业经营主体要以价值链为依托，寻求纵向和纵深协作，形成深度联结的、共生发展的农业价值链金融模式。

1　金强. 增强农业价值链　以农业产业振兴推动乡村振兴 [J]. 蔬菜，2022（3）：1—12.

三、发挥政府主导作用，营造积极外部环境

1. 加强政策支持，坚持制度创新

一是要加强财政政策的支持。主要通过加大对价值链上主体的财政补贴、税收减免等优惠力度，促进财政政策和价值链金融之间的联动性。尤其是加大对小农户的财政补贴的力度，创新对小农户的财政资金支持方式，让更多小农户得到普惠，提高其在农业价值链中的价值索取权。二是要进行金融制度创新。从城乡金融互动融合发展制度、农村金融与农村产业协同发展制度、农村金融与财政支农协调配合制度、农业价值链金融利益平等分享制度等方面进行金融制度创新，保证金融资源向农业生产重点领域、薄弱环节和小农户倾斜。三是要建立健全风险管理机制。价值链金融涉及多方主体，利益诉求各有差异，融资需求与风险管理需求并存。因此，一方面需要不断放大交易规模，激发金融业者或愿意承担交易风险的社会资本参与农业金融的积极性；另一方面需要探索建立科学的价值链金融参与者的准入、评级机制以及补偿机制等，以防范系统性风险，并建立健全风险防控、风险识别、风险共担的系统性风险防范机制。

2. 加强农村金融生态环境建设，营造积极外部环境

一是要提高农业经营主体的信用意识，打造良好信用环境，减少信贷风险。首先，要大力宣传和普及金融知识，结合农村地区金融教育基地建设，常态化开展风险警示教育，提高农户信用意识，将不良信用记录的危害灌输于民心，培养其良好的偿款习惯；其次，要建立科学完善的农村信用评价体系，建立信用评定长效机制，通过系列信用创建活动，促进农村信用环境的改善；最后，要持续畅通普惠金融重点人群权利救济渠道，压实金融机构投诉处理主体责任，推进金融纠纷多元化解机制建设，切实维护其合法权益。

二是要完善相关法律法规，为农业价值链金融创建稳定安全的法律环境。

首先，要围绕宪法和农村金融基本法，就农业价值链金融供需主体的组织形式、业务规则和行业监管制定专门性法律、法规，明确农村金融供给主体、需求主体和政府三方在保障农业价值链金融供需平衡方面的权利、义务和责任。其次，要以农村现实金融需求为依据进行制度建设，构建农村金融需求保障法律体系，要建立让农业价值链金融需求者由"不敢贷"到可以"放心贷"的制度安排。最后，要以法之名规范、约束和保护政策性金融机构对农村金融供给的保障作用，保护合法民间金融机构的发展并引导其依法开展金融服务。

第六章
城乡融合发展视角下农村金融
服务乡村振兴战略的方式创新

对于不少农户而言，由于没有卷入现代产业分工和市场体系，满足于自给自足生产模式，其生产性金融需求并不多。大多数农村经济主体的自组织能力不强，"小、散、弱"特征明显。整体而言，农村金融主体对市场变化的反应速度和产业发展方向的识别能力要强于普通的农村经济主体。农村金融主体通过"要素指挥棒"，可以扮演组织者角色，有效引导农村产业发展方向和农业生产模式。因此，金融部门应发挥主动引领作用，诱导农业生产嵌入现代生产元素，刺激农村生产性金融需求，创新金融"供给领先"模式，实现乡村振兴的金融支持方式创新。

第一节　金融"供给领先"与主动引导
促进农村产业发展的机理

美国耶鲁大学经济学家 Hugh T. Patrick 提出了两种金融模式。第一种是"需求追随"模式，强调农村经济主体的金融服务需求引致金融发展，农村金融组织和相关金融服务的供给晚于农村经济主体的需求；第二种是"供给领先"模式，强调金融供给拉动经济增长，农村金融组织和相关金融服务的供给早于农村经济主体的需求。Patrick 认为，这两种模式分别与农村经济发展的不同阶段相适应，二者之间存在一个优先顺序问题。

"需求追随"模式及其适应性。这种模式强调农村经济主体的金融服务需求的引领和驱动作用，农村金融组织和相关金融服务的供给晚于农村经济主体的需求。社会经济的不断增长引起经济主体对金融服务的强烈需求，从而催生了与之相适应的金融机构和相关金融服务，促进了金融体系的持续发展。这种金融模式适用于市场型金融模式。

"供给领先"模式及其适应性。这种模式强调农村金融组织与相关服务的供给早于农村经济主体的需求；金融机构与相关金融服务的供给先于需求，强调金融服务的供给对经济的促进作用。

上述两种金融模式都是适应社会经济发展水平的历史产物。它们不会相互排斥，更不可能相互取代。作为促进社会经济发展的"两个轮子"，它们在社会经济发展的不同阶段表现出各自地位的更迭。在经济发展水平较低的地区和发展时期，"供给领先"模式处于主导地位，而随着经济的不断发展，"需求追随"模式逐渐处于主导地位。

对于不少中国农村地区的农户而言，由于没有卷入现代产业分工和市场体系，满足于自给自足生产模式，其生产性金融需求并不多。大多数农村经济主体的自组织能力不强，"小、散、弱"特征明显。整体而言，农村金融主体对市场变化的反应速度和产业发展方向的识别能力要强于普通的农村经济主体。农村金融主体通过"要素指挥棒"，可以扮演组织者的角色，有效引导农村产业发展方向和农业生产模式。因此，金融部门发挥主动引领作用，诱导农业生产嵌入现代生产元素，刺激生产性金融需求，创新金融"供给领先"模式，能够实现服务乡村振兴的金融支持方式创新。因此，选择金融"供给领先"模式具有战略性、必要性和紧迫性。

第二节　金融"供给领先"与主动引导
促进农村产业发展的实践

一、金融企业主动服务龙头企业模式

作为现代农业经营体系中最具有创新能力与活力的经营主体，龙头企业在农村产业发展进程中发挥着关键作用。

中国农业银行山东省分行积极推进产品与模式创新，通过"金穗齐鲁乡村振兴贷""农行服务乡村振兴示范村""田园综合体兴农贷"等新产品和新模式，全面支持省内鲁花、金锣等优质农业龙头企业的发展。截至 2021 年底，该行农业产业化龙头企业贷款余额 257 亿元，较年初增加 18.8 亿元；省级及以上龙头企业金融服务覆盖率超过 90%。[1]

该行围绕农村产业抓龙头，紧盯农村产业"百园千镇万村"项目以及烟台苹果、寿光蔬菜等千亿级农业产业集群，以省级、国家级农业产业化龙头企业为重点，"一企一链"做大上下游融资业务。一是开展专项服务活动。该行制定"一对一"方案，开展"农业产业化龙头企业+"专项服务活动、金融服务特色农业、县域涉农上市公司专项营销活动，定团队、定目标、定责任、定措施，共同开展全方位服务。二是明确客户清单。该行主动与农业农村厅联系，收集梳理省级以上农业产业化龙头企业名单、全省特色产业名单、省级农业产业化联合体名单，建立目标客户清单，提升营销服务质量和效率。三是制定在线供应链融资工作方案。该行在增加龙头企业金融服务的基础上，延伸做好"龙头企业+产业链""龙头企业+产业集群"等综合服务，积极推广"项目贷款+供应链融资"模式。截至 2021 年底，全行农业产业化龙头企业线上

1　金融添力　助推农业龙头企业"强筋壮骨"[EB/OL]．[2022-01-11]．http://m.people.cn/n4/2022/0111/c1188-15389908.html.

供应链融资已投放 1.94 亿元。[1]

二、金融企业主动服务农业产业链模式

农业价值链金融模式是以市场为导向，整合资源，连接各个环节，以产业链形式推动相关产业发展，从而促进整个产业链中各个链条点的发展。

中国邮政储蓄银行通过建立"邮 e 链"涉农价值链金融服务平台，创新"数据层+风控层+产品层+场景层"四维农业价值链金融模式，解决涉农产业链长尾客户的融资难题。其中，"数据层"以"邮 e 链"涉农价值链金融服务平台为支撑，用来解决农户等产业链长尾客户信息收集困难的问题；"风控层"以数字化驱动的涉农行业精准风控为支撑，用来打破传统的担保限制；"产品层"以面向涉农产业链长尾客户的系列经营贷款产品为支撑，为乡村振兴产业关键场景提供更精准高效的个人价值链金融服务；"场景层"以行内及合作方提供的线上、线下交易场景为支撑，实现场景化大规模客户获取和精准服务。截至 2022 年 8 月底，中国邮政储蓄银行农业价值链金融模式已经在 30 个省（区、市）实施，各分行先后启动"水产饲料贷""粮食收购贷""肉牛养殖贷"等近百种特色产业贷款金融服务方案，为数万个农业经营主体提供服务，融资落地近百亿元。[2]

三、"政府+银行+保险"主动服务模式

"政府+银行+保险"模式是指政府发布相关政策提供资金保证，银行向各主体提供资金，保险公司通过产品提供风险保障，该模式为规模小、借贷资金困难的企业提供了保障。

1　金融添力　助推农业龙头企业"强筋壮骨"［EB/OL］. ［2022-01-11］http://m.people.cn/n4/2022/0111/c1188-15389908.html.

2　杨怡明. 从服务"小农户"迈向服务"大三农"［N］. 农村金融时报, 2022-10-10.

为了缓解农村产业发展"融资难、融资贵"的问题,汕头市金融工作局积极组织保险机构和合作银行,通过创新"政府+银行+保险"的金融服务模式,解决农企农户资金难题,实现惠农助农,促进乡村振兴工作取得实际成果。"政银保"融资合作项目主要由汕头市金融局、市财政局资助,设立"政银保"合作贷款专项扶持资金作为保险费补贴和风险补偿资金,通过市场化运作,由合作保险机构与合作银行经联合实地考察风险评估后决定是否担保和放贷。该产品旨在建立以支持小微企业和个体工商户为导向,以财政专项资金为杠杆,以银行贷款投入为基础,以保险公司为保障的贷款体系,解决市场主体贷款困难的问题,建立新型融资平台,缓解小微企业融资难题。

汕头市"政银保"融资合作项目合作金融机构主动上门、靠前服务。截至2022年4月,已协助8家涉农主体获得1160万元的融资支持,涵盖海产品批发零售与加工、水稻种植、生猪养殖与加工、茶叶采摘加工等多个领域。[1]通过创新"政府+银行+保险"的金融服务模式,创造良好的农村金融生态环境,为推动乡村振兴战略,促进乡村高质量发展提供有效保障。

四、金融企业依托数字金融引导模式

数字金融助力模式具有便捷、高效的特点,能够整合传统金融服务的优势,并且集合最新的移动支付、移动互联网技术和区块链等前沿技术。

中国银行广西分行积极开展数字化金融改革,为农村产业的高质量发展注入金融活水。该行选择"线上+线下"组合模式与广西制糖企业进行数字金融合作,利用"线上"从企业得到大量蔗农的经营数据,包括成本、收入和经营规模等,利用数据不断完善信贷模型,精准筛选客户,开发专享信贷产品;通过"线下"实地调查借款人的基本情况,获取借款人的生产经营情况,根

1　我市创新"政府+银行+保险"金融服务〔N〕.汕头日报,2022-05-10.

据调查结果评估借款人的还款能力，按户确定授信额度，形成信贷白名单。该行创新开发"蔗农贷"等产品，通过数字批量授信，提高农村数字化产品服务质量，稳步推进农村产业发展。[1]

第三节　金融"供给领先"与主动引导促进农村产业发展面临的问题和障碍

一、农村金融有效供给严重不足

1. 农村金融机构信贷资金供给不足。当前，大多数农村金融机构以在农村设立营业网点的传统经营模式为农户提供金融服务，只能提供有限的信贷资金；同时，以这种方式设立的金融机构的经营成本过高，无法完全满足农村产业发展对资金的大量需求。

2. 农村金融产品形式单一，缺乏创新。在人力资源、技术和制度的约束下，农村金融机构开发新金融产品的能力较弱，形式相对单一。其中大多是存款、贷款等业务，较少涉及期货、期权等衍生金融产品。随着农业产业发展进程的加快，农业经营者对金融产品的需求逐渐呈现多样化的趋势，单一的金融产品和服务已无法满足农业经营者的需求，农村金融产品亟须创新。

3. 农村金融供给的范围不广。农村金融机构往往偏向于政府大力支持的龙头企业，对于规模小、资金缺乏的企业则设置限制条件、缩短期限、减少贷款额度，使得金融供给仅覆盖到资本雄厚、风险管控能力较好的龙头企业，从而导致资金供给不足。

4. 获取资金的门槛较高。目前，农村信贷信息管理体系仍不够完善，银企监督机制比较缺乏。由于银行与产业经营主体之间存在信息不对称问题，商

---

1 吴磊. 乡村振兴战略下广西金融支持农村产业发展研究 [J]. 区域金融研究，2021（10）：79—84.

业银行在提供信贷支持时更为保守，产业经营主体获取资金的门槛较高。另外，农业生产易受自然条件影响，农产品价格波动较大，将影响农民的还贷能力。金融机构为了自身的发展，在为农户提供金融产品时比较谨慎，所提供的额度也难以满足特色农业发展的需要。[1]

5. 企业抵押担保比较困难。商业银行融资往往需要抵押物或担保，灵活性比较差。由于交易平台缺乏，并且缺乏完善的投资监督保障机制，商业银行在风险与收益之间权衡时，往往会为了自身利益而选择比较保守的投资方式，最终导致农村产业发展获得金融支持的难度较大。

二、财政金融支持政策还需优化

1. 财政投入总量不足，结构仍需优化。近年来，中国财政涉农资金投入逐年增加，但与当前农业的发展需求相比，总量仍相对有限，促进农村产业发展的资金缺口仍然较大。另外，资金的投入结构不合理，倾向于对经济条件好、产业发展快的地区提供政策援助，在某种程度上只是"锦上添花"，而不是"雪中送炭"，资金的使用效果仍有待提高。

2. 农村金融机构的高质量发展缺少有效的综合政策。目前，农村金融机构的高质量发展面临诸多困难，如何帮助它们改进业务模式、完善公司治理、提高竞争力，还需要一定的财政政策、税收政策、人才政策等支持，以此巩固"金融供给领先"的基础，促进农村产业发展。

三、农村产业发展层次质量较低

1. 农村一二三产业融合度较低。由于土地、人力和资金等基本要素的制约，目前中国农村一二三产业融合发展面临土地利用困难、人才匮乏和技术不

---

1 云梦丽. 重庆金融支持农村产业发展的模式与路径研究［J］. 当代金融研究，2023，6（03）：87—95.

足等难题。并且，中国农村产业融合发展的支撑企业数量较少，农产品的深加工程度低，导致品牌竞争力不足，产品的质量亟待提高。[1]

2. 农村产业信息化建设相对落后。目前，中国农村通信网络和宽带基础设施建设水平较低，普及程度不足，很难建起农村现代化网络体系；此外，当前农村电商网点布局分配不均衡，尚未建成物流网络体系；同时，由于农民对现代化信息技术的掌握不足，在农业生产活动中未能依靠互联网进行现代化信息农业生产经营，仍然依赖原有的经营模式。

3. 土地分散难以实现规模经营。目前，中国农村地区大多存在地块多、面积小、分布零散等问题，虽然一些农民的土地通过转让已经集中到专业户、合作社和农业企业手中，但是土地分散的问题仍未从根本上得到解决。并且，部分农民认为土地有很高的增值空间，土地流转并没有使得他们的收入增加，进而不愿意参与土地流转，导致当前的土地集中难度较大，在一定程度上限制了农村产业规模化发展。

四、农村信用体系总体不健全

1. 信用环境总体较差。大多数农户对于信用没有明确的概念，守信意识不足。同时，中国目前对于失信问题的惩治力度不够，一般仅对失信者相对的业务产品或者服务进行惩罚，而没有惩罚失信者本身。因此，农户不能从根本上认识到守信的重要性，导致信用风险持续蔓延。

2. 信用基本信息收录困难。虽然农村地区已被纳入征信体系，但是农村经济形态比较分散，农户基本信息的收录更为复杂。并且，大多数农户的经营模式多样，人口流动性较大，难以甄别信用基本信息的真实性。基于此，农村金融部门只能单独建设信用体系，影响农村整体信用体系的建立和完善。

1　云梦丽. 重庆金融支持农村产业发展的模式与路径研究［J］. 当代金融研究，2023，6（03）：87—95.

3. 农业各类资产和土地等违约处置难度大、成本较高。资产和土地等具有较强的资产专用性，变现的成本较高。产权市场的不完善，也使得土地产权难以变现。农村土地与农民的根本利益相关，对农民资产和土地产权的违约处置会面临较大的社会舆论压力。

第四节　金融"供给领先"与主动引导的实施路径与政策

一、金融"供给领先"与主动引导的实施路径

1. "四个结合"路径

（1）金融诱导农村产业"线"和产业"面"相结合。产业"线"，就是发展特色效益农业产业链。实施金融支持产业链延伸工程，打造"一县一业、一乡一品"特色农业全产业链，建立从种源研发、标准化种养到精深加工、冷链物流的纵向整合体系。产业"面"，就是通过金融促进农业规模化经营和农业区域专业化。通过这一结合，可以解决小农户生产的规模化问题，从而嵌入新的生产模式。

（2）金融诱导农业产业链与先进生产要素相结合。金融通过为农业技术、农业机械化、农业信息化服务提供融资便利，对农业生产进行技术升级，从而嵌入先进生产要素。实施智慧农业融资计划，设立专项信贷资金支持农业物联网建设，对安装智能灌溉、环境监测设备的主体给予利率优惠。推进农机具融资租赁模式，创新"首付+分期"的农机购置方案，配套开发农机作业保险产品。推进数字金融服务站建设，在行政村设立多功能金融服务点，集成支付结算、信贷申请、保险办理等服务。

（3）金融诱导农业产业链与现代化农业生产组织相结合。农村金融为新型农业生产合作组织提供融资便利，从而嵌入现代生产组织。针对现代化农业生产组织，开发"生产周期适配型"信贷产品，设计"春耕贷—生长保—秋

收通"的季节性金融产品包，贷款期限与作物生长周期动态匹配；对粮食烘干仓储等重资产环节，推广"设施贷+仓单质押"组合工具，延长贷款期限。构建面向现代化农业生产组织的供应链金融生态圈，建立"核心企业+担保公司+保险机构"的闭环风控体系，推动龙头企业为上下游提供订单质押融资。建立差异化监管制度，对服务新型农业组织的贷款单独设立风险容忍度；将"新型经营主体贷款占比"纳入银行考核。

（4）金融诱导农业产业链与现代农村人力资本相结合。农村金融为专业大户、职业农民、技术能手提供更多的融资便利，从而吸引优质人力资本。开发职业教育信贷产品，推出"新农人成长贷"，覆盖培训费用和生活补贴，结业后提供创业贷款衔接。设立技术能手激励基金，对获得省级以上农业技术奖项的农民给予免息贷款额度。建立返乡创业金融包，整合创业担保贷款、税收优惠、保险补贴等政策，形成"创业启动—发展壮大—上市培育"的全周期支持体系。

2. "三社"融合路径

发挥好现有农村信用社金融优势、农民专业合作社生产优势、供销合作社服务优势，推进"三社"融合发展，促进资金要素、农业生产和产品销售良性互动，延长产业链、提升价值链、完善利益链，通过保底分红、股份合作、利润返还等多种形式，让农民合理分享全产业链增值收益。建立"三社"融合服务联盟，以县为单位组建由农信社、合作社、供销社共同出资的混合所有制服务平台。创新生产服务链金融模式，形成"农资统购—技术指导—订单生产—仓储物流—品牌销售"的全流程金融服务。

二、金融"供给领先"与主动引导的政策体系

1. 健全财政与金融协调配合体系。财政与金融协调配合体系建设，需要完善农业支持保护政策，创新财政撬动金融支农政策，加快形成财政、金融、

社会资本多元投入格局，不断培育乡村振兴经济持久的生命力。具体而言，一是要建立健全实施乡村振兴战略的财政投入保障制度，确保财政投入与乡村振兴目标任务相适应；二是要推动农村金融改革创新，促进金融更好地服务农业实体经济；三是要促进财政与金融协同支农，发挥市场在资源配置中的决定性作用。

2. 健全社会化农业服务组织体系。社会化农业服务组织体系建设，需要以公共服务机构为依托、合作经济组织为基础、龙头企业为骨干、其他社会力量为补充，促进公益性服务和经营性服务相结合、专项服务和综合服务协调发展，增强农业生产社会化服务的有效供给能力。具体而言：一是要不断完善以家庭承包经营为基础、以公共服务机构为主导，多元化和社会化的市场主体广泛参与的新型农业社会化服务体系；二是要将各农业社会化服务主体在农业产前、产中、产后的服务与农民经营有机结合，创新发展出更多有效的农业社会化服务模式。

3. 健全农业基础设施支撑体系。农业基础设施支撑体系建设需要更加注重农民的主体需求、乡村产业发展的需求，提高农民参与决策的积极性，提升基础设施和公共服务供给的民主化、科学化水平，让基础设施供给在农业现代化进程中发挥更大效用。[1]具体而言，一是突出"一个引领"，推动科学规划布局；二是抓住"两个关键"，优化公共服务供给；三是畅通"三个渠道"，构建多元投入格局；四是健全"四个机制"，培育发展内生动力。

4. 健全农村信用体系。农村信用体系的健全需要当地政府、金融机构与金融监管部门三者的共同努力。目前，农户与涉农企业的信用知识匮乏，当地政府与金融机构要积极举办信用宣传活动，普及个人信用知识、诚信借贷等相关法律法规，从思想上提高农户与涉农企业的信用意识。农村金融机构要重视

---

1 马晓河. 准确把握农业农村基础设施和公共服务供给方向 [J]. 农村工作通讯，2018 (21)：54.

数字技术在农村地区的应用，通过大数据技术评估客户的信用水平，建立客户画像反映客户信用情况，加强信贷风险防控。另外，金融机构之间要加快构建涉农信用信息共享平台，以提高利用数据的效率，降低评估成本。[1]

第五节　金融"供给领先"与主动引导："三社"融合发展的机制与路径优化

一、"三社"融合发展解决的问题

"三社"融合是指推进供销合作社、农民专业合作社、农村信用合作社三者之间的深度融合，是实现金融"供给领先"与主动引导的有效路径。

中国自 20 世纪 70 年代末实行家庭联产承包责任制。该责任制顺应了小农"分"的特点，在 20 世纪 80 年代释放了巨大的制度潜力，不仅在较短的时间内解决了粮食产量不足的问题，还显著提高了农民收入水平，促进了农村经济的快速发展。在将其他改革及投入可能性增加的贡献扣除之后，由家庭联产承包责任制引起的农业产出增长率达到了 20%—30%。[2]但随着市场经济体制的逐渐建立，以"家庭联产承包"为主的"千家万户小生产"难以应对"千变万化的大市场"，引发了愈发突出的小生产与大市场的矛盾，此时亟须将分散的农民组织起来。于是，2002 年党的十六大提出要"提高农民的组织化程度"。农民专业合作社（以下简称"专业合作社"）作为一种基于农户合作的农业产业化组织载体，具有推动小农生产组织化和规模化[3]、提升农户在市场中的谈判能力[4]、

1　云梦丽. 重庆金融支持农村产业发展的模式与路径研究 [J]. 当代金融研究，2023，6（03）：87—95.

2　林毅夫. 制度、技术与中国农业发展 [M]. 上海：上海人民出版社，1992：44—78.

3　邓衡山，王文烂. 合作社的本质规定与现实检视——中国到底有没有真正的农民合作社？[J]. 中国农村经济，2014（7）：15—26+38.

4　周应恒，胡凌啸. 中国农民专业合作社还能否实现"弱者的联合"？——基于中日实践的对比分析 [J]. 中国农村经济，2016（6）：30—38.

通过合理的分红方式实现利益联结、带动农户增收[1]等突出功能，先后获得一系列政策支持。特别是 2007 年《中华人民共和国农民专业合作社法》正式实施以来，专业合作社发展进入高速增长期，截至 2021 年 11 月底，在中国工商部门注册登记的专业合作社达到 221.9 万家，辐射带动农户近一半。[2]专业合作社不仅在数量、规模上实现了快速扩张，在形式上也涌现出劳务合作社、土地股份合作社、旅游合作社、植保合作社等多种合作社新型样态[3]，在功能上也从早期的单一服务拓展到为"产前—产中—产后"提供全程综合服务。目前，专业合作社已成为中国农业现代化的有效组织形式，是新型农业经营主体的重要力量。

尽管专业合作社的服务功能在不断拓展，但总体偏重农业生产，难以实现流通、金融要素的有效融合，农户仍然是市场竞争中处于弱势的群体。在此背景下，为增强生产能力、抗击市场风险、提升融资能力，集生产合作、供销合作、信用合作"三位一体"的农村新型合作体系应运而生。"三位一体"综合合作是现代农业生产最前沿的组织创新成果，具有降低经营风险、实现规模经济、扩大范围经济、增进收益水平等优势。"三位一体"综合合作最早由习近平同志于 2006 年 1 月在浙江省委农村工作会议上提出，并在瑞安市付诸实践。[4]11 年后，开展生产、供销、信用"三位一体"综合合作正式进入 2017 年中央一号文件；2021 年中央一号文件则进一步强调，要深化供销合作社综合改革，开展生产、供销、信用"三位一体"综合合作试点，搭建服务农民生产生活综合平台。可见，"三位一体"综合合作已上升为新时代乡村振

1　刘同山，苑鹏. 农民合作社是有效的益贫组织吗？[J]. 中国农村经济，2020（5）：39—54.

2　《国家农民合作社示范社发展指数（2020）研究报告》在京发布　国家示范社 2020 年经营收入均值 1514 万元 [EB/OL]. [2022-01-23] https://www.gov.cn/xinwen/2022-01/23/content_5670074.htm.

3　徐旭初，吴彬. 异化抑或创新？——对中国农民合作社特殊性的理论思考 [J]. 中国农村经济，2017（12）：2—17.

4　徐旭初，金建东，吴彬. "三位一体"综合合作的浙江实践及思考 [J]. 农业经济问题，2018（6）：58—66.

兴战略顶层设计的重要内容。从现有理论与实践来看，"三位一体"综合合作的实现路径大致可分为两类：一是构建"三位一体"农民专业合作社，即在专业社内设立生产服务部、销售服务部、信用合作部，集生产、供销、信用等多方面合作于一体[1]；二是通过供销合作社、专业合作社和信用合作社（含农村合作银行、农村商业银行）之间的融合发展，协同发挥生产合作、供销合作、信用合作的合力。但由于中国多数专业合作社比较弱小，且在其内部开展信用合作没有明确的法律规定，也未纳入政府及相关部门的监管[2]，故大量形成"三位一体"农民专业合作社的可行性不大。而推进供销合作社、专业合作社、信用合作社三者之间的深度融合，不仅与"三位一体"综合合作的内涵相契合，也能克服合作社自身规模小、资金实力弱、市场渠道不足等一系列问题，所以是"三位一体"综合合作的有效实践形式。

　　"三社"融合发展的核心要义是通过生产、流通和信用三大主体相互融合，构成紧密、有效的利益共同体，形成分工协作、优势互补、互惠互利的农业联合体，最终实现小农户与大市场的有效衔接。具体如图6-1所示。

　　三大主体虽是相互联系的统一体，但各有侧重。其中，生产主体是指专业合作社，在生产供给端以生产合作为路径，提升农业生产集约化、组织化与规模化水平，从而实现农业生产高质、高效和可持续发展；流通主体是指供销合作社，在生产合作的基础上，凝聚合力畅通销售渠道，以流通加速推动生产成果的转化，进而实现"小农户"牵手"大市场"；信用主体是指农信社、农商行或农村合作金融，围绕生产合作、流通合作所需资金，发挥金融"以小博大""以长补短"的杠杆作用，继而实现农业培育长周期和供给短期限矛盾的统一。简言之，专业合作社是"三社"融合发展的基础，而供销合作社和信

---

　　1 朱乾宇，龙艳，钟真．"三位一体"：从单一合作到综合合作的制度创新——基于三个案例的比较分析[J]．农业经济问题，2021（6）：19—33．

　　2 孙同全．从制度变迁的多重逻辑看农民资金互助监管的困境与出路[J]．中国农村经济，2018（4）：41—53．

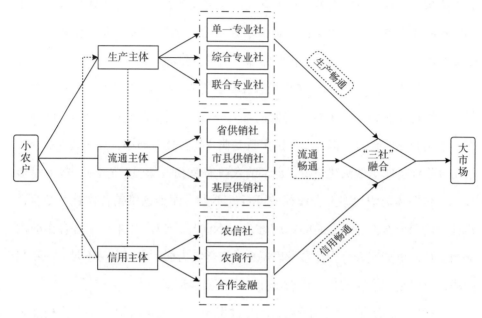

图6-1 "三社"融合发展下"小农户"对接"大市场"架构

用合作社则分别是其主导与支撑。当前"三社"融合发展正处于初级探索阶段，进一步深化和拓展"三社"融合发展空间是创新农业经营体制机制、激发农村发展活力，全面推进乡村振兴的内在要求。为此，本节以源于生物学的共生理论为指导，依据"三要素、一界面"框架建构"三社"融合发展的共生机制，在此基础上，洞悉当前中国推进"三社"融合发展面临的现实困境和嬗变过程，进而探寻乡村振兴战略背景下"三社"融合发展的优化路径。

二、"三社"融合发展的模式分析

"三社"融合发展分为以下两个层面：第一个层面是"三社"中两两之间的融合发展，包括供销合作社与专业合作社、供销合作社与信用合作社以及专业合作社与信用合作社三类组合；第二个层面是"三社"之间的融合发展，即"供销合作社—专业合作社—信用合作社"三者协同发展。

1. 供销合作社与专业合作社

供销合作社与专业合作社的融合发展主要是供销社领（合）办专业社这一组织模式。苑鹏（2020）认为供销社领（合）办专业社不仅能帮助农民解决农特产品"难卖"的问题，而且也能扩大供销合作社经营规模，实现互利共赢。[1]实践中供销社领（合）办专业社也存在一些问题。王军（2012）指出，在供销社领（合）办农民专业合作社中，存在以下深层次问题：农民专业合作社与供销社缺乏紧密的联系；供销社的营利性倾向严重；供销社没有能力提供农民专业合作社急需的服务。[2]在相关政策及法律规定方面，供销社领（合）办农民专业合作社的合格地位已得到确认，但在法律属性方面还未对供销社的成员合法地位进行标识。[3]

2. 供销合作社与信用合作社

从广义产业链来看，供销合作社与信用合作社都是为专业合作社服务的，前者主要提供农资服务和流通服务，后者则主要提供金融服务。因此，供销合作社与信用合作社融合发展的关键在于如何搭建合作平台、整合优势资源，以促进专业合作社发展壮大。在实践中，由于农业生产风险高、周期长，以及信息不对称、缺乏抵押物，专业合作社长期存在贷款融资难的问题。具有"半官半民"属性的供销合作社，与专业合作社存在产品（服务）的交易行为，且拥有对信贷资金进行担保的能力，因此被视为联系专业合作社和信用合作社的"桥梁纽带"。以重庆市奉节县平安乡射淌村昌霖辣椒种植专业合作社为例，在县供销社的担保下，获得重庆农信公司贷款120万元。[4]同时，为更好助力专业合作社发展，山东、陕西、甘肃、河南、湖南、云南、贵州、福建、四

1　苑鹏. 供销合作社在推进中国农村合作事业中的作用研究 [J]. 学习与探索，2020（5）：132—140.

2　王军. 供销社领办农民专业合作社的相关问题分析 [J]. 中国农村观察，2012（5）：65—69+96.

3　宇龙.《农民专业合作社法》实施的实证调查与法律建议——以四川省农民专业合作社发展实际为例 [J]. 农村经济，2016（6）：107—112.

4　栗园园. 重庆"三社"融合怎样成为兴农样本 [N]. 重庆日报，2022-03-09.

川等省份的供销合作社和农村信用社系统（农村信用社、农村商业银行、农村合作银行），先后在省级、市级甚至县级层面建立了战略合作关系。

3. 专业合作社与信用合作社

一是信用合作社支持专业合作社。农村信用社支持农民专业合作社发展的创新性金融服务模式有六种，分别是"农民专业合作社+合作社成员"的"大联保体"贷款模式、农民专业合作社承贷承还模式、农民专业合作社应收账款质押贷款模式、农民专业合作社担保抵押贷款模式、农民专业合作社大型设备抵押贷款模式和农民专业合作社全面资金结算业务服务模式。[1]二是专业合作社开展信用合作。一项基于9省68家开展资金互助业务的农民专业合作社的调查发现，54.4%的专业合作社通过资金互助的方式，能够满足社员的生产资金需求，且仅有13.2%的专业合作社存在违约行为。[2]与农村资金互助社相比，依托农民专业合作社开展信用合作具有更大的灵活性、覆盖农户范围更广、更符合农业生产和农民资金需求的特点、运营成本更低等突出优势。[3]山东省农民专业合作信用互助试点的案例表明，产业基础、供应链金融与高社会资本是信用互助的"标配"。[4]专业合作社与信用合作社的融合发展也存在一些现实问题。农民专业合作社信用合作存在互助资金运行失控、内部管理不善、产业发展过度依赖环境等突出风险，需要通过突出软法治理、完善软法治理机制、健全软法治理保障等路径，强化信用合作业务的风险治理。[5]

4. 供销合作社、专业合作社与信用合作社

2006年，浙江开展"三位一体"综合改革，开启了继改革开放之后"生

1　董继刚. 农村信用社支持农民专业合作社发展的创新性金融服务模式研究［J］. 山东农业大学学报（社会科学版），2010，12（2）：11—15.

2　戎承法，楼栋. 专业合作基础上发展资金互助的效果及其影响因素分析——基于九省68家开展资金互助业务的农民专业合作社的调查［J］. 农业经济问题，2011，32（10）：89—95+112.

3　薛桂霞，孙炜琳. 对农民专业合作社开展信用合作的思考［J］. 农业经济问题，2013，34（4）：76—80.

4　聂左玲，汪崇金. 专业合作社信用互助：山东试点研究［J］. 农业经济问题，2017，38（11）：23—30+110.

5　杨皖宁. 农民专业合作社信用合作业务风险的软法治理［J］. 甘肃社会科学，2020（3）：170—176.

产—供销—信用"合作的新篇章。其后，浙江不断推进"三位一体"综合合作，主要形成了三条可供借鉴、推广的实践路径。第一条路径是成立综合农协。例如，2005年6月，瑞安市成立了全国首家县市级综合性农村合作组织，在章程和制度上都作出了明确具体的规定。[1]第二条路径是成立"三位一体"实体公司。例如，2015年9月，温州市瓯海区的供销合作社、农商银行和专业合作社共同出资组建了股份制公司——温州瓯海农合实业发展有限公司，其中，农商银行占股54%、供销合作社占股45%、专业合作社占股1%。第三条路径是成立农合联。2014年，浙江省委、省政府进一步完善农村合作组织的顶层设计，以构建农民合作经济组织联合会为载体，在7个县开展深化"三位一体"改革试点。[2]2017年，"三位一体"综合合作首次被写入中央一号文件，意味着"生产—供销—信用"合作正式向全国推广。各地区结合本地农情实际，形成了一批"三位一体"综合合作的有效实践形式。山东省以产业链为依托，重庆市以横向合作为方向，推动"三社"融合发展，完善涉农各项服务功能。

三、"三社"融合发展的功能内涵

相较于单一类型合作社，供销合作社、专业合作社和信用合作社的融合发展能够实现经济功能与社会功能的一体化。

1. "三社"融合发展的经济功能

与单一类型合作社相比，"三社"融合发展的经济功能更为凸显，具体表现在以下三个方面：一是降低交易成本。"三社"融合发展有利于提升纵向一体化的能力，增强对原料供应、生产、加工、销售等整个流程的把关能力，进而较大幅度降低交易频率，减少交易费用。同时，"三社"之间的交叉与融合

1　胡振华，徐世刚. 农村合作组织变迁与创新路径选择 [J]. 社会科学战线，2010（10）：238—241.

2　徐旭初，金建东，吴彬. "三位一体"综合合作的浙江实践及思考 [J]. 农业经济问题，2018（6）：58—66.

有助于促进其内部和外部业务整合，带动经营向多样化、多元化发展，增强机械设备、品牌等资产的通用性，从而提升整体经营规模和减少平均固定成本。另外，"三社"通过"长期契约""纵向一体化""横向协助"等融合模式，可以构建起从"种子下地"到"筷子到嘴"的全环节过程，继而减少生产经营的不确定性，降低履约监督成本。二是形成规模效应。通过"三社"融合发展，能够在供应链上端和下端同时形成采购和销售规模效应。一方面，在供应链上端可以更大范围实现对生产资料的联合采购，有效提高采购竞争力和话语权；另一方面，在供应链下端有助于集中有限的农产品形成联合销售，从而享受到规模流通的效益。三是实现价值增值。"三社"融合发展不仅能够降低交易成本和形成规模效应，还可以通过价值主张、价值创造、价值共享构建产业生态系统，进而实现价值增值。具体而言，"三社"融合发展能够发挥专业化分工优势，高效捕捉市场需求，为"三社"的经营提供产品或服务导向的价值主张；在价值主张的引导下，"三社"融合发展能够更好地为客户提供满足其需求的产品，推进"三社"价值创造；进一步地，通过完善利益联结机制，实现经营主体价值共享。[1]

2. "三社"融合发展的社会功能

随着"三社"融合发展的不断加深，其发挥的社会功能愈加丰富，具体表现在以下四个方面：第一，科技推广功能。目前农民群体文化程度普遍偏低、科技文化素质不高。以农村居民家庭户主文化程度为例，2020年大学本科及以上所占比例仅为0.2%，小学程度和初中程度高达83.6%。[2]而"三社"融合发展具有载体的功能，它架起一座农户通向市场的桥梁，可以为社员提供市场动态信息、先进农业技术指导，并帮助其作出更好的生产技术决策，从而

---

1 罗千峰，罗增海. 合作社再组织化的实现路径与增效机制——基于青海省三家生态畜牧业合作社的案例分析 [J]. 中国农村观察，2022，163（1）：91—106.

2 数据来源于《中国农村统计年鉴——2021》。

带动农户共同发展。第二，文化建设功能。文化与人类的发展和需求关系密切，"三社"融合发展也具有一定的文化功能。一方面，"三社"融合发展的文化功能体现在其对文化的构建，既包括基础条件以及管理规章制度和体系，又包括广大农民的行为规范、道德意识等；另一方面，除了对内构建文化，对外还要传播文化。在品牌化运营过程中，塑造高标准、高质量的农产品形象，能够将文化以特色产品的形式表现出来。第三，新型农民培育功能。农业农村现代化建设，离不开有文化、懂技术、善经营的新型农民的有力支持。"三社"融合对其社员具有培育功能，且社员基本来自农民。通过定期组织培训，使社员熟悉和掌握现代农业技术，进而内化为人力资本，更为重要的是能够培育新型农民所需的经营理念、市场意识。第四，保障农民就业功能。推进"三社"融合发展，能够通过发挥生产、供销、信用的合力，提供更多的就业创业机会，在一定程度上减少农村人口的流失，稳定其总量。

四、"三社"融合发展的共生机制

1. 共生理论及相关研究进展

共生（Symbiosis）起源于生物学领域，由德国真菌学奠基人德贝里最早提出，它是指不同生物密切生活在一起，但这一定义不够明确和清晰，导致学者们对共生概念的使用存在较大的偏差与歧义。随后，经范明特、科斯基、保罗·布克纳等学者的发展完善，共生进一步拓展为不同种属按某种物质联系生活在一起，形成共同生存、协同进化或者相互抑制的关系。[1]可见，共生是生物界普遍但又复杂的关系系统。自 20 世纪中期以来，共生理论作为一种新的研究视角、方法和框架，在社会科学领域迅速发展，并逐渐应用于哲学、管理

---

1 Mcnally S F, Ahmadjian V, Paracer S, et al. "Symbiosis: An introduction to biological associations" [J]. *Journal of Ecology*, 1987, 75 (4): 1199.

学、社会学、经济学等众多领域。[1]共生至少包含两个行动主体，其本质特征之一是竞争与合作共存，主体间的合理分工是获取收益的主要渠道。此外，共生还具有上下游产业关联、资源循环共享和生产成果增值等重要特征。[2]由此可知，无论是在生物科学还是社会科学的内涵界定中，该理论不再局限于"物竞天择、优胜劣汰、以强凌弱"的丛林规则，而是强调分工协作、优势互补、互利共生是系统进化的演变规律。

中国于20世纪90年代引入共生理论，袁纯清（1998）最早以完整的共生理论研究范式，构建了经济学领域共生分析的理论框架。[3]随后，共生理论被广泛应用于各个研究领域，进而创生并丰富了具有中国特色的共生理论。共生理论在城乡互惠发展、农村三产融合发展、农村职业教育等多个方面，已有较好的应用和适用性，可作为一种新的研究视角和框架，较为系统和全面地分析"三农"问题。在乡村振兴战略背景下，"三社"融合发展作为农村合作组织创新的前沿探索领域之一，能有效提升农户组织化程度，协同发挥生产、供销、信用的合力服务"三农"。因此，本部分以共生理论研究范式为分析框架，在满足适用性的基础上，全面分析"三社"融合发展的路径。

2. 共生理论在"三社"融合发展中的适用性

合作是共生现象的本质，合作并不排除竞争，但竞争是为了获得更具创新

1　Norgaard R B. "Coevolutionary agricultural development" [J]. *Economic Development and Cultural Change*, 1984, 32 (3): 525—546. 徐光华, 陈良华, 王兰芳. 战略绩效评价模式: 企业社会责任嵌入性研究 [J]. 管理世界, 2007 (11): 166—167. 胡晓鹏. 产业共生: 理论界定及其内在机理 [J]. 中国工业经济, 2008 (9): 118—128. 郭淑芬. 基于共生的创新系统研究 [J]. 中国软科学, 2011 (4): 97—103+53. Saviotti P P, Pyka A. "The co-evolution of innovation, demand and growth" [J]. *Economics of Innovation and New Technology*, 2013, 22 (5): 461-482. 张智光. 新时代发展观: 中国及人类进程视域下的生态文明观 [J]. 中国人口·资源与环境, 2019, 29 (2): 7—15. 陶慧, 张梦真, 刘家明. 共生与融合: 乡村遗产地"人—地—业"协同发展研究——以听松文化社区为例 [J]. 地理科学进展, 2022, 41 (4): 582—594.

2　王珍珍, 鲍星华. 产业共生理论发展现状及应用研究 [J]. 华东经济管理, 2012, 26 (10): 131—136.

3　袁纯清. 共生理论及其对小型经济的应用研究（上）[J]. 改革, 1998 (2): 100—104.

性的共同发展的合作能力，竞争是一种共同进化与高级发展的演化过程，是一种对称性互惠而非零和竞争。[1]在共生系统演化过程中，行动主体自身的特性不会出现根本性变化。换言之，也就是任何共生行动主体均拥有自身的独立性和自主性。

在共生语境下来看，"三社"融合发展与共生理论强调的多元交互、互利共生具有很高的相通性。具体而言，一是"三社"融合发展突破了以往合作社的单一性，是供销合作社、专业合作社和信用合作社三类组织共同参与的一项系统工程，有助于提升生产要素、流通要素和金融要素的整合力，是生产、供销、信用"三位一体"综合合作的实践载体，超越了生产—供销、生产—信用、供销—信用的二重合作关系，这完全契合共生理论多元交互的基本内涵。二是"三社"融合发展具有类似于生物学的"互利共生特征"，即遵循分工协作、优势互补、互利共赢的演化规律。在"三社"融合发展过程中，分工、协作是"三社"间的连接机制，通过明确在产前、产中、产后等各个环节的分工实现"三社"间的优势互补，进而产生协同效应，这种分工与协作能使"三社"间形成互惠互利的关系。例如，供销合作社对有信贷需求的专业合作社进行实地考察、筛选、把关，择优推荐给信用合作社，并为专业合作社提供贷款担保；信用合作社针对专业合作社资金需求的周期性特征，为专业合作社提供方便、快捷、实惠的信贷服务，及时有效满足专业合作社的资金要求；专业合作社根据产业特点和自身优势，扩大农业生产规模，提升农业生产效率。通过上下游业务供需的联结，信用合作社能够取得利息收入，专业合作社因产品数量和质量的提升而增强盈利能力，同时因"产"和"销"的紧密联系又促进供销合作社业务进一步扩大，表明"三社"通过分工合作，都可以从融合发展中获得收益。由此观之，共生理论可作为进一步深入推动"三

1　杨玲丽. 共生理论在社会科学领域的应用［J］. 社会科学论坛，2010（16）：149—157.

社"高质量、可持续融合发展，构建"涉农服务合作社命运共同体"的理论工具，为"三位一体"农村合作组织体系演化提供科学的理论依据。

3. 共生理论语境下"三社"融合发展机制构建

由共生理论可知，共生单元、共生模式、共生环境三要素共同构成共生系统，并通过共生界面实现沟通互动和相互依赖。[1]其中，共生单元是共生系统资源交换的基本单位，共生模式则反映了单元联结的强度和方式，共生环境则推动着单元与模式的演变和发展。按照共生理论的"三要素、一界面"框架对"三社"融合发展的作用机制进行系统分析，具体如图 6-2 所示。

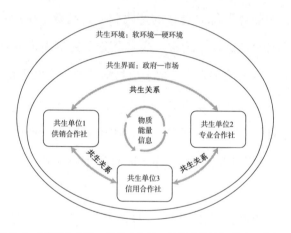

图 6-2 "供销合作社—专业合作社—信用合作社"共生系统架构

（1）共生单元："三社"融合发展的联动机制

共生单元即共生关系联结的各行动主体，在共生系统中负责动力生产和交换。[2]迁移至"三社"融合共生系统中，供销合作社、专业合作社和信用合作社是该共生体最为重要的共生单元，且这三类共生单元均以"为农服务"为宗旨，致力于乡村振兴发展。特别需要注意的是，供销合作社、专业合作社和

---

1 袁纯清. 共生理论——兼论小型经济 [M]. 北京：经济科学出版社，1998.

2 胡海，庄天慧. 共生理论视域下农村产业融合发展：共生机制、现实困境与推进策略 [J]. 农业经济问题，2020（8）：68—76.

信用合作社是经营不同商品的经济单位，供销合作社是主要进行农副产品销售的经济组织，专业合作社是主要从事农副产品生产的经济单元，而信用合作社则是经营特殊商品——货币的企业，因此，这三类合作社是异类共生单元。在共生系统的演进中，共生逻辑的生成必须使共生单元符合一定的临界条件，"任何共生单元都会优先选择能力强、匹配性好的共生单元作为共生对象，即共生单元的同质度、亲近度或关联度不会低于一个临界值"[1]。这就是说，只有当行动主体间具有某种兼容关系时，它们才能彼此亲密联系以构成共生关系。兼容关系的形成可通过是否至少具有一组兼容质参量来衡量，这是因为质参量是反映共生单元内部性质的因素。以二维共生体为例，如果它们的质参量 M_i 和 N_i 能够彼此用函数表示，即存在 $M_i = F（N_i）$ 或者 $N_i = F（M_i）$，则说明 M 与 N 质参量兼容。从广义产业链来看，"三社"间存在产品（服务）或资金的供需关系，较易以协议、合资、联盟等合作模式形成共生体。

　　具体而言，专业合作社的质参量有领头人身份、社员参与度、技术水平、农产品质量等，其主质参量为农产品利润（盈利能力）；供销合作社的质参量有资产与技术、职工数量、经营网点覆盖率、社会化服务水平等，其主质参量为销售农产品数量；信用合作社的质参量有存款金额、营业网点率、涉农信贷业务等，其主质参量为涉农贷款金额。一方面，信用合作社的贷款增加有利于专业合作社向高附加值农业转型，获取相对于传统农业更高的利润，专业合作社盈利能力增加的同时也会进一步带动信用合作社涉农贷款业务增长。可见，专业合作社与信用合作社在资金上的相互需求，能促进二者主质参量间的相互影响。另一方面，供销合作社和专业合作社在产品上的相互需求，能促使二者主质参量实现相互转化。由此可以看出供销合作社流通功能提升，不仅可以帮助专业合作社扩能，也能扩大信用合作社贷款业务。"三社"间因业务联

　　1　冷志明，张合平. 基于共生理论的区域经济合作机理［J］. 经济纵横，2007（7）：32—33.

结关系满足共生质参量兼容的要求，彼此具有稳定的关联度。此外，当"三社"间协作与互补优势占据主导时，会释放"1+1+1>3"的共生动力；但当"三社"间排他性与对抗性处于强化态势时，便会形成"1+1+1<3"的共生阻力。

（2）共生界面："三社"融合发展的传导机制

共生界面是共生单元间资源传导和利益交换的载体与平台[1]，决定着共生系统运行的速度和质量。"三社"融合发展的出发点和落脚点均在于为"三农"服务，建立由政府、市场、新型农业经营主体之间形成的资源配置的供需机制所构成的共生界面，可有效确保与"三社"融合相关的资源要素自主流动和有序融合。所以，"政府—市场—新型农业经营主体"成为新时代"三社"融合发展的共生界面，"三社"融合发展目标的实现需要明确各个界面的功能与特点。首先，政府是"三社"融合发展中的"规范面"与"引导面"。"三社"都不是唯利是图的商业性组织，而是具有一定公益性的农村合作组织，故其融合发展离不开政府的引导支持与宏观调控。政府部门可以通过运用"强支持—强控制"与"低支持—低控制"的行为逻辑[2]，准确把握"三社"融合发展的内在规律，综合运用经济制度、经济法规和必要的行政管理，引导与规范"三社"间的行动策略与资源要素配置方式，进而决定"三社"融合发展的总方向。其次，市场是"三社"融合发展中的"传递面"。"三社"在共同属性上尽管是具有不同功能的农村合作组织，但都属于市场法人主体，所以要充分发挥市场在"三社"融合资源要素配置中的决定性作用，畅通要素资源流动的渠道，推动资源要素配置依据市场规则、市场竞争实现效益最大化和效率最优化。而且，建立"三社"融合合作组织体系的目标之一，就是通

1　武小龙. 城乡对称互惠共生发展：一种新型城乡关系的解释框架［J］. 农业经济问题，2018（4）：14—22.

2　Chen S. "Aging with Chinese characteristics：A public policy perspective"［J］. *Ageing International*，2009，34（3）：172-188.

过搭建起"小农户"与"大市场"的联结桥，使市场信息传递更加畅通，使"三社"经营适应市场多变的要求。最后，新型农业经营主体是"三社"融合发展中的"协同面"。家庭农场、农业龙头企业、种养大户等多类经营主体加入"三社"融合，对于涉农资源要素的配置比单纯的"三社"融合要好。这些农业经营主体融入"三社"，通过充分发挥各自的人才、资本、技术、信息、贸易等比较优势，可以在更大范围和更高水平上实现优势互补、合作共赢。总体而言，共生界面对于"三社"融合发展中资源要素的流动起着重要的传导作用，推动"三社"融合走向深入发展的关键在于进一步疏通共生传导机制。

（3）共生模式："三社"融合发展的演化机制

共生模式是指"三社"间形成的利益关系与作用方式，着重反映了"三社"融合发展中共生单元间的联结强度与联结质量。依据已有的共生理论可知，共生模式包括共生组织模式和共生行为模式两大类，其中共生组织模式又可细分为点共生、间歇共生、连续共生、一体化共生四种组织样态。[1]点共生是指某一时刻发生的共生关系，间歇共生是指在不连续的时间段发生的共生关系，连续共生是指在连续的时间段内始终存在的共生关系，一体化共生则是共生单元间形成整体性融合的共生关系。从点共生到一体化共生是共生模式由初级阶段向高级阶段不断演进的过程。"三社"融合发展的共生组织模式与普遍性共生理论中的相关形式一致，同样包括以上四种共生组织形态：点共生即"三社"间偶发性的一次性业务合作；间歇共生是指"三社"间有少量间歇性合作；连续共生是"三社"间在跨界合作较深入、较稳定的情况下形成的一种合作伙伴关系，如供销合作社领（合）办专业合作社；一体化共生是指"三社"间融合形成你中有我、我中有你的利益共同体，如共建股份制公司、

1　袁纯清. 共生理论——兼论小型经济 [M]. 北京：经济科学出版社，1998.

联合成立农合联等。同样，共生行为模式也可以细分为寄生性共生、偏利性共生、非对称性互惠共生、对称性互惠共生四种行为样态，其中，"对称性互惠共生是社会进化的最终目的和结果"[1]。具体而言，寄生性共生一般是指"三社"间存在附属关系的共生模式；偏利性共生是指"三社"间某一方基于自身某种利益的偏重考虑而参与合作建立的共生模式；非对称性互惠共生是指"三社"融合发展中产生的新利益表现出分配失衡的共生模式；对称性互惠共生是"三社"融合发展的一种理想共生模式，即三者通过合作产生新利益，且这种新利益将按照对称性机制进行分配。

基于组织程度和行为方式两个维度进行划分，"三社"融合发展可能有 16 种共生模式的组合（见表 6-1）。那么，何种共生模式才是"三社"实现共赢的最佳融合模式呢？从主要作用特征看，寄生条件下的共生模式（M_{11}、M_{12}、M_{13} 和 M_{14}）是指"三社"融合共生系统的演化通常表现为一方的存在与发展依赖于其他主体的行为；偏利共生条件下的共生模式（M_{21}、M_{22}、M_{23} 和 M_{24}）是指"三社"融合共生系统的演化长期体现为仅对一方有利；非对称性互惠共生条件下的共生模式（M_{31}、M_{32}、M_{33} 和 M_{34}）是指"三社"融合发展中合作社间的互动表现出共生能量分配失衡的态势；对称性互惠共生条件下的点共生和间歇共生模式（M_{41} 和 M_{42}）是指"三社"融合发展中合作社之间的互动呈现间断性。上述共生模式均不利于"三社"融合的持续发展。由此可知，"三社"融合发展的最优模式应是连续对称互惠共生模式（M_{43}）和一体化对称互惠共生模式（M_{44}），这两类模式的主要特征是共生单元在协同演化中存在长期稳定的多边沟通合作机制，且都能在对称性条件下获得共生演化的增量，所以是"三社"融合发展的最有效也是最稳定的模式。

1　袁纯清. 共生理论及其对小型经济的应用研究（上）[J]. 改革，1998（2）：100—104.

表6-1   "三社"融合发展共生模式（M_{ij}）的可能组合

	点共生（B_1）	间歇共生（B_2）	连续共生（B_3）	一体化共生（B_4）
寄生性共生（A_1）	M_{11}（A_1，B1）	M_{12}（A_1，B_2）	M_{13}（A_1，B_3）	M_{14}（A_1，B_4）
偏利性共生（A_2）	M_{21}（A_2，B_1）	M_{22}（A_2，B_2）	M_{23}（A_2，B_3）	M_{24}（A_2，B_3）
非对称性互惠共生（A_3）	M_{31}（A_3，B_1）	M_{32}（A_3，B_2）	M_{33}（A_3，B_3）	M_{34}（A_3，B_4）
对称性互惠共生（A_4）	M_{41}（A_4，B_1）	M_{42}（A_4，B_2）	M_{43}（A_4，B_3）	M_{44}（A_4，B_4）

（4）共生环境："三社"融合发展的影响机制

共生单元以外的所有外部影响因素的总和构成共生环境。如果说，共生单元按照一定的组织方式形成的共生模式是共生系统发展的内在动力，它决定着共生关系的紧密程度，那么，共生环境则是促进共生系统发展的重要外部条件，它保障着共生系统的正常运行与可持续发展。共生环境从作用方向看可分正向激励、中性作用和逆向约束三种类型。[1]正向环境有利于共生关系的新陈代谢与优化升级；中性环境和逆向环境不能推动甚至可能会使共生关系的演化升级受到制约。由此而论，优越的共生环境和氛围是"三社"融合共生系统得以高效运行的重要外部条件。

对"三社"融合发展而言，其共生环境主要包括以下两大类：一是硬环境，主要是指"三社"融合发展所需的有形的硬件条件，特别是数字化基础设施方面。这是因为随着"三社"融合的持续深入发展，生产、流通、金融等要素融通诉求会愈加凸显，以区块链等信息技术为核心的数字化基础设施平台，必将成为"三社"融通的关键。二是软环境，主要是指"三社"融合发展所需的无形的软件条件，如政策环境、经济环境、社会舆论等。其中需要着重指出，"三

---

1 袁纯清. 共生理论及其对小型经济的应用研究（上）[J]. 改革，1998（2）：100—104.

社"融合是农村新型经济合作体系的重要组成部分，也是发展农村经济、促进农民增收的有效载体，促进农村合作经济组织之间协同合作的政策环境对帮助"三社"融合共生系统的运行至关重要。通过系统梳理2007—2021年中央一号文件中有关推动农村合作经济组织之间共生合作的政策内容（见表6-2）发现，其总体呈现出由"生产—供销"合作向"生产—供销—信用"合作转变的演进趋势。理想的共生环境具有较强的正外部性，有助于"三社"融合发展中实现优势资源互补与共享，推进"三社"融合发展有序地向更高层次演化，进而促使"三社"融合共生系统内部与外部呈现出效率和秩序的有机统一，最终给供销合作社、专业合作社、信用合作社等共生单元带来最佳的发展空间。

表6-2　中央一号文件中有关推动"三社"融合发展的政策内容

时间	政策单元	政策内容	政策目标
2006年	第二单元第（6）条：加强农村现代流通体系建设。	供销合作社要创新服务方式，广泛开展联合、合作经营，加快现代经营网络建设，为农产品流通和农民生产生活资料供应提供服务。	创新供销合作社为农服务的方式。
2007年	第五单元第（四）条：积极发展多元化市场流通主体。	供销合作社要推进开放办社，发展联合与合作，提高经营活力和市场竞争力。	推进供销合作社与专业合作社的开放融合。
2008年	第四单元第（五）条：加强农村市场体系建设。	供销合作社要加快组织创新和经营创新，推进新农村现代流通网络工程建设。	对供销合作社组织创新和经营创新提出要求。
2009年	第五单元第27条：积极开拓农村市场。	支持供销合作社、邮政、商贸企业和农民专业合作社等加快发展农资连锁经营，推行农资信用销售。	对供销合作社与专业合作社在推行农资信用销售方面提出要求。
2012年	第六单元第22条：创新农产品流通方式。	扶持供销合作社、农民专业合作社等发展联通城乡市场的双向流通网络。	发挥供销合作社和专业合作社联结城乡的纽带作用。
2013年	第三单元第3条：大力支持发展多种形式的新型农民合作组织。	引导农民合作社以产品和产业为组带开展合作与联合，积极探索合作社联社登记管理办法。	促进专业合作社间进行横向联合和纵向联合。

续表

时间	政策单元	政策内容	政策目标
2014 年	第六单元第 26 条：发展新型农村合作金融组织。	在管理民主、运行规范、带动力强的农民合作社和供销合作社基础上，培育发展农村合作金融，不断丰富农村地区金融机构类型。	聚焦供销合作社与专业合作社在培育农村合作金融上的功能。
2015 年	第四单元第 24 条：推进农村金融体制改革。	积极探索新型农村合作金融发展的有效途径，稳妥开展农民合作社内部资金互助试点，落实地方政府监管责任。	将开展农民合作社内部资金互助视为农村合作金融发展的重要途径。
2016 年	第三单元第 16 条：完善农业产业链与农民的利益联结机制。	支持供销合作社创办领办农民合作社，引领农民参与农村产业融合发展、分享产业链收益。	巩固供销合作社与专业合作社的合作模式成果。
2017 年	第一单元第 6 条：积极发展适度规模经营。	加强农民合作社规范化建设，积极发展生产、供销、信用"三位一体"综合合作。	为供销合作社、专业合作社和信用合作社的融合发展提供政策依据。
2018 年	第三单元第（五）条：促进小农户和现代农业发展有机衔接。	发展多样化的联合与合作，提升小农户组织化程度。	进一步明确 2017 年一号文件中"三位一体"综合合作的政策体系。
2019 年	第四单元第（三）条：发展乡村新型服务业。第五单元第（四）条：完善农业支持保护制度。	支持供销合社、农民合作社等开展农业生产性服务；推动农村商业银行、农村合作银行、农村信用社逐步回归本源，为本地"三农"服务。	进一步肯定专业社的生产地位以及供销社、信用社系统的生产性服务作用。
2021 年	第三单元第（十三）条：推进现代农业经营体系建设。	深化供销合作社综合改革，开展生产、供销、信用"三位一体"综合合作试点，健全服务农民生产生活综合平台。	强调依托供销合作社体系开展生产、供销、信用"三位一体"综合合作。

五、"三社"融合发展面临的困难

"三社"融合共生系统中，供销合作社、专业合作社和信用合作社属于异类共生单元，而异类共生单元又具有相对独立的价值取向和利益诉求。所以，当"三社"间出现利益冲突或意见分歧时，必然会影响"三社"融合共生系统的运行和发展。

1. 共生单元关联程度不高，融合共生动力不足

随着现代农业向集约化、专业化、组织化、社会化迈进，中国"三社"各自发展势头良好。[1]但"三社"融合发展还处于初级探索阶段，"三社"共栖共生、相互依存的动力不足，且适应外部环境变化的能力有待提高。理想状态下的"三社"融合发展可以通过"横向合作""纵向一体化"等多种联结模式，实现"三社"在组织形态、生产经营、利益联结以及管理体制和运行机制上的融合，然而目前中国"三社"之间的关联程度不高，存在融合难、难融合的问题。一是专业合作社与社员间联结不紧密。专业合作社内部的利益联结方式较为单一，所以很难在合作社与社员间建立一种长期稳定、合作共赢的关系，而且单一的联结也易引起二者间合作关系的松散、中断甚至走向完全破裂，继而产生大量的"空壳社""挂牌社"与"虚假社"。[2]由此可以看出专业合作社"量大质弱"现象较为突出，"三社"融合面临"弱社难融"的困境。二是基层供销合作社与专业合作社联结不紧密。基层供销社立足农村，离农民最近，是供销系统带动专业合作社发展的重要阵地。但基层供销合作社与专业合作社通过股份、生产、服务合作的融合度不够，与农户的联结不紧密，甚至部分基层社为了应付上级组织的检查，或是为了达到本系统扶持项目的申报主体条件要求，以所谓的干股（如30%）形式在专业合作社中挂虚名股东，而不实际参与专业合作社的生产经营和决策活动，导致"合作社无合作"。[3]三是信用合作社融合"三社"有限。进入21世纪以来，信用合作社改革的重点由合作化逐渐转向商业化，强化以市场化运作为导向，突出经营上的"可持续性"，加之专业合作社普遍缺乏有效融资抵押物，贷款需求小、成本高、风险

---

1 黄祖辉. 改革开放四十年：中国农业产业组织的变革与前瞻 [J]. 农业经济问题，2018（11）：61—69.

2 张益丰，孙运兴. "空壳"合作社的形成与合作社异化的机理及纠偏研究 [J]. 农业经济问题，2020（8）：103—114

3 苑鹏. 供销合作社在推进中国农村合作事业中的作用研究 [J]. 学习与探索，2020（5）：132—140.

大，所以信用合作社参与"三社"融合意愿不强，从而导致"三社"融合发展融资难度较大。

2. 共生界面传导机制不稳，资源要素流动受阻

统筹配置涉农各类资源要素是"三社"融合发展的本质要求。然而，"三社"融合共生系统中共生界面尚未形成稳定的传导秩序，导致"三社"间资源要素流动存在壁垒，融合互通不深。一是制度配套不完善导致资源错配。资源分配内生于制度，但中国现有关于"三社"融合发展的制度体系缺乏系统关联性，且呈现碎片化状态，故无法有效地调控涉农生产、流通、金融等资源要素在"三社"间自由流动并相互融合。资源要素流动不畅限制了"三社"的深度融合发展。此外，一些地区的"三社"融合发展过程中还存在行政干预过度的情况，涉农资源配置不当的现象屡见不鲜。比如，一些地方农经部门从工作政绩角度出发，定向选择支持基层供销社、专业合作社和信用合作社开展"三社"融合项目，超越了"三社"自身的发展阶段，忽视了"三社"本身对融合的需求及其机制的探索，这些"三社"自身认为融合意义不大，"三社"融合层面的运营管理也就流于形式。有的地区甚至对"三社"融合项目的数量提出要求，在数量导向下，产生了一些不成熟的"三社"融合项目。二是市场在资源配置中没有发挥其应有的作用。"三社"作为相对独立的市场主体，通过市场配置"三社"资源要素是最有效的，也是激发"三社"融合活力的最优途径。然而，目前在"三社"融合发展中，以市场为主导进行涉农资源要素配置的长效机制尚不成熟，导致资源要素难以在"三社"间实现自由流动，"三社"融合缺乏有效的资源保障。三是协同主体起到的资源协调作用不足。以家庭农场、农业龙头企业、种养大户为代表的现代农业经营主体融入"三社"，通过发挥各自的比较优势，能够有效优化涉农资源要素的配置。不过，目前这些经营主体发育迟缓，总体实力还不够强，加之其对自身角色定位和功能认知不明确，从而难以有效嵌入"三社"融合发展中。

3. 共生模式演化更新速度过慢，利益分配机制失衡

共生模式影响到"三社"间利益联结的广度与深度，也决定着"三社"共同利益的产生与分配。供销合作社、专业合作社、信用合作社多年来各有隶属、各自运行，条块分割明显。[1]目前"三社"融合尚未形成发展合力，共生组织模式主要是点共生或间歇共生，共生行为模式大多为寄生、偏利共生或非对称互惠共生。从组织程度上看，融合方式过于简单，利益关联程度偏低，"三社"间还未结成连续共生或一体化共生。就目前而言，中国"三社"间建立的利益联结机制以松散的契约型为主，而紧密型的利益联结方式如交叉入股、合股联营、共建联合体所占比例不高。特别是有些"三社"间的契约仅是口头协议，法律约束力很弱甚至无效。即便是"三社"间签订了正式的订单协议，也有可能因为缺乏信用监管协同机制、仲裁协调联动机制等，导致违约难究、风险难控。另外，在政府部门的引导及支持下，尽管一些地区通过积极探索相互参股、共组公司、共建农合联等模式构建紧密型利益联结机制，但从实际执行情况看，该利益联结方式在政策支持期满后是否续期、如何接续，仍存在很大的不确定性。

从行为方式上看，由于相关权益保护机制和风险补偿处置机制不健全，"三社"间还未结成利益共享、风险共担的共同体。就目前情况来看，部分地区在贯彻落实习近平总书记关于"三位一体"综合合作重要指示的实践中，对于"三社"间如何通过合理分工、优势互补，联合构建"三社合一"农村新型合作体系的推进路径仍不清晰；对"三社"间如何围绕以"三社"促"三农"的利益联结关系的制度安排仍不到位。此外，在实际合作过程中，"三社"因不可控的主客观原因均有出现违约的可能性，而"三社"的关系是相辅相成又相互影响的，当任何一类合作社中出现违约风险时，都会对"三

---

1 刘大洪，邱隽思. 中国合作经济组织的发展困境与立法反思［J］. 现代法学，2019，41（3）：169—180.

社"融合整体产生负面影响。目前"三社"间缺乏风险共担机制，导致风险承担较大的一方无法平等地分享"三社"融合发展的红利，所以参与"三社"融合的意愿不强。比如，专业合作社普遍缺乏有效的融资抵押物，还款来源保障也相对较低，若因自然灾害形成大批不良贷款，易给当地信用合作社的资金安全带来较大风险。

4. 共生环境逆向诱导严峻，融合共生运行较弱

优越的共生环境是"三社"融合共生系统高效运行的重要保障。然而，目前"三社"融合发展的软硬件环境仍存在多项短板，外部不利因素的存在，严重制约了"三社"融合的持续发展。一是数字基础设施供给不足。数字经济背景下，要实现"三社"融合发展的目标，就需要借助数字基础设施解决与"三社"融合有关的数据要素流通问题；但当前多数地区与"三社"融合发展相关的农业流通物联网系统、涉农信用信息数据库、农村综合信息服务平台等数字基础设施建设滞后，不利于农业与工业、供销、金融、科技等领域的资源整合和集成分享，进而在一定程度上妨碍了"三社"融合的有序发展。二是政策执行和目标偏差较大。尽管不少地方政府根据当地的实际情况，先后出台了支持"三社"融合发展的政策措施，但由于"三社"融合发展是一项系统性、创新性、探索性的工作，涉及面广、复杂性强，在实施过程中缺乏相应的配套政策和实施细则，易使相关政策流于形式，不利于实现"三社"融合发展的目标。三是政府部门协调联动机制缺失。"三社"融合发展作为一种跨界、跨领域的农村合作组织创新，对跨部门协调管理的要求高。一些地区缺少"三社"融合发展整体规划和统一管理，农业政策、科技、农机、农资、供销、金融等机构分属不同的部门，部门化、碎片化、条块化管理格局非常突出，自然使得"三社"融合发展难以有效统筹推进。四是基层社会意识滞后。推进"三社"融合发展，以"三社"促"三农"，是贯彻落实习近平总书记关于"三位一体"综合合作重要指示的具体实践，是推进乡村全面振兴的探

索创新。但是受传统农业生产方式和生活区域的惯性和视野的局限，部分基层供销合作社、信用合作社、专业合作社及农户对"三社"融合重大现实意义的认知不足，甚至怀疑融合效益，担心投入后不能得到回报，观望现象比较严重。同时，由于缺乏成型的、系统的"三社"融合发展经验，部分地区对参与"三社"融合发展这项农业领域的全新工作缺乏创新性和主动性。

六、"三社"融合发展的优化路径

为适应农业现代化建设与乡村振兴的客观要求，要持续深化"三社"融合发展，促进生产、供销、信用有机融合，以更好发挥"三社"在服务"三农"和促进农业增效农民增收中的重要作用。

1. 提升共生单元的内生力，强化"三社"互惠共生意识

如前所述，只有当专业合作社高效高质地生产、供销合作社保证产品高质量供给和销售的价格合理以及信用合作社提供充足的资金保障农资供应前提下，"三社"融合发展的共生优势才能完全发挥出来。为此，不断提升"三社"自身发展质量，着力夯实"三社"融合发展的基础，才能有效地以"三社"促"三农"，从而逐步实现农业农村现代化的目标。针对当前"三社"融合能量生产不足的现状，完善的主要措施有以下三点：第一，不断推进基层社提质增效，巩固"三社"融合发展的组织基础。在提升覆盖率、完善服务体系、深化改革目标的同时，优化运行机制、强化分类指导，从注重扩大基层组织数量转向提质增效、量质并重。[1]而且，也要进一步加大开放办社的力度，积极与村集体组织、种养大户、新型经营主体、涉农企业等合作，共同领办创办各类专业合作社，并完善与专业合作社之间的利益联结机制。第二，着力提升专业合作社发展质量，筑牢"三社"融合发展的生产根基。在整体提升专业

---

1 苑鹏. 深化供销合作社综合改革的进展与挑战初探［J］. 重庆社会科学，2017（9）：5—11+2.

合作社规范化水平的基础上，积极探索和建立"农社"紧密型联结机制，逐步形成利益共同体，使农民真正成为参与者和分享者。同时，政府应对其发展做好合理引导，支持同业型、同域型、同项型的专业合作社作为联合对象，构建自治共生的联合社生态圈；并在资源和分工互补的基础上发挥好联合社"工具"与"规范"的作用。[1]第三，加大信用社涉农信贷支持力度，夯实"三社"融合发展的资金保障。信用社要始终秉承为农兴农理念，创新"三社"融合金融产品，优化审批流程，提升金融服务的便利性、时效性，进一步纾解"三社"融合融资难题。同时，也应积极开展育信、征信、评信、用信工作，构建农民专业合作社信贷档案数据库，为后续打通"三社"信用平台奠定基础。除此之外，还应持续优化"三社"间的资源配置方式，提高资源转化效率和利用效益，进而推进三者深度融合发展；增强"三社"融合共生系统适应外部环境的能力，以产生更好的生产效应、流通效应与金融效应，从而释放出"1+1+1>3"的倍增效应。

2. 强化共生界面的传导力，形成"三社"共生多元渠道

畅通的"三社"融合共生界面，有利于促进要素与资源在融合中运转通畅，并降低因资源要素协同障碍与阻力所引发的共生损耗，从而释放资源要素对"三社"融合的引导作用和放大效应。针对"三社"间共生界面传导堵塞的弊端，主要的改进措施有以下三点：第一，以推动"顶层设计"与"基层探索"良性互动、有机结合为原则，破除各类妨碍"三社"间资源要素流动的政策和制度壁垒，多渠道推进"三社"间资源要素的合理配置和良性循环，继而促进资源要素配置发挥更大的生产效应、流通效应和金融效应。同时，应进一步优化政府部门在"三社"融合过程中的宏观调控功能，通过改进调控

---

　1 崔宝玉，王孝璨，孙迪. 农民合作社联合社的设立与演化机制——基于组织生态学的讨论 [J]. 中国农村经济，2020（10）：111—130；黄斌，张琛，孔祥智. 联合社组织模式与合作稳定性：基于行动理论视角 [J]. 农业经济问题，2020（10）：122—134.

方式、完善调控手段和修正调控目标，减少对"三社"融合过程的不当干预，让"三社"成为自主经营、自负盈亏的市场主体，最终提高"三社"融合发展的市场经济能力。第二，加快培育"三社"间资源要素配置的市场化长效机制，在"三社"融合机制、融合方式等方面充分尊重市场规律，根据市场来决定种什么、怎么种和如何卖，从而推进各类要素资源的有效整合。考虑到市场的动态变化特征，市场化长效机制的形成应打破原有的老观念、老经验和老模式，把区块链、物联网、云计算等新一代信息技术视为重要元素植入其中，构建出对市场环境高度敏感并具有完善市场功能的新型市场化长效机制。第三，强化新型经营主体的协同作用，促进其与"三社"资源要素优势互补，形成多元主体合力汇聚、活力迸发的良性格局。发展壮大家庭农场、农业龙头企业、种养大户等多类经营主体，激活它们在人才、资本、技术、信息、贸易等方面优势。在此基础上，将其吸纳进"三社"融合发展中，与"三社"进一步分工协作、优势互补、协同发展，进而形成多层次、立体式、复合型的现代农业合作组织体系。

3. 完善共生模式的分配力，提升"三社"共生联结力度

共生模式决定着"三社"融合发展中共生关系的稳定与发展。连续性对称互惠共生模式或一体化对称互惠共生模式能有效实现"三社"融合发展的合理分配。针对当前"三社"融合发展存在的利益分配不均问题，主要的解决方案有两个。

一方面，合理有序引导"三社"间的利益联结由松散型逐渐转向半紧密型、紧密型。在确保"三社"融合发展中各参与主体基本利益诉求一致的前提下，通过采取组织融合、服务融合、经营融合等多种形式的利益联结机制，积极推动"三社"间形成资源、资金、市场共享，经营、利益、风险共担的共同体。同时，也要认识到建成"三社"利益联结模式不是一蹴而就的，具有阶段性与差异性。不顾实际情况，盲目追求生产和交易属性、社会关系网络

以及风险水平等迥异的"三社"建立起相同的紧密型利益联结模式,易产生"水土不服"的问题。因此,在推动"三社"融合发展中,应结合"三社"自身发展实际,构建与之相适应的稳定型、长效型利益联结模式。

另一方面,要着力健全完善收益共享分配机制。积极引导"三社"在平等自愿、充分协商、互惠互利的基础上形成深度融合关系,并明确三者各自的产权责任,以防止在"三社"融合发展中出现权益分配不公的现象。同时,为防范由不可控主客观因素可能引发的违约风险,可通过建立健全农业保险保障机制、风险共担补偿机制、纠纷仲裁解决机制等,保障"三社"融合发展生成的增值由三方共同共享,风险由三方共同承担,从而激发"供销社—专业社—信用社"参与"三社"融合的主动性、积极性和创造性。以龙岩市建立"三社"融资风险补偿处置机制为例,市级和县级供销合作社分别成立农业服务公司,其中,市级供销合作社出资49%,县级供销合作社出资51%,共同作为风险补偿资金存到银行。银行按照风险补偿资金1∶10比例放大安排贷款资金,与供销合作社各按照一定比例承担风险,这样既能以低贷款利率满足专业社的资金需求,又能达到分担银行资金风险的目的。

4. 增强共生环境的外驱力,促进"三社"共生稳健发展

只有营造积极的共生环境,克服逆向环境的负面影响,才能真正有效地推进"三社"持续深入融合发展。针对当前"三社"融合发展外部环境的不利影响,完善的主要措施有以下几点。第一,加强数字基础设施建设。要实现"三社"融合融通,离不开数字基础设施的支撑与保障。以供销社、专业社、信用社为重要联结点,加强以区块链为底层技术支撑的基础设施建设,在"三社"间搭建起一座"数字桥梁",促进"生产—流通—信用"要素流动畅通、资源配置效率快速提升,进而实现"三社"融合互动和共建共享发展。第二,提高政策体系引导作用。政府部门应加快提升政策机制的引导作用,帮助"三社"快而准地找到切合本地实际需求的融合发展项目,从而减少合作

的盲目性。同时，"三社"也应充分用好、用足、用活各类支持政策，开展适应当地条件、符合市场需求的"三社"融合发展项目，获得更高的融合增值收益。第三，构建部门间协调配合机制。推进"三社"融合发展需要跨组织调度、跨领域协同，客观上就应构建"三社"融合跨部门综合协调机制，强化对"三社"融合的统筹领导与管理，实现相关部门间对"三社"共管、信息和资源共享、平台和载体共建、政策和措施共行，从而为提升"三社"融合发展效率提供体制保障和机制支撑。第四，营造良好的社会舆论氛围。充分利用传统媒体和新媒体的特点，加大对"三社"融合发展等系列文件精神的宣传力度，有针对性地解疑释惑、增强信心、凝聚共识，宣传"三社"融合发展在促进农民致富、繁荣城乡经济中的独特优势和重要作用；同时，强化对典型发展案例的总结提炼和宣传推广，营造全社会共同支持"三社"融合发展的良好氛围，切实有力地凝聚起"三社"融合发展内生动力。

第六节　金融"供给领先"与主动引导：
农村金融对农业技术的诱导

随着中国工业化和城镇化的快速发展，在"大国小农"的基本国情、农情下，推动小农户生产现代化是实现农业现代化的必然要求。科技创新是促进生产力发展的不竭动力，农业科技创新则是实现粮食产业提质增效的关键法器。[1]相较于传统耕作模式，采用新型农业技术的农业生产方式在增强农业抗风险能力和韧性，提高农作物产量上的效果更显著。[2]农业技术在激发农业生产力

---

1 Ratinger T, Kristkova Z. "R&D investments, technology spillovers and agricultural productivity, case of the Czech Republic" [J]. *Agricultural Economics*, 2015, 61 (7): 297—313.

2 Piesse J, Thirtle C. "Agricultural R&D, technology and productivity" [J]. *Philosophical Transactions of the Royal Society B: Biological Sciences*, 2010, 365 (1554): 3035-3047.

和提高农业经济效益上的作用显著[1]，但农业技术往往具有资本密集型特质[2]，而中国农业分散化经营和耕地细碎化的特点使小农户难以承担农业技术投入的高额成本[3]，因此技术成本成为农户采用农业技术的重要制约因素。虽然中国出台了农机购置补贴等各种农业补贴政策，并取得了一定成效，但随着时间推移，农机购置补贴政策的局限性也开始暴露，持续增加的农机购置补贴投入不仅会对农机具交易市场造成一定干扰，补贴效果也因农户年龄和文化水平受到限制。[4]

　　农民资本约束与技术成本之间的矛盾决定了其对外源资金的依赖性很强，这也意味着农业技术的采用率与农户获得信贷的机会有着紧密联系。[5]农村金融是农村经济的重要组成部分，对支持农村产业发展、巩固脱贫成果、提高农民收入等具有显著影响。[6]随着数字元素不断嵌入金融领域，中国农村金融持续改革，其产品和服务实现更精准、全面地覆盖到农村各群体[7]，对解除农户融资枷锁起到至关重要的作用[8]，缓解了农民采用农业技术时的成本约束，显著提高了农业机械化水平[9]。正规金融和非正规金融二元并存是中国农村金融市场

1 Karim M, Sarwer R H, Phillips M, et al. "Profitability and adoption of improved shrimp farming technologies in the aquatic agricultural systems of southwestern Bangladesh" [J]. *Aquaculture*, 2014 (428)：61-70.

2 贾蕊, 陆迁. 信贷约束、社会资本与节水灌溉技术采用——以甘肃张掖为例 [J]. 中国人口·资源与环境, 2017 (5)：54—62.

3 朱睿博. 低碳农业发展的生产经营组织模式创新与金融支持——基于四川成都的实践案例 [J]. 西南金融, 2022 (10)：78—91.

4 王文信, 徐云, 王正大. 农机购置补贴对农户购机行为的影响 [J]. 农业机械学报, 2020 (5)：151—155.

5 Abate G T, Rashid S, Borzaga C, et al. "Rural finance and agricultural technology adoption in Ethiopia：Does the institutional design of lending organizations matter?" [J]. *World Development*, 2016, 84：235-253.

6 余春苗, 任常青. 农村金融支持产业发展：脱贫攻坚经验和乡村振兴启示 [J]. 经济学家, 2021 (2)：112—119.

7 唐建军, 龚教伟, 宋清华. 数字普惠金融与农业全要素生产率——基于要素流动与技术扩散的视角 [J]. 中国农村经济, 2022 (7)：81—102.

8 彭澎, 周月书. 新世纪以来农村金融改革的政策轨迹、理论逻辑与实践效果——基于2004—2022年中央"一号文件"的文本分析 [J]. 中国农村经济, 2022 (9)：2—23.

9 杨皓月, 李庆华, 孙会敏, 等. 金融支持农业机械化发展的路径选择研究——基于31省（区、市）面板数据的实证分析 [J]. 中国农机化学报, 2020 (12)：202—209.

的现状[1]，非正规金融是正规金融的一种不完美的替代，二者结合可以更好地满足小农户的融资需求[2]。有研究表明，提供信贷的干预措施在刺激农民采用农业技术方面始终有效[3]，而农户拥有的社会网络关系网显著影响其参与非正规金融市场的概率[4]，信任关系和家庭禀赋是影响农户选择何种信贷模式的重要原因[5]。

虽然农村金融是农户融资的重要渠道，但有研究发现农村家庭拥有的自然禀赋稀少，农户向金融机构贷款时往往会因为缺乏抵押品、担保人和高额储蓄资本而无法获得信贷机会，进而失去投资农业技术的可能性。[6]也有研究表明，改善信贷渠道可能不足以提高小农的技术采用率、农业生产率和福利。[7]星焱（2021）在研究中国农村金融发展模式时认为城乡之间的"三重鸿沟"会阻碍数字化技术在农村金融中的功能发挥。[8]此外还有不少学者针对财政金融协同支农效果展开了一系列研究，如曹俊勇和张乐柱（2022）在研究中发现，财政金融协同支农效用要比财政单独支农效用更显著。[9]

本部分从家庭层面这一微观视角实证剖析了农村金融对农村家庭农业技术

1 许月丽，李帅，刘志媛，等. 利率市场化改革如何影响了农村正规金融对非正规金融的替代性？[J]. 中国农村经济，2020（3）：36—56.

2 Tsai K S. "Imperfect substitutes：The local political economy of informal finance and microfinance in rural China and India"[J]. *World Development*，2004，32（9）：1487-1507.

3 Magruder J R. "An assessment of experimental evidence on agricultural technology adoption in developing countries"[J]. *Annual Review of Resource Economics*，2018（10）：299-316.

4 Chai S，Chen Y，Huang B，et al. "Social networks and informal financial inclusion 2017 in China"[J]. *Asia Pacific Journal of Management*，2019（2）：529-563.

5 杨明婉，张乐柱，颜梁柱. 基于家庭禀赋视角的农户家庭非正规金融借贷行为研究[J]. 金融经济学研究，2018（5）：105—116.

6 Teye E S，Quarshie P T. "Impact of agricultural finance on technology adoption，agricultural productivity and rural household economic wellbeing in Ghana：a case study of rice farmers in Shai-Osuduku District"[J]. *South African Geographical Journal*，2022，104（2）：231-250.

7 Nakano Y，Magezi E F. "The impact of microcredit on agricultural technology adoption and productivity：Evidence from randomized control trial in Tanzania"[J]. *World Development*，2020（133）：104997.

8 星焱. 农村数字普惠金融的"红利"与"鸿沟"[J]. 经济学家，2021（2）：102—111.

9 曹俊勇，张乐柱. 财政金融协同支持农村产业：效率评价、经验借鉴与启示[J]. 西南金融，2022（8）：97—108.

投入的作用效应及影响路径。采用 2018 年中国家庭追踪调查数据库的微观数据，利用倾向得分匹配法（PSM），实证检验正规金融与非正规金融能否影响农村家庭农业技术投入力度，并深入讨论了农村金融在不同地区和村庄地形下对农村家庭农业技术投入影响的异质性。

一、农村金融对农业技术诱导的理论分析

1. 农村金融对农村家庭农业技术投入的影响作用

农业生产性投资是农业技术采用的催化剂，在自身资本要素缺乏的情况下，农村金融成为农户获取资金来源的重要渠道。正规金融主要通过科技和规模等优势缓解农民信贷约束，促进农村家庭农业技术投入。第一，农村正规金融通过与区块链、大数据、人工智能等数字技术高融合度缓解了信息不对称带来的逆向选择和道德风险问题[1]，使其可快速筛选出服务对象，降低客户搜寻成本；同时利用线上线下数据完善了风险控制体系和监测系统，降低了金融机构对农户的风险评估和监督成本，进而减少了农户融资成本。第二，正规金融主要为银行和农信社，这些机构一般受法律约束并接受专门的银行监管机构监管，可信度高，降低了农户融资的风险成本，进而提高农户融资意愿。第三，农村正规金融内部拥有较为完善的金融体系和金融网络，在其逐渐发展壮大的过程中也在潜移默化地影响农村的信贷环境和储蓄文化，无形中提高了农户的金融素养。

非正规金融主要依靠"熟人社会"影响农户融资。第一，相比于更容易陷入"精英俘获"的正规金融，非正规金融把农村社会网络作为隐形的担保机制和抗风险屏障[2]，极大地降低了农户融资门槛，提高了低收入农户获得融资的机会。第二，相较于正规金融复杂烦琐的信贷程序，非正规金融程序简

---

1 Stiglize J, Weiss A. "Credit rationing in markets with imperfect information" [J]. *The American Economic Review*, 1981 (3): 393-410.

2 吴笑语, 蒋远胜. 社会网络、农户借贷规模与农业生产性投资——基于中国家庭金融调查数据库 CHFS 的经验证据 [J]. 农村经济, 2020 (12): 104—112.

洁、周期短，资金即时性强[1]，更契合农业生产受制于时节性的特点。第三，非正规金融对农户贷款用途限制性低，借贷期限长，更能满足农业生产多元化需求，更有可能提高农户生产性投资。综上分析，提出假说1。

H1：农村金融对农村家庭农业技术投入有正向影响作用。

2. 农村金融对农村家庭农业技术采用的异质性影响

（1）分区域的异质性

中国各地区资源禀赋、政策的差异性导致了国家经济发展的不平衡性，农业和农村金融在不同区域的发展也各有差异，对农村家庭农业技术投入的影响也表现出异质性。经济发展水平较高的地区金融市场发展较为完善，金融产品和服务更为多元化，但经济发达地区农村家庭要素资源相对丰富，家庭收入水平较高，农户对外源性资金的依赖性减弱，农村金融功能发挥受限。此外，经济发达地区有更多非农就业机会，获得借贷的农户更有可能把资金投入到非生产性投资，生产性投资反而受阻。经济发展水平较低的地区，农村家庭普遍资源匮乏，农村金融成为农户融资的重要渠道，对缓解农村家庭资本约束，促进农业技术投资的边际产出效果会更为明显。

（2）村庄地形

村庄地形是影响农业和金融发展的重要因素。平原地区资源禀赋和经济发展形式较为丰富多样，总体经济水平和信贷环境要好于非平原地区，也因此提高了金融交易的活性，为农村地区农业生产注入了活力。此外，平原地区网络、交通等基础设施较为完善，农村金融服务能力得到很大提高，对农村家庭融资需求能做到及时满足，由此推断农村金融对农村家庭农业技术投入的影响在平原地区更明显。再者，平原地区地势平坦，适合土地规模化经营，进而催

---

1 吴比，尹燕飞，张龙耀. 东北农村金融需求现状分析——基于东北三省的农户调查数据 [J]. 农村金融研究，2017 (5)：58—62.

生大规模融资需求，对金融机构的要求也会更高，据此推测在平原地区正规金融对缓解农户融资约束边际贡献要大于非正规金融。非平原地区以山地丘陵居多，经济发展受限，要素流通受阻，正规金融对农村家庭融资需求敏感度降低，农民融资困难度提高。非正规金融凭高灵活性和低门槛的特点更好弥补了正规金融的缺点，成为农村家庭获得信贷的重要渠道，但非平原地区农业经营规模小而分散，农业技术效益难以发挥，农户采用农业技术的意愿会低于平原地区，据此推断非正规金融对缓解非平原地区农村家庭信贷约束的作用大于正规金融，但是受制于零散小规模的农业经营模式，非正规金融对促进农村家庭生产性投资的作用有限。综上分析，提出假说2。

H2：农村金融对农村家庭农业技术投资的影响效用存在区域和地形异质性。

二、农村金融对农业技术诱导的实证分析

1. 模型构建

考虑到核心解释变量农村金融属于自选择变量，直接进行 OLS 回归估计结果并不能消除样本偏差带来的影响，故选择倾向得分匹配法（Propensity Score Matching，PSM）来衡量农村金融对农村家庭农业技术投入的影响效果。PSM 以构建"反事实"框架作为处理思想，按照"是否有金融借贷"将样本分为处理组和对照组，并以处理组和对照组之间的结果差代表农村金融对农村家庭农业技术投入的影响大小，这样得到的结果可以很大程度消除样本选择偏误产生的内生性。

处理组的平均处理效应（Average Treatment Effect of the Treated，ATT）表示如下：

$$ATT = E(Y_{1i} - Y_{0i} \mid D_i = 1) = E(Y_{1i} \mid D_i = 1) - E(Y_{0i} \mid D_i = 1)$$
$$= E\{E[Y_{1i} - Y_{0i} \mid D_i = 1, \ P \mid (X_i)]\} \tag{6-1}$$

其中，i 表示第 i 个家庭样本，Y_{1i} 和 Y_{0i} 分别表示同一家庭获得和未获得金

融信贷（正规信贷和非正规信贷）时的农业技术投入，获得农村信贷的家庭为处理组，用 $D_i = 1$ 表示，未获得信贷的家庭为控制组；$P(X_i)$ 代表家庭获得信贷的概率。

2. 变量选取

（1）被解释变量

被解释变量为农村家庭农业技术投入，农户农业技术投资力度越大和农户拥有的生产性农业固定资产越高，表明农户对农业技术采用的程度也越高，因此用 CFPS 家庭调查问卷中农户在"种子化肥农药""机器租赁""灌溉"各项中的资金投入加上农户拥有的农用机械总值之和，即农业技术总投资（agr-invest）来衡量农户农业技术采用情况。

（2）解释变量

解释变量为农村金融信贷获得情况（finance），分为正规金融信贷获得情况（for-finance）和非正规金融信贷获得情况（in-finance）。正规金融信贷获得情况用 CFPS 家庭调查问卷中农户家庭是否有"待偿银行贷款"来表征，是则赋值 1，否则赋值 0；非正规金融信贷获得情况对应农户家庭是否有"待偿亲友及民间借款"，是取 1，否则取 0。

（3）控制变量

分别从家庭、个人、村庄三个层面选取控制变量。家庭层面选取政府补助（fn101）、人均家庭纯收入（fincome1-per）、家庭人口规模（family size）用于控制家庭特征变量对农户农业技术采用的影响；个人层面的控制变量包含户主年龄（age）、性别（gender）、婚姻状况（spouse）以及是否使用互联网（internet）；村庄层面的控制变量选取村庄面积（ca5）、距最近集镇的距离（cg1）、海拔落差（cg602）和是否为少数民族集聚区（minority），由于 2018 年 CFPS 中不包含村庄相关数据，故跨时间匹配 2014 年 CFPS 中短期内不易改变或改变幅度不大的变量作为村庄层面的控制变量。

3. 数据来源

数据来自北京大学中国社会科学调查中心展开的一个全国性、大规模、多学科的社会跟踪调查项目——中国家庭追踪调查数据（China Family Panel Studies，以下简称 CFPS）。CFPS 样本覆盖 25 个省（区、市），目标样本规模为 16000 户，包括社区、家庭、成人和少儿四种主体问卷类型，涉及家庭收支、个人就业、村庄发展等各方面的详细信息。主要选取了 2018 年 CFPS 家庭库和成人库中有关家庭和户主的相关数据，并考虑数据可得性，利用 2014 年 CFPS 社区库中的部分数据进行实证研究。因研究对象为农户，只保留农村样本，以财务回答人作为家庭户主，考虑到户主合理年龄，将户主年龄设置为16—85 岁，随后对家庭库、成人库和社区库进行匹配，并剔除核心变量缺失值，最终共筛选出 4418 个有效样本。变量描述性统计见表 6-3。被调查农户的平均农业技术投资为 13277 元，样本中有 49.60% 的家庭获得了农村金融借贷，获得正规金融借贷的家庭占比 18.80%，获得非正规金融借贷的家庭占比30.80%，说明在农村地区，农民更倾向于通过非正规金融渠道获得融资，正规金融发展有待完善。

表 6-3　主要变量的描述性统计

Variable	N	Mean	SD	Min	Max
agr-invest	4418	13277	30861	1	701300
finance	4418	0.400	0.490	0	1
for-finance	4418	0.188	0.391	0	1
in-finance	4418	0.308	0.462	0	1
age	4418	52.130	12.44	16	85
gender	4418	0.582	0.493	0	1
spouse	4345	0.894	0.307	0	1
internet	4331	0.0612	0.240	0	1
fn101	2943	2167	6278	1	132300
fincome1-per	4418	14621	17458	0	533300

Variable	N	Mean	SD	Min	Max
family size	4418	4. 199	1. 977	1	21
ca5	3304	288. 8	1150	0. 0200	10000
cg1	3692	10. 45	19. 660	0	300
cg602	3055	250. 200	371. 500	1	2400
minority	3728	0. 159	0. 366	0	1

4. 平均处理效果分析

分别使用最近邻匹配、半径匹配和核匹配计算农村金融、正规金融和非正规金融对农业技术投入的平均处理效应，测算结果见表6-4。三种匹配结果均显著，实证结论稳健性较强。

表6-4 不同金融类型对于农业技术投入的效果评估

金融类型划分	样本	最近邻匹配	半径匹配	核匹配
农村金融	使用农村金融	15415. 3842	15318. 1218	15440. 7546
	未使用农村金融	11553. 3566	11220. 7554	11235. 6615
	ATT	3862. 0276*** (1276. 2837)	4097. 3664*** (1118. 3792)	4205. 0931*** (1130. 4772)
	改变（%）	33. 43	36. 52	37. 43
正规金融	使用正规金融	18207. 2975	18294. 0084	18207. 2975
	未使用正规金融	12891. 8512	11829. 5134	12434. 0965
	ATT	5315. 4463*** (1983. 9356)	6464. 4950*** (1687. 8105)	5773. 2010*** (1673. 1102)
	改变（%）	41. 23	54. 65	46. 43
非正规金融	使用非正规金融	14516. 0952	14650. 4462	14516. 0952
	未使用非正规金融	10755. 8858	11648. 8625	11834. 0688
	ATT	3760. 2093*** (1382. 0384)	3001. 5837** (1256. 0718)	2682. 0264** (1233. 6713)
	改变（%）	34. 96	25. 77	22. 66

注：*、**、*** 分别表示在10%、5%和1%水平上显著，括号内为 t 统计量。改变（%）指的是在使用金融类型与未使用金融类型家庭之间的差异。

如表6-4所示，经过最近邻匹配、半径匹配和核匹配三种方法匹配后，获得正规金融和非正规金融均可以提高农户的农业技术投入水平的结果，其中农村金融和正规金融的三种匹配结果均在1%水平上显著，非正规金融使用最近邻匹配方法的平均处理效应在1%水平上显著，使用半径匹配和核匹配方法的平均处理效应在5%水平上显著。由此可见，正规金融和非正规金融均可减轻农村家庭采用农业技术的成本制约，促进农村家庭生产性投资。

根据表6-4分别计算农村金融、正规金融和非正规金融三种匹配结果的算术平均值，分别为0.3579、0.4744、0.2780，由此可见匹配后，相较没有获得农村金融的农村家庭，获得的家庭对农业技术投资水平高出35.79%，其中获得正规金融的农村家庭比没获得的家庭对农业技术投资水平高出47.44%，得到非正规金融的农村家庭比没得到的家庭多出27.80%的可能性投资农业技术。此外，对比发现，正规金融比非正规金融对农户技术投资影响作用更大，对促进农村家庭采用农业技术的影响更为显著。究其原因可能是，农户在通过正规金融获得资金资源的同时金融素养得到提升，而农户金融素养对农户农业生产投资具有正向影响，使得获得正规借贷的农户更愿意把资金投入到有助于农业生产的农业技术中。综上分析假设1得到验证，即农村金融会提高农村家庭农业技术投入力度。

5. 平衡性检验

为确保检验匹配效果的可靠性，进一步检验控制变量的平衡性。表6-5、表6-6、表6-7是使用最近邻匹配法匹配后的结果，对比各控制变量匹配后处理组和对照组均值，可见处理组和对照组样本均值非常接近，差异较小，再结合t检验结果可知，控制变量基本不存在系统性差异，个体差异消除效果明显。再进一步对比匹配后控制变量的标准误分布状况，从图6-3可见，匹配后各控制变量的标准误分布较为集中、集聚性较强，即利用最近邻匹配法匹配后，处理组和对照组之间的差异明显减小，平衡性检验通过。

表6-5 农村金融最近邻匹配法匹配平衡性检验

控制变量	匹配后均值		偏差率（%）	t 检验	
	处理组	对照组		t	p>t
age	50.334	50.541	−1.80	−0.340	0.731
gender	0.591	0.584	1.3	0.260	0.795
spouse	0.899	0.879	6.5	1.220	0.221
internet	0.064	0.041	10.70	2.070	0.039
fn101	2450.300	2358.60	2.4	0.390	0.694
fincome1_ per	13738	13588	1.3	0.250	0.800
family size	4.638	4.720	−4.20	−0.780	0.438
ca5	253.150	249.800	0.30	0.070	0.947
cg1	9.516	9.187	4	0.790	0.432
cg602	271.430	233.090	10.50	2.110	0.035
minority	0.197	0.183	3.90	0.720	0.472

表6-6 正规金融最近邻匹配法匹配平衡性检验

控制变量	匹配后均值		偏差率（%）	t 检验	
	处理组	对照组		t	p>t
age	49.140	48.895	2.10	0.290	0.774
gender	0.617	0.628	−2.30	−0.310	0.760
spouse	0.923	0.939	−5.70	−0.880	0.380
internet	0.069	0.096	−11.90	−1.350	0.178
fn101	2666.900	2474.600	4.40	0.500	0.616
fincome1_ per	15128	14260	7.40	0.970	0.331
family size	4.653	4.766	−6.00	−0.740	0.459
ca5	260.670	316.030	−5.50	−0.710	0.480
cg1	10.218	9.727	5.80	0.760	0.448
cg602	316.360	285.160	8.50	1.140	0.254
minority	0.231	0.270	−10.00	−1.200	0.231

表6-7　非正规金融最近邻匹配法匹配平衡性检验

控制变量	匹配后均值		偏差率（%）	t	
	处理组	对照组		t	p>t
age	50.318	50.400	-0.70	-0.110	0.909
gender	0.557	0.557	0	0.000	1.000
spouse	0.893	0.896	-1.10	-0.190	0.848
internet	0.066	0.059	3.10	0.490	0.627
fn101	2518	2680.300	-4.00	-0.550	0.581
fincome1_per	13054	12745	2.70	0.490	0.624
family size	4.657	4.607	2.60	0.430	0.666
ca5	227	201.510	2.50	0.480	0.632
cg1	9.287	9.510	-2.70	-0.470	0.640
cg602	255.280	261.460	-1.70	-0.290	0.773
minority	0.190	0.176	3.7	0.610	0.544

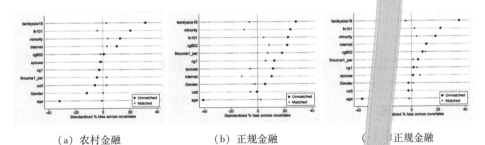

（a）农村金融　　　　　　（b）正规金融　　　　　　（　非正规金融

图6-3　不同金融类型匹配前与匹配后协变量的标准□

6. 稳健性检验

为增强实证结果的可信度和稳定性，分别去除直辖市□和少数民族自治

区样本进行稳健性检验。

（1）剔除直辖市样本

鉴于北京、上海、天津和重庆四个直辖市在人口规□、面积规模、经济规

模以及行政级别上的特殊性，删除四个直辖市的样本重新估计模型，结果见表6-8。从表6-8中可知，剔除直辖市子样本之后，农村金融、正规金融和非正规金融对农户农业技术投入的正向促进作用依然显著，即本研究的估计结果具有稳健性。

（2）剔除少数民族自治区样本

考虑到少数民族自治区特殊的民族关系和自治的特点，以及政府的调控和优惠政策与非民族地区存在差异，删除内蒙古自治区、新疆维吾尔自治区、西藏自治区、广西壮族自治区、宁夏回族自治区五个少数民族自治区的样本以检验实证结果的稳健性。如表6-8所示，去除五个少数民族自治区后，农村金融、正规金融和非正规金融对农业技术投入的影响分别在1%、5%、1%的水平上显著，可见农村金融、正规金融和非正规金融对农户农业技术投入的估计结果稳健。

分别检验剔除直辖市和少数民族自治区样本后回归结果的平衡性，结果显示，使用最近邻匹配法匹配后的结果均通过平衡性检验。

表6-8　不同金融类型对于农业技术投入的稳健性效果评估

金融类型划分	样本	除去直辖市	除去自治区
农村金融	使用农村金融	15673.9624	15511.3731
	未使用农村金融	11295.8644	9896.4084
	ATT	4378.0980 *** (1396.5921)	5614.9647 *** (1379.2134)
	改变（%）	38.76	56.74
正规金融	使用正规金融	18530.4747	18429.5686
	未使用正规金融	14460.9522	13408.3429
	ATT	4069.5225 * (2286.7185)	5021.2257 ** (2274.2857)
	改变（%）	28.14	37.45

续表

金融类型划分	样本	除去直辖市	除去自治区
非正规金融	使用非正规金融	14799.3138	14618.8824
	未使用非正规金融	11794.5993	9840.7308
	ATT	3004.7145** （1475.5643）	4778.1515*** （1327.6177）
	改变（%）	25.48	48.55

注：*、**、***分别表示在10%、5%和1%水平上显著，括号内为 t 统计量。改变（%）指的是在使用金融类型与未使用金融类型家庭之间的差异。

7. 异质性和作用机制检验

为进一步考察农村金融、正规金融和非正规金融对农业技术投入作用的地区差异，依照国家统计局的地区划分方法[1]进行分析。此外，为对比研究农村正规金融和非正规金融对农村家庭农业技术投入在地形上的异质性，把样本所属村庄地形分为两类，属于平原类型的样本赋值为1，属于其余地貌，即非平原的样本赋值为0。

（1）不同地区下农村金融对农村家庭农业技术投入影响的异质性

中国经济发展具有不平衡性特征，农村金融在不同区域的发展状况也表现出差异性，对农户农业技术投入的作用效果也有所不同。表6-9展示了农村金融在不同地区对农户农业技术投入的影响效果。从整体来看，农村金融在1%水平上对中部和西部农户农业技术投入具有显著影响，且对西部农村家庭影响大于中部，但无论正规金融还是非正规金融均对东部地区农村家庭农业技术投入影响不显著。究其原因，东部地区属于中国经济较发达地区，农村产业

---

　　1 根据国家统计局统计制度及分类标准，将样本划分为中、东、西、东北四个区域，其中东部地区有北京、天津、上海、河北、江苏、浙江、福建、广东、山东、海南10省（市），中部地区包括河南、湖北、湖南、安徽、山西、江西6省，西部地区涵盖四川、重庆、贵州、云南、广西、甘肃、陕西、内蒙古、青海、宁夏、新疆、西藏12省（区、市），东北地区包含黑龙江、辽宁和吉林，据此分析农村金融对农户农业技术投入在不同地区上的作用成效。

发展多元化，农户收入来源较多，农户投资多依赖区位优势和自身资源禀赋积累，因此农村金融在此区域的影响效果并不显著。对比正规金融和非正规金融在其他地区的作用效果可发现，正规金融对中部和西部地区农户农业技术投入均为正向影响，并均在1%的统计水平上显著，而且对中部地区家庭影响大于西部，相较之下，非正规金融则只对东北地区农村家庭农业技术投入具有显著影响。原因可能是中西部地区经济发展较为滞后，家庭资源禀赋普遍稀少，非正规借贷也因此失去资金来源，此时正规金融则成为农户重要的融资渠道，因此作用效果更为明显。东北地区因其历史和区位原因，农村家庭拥有的社会资本较多，而社会资本恰是非正规金融存在和发展的根基，因此非正规金融在东北地区的影响更为显著。

表 6-9　不同地区效果评估

金融类型划分	样本	东部	中部	西部	东北
农村金融	使用农村金融	14447.1978	12122.5072	15897.5714	19470.8333
	未使用农村金融	8101.3736	6461.5790	9806.5826	15458.6905
	ATT	6345.8242 (4317.5012)	5660.92823 *** (1680.9925)	6090.9888 *** (1912.9840)	4012.1429 (4815.1287)
	改变（%）	78.33	87.61	62.11	25.95
正规金融	使用正规金融	17547.3438	16740.8507	17999.0575	19996.4706
	未使用正规金融	12978.7500	7271.1045	11774.7434	16844.2647
	ATT	4568.5938 (8611.7357)	9469.7463 ** (3881.6497)	6224.3142 *** (2346.9459)	3152.2059 (7044.5306)
	改变（%）	35.20	130.24	52.86	18.71
非正规金融	使用非正规金融	16308.2432	12060.0642	14381.8375	19805.5556
	未使用非正规金融	10304.3243	8667.3743	14691.8708	11761.0417

续表

金融类型 划分	样本	东部	中部	西部	东北
非正规 金融	ATT	6003.9189 (5482.3578)	3392.6898 (2344.8408)	−310.0333 (2313.7312)	8044.5139 ** (4004.5188)
	改变（%）	58.27	39.14	−2.11	68.40

注：*、**、***分别表示在10%、5%和1%水平上显著，括号内为t统计量。改变（%）指的是在使用金融类型与未使用金融类型家庭之间的差异。

（2）不同地形下农村金融对农村家庭农业技术投入影响的异质性

从表6-10可以看到，整体上农村金融对平原地区的农村家庭农业技术投入影响效果显著，对非平原地区不显著。分开来看，正规金融和非正规金融均对非平原地区的农村家庭农业技术投入作用效果不显著，但是正规金融对平原地区农村家庭农业技术投入的影响效果显著。原因在于平原地区多为经济较发达地区，更容易形成农业规模化经营，对此需要的资金规模也更大，更适合通过正规信贷渠道进行融资。再者，规模化经营产生高效益、高回报的可能性更高，抵抗风险韧性更强，这也更符合具有逐利本性的正规金融的客户筛选标准，因此正规金融对平原地区农村家庭会产生更大的效益。非平原地区多为山地、丘陵，这种地貌上的农业经营模式多呈零散、小规模特征，农户融资量表现出量小、分散的特点，也因此获得正规信贷的机会较小。同时由于地貌限制了农业规模化经营的可能性，农村家庭进行农业技术投资的意愿会比较小，故非正规金融在非平原地区产生的边际贡献也不显著。综上可见，受农业发展与地形地貌密切相关的特点影响，农村金融对农村家庭农业技术投入的作用结果在不同地形上表现出异质性。

表 6-10 不同村庄地形效果评估

金融类型划分	样本	非平原	平原
农村金融	使用农村金融	13626.7207	19224.9044
	未使用农村金融	10816.3380	9781.4449
	ATT	2810.3826 (1792.4626)	9443.4596*** (2284.7207)
	改变（%）	25.98	96.54
正规金融	使用正规金融	15550.7845	25857.5196
	未使用正规金融	14113.6897	12151.2059
	ATT	1437.0948 (2663.6714)	13706.3137*** (4319.9982)
	改变（%）	10.18	112.80
非正规金融	使用非正规金融	13111.3742	17632.5324
	未使用非正规金融	11399.6839	13297.6759
	ATT	1711.6903 (2118.3785)	4334.8565 (2709.0712)
	改变（%）	15.02	32.60

注：*、**、***分别表示在10%、5%和1%水平上显著，括号内为 t 统计量。改变（%）指的是在使用金融类型与未使用金融类型家庭之间的差异。

三、农村金融对农业技术诱导的总体效果

本节基于 2018 年 CFPS 家庭调查问卷微观数据，采用倾向得分匹配法实证分析了农村金融（正规金融和非正规金融）对农村家庭农业技术投入的影响效果和作用差异，得出如下研究结论：①发展农村金融可以缓解农村家庭的信贷约束，促进农村家庭生产性投资。农村金融发展水平每提高1%，农村家庭农业技术投入增加约35.79%。②正规金融对农村家庭农业技术投入的正向促进作用强于非正规金融，正规金融的边际贡献比非正规金融高出 19.64%。③农村金融对农村家庭农业技术投入的影响在不同区域上表现出异质性，其中

正规金融对中部和西部地区的农村家庭影响更为显著，非正规金融则对东北地区农村家庭作用效果更为显著。④农村金融对促进农村家庭农业技术投入的作用效果在不同村庄地形上表现出异质性，其中相较非平原地区，正规金融更能提高平原地区农村家庭的农业技术投入力度，而非正规金融对平原和非平原地区的农村家庭影响均不显著。

第七章
推动金融科技融入的农村金融
服务乡村振兴战略的产品创新

农村金融产品创新要解决两个重要问题：一是交易成本问题。农户经营规模小，信贷交易成本相对较高。调查发现，就信贷成本而言，农村高于城市约50%；就金融机构盈利能力而言，城市金融机构员工盈利能力是农村的 7 倍。二是风险问题。因为信息不对称性较严重，又缺少可抵押品，农村信贷风险较高。一些农村金融机构农业不良贷款占总不良贷款的 90% 左右。金融科技融入农村金融产品的创新思路是，将数字金融、区块链金融等引入农村金融领域，开发低交易成本和低风险的金融产品，这对解决农村金融"偏离农村经济中数量最多的经济主体"问题，具有十分重要的意义。

第一节　金融科技融入农村金融服务的理论分析

金融科技应用为何能够嵌入农村金融服务，如何发挥金融科技应用于农村金融服务的价值是学术界关注的重要议题。系统分析发现，缓解信息不对称、降低交易费用、增强风险管控和扩大金融覆盖面四个方面解释了金融科技应用嵌入农村金融服务的必要性。现阶段，传统金融机构、农业龙头企业与金融科技企业是涉农金融科技领域的主要服务供给主体。尽管金融科技应用于农村金融服务存在技术、监管、法律与伦理四个层面的风险，但通过一些切实可行的化解路径，技术同时也能提高风险管理能力。

一、金融科技兴起的背景

随着金融科技的兴起、发展和不断嵌入农村金融服务，金融科技不仅成为农村金融服务领域的前沿理论议题，也快速应用于农村金融服务实践。近年来，中国持续鼓励和支持金融科技发展。2017 年 5 月，中国人民银行成立金融科技（FinTech）委员会；2019 年 8 月，中国人民银行印发《金融科技（FinTech）发展规划（2019—2021 年）》，提出到 2021 年，建立健全中国金融科技发展的"四梁八柱"；2021 年 3 月，《中华人民共和国国民经济和社会发展第十四个五年规划和 2035 年远景目标纲要》提出，"稳妥发展金融科技，加快金融机构数字化转型"。同时，涉农金融科技应用获得的政策支持力度也在不断加大。2021 年 1 月，中央一号文件《中共中央国务院关于全面推进乡村振兴加快农业农村现代化的意见》多处凸显"科技"含量，指出要"深入开展乡村振兴科技支撑行动""发展农村数字普惠金融"等；2021 年 6 月，《关于金融支持巩固拓展脱贫攻坚成果 全面推进乡村振兴的意见》进一步强调，要"强化金融科技赋能""开展金融科技赋能乡村振兴示范工程"等。这些政策的出台进一步促进了金融科技深入农村金融服务领域。

二、金融科技内涵与外延

"金融科技"一词最早出现在 1972 年发表的科学文献中，是指银行专业知识与现代管理科学技术及计算机的一种结合。[1] 基于国内背景，有学者认为金融科技经历了金融 IT（2005—2010 年）、互联网金融（2011—2015 年）和金

---

1 Bettinger A. "Fintech：A series of 40 time shared models used at Manufacturers Hanover Trust Company"［J］. *Interfaces*，1972，2（4）：62-63.

融科技 3.0（2016— ）三个阶段。[1]近年来，随着金融科技的持续快速发展，这一概念不断地被赋予新的内涵与外延。因此，为厘清金融科技应用于农村金融服务领域的研究议题，有必要对金融科技的内涵与外延进行辨析。有关金融科技内涵与外延的理解主要有以下几个视角：

1. 金融科技是一种对金融领域产生重大影响的科学技术。这是一种较为直观的理解，Chen 等（2019）认为任何能够支持或增强金融服务供给的数字计算技术都可以被定义为金融科技。而且，基于与金融服务相关的专利申请数据，又将金融科技具体划分为七个关键技术类别：网络安全、移动支付、数据分析、区块链、P2P 网贷、智能投顾和物联网。[2]其他类似的定义有：金融科技是将科学技术应用于金融行业，提高行业效率的技术手段[3]；金融科技是一系列广泛影响金融支付、融资、贷款、投资、金融服务和货币运作方式的技术[4]。但是，有学者强调金融科技中的技术通常是指具有颠覆性影响的数字技术。[5]由此可知，这类观点指的不是一般意义上的技术在传统金融的应用，而是具有颠覆性影响的新兴前沿技术，比如云计算、人工智能、区块链等。

2. 金融科技是一种由科学技术驱动的金融创新活动，也可以认为，金融科技属于一种新型的金融业务模式。Arner 等（2016）将金融科技称为"利用技术提供金融解决方案"。[6]Gomber 等（2017）认为金融科技描述了现代互联

1 Bu Y，Li H，Wu X. "Effective regulations of FinTech innovations：the case of China" [J]．*Economics of Innovation and New Technology*，2021（7）：1-19.

2 Chen M，Wu Q，Yang B. "How valuable is FinTech innovation?" [J]．*Review of Financial Studies*，2019，32（5）：2062-2106.

3 巴曙松，白海峰. 金融科技的发展历程与核心技术应用场景探索 [J]. 清华金融评论，2016（11）：99—103.

4 Yue M，Liu D. "Introduction to the special issue on Crowdfunding and FinTech" [J]．*Financial Innovation*，2017（3）：1-4.

5 Bunnell L，Osei-Bryson K M，Yoon V Y. "FinPathlight：Framework for an multiagent recommender system designed to increase consumer financial capability" [J]．*Decision Support Systems*，2020，134（6）：1-14.

6 Arner D，Barberis J，Buckley R. "The evolution of fintech：A new post-crisis paradigm?" [J]．*Georgetown Journal of International Law*，2016，47（4）：1271-1319.

网相关技术和金融服务行业的典型商业活动之间的联系。[1]Thakor（2020）则指出，金融科技的核心是利用技术提供新的和改进的金融服务，所涵盖的领域包括信贷、存款和融资服务、支付、清算和结算服务、投资管理服务、保险服务，并且理论上已证明其风险与收益并存。[2]除了学者定义以外，金融稳定委员会（FSB）将金融科技定义为"技术支持的金融创新，可以产生新的商业模式、应用程序、流程或产品，对金融市场、金融机构以及金融服务的供给产生重大影响"。巴塞尔银行监管委员会（BCBS）在采纳这一定义的基础上，又将金融科技创新细分为四类基本的业务模式。

3. 金融科技可以被界定为金融科技公司（或部门），这类界定主要是基于简化实证研究的考量。Gai 等（2018）认为，金融科技一方面可用于表示金融服务机构使用的一系列技术，另一方面可用于表示业务广泛的企业或组织中的金融技术部门，这些主体主要解决通过使用信息技术（IT）应用来提高服务质量的问题。[3]此外，也有学者将金融科技定义为一系列创新和一个经济部门，其专注于将最近开发的数字技术应用于金融服务。[4]定义为部门的理由是，全球可能有超过10000家公司自称为金融科技公司[5]。但是金融科技创新也可以由公共和非营利组织领导，如中央银行数字货币或慈善众筹[6]。

4. 金融科技指符合某些综合特征的商业模式。这类界定较为综合，并未

1 Gomber P，Koch J A，Siering M. "Digital finance and FinTech：Current research and future research directions" [J]. *Journal of Business Economics*，2017，87（5）：537–580.

2 Thakor A V. "Fintech and banking：What do we know?" [J]. *Journal of Financial Intermediation*，2020，41（1）：1–13.

3 Gai K，Qiu M，Sun X. "A survey on FinTech" [J]. *Journal of Network and Computer Applications*，2018，103（2）：262–273.

4 Wójcik D. "Financial geography I：Exploring FinTech–maps and concepts" [J]. *Progress in Human Geography*，2021，45（3）：566–576.

5 Langley P，Leyshon A. "The platform political economy of FinTech：Reintermediation，consolidation and capitalization" [J]. *New Political Economy*，2020，26（3）：376–388.

6 Gomber P，Kauffman R J，Parker C，et al. "On the Fintech revolution：Interpreting the forces of innovation，disruption and transformation in financial services" [J]. *Journal of Management Information Systems*，2018，35（1）：220–265.

明确金融科技的本质属性，而仅指出金融科技所具有的特征。例如，Chuen 和 Teo（2015）认为金融科技具有低利润率、轻资产、可扩展性、创新性和易遵从性等五大特点，并将之归纳为 LASIC 法则，同时提出这一法则可用于指导创造具有改善收入和财富不平等社会目标的可持续商业模式，且每一种成功的金融科技商业模式都符合这一法则。[1]Liu 等（2020）运用统计学知识具体分析了金融科技的九种商业模式：在线贷款、众筹、交易和支付终端、个人金融管理、数字货币和加密货币、移动销售点、机器人顾问、电子银行以及保险科技。[2]Zhang-Zhang 等（2020）则基于生态系统视角探讨了金融科技的最新现象，发现与早期由传统金融机构主导的金融科技演进不同，在金融服务和信息技术的交叉点运作的"跨行业"金融科技颠覆了银行现有的商业模式，同时创造了新的生态系统动态。[3]

综合以上观点可知，目前学术界对金融科技内涵和外延的界定尚未达成一致的意见，而差异点主要在于各自侧重点的不同，有的侧重于金融属性，有的侧重于技术层面，还有的则侧重于二者的融合及其产生的效用。但是，任何一种定义都无法以非此即彼的方式否定和取代另一种定义，即观点虽有不同，但并不相互排斥。

三、金融科技破解农村金融服务的主要问题

在农村金融服务实践领域，金融科技以互联网为载体，以新一代前沿信息技术为基础，创新农村金融产品、流程及模式等，以拓宽农村金融市场信息传播渠道、降低交易费用、完善风险分担机制、扩大金融服务覆盖面等，实现供

1　Chuen D K, Teo E G S. "Emergence of FinTech and the LASIC principles" [J]. *Social Science Research Network electronic journal*, 2015, 3（3）：1-26.

2　Liu J, Li X, Wang S. "What have we learnt from 10 years of fintech research? a scientometric analysis" [J]. *Technological Forecasting and Social Change*, 2020, 155（3）：1-12.

3　Zhang-Zhang Y, Rohlfer S, Rajasekera J. "An eco-systematic view of cross-sector fintech：The case of Alibaba and Tencent" [J]. *Sustainability*, 2020, 12（21）：1-16.

需匹配，改善农村需求主体的金融可获得性。[1]以下从缓解信息不对称、降低交易费用、完善风险分担和扩大金融覆盖面四个方面，阐述金融科技破解农村金融服务的问题。

1. 金融科技有助于缓解信息不对称问题

信息不对称是农村信贷市场中最突出的问题之一。金融机构和借款人之间的信息不对称问题相当普遍。[2]贷后信息不对称导致的道德风险会带来贷后风险。[3]逆向选择使得农村信贷市场的优质信贷需求者被劣质信贷需求者所驱逐，道德风险提高了金融机构难以收回贷款的概率，使得整个信贷申请、获得和使用过程中的问题更加突出，导致信贷市场的资源配置错位。[4]传统金融的思路是通过创新抵押物、设置内部监督和评价信用等级来纾解信息不对称，如创新"三权"抵押贷款、农户联保贷款、信用村与信用户评价等尝试[5]，但由信息不对称所引起的农村金融产品价格过高和金融供给不平衡问题长期未能得到有效破解。

金融科技为缓解信息不对称提供了新的解决方案。金融科技在一定程度上可以解决农村信贷市场的信息不对称问题，将受到金融排斥的借款人群体连接到信息高速公路，提升其金融服务的可获得性。[6]有关金融科技在农村金融服务中发挥的积极作用，既有理论探讨，也有实证验证。从理论上看，周立等

1　郭连强，祝国平，李新光. 新时代农村金融的发展环境变化、市场功能修复与政策取向研究［J］. 求是学刊，2020（2）：66—76.

2　Sufi, A. "Information asymmetry and financing arrangements: evidence from syndicated loans"［J］. *Journal of Finance*，2007，62（2）：629-668.

3　Avery R, Berger A. "Loan commitments and bank risk exposure"［J］. *Journal of Banking and Finance*，1991，15（1）：173-192.

4　Myers S C, Majluf N S. "Corporate financing and investment decisions when firms have information that investors do not have"［J］. *Journal of financial economics*，1984，13（2）：187-221.

5　李停."三权分置"视域下中国农地金融创新研究［J］. 现代经济探讨，2021（5）：127—132；李朝晖，贺文红. 精准扶贫目标下贫困农户增信路径探索——以保证保险贷款和联保贷款为例［J］. 西部论坛，2018，28（6）：42—49.

6　马九杰，吴本健. 互联网金融创新对农村金融普惠的作用：经验、前景与挑战［J］. 农村金融研究，2014（8）：5—11.

（2015）基于微观调查数据与信息经济学知识，认为实现金融服务"村村通"工程，有助于信贷决策者掌握行政村级信息，减少信息不对称，进而缓解农户的信贷约束；[1]何婧（2020）则以涉农网络借贷平台为例，发现网络借贷中农户与贷款方可以通过信息发掘、信息认证和信息传递扩散三个作用机制克服信息不对称，进而缓解农户信贷配给问题。[2]从实证上看，柳松等（2020）利用2014 年、2016 年和 2018 年中国家庭追踪调查三期面板数据，发现互联网使用有利于纾解农户与金融机构彼此之间的信息不对称问题，并提升金融机构对农户的放贷意愿；[3]Zhang 等（2020）以 2014—2018 年在中国商业银行设立的金融科技子公司为样本，研究表明金融科技可以缓解由贷前信息不对称导致的贷前风险，且这种负面影响在管理层持股水平较高的银行更为明显。[4]

2. 金融科技能够有效降低金融交易费用

交易费用高昂是造成农户尤其是小农户信贷约束的关键原因。[5]其突出表现在以下几个方面：第一，由于存在信息不对称，金融机构在交易前对单个农户信息搜寻的时间成本变高；第二，相对于城镇居民，农户贷款频率高、额度低，且农业经营风险较大，使得金融机构的监督成本增加；第三，农村地区金融机构物理网点分布零散，且交通基础设施建设薄弱，使得农户为借贷需要付出额外的交通费用。[6]昂贵的交易费用会导致成本与收益的严重失衡，金融机构要么提高农村金融产品价格，但这会进一步加剧信贷市场中的逆向选择问

1 周立，潘素梅. 金融服务"村村通"有助于实现农村金融普惠——三省农户调查与信息经济学分析 [J]. 金融教学与研究，2015（4）：3—10.

2 何婧. 涉农网络借贷平台的信息不对称缓释机制研究 [J]. 农业经济问题，2020（4）：89—97.

3 柳松，魏滨辉，苏柯雨. 互联网使用能否提升农户信贷获得水平——基于 CFPS 面板数据的经验研究 [J]. 经济理论与经济管理，2020（7）：58—72.

4 Zhang A, Wang S, Liu B, Liu P. "How fintech impacts pre-and post-loan risk in Chinese commercial banks" [J]. *International Journal of Finance & Economics*，2020，27（2）：2514-2529.

5 Meyer R L, Cuevas C E. "Reduction of transaction costs of financial intermediation：Theory and innovation" [C]. New York：*United Nations*，1992.

6 杨明婉，张乐柱. 农户正规信贷交易费用约束识别及其影响因素——基于广东省 477 份农户调研数据 [J]. 农业经济与管理，2020（4）：90—100.

题；要么降低在农村地区的金融服务供给水平而转向收益与成本更匹配的城市地区，使传统农村金融机构不断出现"疏农"甚至"离农""脱农"的不良现象。[1]

金融科技可以有效破解农村金融交易费用高昂的难题。金融科技的"去中心化"较大幅度地减少了金融机构的营业成本，线上金融服务降低了银行网点数量、固定资产投入和管理成本，高效便捷的数字化服务提升了金融客户的消费体验，使得传统金融机构向低成本、高效率运营模式进行转型，金融消费者的融资成本更低、服务质量更优。[2]具体来看，大数据技术的应用可以减少信息搜寻成本和信息失真成本，在同等的价格水平上，金融机构就愿意提供更多的金融服务；[3]人工智能可以通过分析数据、建立模型，提高金融大数据分析能力，调节农村金融的供需匹配，并节省信贷业务过程中的时间成本和人力资源成本；[4]依托互联网和移动通信等技术，金融机构可以打破对 ATM 机、营业厅等物理网点的依赖，实现信贷、理财和支付等金融服务上的创新，进而提升为农村偏远地区提供金融服务的效率，降低交易费用。[5]Yao 和 Song（2021）以中国 16 家上市商业银行为样本，实证表明金融科技能够降低交易双方的信息成本，进一步增加市场信息的透明度。[6]

---

1 付琼，郭嘉禹. 金融科技助力农村普惠金融发展的内在机理与现实困境［J］. 管理学刊，2021，34（3）：54—67.

2 周全，韩贺洋. 数字经济时代下金融科技发展、风险及监管［J］. 科学管理研究，2020，38（5）：148—153.

3 米晋宏，杨哲. 关于涉农金融机制与大数据的简要研究［J］. 山东农业大学学报（自然科学版），2016，47（6）：957—960.

4 郭连强，祝国平，李新光. 新时代农村金融的发展环境变化、市场功能修复与政策取向研究［J］. 求是学刊，2020（2）：66—76.

5 樊文翔. 数字普惠金融提高了农户信贷获得吗？［J］. 华中农业大学学报（社会科学版），2021（1）：109—119+179.

6 Yao T, Song L R. Examining the differences in the impact of fintech on the economic capital of commercial banks' market risk: Evidence from a panel system GMM analysis［J］. *Applied Economics*, 2021, 53（23）：2647-2660.

3. 金融科技可以为风险分担提供新空间

农村金融机构通常运用抵押、担保等非价格机制作为风险管控手段。但是，农村土地抵押权在法律上的效力不足，产权交易市场不完善，使得农村住房、农机具等固定资产作为贷款抵押物的效果不能完全发挥，从而导致农村金融市场的非人格化信用体系极其缺乏。[1] 故基于农村土地经营权、土地收益权、住房财产权、农机具使用权等抵押物的信贷产品创新难以推广。同时，从担保方面来看，农村信用体系建设基础薄弱，农户的公共信用意识较差，现有征信体系在农村地区的覆盖面有限；基于单个农户的道德素质、社交网络、技术能力等人格化信用风险的识别模式，存在信息失实与评价失真的问题。[2] 商业担保、政策性担保、互助联保等担保方式准入门槛较高，风险分担能力有限，而且还会使贷款成本增加。[3]

金融科技可以通过增加风险管控手段为风险分担提供新空间，其中，以大数据技术和区块链技术为代表的涉农金融科技发挥的作用尤为突出。在签订贷款合同前，基于大数据技术挖掘内外部数据信息，能够精准把握客户画像，从源头上遏制风险；在操作贷款流程时，将大数据技术贯穿到贷款全流程中，能够避免工作人员介入下可能存在的道德风险、成本居高等问题；在签订贷款合同后，运用大数据技术动态监测农户贷款资金流向，若出现交易支付异常、负面舆情等信号，可以迅速响应预警、及时采取应对措施。[4] 区块链技术的引入也能为解决农村信贷市场的征信问题提供高效的途径。首先，它可以将具有潜在价值的客户科学细分为优质客户与风险客户，并以此为依据建立信用"红黑

1　陈小君，肖楚钢. 农村土地经营权的法律性质及其客体之辨——兼评《民法典》物权编的土地经营权规则 [J]. 中州学刊，2020（12）：48—55；朱健齐，操群，李文标. 农民住房财产权抵押贷款：实践困境与优化机制 [J]. 福建论坛（人文社会科学版），2021（8）：48—58.

2　付琼，郭嘉禹. 金融科技助力农村普惠金融发展的内在机理与现实困境 [J]. 管理学刊，2021，34（3）：54—67.

3　张夏青. 三类担保公司运行效率实证分析——以河南省担保公司为研究样本 [J]. 科技进步与对策，2015，32（8）：29—34.

4　姜振水，王开栋. 大数据在农户网络融资领域的应用研究 [J]. 农村金融研究，2018（7）：25—29.

名单";其次,凭借其信息不可篡改、匿名性等特性,能够帮助工作人员在进行信用审核评级与决定资金投放时据实客观;最后,基于大数据的"区块链+农村金融",能够有效挖掘和整合农户标准化、人格化信息,连通散乱分布在各部门间的数据,打破农村金融"信息孤岛"。[1]

4. 金融科技有利于扩大农村金融服务覆盖面

出于成本与收益的考虑,农村金融机构偏向于将资源投放在人口密度高、经济较为活跃的地区,从而造成农村金融基础设施建设不够完善、金融服务覆盖面有限。[2]强者愈强、弱者愈弱的"马太效应",[3]会进一步加剧农村需求主体金融资源的匮乏。而且,农村内部的不同需求主体对金融资源可获得性存在明显的差异性,相对来说,小农户受到金融排斥的程度更深。

金融科技可以有效打破时空距离的限制,提升金融服务对客户的触达率,有助于扩大农村金融服务覆盖面;网络的平等性和开放性有利于释放金融的普惠效应,进而有效解决农村金融服务"最后一公里"问题。[4]传统金融机构借助金融科技积极搭建涉农金融服务平台,创新金融服务模式,推进金融服务数字化转型,使农村地区获取金融服务更为便利。据有关统计,截至2020年末,农村地区使用电子支付的成年人比例为82.72%,比上年同期高6.51个百分点;金融机构共处理农村地区移动支付业务142.23亿笔,同比增长41.41%。[5]大型互联网公司以全国性电子商务平台为基础,运用电商的信息流、资金流和物流,高度融合线上线下资源,为农村地区居民提供融资、消费、存款、理

1　李阳,于滨铜.“区块链+农村金融”何以赋能精准扶贫与乡村振兴:功能、机制与效应 [J]. 社会科学, 2020 (7): 63—73.

2　孙鹭,李凌云.中国农村金融服务覆盖面状况分析——基于层次分析法的经验研究 [J]. 经济问题探索, 2011 (4): 131—137.

3　叶德珠,李鑫,王梓峰,等.金融溢出效应是否促进城市创新?——基于高铁开通的视角 [J]. 投资研究, 2020, 39 (8): 76—91.

4　付琼,郭嘉禹.金融科技助力农村普惠金融发展的内在机理与现实困境 [J]. 管理学刊, 2021, 34 (3): 54—67.

5　数据来源于中国人民银行发布的《中国普惠金融指标分析报告（2020年）》,见 http://camlmac.pbc. gov.cn/goutongjiaoliu/113456/113469/4335821/2021090816343161697.pdf。

财、转账等金融服务。[1]农业供应链金融服务商则以农业龙头企业为核心，借助移动互联网、物联网、区块链等先进信息技术对全供应链资源进行数字化整合，为链上农户提供金融支持。[2]总之，金融科技的快速迭代为打通农村金融服务"最后一公里"提供了可行路径。

四、金融科技融入农村服务的重点领域选择

在政府的大力支持以及日益增长的金融新需求下，金融科技得以与金融行业深度融合，衍生出多种形态的应用，如网上银行与手机银行、支付宝与微信支付、P2P 与众筹等。[3]农村金融与金融科技的结合形态也层出不穷，涉农金融科技领域按照不同的金融服务供给主体可划分为以下三类。

1. 传统金融机构的涉农金融科技领域

金融科技对金融业的不断渗透，使得传统金融机构不断地通过数字化转型赋能传统金融业务。[4]目前金融机构的数字化服务包括移动金融业务、传统金融业务的数字化、金融机构与金融科技企业合作开展业务等，主要依托网上银行、手机银行和电商平台等方式，逐步向农村用户进一步下沉。[5]一方面，金融科技既能拓宽金融机构的服务范围，又能提升金融机构的服务效率；另一方面，农村用户可以通过手机等移动通信设备，不受时空的约束，获得金融机构提供的各种金融服务。据相关数据统计，2020 年中国手机银行交易达 1919.46

---

1 Kong S T, Loubere N. "Digitally down to the countryside: Fintech and rural development in China" [J]. *The Journal of Development Studies*, 2021, 57 (10): 1739–1754.

2 Zhang, D H. "The innovation research of contract farming financing mode under the block chain technology" [J]. *Journal of Cleaner Production*, 2020, 270 (5): 1–9.

3 黄益平, 黄卓. 中国的数字金融发展：现在与未来 [J]. 经济学 (季刊), 2018, 17 (4): 1489—1502.

4 王勋, 黄益平, 苟琴, 等. 数字技术如何改变金融机构：中国经验与国际启示 [J]. 国际经济评论, 2022 (1): 70—85+6.

5 李明贤, 何友. 什么影响了农村居民的金融科技采纳行为？——基于 Heckman 模型的实证分析 [J]. 农村经济, 2021 (7): 94—102.

亿笔，同比增长 58.04%，交易总额达 439.24 万亿元，同比增长 30.87%；网上银行交易达 1550.30 亿笔，交易总额达 1818.19 万亿元，同比增长 9.68%。[1]同时还可以发现，在政策的推动下，包括国有商业银行和全国性股份制商业银行在内的银行金融机构普遍已建立普惠金融事业部，其中，部分银行金融机构针对"三农"领域，推出了一系列涉农金融科技产品和服务[2]，具体见表 7-1。例如，中国建设银行依托其打造的涉农金融科技平台——"裕农通"，已在全国建成 50 多万个"裕农通"服务点，基本覆盖全国乡镇及行政村。该模式将传统金融业务数字化，很大程度上提升了农村地区金融服务的可获得率，且商业运营可持续，对于促进金融机构提升服务乡村振兴质效具有重要作用。

表 7-1　部分银行金融机构涉农金融科技产品和服务情况

金融机构	主要涉农金融科技产品和服务情况
建设银行	大力推广"裕农通"平台建设，截至 2020 年底，已在全国建成 50 多万个"裕农通"服务点，基本覆盖全国乡镇及行政村。
工商银行	积极推出乡村振兴金融服务平台"兴农通"。截至 2021 年 6 月，该行涉农贷款余额已超 2.5 万亿元。
农业银行	努力打造农户专属的"惠农 e 贷"，截至 2021 年 6 月，其余额已突破 5000 亿元，户数达到 345 万户，较上年末增加 69 万户。
邮储银行	开发小额"极速贷"，提升农户、个体工商户、小微企业主贷款获批时效。截至 2021 年 9 月，该行涉农贷款余额 1.58 万亿元，当年新增 1661.33 亿元。

数据来源：中国建设银行以新金融之力助力实现巩固拓展脱贫攻坚成果同乡村振兴有效衔接［N］. 人民日报，2021-02-25. 工行：截至 6 月末涉农贷款余额超 2.5 万亿元［EB/OL］.［2021-08-27］https://www.cnfin.com/bank-xh08/a/20210827/1999068.shtml.农业银行上半年新增实体贷款 1.4 万亿元规模质量效益稳步提升［EB/OL］.［2021-09-02］https://m.cnfin.com/kx/zixun/20210902/3339349_1.html.邮储银行发布 2021 年三季报营收和净利润均实现两位数增长［N］. 中国邮政报，2021-11-01.

1　数据来源于中国银行业协会发布的《2020 年中国银行业服务报告》。
2　姜其林，苏晋绥，杜敏. 银行业金融机构数字普惠金融实践与思考——基于国内 35 家银行业金融机构的调查［J］. 华北金融，2018（8）：76—80.

2. 农业龙头企业的涉农金融科技领域

农业供应链金融是指将供应链金融应用于农业产业链[1]，属于农村金融领域的一个重要创新[2]。农业供应链的产品市场导向性特征，在一定程度上能够形成对实物抵押品的有效替代；同时，基于供应链成员之间的真实商业交易情况，有利于解决信息不对称问题。[3]近年来，随着金融科技的快速发展，中国农业供应链金融开始与金融科技相融合，逐步形成了数字化的农业供应链金融模式。该模式主要是指供应链中的农业龙头企业通过自身建立电商平台和引入新一代信息技术，整合上下游小微企业（农户）的历史交易数据，构建数字化的信用评分模型，进而通过设立互联网金融平台或与金融机构合作，在风险可控的基础上为小微企业（农户）提供信贷、保险和实物融资等金融服务。[4]这种模式具有成本低、效率高、安全稳定、与农业生产活动密切相关的特点，可以有效促进农业生产与销售环节的资金筹措与融通，所以在农村金融领域已经得到了广泛应用[5]，具体见表 7-2。除此之外，链中的农业龙头企业也为担保人融资的发展作出了贡献。例如，专注于农牧产品的新希望六合股份有限公司，成立了其农牧业担保公司，它还与京东合作，向农民发放贷款，通过提供金融担保服务提高其盈利能力。

---

1 Leng B，Ying H，Fei S. "The Development of agricultural supply chain finance in Jinan" [C]. *International Conference on Civil*，2016.

2 Miller C. "Agricultural value chain finance strategy and design" [M]. Rome：*Published by FAO and Practical Action*，2012.

3 王力恒，何广文，何婧. 农业供应链外部融资的发展条件——基于信息经济学的数理分析 [J]. 中南大学学报（社会科学版），2016，22（4）：79—85；董翀，冯兴元. 农业现代化的供应链金融服务问题与解决路径 [J]. 学术界，2020（12）：130—139.

4 许玉韫，张龙耀. 农业供应链金融的数字化转型：理论与中国案例 [J]. 农业经济问题，2020（4）：72—81.

5 郑美华. 农村数字普惠金融：发展模式与典型案例 [J]. 农村经济，2019（3）：96—104.

表 7-2　部分农业龙头企业涉农金融科技产品和服务情况

企业名称	典型产品	服务定位
新希望—希望金融	农富贷、农农贷、扶持金	致力于为"三农"小微个体及优质农户提供低成本、高效率、安全可靠的融资中介服务。
大北农—农信互联	村村贷、村村融	致力于成为服务"三农"的农业互联网平台运营商，推动中国农业智慧化转型升级。
村村乐	惠农贷、希望宝、应收贷	致力于成为让农民得利、挖农业潜力、新增农村活力的一个互联网平台。

3. 互联网企业涉农金融科技领域

随着金融科技日趋成熟，农村地区成为潜在的有利可图的新金融市场，很多互联网企业纷纷涉足，尤其是拥有流量、技术、数据等优势的互联网公司，如阿里巴巴、京东等。[1]相比其他企业，这两大互联网公司旗下的电商平台在农村的覆盖广度和覆盖层次上均具有不可替代的优势。截至 2020 年 6 月，支付宝在全球拥有年度活跃用户超过 7.29 亿，仅低于微信支付（11.51 亿）；截至 2020 年末，京东年度活跃购买用户数达到 4.7 亿，比上年净增近 1.1 亿。[2]在涉农金融科技领域，阿里、京东利用其全国性电商平台积累的用户信息与客户资源，将数据整合后形成农村用户的信用数据，进而联合相关银行业金融机构，为其在农业生产中遇到的农产品买卖、转账、融资等需求，以及日常生活中在消费、借贷、理财等方面的金融需求提供支持。[3]由于全国性电商平台在农村地区拥有庞大的用户群体，能为他们提供涉及日常生活乃至农业种植、加工、销售等多方面的金融服务，因而使得这种模式在农村地区迅速发展，衍生出多样

---

1 Kong S T, Loubere N. "Digitally down to the countryside: Fintech and rural development in China"[J]. *The Journal of Development Studies*, 2021, 57（10）: 1739-1754.

2 京东年度活跃购买用户净增 1.1 亿　正品奢侈品网购集中地"吸粉"力强劲［EB/OL］.［2021-03-12］http://cn.chinadaily.com.cn/a/202103/12/WS604aedb0a3101e7ce9743ac8.html.

3 刘骏. 互联网金融的农村延伸与激励性制度回应［J］. 安徽大学学报（哲学社会科学版），2017，41（5）：112—119.

化的应用。例如：蚂蚁金服推出的"旺农贷""旺农保""旺农付"等产品，以及京东数字科技推出的"农村支付""乡村白条""京农贷"等产品。这些由互联网企业提供的涉农金融科技产品和服务能够较大程度上满足农村用户日常生活和农业生产中不同类型的金融需求。[1]

五、金融科技融入农村金融服务的风险与化解

金融科技具有明显的"双刃剑"效应，在提高金融服务效率、推进普惠金融的同时，也可能带来不容忽视的强大风险。[2]金融科技应用于农村金融服务已取得一定成效，但仍存在技术、监管、法律与道德四个层面的风险。

1. 技术层面。技术本身既是金融科技应用于农村金融服务的动力，又是金融科技应用于农村金融服务的风险点。有研究通过定量评估与金融科技相关的潜在风险，发现技术风险的权重高达30%。[3]具体而言，第一，随着金融科技的不断进步，恶意攻击的手段也愈发多样和隐蔽，集中起来的数据信息被窃取的可能性也随之上升；[4]第二，一些技术自身还不够完善时，利用这些技术对原有金融业务流程进行升级革新反而可能增加其脆弱性；[5]第三，如果金融科技的应用环境脱离操作者的可控范围，就会产生技术失控的风险。[6]例如，目前还尚无技术能够在不受损失的情况下，解决人工智能失控所带来的风险。因此，金融科技在农村金融服务中的应用存在一定的技术风险。中国人民银行金融科技委员会强调，要强化监管科技（Reg-Tech）应用实践，并提出运用人工智能、大数据等金融科技来提高金融监管能力，有效防范化解金融风险。Bu 等

1　郑美华. 农村数字普惠金融：发展模式与典型案例 [J]. 农村经济，2019（3）：96—104.

2　Bu Y, Li H, Wu X. "Effective regulations of FinTech innovations：the case of China" [J]. *Economics of Innovation and New Technology*，2021（7）：1-19.

3　Namchoochai R, Kiattisin S, Ayuthaya S, et al. "Elimination of FinTech risks to achieve sustainable quality improvement" [J]. *Wireless Personal Communications*，2020，115（4）：3199-3214.

4　陈红，郭亮. 金融科技风险产生缘由、负面效应及其防范体系构建 [J]. 改革，2020（3）：63—73.

5　李广子. 金融与科技的融合：含义、动因与风险 [J]. 国际经济评论，2020（3）：91—106+6.

6　周全，韩贺洋. 金融科技发展及风险演进分析 [J]. 科学管理研究，2020，38（6）：127—133.

（2021）提出，一方面监管机构可以利用最新技术提高监管水平和效率，更有效地防范金融风险；另一方面金融科技公司可以利用最新技术降低合规创新成本，增强风险管理能力。[1]Gabor 和 Brooks（2017）则认为，金融科技能通过了解顾客的意愿将行为经济学和预测算法结合起来，加速进入和监控金融的参与。[2]

2. 监管层面。金融科技深入农村金融服务领域，形成一种新型的金融模式，传统金融监管制度不断被突破，导致金融风险管控面临更加复杂困难的局面。相对于传统农村金融，涉农金融科技的业务流程与运营方式更加复杂，监管环境更为严峻，当前中国现有的监管模式尚难以有效应对[3]，监管部门及其监管的方式和手段尚无法满足涉农金融科技发展的实际需要[4]。在监管体系方面，监管部门与执法部门对涉农金融科技的监管方向不够清晰、监管力度不够大以及监管的实际情况不到位，造成不同监管部门对同一企业进行重复监管的现象，耗费人力、物力，综合成效低。[5]所以，亟待进一步完善涉农金融科技监管方式与监管环境。首先，政府应设定关于涉农金融科技机构业务、从业人员等方面的准入条件，明确准入"门槛"的相关要求，不断健全涉农金融科技机制；[6]其次，在已建成的金融科技监管框架基础上，考虑农村区域经济发展不平衡的现状，推进区域差别化涉农金融科技监管形式创新；[7]再次，加强行业规

1 Bu Y, Li H, Wu X. "Effective regulations of FinTech innovations: the case of China" [J]. *Economics of Innovation and New Technology*, 2021（7）: 1—19.

2 Gabor D, Brooks S. "The digital revolution in financial inclusion: international development in the FinTech era" [J]. *New Political Economy*, 2017, 22（4）: 423—436.

3 邓斌, 汪维清, 张乐柱. 农村互联网金融体系整合与路径研究 [J]. 技术经济与管理研究, 2020（4）: 107—111.

4 李京蓉, 申云, 杨晶, 等. 互联网金融使用对农户多维减贫的影响研究 [J]. 统计与信息论坛, 2021, 36（5）: 104—118.

5 宁泽逵, 解舒惠, 屈桥. 中国农村互联网金融发展问题探析 [J]. 西安财经大学学报, 2021, 34（5）: 62—71.

6 魏春华. 互联网金融背景下的农村普惠金融发展困境与出路 [J]. 农业经济, 2019（11）: 99—101.

7 李泉. 互联网发展水平对农业保险发展的影响研究——基于双重中介效应的实证分析 [J]. 兰州学刊, 2020（9）: 115—130.

范化培训，推动政府主导的形式多样的培训方式，切实提高涉农金融科技企业合规经营水平、从业人员职业素养；[1]最后，充分利用互联网的开放性与共享性，创新形式丰富的涉农金融监管方式。例如，针对涉农金融科技企业的违规行为，金融管理部门与互联网行业主管部门可依法调查取证，追溯其业务流程，提出处罚要求和依据。[2]

3. 法律与道德层面。金融科技不断进驻农村金融服务领域，会对现行法律与道德带来一些挑战。第一，金融科技服务主要依赖于收集、处理或分析客户的数据，在没有明确界定数据所有权的情况下，金融科技公司对客户行为数据的采集不仅可能侵犯隐私权，而且可能侵犯其数据专有权利；[3]第二，许多金融科技公司尤其是大型金融科技公司通过分析它们能够掌握的"大数据"，会进一步集中市场力量和保持信息垄断；[4]第三，金融科技公司采集的大量客户数据容易诱发数据安全问题，一旦这些数据被黑客入侵而泄露，不仅会损害客户隐私，而且可能危及客户的财产甚至人身安全。[5]此外，金融科技应用于农村金融领域的相关法律法规不健全，互联网金融"暴雷"后，对客户权益的保障还存在短板。[6]因此，迫切需要监管信息隐私法规以及这些法规所依据的原则，以更好地推动金融科技应用嵌入农村金融服务。有学者从数据信息和隐私保护层面提出，应借鉴世界各大发达经济体的经验，出台金融立法来加强消费者隐私保护。[7]例如，欧盟颁布了《通用数据保护条例》，英国颁布了《数据保护法案》。也有学者提出，应引入竞争机制，培育新的第三方主体，在必要时结合

---

1 赵燕妮，冯志勇. 中国农村互联网金融的发展现状、问题与战略对策［J］. 世界农业，2018（2）：47—52.

2 李继尊. 关于互联网金融的思考［J］. 管理世界，2015（7）：1—7.

3 Chaudhry S M, Ahmed R, Huynh T L D, et al. Tail risk and systemic risk of finance and technology（FinTech）firms［J］. *Technological Forecasting and Social Change*，2022（174）：121191.

4 Frost J, Gambacorta L, Huang Y, et al. BigTech and the changing structure of financial intermediation［J］. *Economic Policy*，2019，34（100）：761-799.

5 胡滨，任喜萍. 金融科技发展：特征、挑战与监管策略［J］. 改革，2021（9）：82—90.

6 吴寅恺. 脱贫攻坚和乡村振兴有效衔接中金融科技的作用及思考［J］. 学术界，2020（12）：147—153.

7 星焱. 农村数字普惠金融的"红利"与"鸿沟"［J］. 经济学家，2021（2）：102—111.

《中华人民共和国反垄断法》对科技巨头在数据、技术等方面的垄断行为进行调查和限制，从而防止风险过于集中。[1]

六、金融科技融入农村金融需着力解决的问题

前文分析了金融科技应用何以嵌入农村金融服务、金融科技应用于农村金融服务的重点领域有何、农村金融服务中金融科技应用的风险及提升路径等问题。未来，金融科技融入农村金融需着力解决的问题，可从以下几个方面考虑：

1. 金融科技在农村金融领域中应用的驱动机制。除缓解信息不对称、降低交易费用、完善风险分担、扩大金融覆盖面等外在需求，还应考虑金融科技自身发展的内在需求。既要深入研究金融科技应用于农村金融领域的外在驱动力，也要结合金融科技自身发展探寻其内在驱动力。

2. 金融科技在农村金融领域中应用的风险评估。除在技术、监管、法律和道德等层面加强金融科技在农村金融领域中应用的风险控制，还应结合金融科技在农村金融领域的实际应用，对各种风险进行定量评估，推导出风险的形成和传导方式，探寻化解风险的有效手段。

3. 金融科技在农村金融领域中应用的影响因素。未来，可以进行模拟实验并结合数据研究涉农金融科技投入产出的绩效评价，分析不同因素在不同涉农金融科技应用场景中的影响，探索提升涉农金融科技应用效能的具体路径。

第二节　数字金融促进城乡融合发展

中国城乡关系在经历了曲折的发展过程后，正加快迈向城乡融合新征程。

---

1 李广子. 金融与科技的融合：含义、动因与风险［J］. 国际经济评论，2020（3）：91—106+6.

党的十九大报告首次提出"城乡融合发展"的表述，即要"建立健全城乡融合发展的体制机制和政策体系"。2019 年颁布的《关于建立健全城乡融合发展体制机制和政策体系的意见》进一步把城乡融合发展的战略部署落到实处。"十四五"规划纲要明确指出，"建立健全城乡要素平等交换、双向流动政策体系，促进要素更多向乡村流动，增强农业农村发展活力"。从本质上看，尽管城乡融合包含经济、政治、文化、社会、生态等多个维度，但其中最关键的融合枢纽在于经济。[1]这是因为经济基础决定上层建筑，经济融合是生态融合、社会融合、文化融合和政治融合的基础保障。推动城乡经济融合发展，将为城乡生态、社会、文化及政治建设提供经济支撑，为城乡全面融合发展提供持续动力。

在城乡融合发展背景下，需要发挥金融的渗透作用，在改革、转型、创新三个层面推动城乡的要素互动、地位平等和空间共融。[2]所以，《乡村振兴战略规划（2018—2022 年）》《"十四五"推进农业农村现代化规划》分别有多达41 处和 13 处提及金融，这充分表明政府要推进金融支持乡村振兴，为城乡融合发展"保驾护航"；2022 年中央一号文件更是把"强化乡村振兴金融服务"单列为一项重要内容，可见，党中央对金融深度赋能乡村振兴、促进城乡融合发展寄予更高期待。然而，从客观现实来看，由于中国金融资源配置长期偏向城市，农村金融供给不平衡不充分的问题依然突出。中国科学院相关数据显示，"三农"金融存在超过 3 万亿元的需求缺口，超过 40%资金短缺的农户难以获得信贷支持。[3]城乡金融资源配置的结构性失衡严重制约着农村发展[4]，不利于

---

1 刘赛红，罗美方，朱建，等. 农村金融发展、农业科技进步与城乡经济融合研究 [J]. 农业技术经济，2021 (11)：31—45.

2 温涛，陈一明. 社会金融化能够促进城乡融合发展吗？——来自中国 31 个省（直辖市、自治区）的实证研究 [J]. 西南大学学报（社会科学版），2020，46 (2)：46—58+191.

3 我国"三农"金融缺口超过 3 万亿元 技术优势降低"三农"金融风险 [EB/OL]. [2016-09-28] http://www.cinic.org.cn/hy/ny/344551.html.

4 李树，鲁钊阳. 中国城乡金融非均衡发展的收敛性分析 [J]. 中国农村经济，2014 (3)：27—35+47.

城乡融合发展的推进。为此，如何提升农村金融服务供给水平，化解城乡金融资源配置不均衡的矛盾，成为亟待解决的重大现实问题。

为解决上述问题，中央于 2015 年明确提出大力发展普惠金融，以期通过对全社会各阶层特别是低收入群体提供公平和便捷的金融服务，达到纾解城乡金融资源配置失衡的目的。《中国普惠金融发展报告（2021）》指出，普惠金融领域贷款余额由 2017 年的 6.78 万亿元上升到 2020 年的 21.54 万亿元，年均复合增长率超过 47%。与此同时，随着数字科技兴起、发展和不断嵌入普惠金融领域，与数字经济高度契合的数字金融应运而生。数字金融凭借其特殊的技术属性、较弱的门槛效应、较低的运行成本等优势，能够改善农村金融服务的可得性、便利性和有效性，为纾解城乡金融资源配置的结构性失衡问题提供了契机。随着数字金融向农村地区的持续渗透，农村金融服务供给水平将得到显著提高，那么这会对城乡融合产生什么影响？背后的作用机制怎样？作为一种新兴的金融业态，其在支持城乡融合的过程中又存在什么问题？系统研究以上问题，对中国高质量推进金融数字化转型，打通城乡融合发展的梗阻，具有重要的理论价值和现实意义。

一、数字金融对城乡融合发展影响的理论分析

1. 数字金融对城乡融合发展的直接影响

数字金融对城乡融合发展具有直接推进作用，主要是通过提高农村金融服务可得性、创新涉农金融产品和模式、发展数字农业保险新模式三种机制实现。

首先，提高农村金融服务可得性，促进城乡融合发展。中国金融发展长期呈现"二元结构"，金融资源主要向城镇集聚，而农村面临"金融排斥"现象。[1]

---

[1] 黄红光，白彩全，易行. 金融排斥、农业科技投入与农业经济发展 [J]. 管理世界，2018，34（9）：67—78.

城乡金融资源的非均衡配置，难以满足乡村振兴战略实施中的金融服务需求，不利于新时代城乡融合发展。而数字金融能通过有效弥补传统金融模式的缺陷，显著提升农村金融服务可得性。主要体现在：一是数字金融凭借得天独厚的技术优势，能够拓宽金融机构的信息来源，有效缓解金融市场中的信息不对称，并提升金融机构对农户的放贷意愿；[1] 二是数字金融通过互联网和移动终端提供金融服务，对农村金融供需两端的成本控制都能起到促进作用，使得农户原有被限制的经济活动能够得到金融支持；[2] 三是在成本得到有效控制下，数字金融为农村提供金融服务将变得"有利可图"，盈利性的保证有助于促进金融资源向农村流动。农村金融服务可得性的提升，一方面能促进农民增收，优化城乡收入分配格局；另一方面可增强农民"市民化"意愿，摆脱"半工半农"式的"钟摆式迁移"现象。[3]

其次，创新涉农金融服务产品和模式，推动城乡融合发展。近年来，"工农互促、城乡互动"的政策支持力度不断加大，城乡人口、资金、技术等要素的双向流动持续增强，城乡产业分工明确、优势互补的良好格局逐渐形成，有力推动了城乡融合发展。在此背景下，这对农村金融赋能城乡融合提出了更高标准的要求。基于人工智能、区块链、云计算、大数据等"ABCD"技术的发展，金融机构不断创新涉农金融产品及服务模式，提升增值服务覆盖面[4]，以便利化、低成本、可持续的服务方式，满足乡村产业振兴中的多元化金融需求，为促进城乡深度融合创造新机遇。例如，农业银行打造了融合"惠农 e 贷""惠农 e 付""惠农 e 商"三大服务功能的"惠农 e 通"平台。其中，"惠农 e 付"依托互联网、大数据等新技术，通过"线上+线下"双渠道结合的模

1　董晓林，吴以蛮，熊健. 金融服务参与方式对农户多维相对贫困的影响 [J]. 中国农村观察，2021 (6)：47—64.

2　王修华，赵亚雄. 数字金融发展与城乡家庭金融可得性差异 [J]. 中国农村经济，2022（1）：44—60.

3　丁忠民，玉国华，王定祥. 土地租赁、金融可得性与农民收入增长——基于 CHFS 的经验 [J]. 农业技术经济，2017（4）：63—75.

4　星焱. 农村数字普惠金融的"红利"与"鸿沟" [J]. 经济学家，2021（2）：102—111.

式开展信贷工作，及时识别并掌握乡村产业振兴过程中的金融需求；"惠农 e 付"通过打造多元化支付方式，为促进乡村产业振兴提供便捷高效、有温度的资金结算服务；"惠农 e 商"则遵循"统一平台、多种模式"的思路，致力于为乡村产业振兴提供"电商+金融"的综合服务。

最后，发展数字农业保险新模式，带动城乡融合发展。农业保险作为分散和转移农业风险、稳定农民收入的一种有效手段，在促进各类资源合理配置、统筹城乡发展等方面发挥了重要作用。[1]然而，传统农业保险定损定险方式需花费较高的人力成本，这不仅有碍于保险公司的商业可持续性发展，而且不利于农业增效和农民增收。[2]因此，各地区积极探索数字科技在农业保险中的应用，提升农业保险理赔和服务效率。例如，四川崇州以农民为主体，以产业为依托，借助卫星监测、遥感应用等前沿科技，建立了"大数据+"新型保险模式。该模式在实际应用中取得了良好成效，已为 10 类农户试点蔬菜价格保险提供风险保障超 9.30 亿元，挽回经济损失近 5000 万元，提高了农户遭受意外损害、自然灾害后生产受损的保障能力，并实现了较人工定险方式更加公开、透明、高效的理赔管理制度，极大提高了蔬菜种植大户的利益。[3]简言之，数字农业保险新模式既能增强保险机构的风险防范及应对能力，又能提高农户收入的稳定性和持续性，还能为推动城乡融合发展筑牢保险屏障。

综上，提出研究假设 H1：数字金融对城乡融合发展具有直接促进作用。

2. 数字金融对城乡融合发展的间接影响

一是数字金融通过产业结构升级对城乡融合发展的间接影响。产业结构升

---

1 张霞. 我国涉农保险的发展现状与法律制度优化研究 [J]. 农业经济问题，2021 (2)：146.

2 温涛，陈一明. 数字经济与农业农村经济融合发展：实践模式、现实障碍与突破路径 [J]. 农业经济问题，2020 (7)：118—129.

3 李敬，王琴. 数字金融与城乡融合发展——基于产业结构、人力资本和科技创新的三维中介机制 [J]. 农村金融研究，2022 (12)：20—31.

级能够带来更多的就业岗位与机会，促进农村剩余劳动力转向生产率更高的二三产业，进而提升农村居民收入，推动城乡融合发展。[1]数字金融通过支持产业结构升级间接推动城乡融合发展，主要表现在以下三个方面：首先，作为数字科技和金融行业深度融合的产物，数字金融能通过扩大金融服务覆盖范围，提高居民投资理财的收益，降低金融服务成本，为扩大居民消费及促进消费升级创造有利条件，[2]而居民消费升级则会从需求端进一步助推产业结构调整与升级。其次，创业导向会产生新兴业态和新的产业，在产业结构升级中发挥着引领作用。[3]数字金融通过弥补传统金融的缺陷，赋予有需求、有能力而缺乏资金的各类创业主体便捷获得金融服务的能力，有助于其更好地开展各类创业创新活动，[4]从而推动产业结构调整与升级。最后，基于数字技术支持，数字金融能以便利化、低成本、可持续的服务打通金融服务"最后一公里"，为乡村产业融合发展提供多层次、宽领域、全方位的金融服务，使得金融资源能更好地助力当地产业结构升级。

　　由此，提出研究假设 H2：数字金融通过促进产业结构升级驱动城乡融合发展。

　　二是数字金融通过人力资本提升对城乡融合发展的间接影响。人力资本作为乡村振兴战略和新型城镇化的重要推动力量，能为城乡融合发展提供智力支持。[5]数字金融通过加速人力资本提升间接推动城乡融合发展，主要表现在两个方面：一方面，数字金融的发展有利于改变居民的传统思维方式，提高其对数

1　周佳宁，秦富仓，刘佳，等. 多维视域下中国城乡融合水平测度、时空演变与影响机制 [J]. 中国人口·资源与环境，2019，29（09）：166—176.

2　杨伟明，粟麟，孙瑞立，等. 数字金融是否促进了消费升级？——基于面板数据的证据 [J]. 国际金融研究，2021（4）：13—22.

3　王勇，张耀辉. 创业水平对产业结构升级的影响 [J]. 经济问题，2022（2）：69—78.

4　谢绚丽，沈艳，张皓星，等. 数字金融能促进创业吗？——来自中国的证据 [J]. 经济学（季刊），2018，17（4）：1557—1580.

5　李海金，焦方杨. 乡村人才振兴：人力资本、城乡融合与农民主体性的三维分析 [J]. 南京农业大学学报（社会科学版），2021，102（6）：119—127.

字金融的认知程度、接受程度及使用程度，加强自身学习能力和技术水平，不断改善人力资本水平。[1]同时，个体在学习数字金融相关知识的过程中，能够感受到更先进的教育思想与教育方法，引致其对更高质量教育的需求，进而可能增加其对子代的教育投入。[2]另一方面，返乡入乡创业人员是缩小城乡发展差距、实现城乡融合发展的重要人力资本。据统计，2020 年各类返乡入乡创业人员累计达到 1010 万人，带动农村新增就业岗位 1900 多万个，而且创业项目中 85% 以上属于三产融合类型。[3]但是，目前返乡入乡创业者面临的"融资难、融资贵"问题仍非常严峻。数字金融依赖数字科技的发展，可精准分析、研判返乡入乡人员创业过程中的风险，以更便捷的方式满足其在创业过程中的融资需求，进而吸引更多人员返乡入乡创业。

据此，提出研究假设 H3：数字金融通过加速人力资本积累驱动城乡融合发展。

三是数字金融通过科技创新能力对城乡融合发展的间接影响。科技创新在乡村振兴中具有强大的引领作用，能提升乡村自主发展能力，为缩小城乡发展差距、促进城乡融合发展提供科技创新支撑。[4]数字金融通过提升科技创新能力间接推动城乡融合发展。科技创新活动面临着较高的不确定性和不稳定性，具有高投入、长周期、高风险等特征。[5]因此，科技创新的主体，尤其是城乡中小微企业，在进行科技创新时面临着较高的资金约束。而数字金融的发展能够通过拓宽融资渠道、缓解融资约束，为农户、中小微企业等城乡创新主体提供融资支持，促进创新主体将更多的资金投入研发领域。此外，数字金融能够凭借其网络化、智能化和数字化的特点，为创新主体搭建更广阔的交流合作平台，

1　胡伦，陆迁. 贫困地区农户互联网信息技术使用的增收效应［J］. 改革，2019（2）：74—86.

2　刘魏，张应良，王燕. 数字普惠金融发展缓解了相对贫困吗？［J］. 经济管理，2021，43（7）：44—60.

3　去年返乡入乡创业创新人员达 1010 万［N］. 人民日报，2021-03-16.

4　范斯义，刘伟. 科技创新促进城乡融合高质量发展作用机理及实践路径［J］. 科技管理研究，2021，41（13）：40—47.

5　龙小宁. 科技创新与实体经济发展［J］. 中国经济问题，2018（6）：21—30.

促进创新主体之间加强协作，密切金融机构与创新主体之间的交流，减少信息不对称，推动更多科技创新成果走向市场。对于地方政府而言，数字金融的发展不仅有利于其提升债务融资规模，而且有助于其降低融资成本和融资风险[1]，最终纾解其财政收支压力，从而将更多的财政预算投向教育和科研领域，增强其调控创新的能力。

鉴于此，提出研究假设 H4：数字金融通过加强科技创新能力提升驱动城乡融合发展。

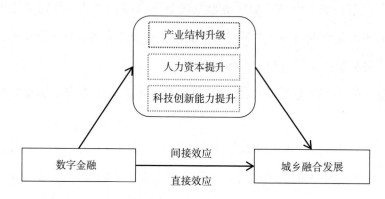

图 7-1　数字金融促进城乡融合发展的作用机制

二、数字金融对城乡融合发展影响的实证分析

1. 模型构建

为检验上述研究假设，首先针对数字金融发展对县域城乡融合发展的直接传导机制，建立如下的基本模型：

$$tl_i = \beta_0 + \beta_1 dfi_i + \beta_2 cov_i + \varepsilon_i \qquad (7-1)$$

式（7-1）中，tl_i 为县域 i 的城乡融合发展水平；dfi_i 为县域 i 的数字金融发展水平的对数形式；向量 cov_i 代表控制变量；ε_i 为随机扰动项。

1　侯世英，宋良荣. 数字金融对地方政府债务融资的影响 [J]. 财政研究，2020（9）：52—64.

除了式（7-1）所体现的直接效应，为探寻数字金融对县域城乡融合发展可能存在的间接效应，根据前文所述，对产业结构升级、人力资本水平、科技创新能力是否为二者之间的中介变量进行检验。模型的具体形式设定如下：

$$med_i = \eta_0 + \eta_1 dfi_i + \eta_2 cov_i + \varepsilon_i \tag{7-2}$$

$$tl_i = \theta_0 + \theta_1 dfi_i + \theta_2 med_i + \theta_3 cov_i + \varepsilon_i \tag{7-3}$$

式（7-2）和（7-3）中，med 为中介变量；θ_1 是数字金融对城乡融合发展的直接效应，中介效应 $\eta_1\theta_2$ 则等于 $\beta_1-\theta_1$。其余变量与式（7-1）保持相同含义，此处不再赘述。需要特别注意的是，本研究使用的是多重中介模型，与多个简单中介模型相比，有以下三个优点：其一，将多个中介变量同时纳入模型中，既能得到总的中介效应，又能减小参数估计偏差；其二，通过对其他中介变量的控制，考察某个中介变量的特定中介效应；其三，通过比较中介效应的相对大小，使研究者可以判定哪个中介变量的作用更强。

2. 变量选取

被解释变量：城乡融合发展。推动城乡经济融合发展，将为城乡生态、社会、文化及政治建设提供经济支撑，为城乡全面融合发展提供持续动力。因此，本研究主要是从经济融合角度衡量城乡融合发展。借鉴王少平等（2007）的研究成果[1]，本研究采用泰尔指数计算的城乡收入差距作为代理变量。

解释变量：数字金融发展。以数字普惠金融指数的对数作为数字金融发展的代理变量，记为 dfi。具体而言，数字普惠金融指数包括数字金融覆盖广度指数、数字金融使用深度指数和普惠金融数字化程度指数三个维度。

中介变量：产业结构升级、人力资本水平和科技创新能力。其中，采用第三产业增加值占比作为产业结构升级的代理变量，记为 str；采用普通中学在校学生数的对数作为人力资本水平的代理变量，记为 hum；而对于科技创新能

---

1 王少平，欧阳志刚. 中国城乡收入差距的度量及其对经济增长的效应 [J]. 经济研究，2007，42（10）：44—55.

力，采用国内发明专利授权数加 1 的对数作为代理变量，记为 tec。

控制变量。①经济发展水平。随着地区经济发展水平的不断提高，城镇对乡村的综合作用将由极化效应向涓滴效应转变，城乡经济、社会和生态各子系统融合发展水平将明显提升。采用人均 GDP 的对数表征经济发展水平，记为 eco。②政府调控行为。自改革开放以来，中国城乡发展经历了"重城轻乡""城乡统筹""城乡融合"的演变阶段，在每一个阶段都离不开政府科学的宏观调控。财政支出是政府干预、调节经济的手段，故采用财政支出占地方GDP 的比重表征，记为 gov。③城镇化水平。随着城镇化水平持续提升，农村人口不断减少，人均占有和使用的资源增加，有助于提高劳动生产率、增加农民收入，缩小城乡发展差距。采用城镇常住人口占总人口比重表征，记为 urb。④交通基础设施。促进城乡各类资源要素的高效流通与对接，是实现城乡融合发展的基础和前提，而交通基础设施是促进各类资源要素顺畅流动的重要物理通道，故推动城乡融合发展需要完善的交通基础设施做支撑。基于县级数据的可比性和可获性，采用交通运输支出的对数表征，记为 tra。⑤传统金融发展。在传统金融发展模式下，金融机构偏向于将金融资源投向人口密度较大、经济发展水平较高的城市，以求利益最大化。很明显，这不利于城乡融合发展。采用金融机构贷款余额占 GDP 比重表征，记为 fin。

3. 数据来源与统计特征

为考察数字金融对县域城乡融合发展的影响效应及其作用机制，本研究收集整理了 2019 年 23 个省份 1402 个县（市、旗）的截面数据。使用的原始数据来源如下：数字普惠金融指数来源于北京大学数字金融研究中心；交通运输支出来源于各县（市、旗）政府官网中的财政预决算公告；发明专利申请受理量来源于国家知识产权局的数据；其余指标数据来源于《中国县域统计年鉴 2020（县市卷）》和各省市（含地级市）2020 年统计年鉴。各变量的统计学特征如表 7-3 所示。

表 7-3　各变量的统计学特征

变量	符号	Obs	Mean	Std. Dev.	Min	Max
城乡融合发展	*tl*	1402	0.0808	0.0443	0	0.3246
数字金融发展	*dfi*	1402	4.6933	0.0634	4.4850	4.9074
产业结构升级	*str*	1402	0.1014	0.1014	0.1052	0.8638
科技创新能力	*tec*	1402	1.4936	1.4936	0	6.6080
人力资本水平	*hum*	1402	2.0586	2.0586	0.0452	14.8899
经济发展水平	*eco*	1402	0.5562	0.5562	8.8487	12.7542
政府调控行为	*gov*	1402	0.2905	0.2905	0.0471	3.3889
城镇化水平	*urb*	1402	10.7481	10.7482	8.6000	96.7653
交通基础设施	*tra*	1402	1.1461	1.1461	1.2496	14.8616
传统金融发展	*fin*	1402	0.4041	0.4041	0.0955	5.0087

　　从图 7-2 的散点图可初步判定，数字金融发展与县域城乡融合发展的关系呈正相关性，但是否为因果关系及存在怎样的传导机制，还有待进一步检验和探讨。

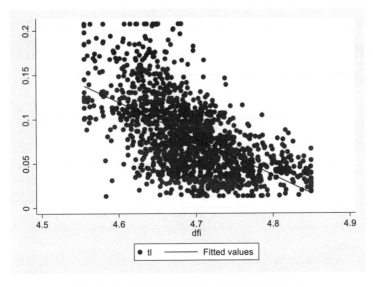

图 7-2　数字金融发展与县域城乡融合发展的散点图

4. 直接机制实证结果分析

基准回归。表7-4报告了数字金融影响县域城乡融合发展的线性估计结果，在模型（1）和（2）中，核心解释变量数字普惠金融指数（dfi）的估计系数显著为负，说明数字金融促进了县域层面的城乡融合发展，H1得到验证。此外，在加入了控制变量的模型（2）中，各县域经济发展水平（eco）与城乡融合发展具有不显著的负相关关系，表明县域经济增长的同时城乡发展差距反而有所加大。可能原因是现阶段以县城为重要载体的城镇化建设，还未形成城镇与农村的良性互动，缩小城乡发展差距的能力有限，因此便无法有效推进县域城乡融合发展。政府调控行为（gov）与城乡融合发展彼此间呈现负相关关系，且在1%水平下保持显著，表明政府财政对城乡融合发展的促进效应并未凸显，可能原因是县级政府将更多的支出用于行政管理事务，而用于乡村振兴事业方面的支出不足，所以不利于推动城乡融合发展。同样，传统金融发展也与城乡融合发展存在负相关关系，且在5%水平下保持显著，说明了消除城乡金融二元结构对于提升县域城乡融合发展的重要性。而城镇化水平（urb）、交通便利程度（tra）都与城乡融合发展存在正相关关系，且二者均通过1%水平的显著性检验，意味着城镇化率的持续提高和公路交通网的日益完善均有助于提升县域城乡融合发展。这与已有文献的研究结论保持一致。

表 7-4　数字金融影响县域城乡融合发展的基准回归结果

变量	tl	
	（1）	（2）
dfi	−0.4125*** (0.0146)	−0.235*** (0.0230)
eco	—	0.0029 (0.0028)
gov	—	0.0490*** (0.0050)

续表

变量	tl	
	(1)	(2)
urb	—	−0.0007*** (0.0001)
tra	—	−0.0020*** (0.0007)
fin	—	0.0070** (0.0034)
常数项	2.0172 (0.0692)***	1.1867*** (0.0936)
观测值	1402	1402
R^2	0.3497	0.4651
F 检验	790.73	193.42

注：*、** 和 *** 分别表示在 10%、5% 和 1%的水平上显著，括号内为估计系数的稳健标准误。

区域异质性。鉴于发展阶段不同、资源禀赋各异，无论数字金融发展水平还是城乡融合发展情况，在地理分布上均存在着明显的差异性。所以，将全国分为东部、中部和西部三个地区，进行分类回归。首先对不同区域的县域数字金融发展水平和城乡融合发展程度差异进行描述性统计说明，结果见表7-5。以县域城乡融合发展平均得分（均值）来衡量，县域城乡融合发展水平存在明显的区域差异性，其中，东部地区（0.0550）最高，中部地区（0.0755）次之，西部地区（0.1041）最低。同样，以数字金融发展平均得分（均值）来衡量，也呈现出"东部高于中部、中部高于西部"的梯度差异。这一结果为数字金融影响县域城乡融合发展的区域异质性检验奠定了基础。

表7-5　各区域的数字金融和城乡融合发展差异

区域		样本数	均值	中位数	标准差
东部	*tl*	394	0.0550	0.0490	0.0290
	dfi		4.7326	4.7295	0.0686

续表

区域		样本数	均值	中位数	标准差
中部	tl	464	0.0755	0.0704	0.0404
	dfi		4.7067	4.7051	0.0409
西部	tl	544	0.1041	0.1042	0.0448
	dfi		4.6536	4.6534	0.0519

表7-6 报告了区域异质性的回归结果。模型（1）、（2）和（3）的结果显示，东部地区、中部地区和西部地区数字金融对促进县域城乡融合发展均具有积极效应，但是呈现出"东部强于西部、西部强于中部"的作用特征。究其原因主要有两个方面：其一，东部地区拥有绝大多数国内外银行、券商、基金公司的总部，以及阿里巴巴、腾讯、华为等互联网和科技领域的领军企业，其县域数字金融发展与普及速度会快于中西部地区，从而使数字金融对其县域城乡融合发展所释放的红利更加充分。其二，相对于中部地区，西部县域不仅原有金融体系建设更为滞后，城乡居民通过传统金融机构获得的金融服务也更少，而且城乡发展差距偏大，从而使得带有普惠性质的数字金融对促进其县域城乡融合发展所产生的边际效应较高。

表7-6　数字金融影响县域城乡融合发展的区域异质性检验

变量	东部地区	中部地区	西部地区
	（1）	（2）	（3）
dfi	-0.3109 *** (0.0340)	-0.1440 *** (0.0522)	-0.17315 *** (0.0483)
常数项	1.2432 *** (0.1302)	0.7978 *** (0.2169)	1.0183 *** (0.2153)
cov	YES	YES	YES
R^2	0.3351	0.4816	0.4013

续表

变量	东部地区	中部地区	西部地区
	（1）	（2）	（3）
F	26.17	50.32	71.33
N	394	464	544

注：$*$、$**$ 和 $***$ 分别表示在 10%、5% 和 1%的水平上显著，括号内为估计系数的稳健标准误。

稳健性检验。一是替换被解释变量。采用城乡居民收入比值代替泰尔指数，重新衡量城乡融合发展程度，结果汇报见表7-7。从表中可以看出，无论是全国层面还是东中西部地区，数字金融与县域城乡融合发展之间仍然存在正向促进效应，核心解释变量的参数符号和显著性均没有发生明显变化，说明研究结果是稳健的。

表7-7 稳健性检验 I

变量	全国层面	东部地区	中部地区	西部地区
	（1）	（2）	（3）	（4）
dfi	−3.5477*** (0.6106)	−4.0110*** (0.4502)	−1.8702*** (0.7123)	−3.4332** (1.7092)
常数项	18.4479*** (0.1302)	16.8611*** (0.2169)	11.2146*** (0.2153)	19.6028** (1.7092)
cov	YES	YES	YES	YES
R^2	0.3038	0.2568	0.4374	0.1837
F	89.40	19.27	34.45	26.20
N	1402	394	464	544

注：$*$、$**$ 和 $***$ 分别表示在 10%、5% 和 1%的水平上显著，括号内为估计系数的稳健标准误。

二是替换核心解释变量。采用数字普惠金融指数三个维度再次检验数字金融对县域城乡融合发展的影响效应，结果见表7-8。研究显示，全国及三大区域核心解释变量三个维度的符号和显著性绝大多数没有发生明显变化，表明数字金融总体能对县域城乡融合发展产生促进效应，即研究结果是稳健的。

表 7-8　稳健性检验 II

变量	全国			东部			中部			西部		
	(1)	(2)	(3)	(4)	(5)	(6)	(7)	(8)	(9)	(10)	(11)	(12)
dfi	-0.0683** (0.0330)	-0.1380*** (0.0116)	-0.0752*** (0.0175)	-0.2458*** (0.0523)	-0.1712*** (0.0180)	-0.0870*** (0.0281)	0.1203*** (0.0447)	-0.1310*** (0.0293)	-0.1318*** (0.0351)	-0.0655 (0.0613)	-0.1037*** (0.0248)	-0.0120 (0.0276)
常数项	0.5127*** (0.1260)	0.7918*** (0.0524)	0.5786*** (0.0810)	1.0518*** (0.2025)	0.6691*** (0.0676)	0.4723*** (0.1233)	-0.2603*** (0.1764)	0.7681*** (0.1362)	0.7934*** (0.1626)	0.5515** (0.2513)	0.7358*** (0.1234)	0.3470** (0.1364)
cov	YES	YES	YES	YES	YES	YES	YES	YES	YES	YES	YES	YES
F	163.62	195.74	161.78	16.60	28.05	12.10	47.47	51.34	51.31	70.35	72.06	70.87
R^2	0.4207	0.4808	0.4262	0.2123	0.3590	0.1974	0.4787	0.4996	0.4909	0.3849	0.4090	0.3835
N	1402	1402	1402	394	394	394	464	464	464	544	544	544

注：*、**和***分别表示在10%、5%和1%的水平上显著，括号内为估计系数的稳健标准误。

三是缩尾后进行回归。为剔除极端值对结果的影响，对所有变量在 1% 和 99% 分位做极端值处理后，得到表 7-9 的结果。研究表明，全国及三大区域核心解释变量的符号和显著性并没有发生明显变化，意味着数字金融对县域城乡融合发展的影响依旧保持正向，即研究结果是稳健的。

表 7-9　稳健性检验Ⅲ

变量	全国层面	东部地区	中部地区	西部地区
	（1）	（2）	（3）	（4）
dfi	-0. 2353 *** （0. 0215）	-0. 3125 *** （0. 0345）	-0. 1310 ** （0. 0521）	-0. 1789 *** （0. 0427）
常数项	1. 1779 *** （0. 0867）	1. 2447 *** （0. 1312）	0. 6930 *** （0. 2164）	1. 0488 ** （0. 1859）
cov	YES	YES	YES	YES
R^2	0. 4736	0. 3372	0. 4738	0. 3966
F	218. 80	25. 98	71. 66	71. 80
N	1402	394	464	544

注：*、** 和 *** 分别表示在 10% 、5% 和 1%的水平上显著，括号内为估计系数的稳健标准误。

内生性检验。尽管前文通过引入一系列控制变量和更换解释变量、核心解释变量的代理指标，在一定程度上消除了因遗漏变量、测量误差所引起的内生性问题，但是依然面临着可能的内生性问题：一方面，数字金融的目的之一是提升农村需求个体的金融服务可得性，这就有可能导致越是城乡发展差距大的地区越有可能获得更多的数字金融政策支持的现象，即数字金融与城乡融合发展面临着棘手的反向因果关系；另一方面，影响城乡融合发展的因素较多，目前数据所涉及的控制变量难以防止遗漏变量的产生。为解决潜在的内生性问题，借鉴张勋等（2020）的研究思路[1]，将县（市、旗）到所属省会城市的球

1 张勋，杨桐，汪晨，等．数字金融发展与居民消费增长：理论与中国实践［J］．管理世界，2020，36（11）：48—63.

面距离作为工具变量纳入模型中，估计结果如表 7-10 所示。研究可知，在工具变量法下的全国及东中西部地区数字金融发展系数的绝对值均有所增加，说明潜在的内生性问题会高估数字金融对城乡融合发展的促进效应。

表 7-10　稳健性检验Ⅳ

变量	全国层面	东部地区	中部地区	西部地区
	（1）	（2）	（3）	（4）
dfi	-0.3109^{***} （−0.0006）	-0.2255^{**} （0.0954）	-0.6703^{***} （0.1246）	-0.3739^{**} （0.2154）
常数项	1.4879^{***} （0.1557）	0.9335^{***} （0.3439）	2.9634^{***} （0.5160）	1.8623^{**} （0.9042）
cov	YES	YES	YES	YES
N	1402	394	464	544
R^2	0.4604	0.3229	0.3310	0.3770
第一阶段 F 统计量	289.2500	21.0586	47.9843	10.2032
Hansen 检验-p 值	0.6852	0.3209	0.5170	0.5794

注：（1）、（2）、（3）和（4）四个模型拒绝弱工具变量的原假设，且接受过度识别的原假设。

5. 间接机制实证结果分析

通过引入产业结构升级、人力资本水平、科技创新能力三个中介变量来构建中介效应模型，以探究数字金融影响县域城乡融合发展的作用机理。

前文已经基于式（7-2）进行了回归，结果发现 β_1 在 1% 的统计水平上显著为正，接下来本研究对式（7-3）、（7-4）进行检验，检验结果见表 7-11 和表 7-12。表 7-11 第（1）列代表数字金融发展带来的产业结构升级效应，结果表明数字金融发展显著推动了当地产业结构优化升级。这是因为数字金融发展带来的消费多样化不断增长、创业活动更趋活跃，有利于促进产业结构的转型和升级。表 7-11 第（2）列的估计结果表明，数字金融发展促进了当地人力资本水平的提升。这一结果与现实情况相符，数字金融因其便利的融资渠道吸引了更多人返乡入乡创业，而且返乡入乡创新群体愈发趋向年轻化、高学历。《县域创业报告》调查显示，在2563个县域创业者中，年龄段在26—35岁的占比达到48%，大学本科及以上学历的占比接近16%。表7-11第（3）列为数字金融发展对科技创新水平的影响，结果显示数字金融发展显著提高了当地的科技创新水平，这意味着数字金融凭借其较弱的金融排斥，为县域各类创新主体提供融资支持，从而促进其将更多的资金投入研发领域。表7-11第（4）列显示了数字金融对县域城乡融合发展的直接效应，该效应（-0.1680）占到总效应（-0.2355）的71.41%。

表 7-11　作用机制检验结果 I

变量	(1) str	(2) tec	(3) hum	(4) tl
dfi	0.4051 *** （0.0545）	11.0525 *** （0.7068）	3.2650 *** （0.4591）	−0.1680 *** （0.0231）
str	−	−	−	−0.0387 *** （0.0102）
tec	−	−	−	−0.0039 *** （0.0014）
hum	−	−	−	−0.0035 *** （0.0009）
cov	YES	YES	YES	YES
常数项	−0.6331 ** （0.2257）	−52.6545 ** （2.9265）	2.7033 （1.9009）	0.9881 *** （0.0994）
AIC＝−1808.0，BIC＝−1645.4，N＝1402				

注：*、** 和 *** 分别表示在10%、5% 和1%的水平上显著，括号内为估计系数的稳健标准误。

表7-12汇总了中介变量对县域城乡融合发展的影响效应。研究显示，数字金融对县域城乡融合发展的总中介效应为−0.0157、−0.0129、−0.0387、−0.0674，占到总效应的28.59%，说明这些中介变量起到了中介作用。此外，从各中介效应路径来看，产业结构升级、人力资本水平和科技创新能力的中介

效应分别为-0.0157、-0.0129、-0.0387，而且都通过了1%水平的显著性检验。这说明：首先，产业结构升级能够带来更多的就业岗位和就业机会，促进农村劳动力转向生产率更高的非农业领域，进而增加农村居民收入，推动县域城乡融合；其次，不断加大的返乡入乡创业政策支持力度，吸引了大批高素质、高学历人才返乡入乡，人力资本逐步成为推动县域城乡融合发展的新动能；科技创新在乡村振兴中具有引领作用，能够提升乡村自主发展能力，为缩小城乡发展差距、促进城乡协调发展注入新动能。具体来看，产业结构升级、人力资本水平和科技创新能力分别解释了数字金融对县域城乡融合发展综合影响的6.67%、5.48%和16.44%。因此，本研究的理论分析中的三条中介机制得到了验证，即数字金融不仅直接促进了县域城乡融合发展，还通过优化升级产业结构、提高人力资本水平和增强科技创新能力这些渠道间接缩小了县域城乡发展差距。

表7-12　作用机制检验结果 Ⅱ

中介效应路径	系数	标准误	z 值	P 值	95%置信区间		检验结果
str	-0.0157	0.0046	-3.37	0.001	[-0.0248	-0.0065]	通过
hum	-0.0129	0.0048	-2.70	0.007	[-0.0223	-0.0035]	通过
tec	-0.0387	0.0100	-3.85	0.000	[-0.0584	-0.0190]	通过
合计	-0.0674	0.0106	-6.33	0.000	[-0.0883	-0.0465]	通过

为进一步检验中介效应的稳健性，采用自助法（Bootstrap）对原始样本重新抽样后，再对模型进行拟合，得到表7-13的检验结果。从表中可以看到，数字金融对县域城乡融合发展的总中介效应，以及通过各中介变量产生的特定中介效应，均与前文保持一致，而且偏差矫正与增进95% bootstrapping 置信区间也都不包括零。以上结果表明，产业结构升级、人力资本水平和科技创新能力在数字金融影响县域城乡融合发展过程中存在中介效应，即研究结果是稳健的。

表 7-13　基于 Bootstrap 法的中介效应检验结果

中介效应路径	中介效应值	bias	95%置信区间	偏差矫正 95%置信区间	偏差矫正与增进95%置信区间
str	-0.0157	-0.0002	[-0.0274-0.0057]	[-0.0277-0.0063]	[-0.0278-0.0064]
hum	-0.0129	0.0001	[-0.0244-0.0027]	[-0.0254-0.0034]	[-0.0252-0.0033]
tec	-0.0387	-0.0002	[-0.0558-0.0218]	[0.0562-0.0225]	[-0.0561-0.0224]
合计	-0.0674	-0.0003	[-0.0879-0.0481]	[-0.0883-0.0481]	[-0.0883-0.0481]

注：抽样次数为 5000。

三、政策启示

2022 年中央一号文件把"强化乡村振兴金融服务"单列为一项重要内容，表明党中央对金融深度赋能乡村振兴、促进城乡融合发展有更高的期待。作为数字科技和普惠金融深度融合的产物，数字金融凭借其特殊的技术属性、较弱的金融排斥、较低的运行成本等优势，在助推城乡融合发展过程中发挥着重要的杠杆作用和引导作用。就目前的数字金融现状和县域城乡融合发展而言，本研究发现具有多重政策启示。

首先，要持续高质量推进金融数字化转型。实证研究结果显示，数字金融能够显著促进县域层面的城乡融合发展。因此，有必要进一步挖掘普惠金融与数字技术的契合点，持续推进金融行业向高质量数字化转型，让县域内城镇居民和农村居民都能平等、便捷地享有金融服务，真正做到"普"与"惠"的包容性特征，进而实现以更优的金融环境支持县域城乡融合发展。

其次，要充分发挥好中介变量的渠道作用。除了直接促进作用，数字金融还可以通过优化产业结构、提升人力资本和促进科技创新等渠道助力县域城乡融合发展。所以，要推动城乡产业深度融合，为畅通城乡经济循环提供产业支撑；要支持更多青年人返乡入乡就业创业，为加速城乡融合夯实人才支持；要提升县域科技创新能力，为加快城乡融合发展注入新动能。

　　最后，要平衡区域之间的数字金融发展。实证研究结果显示，数字金融对县域城乡融合发展的促进效应存在区域异质性，即东部地区大于西部地区，西部地区又大于中部地区。这是因为东部地区数字金融的发展水平和发展速度远高于中西部地区。据此，为进一步缩小区域之间的县域城乡发展差距，应重点扶持和鼓励中西部欠发达地区的数字金融建设，以达到平衡数字金融发展之目的。

第三节　区块链技术推动农村金融产品创新

　　区块链技术最初应用于以比特币为代表的数字货币加密体系，凭借其去中心化、分布式记账、数据安全可靠与智能化合约等功能优势得到了快速发展，被誉为技术革命第五次颠覆创新与人类信用进化史的第四个里程碑，得到了政府部门、金融机构与资本市场的广泛关注与应用。[1]区块链技术将从破除信任危机、缓解信息不对称、降低交易成本、提高风险防控能力与助力普惠金融等方面助力农村金融发展。目前区块链技术已在农村供应链金融、农业保险、支付结算与征信业务领域得到了初步的应用并取得不错的成果。

一、区块链技术推动农村金融产品创新的主要优势

　　区块链技术所拥有的分布式记账、智能化合约、非对称加密与共识机制等核心技术，具有多方维护、不可篡改、公开透明的优势[2]，与金融发展困境相互协调，在金融领域得到了广泛应用。

　　1. 区块链技术有助于完善农村征信体系，破解信任危机

　　征信问题是农村信贷市场最突出的问题之一。农村地区缺乏健全的担保体

1　袁勇，王飞跃. 区块链技术发展现状与展望 [J]. 自动化学报，2016，42（4）：481—494.
2　郭上铜，王瑞锦，张凤荔. 区块链技术原理与应用综述 [J]. 计算机科学，2021，48（2）：271—281.

系与征信体系，使得金融资金进入农村市场的成本与风险增加，从而抑制了金融资本对农村地区服务的积极性。一方面，农村征信体系不完善，金融机构在贷款前需耗费大量的时间、人力与资金成本对农村信贷对象进行背景调查与征信审查，由于存在"农村信用意识淡薄"等先入为主的印象，调查员在调查过程中的主观情绪也将影响信贷对象的信用评级结果。另一方面，农村地区贷款用途主要用于从事农业生产，而农业生产对外部环境依赖性强，农业收益不稳定使得贷款违约的可能性增大，加上金融机构历史数据表明农村地区贷款违约率显著较高，也证实了农村信用意识淡薄现象的普遍存在。因此农村征信问题成为制约农村金融市场发展的重要原因之一。

区块链技术的引入则为农村金融市场的征信问题提供了高效的解决途径。首先，与传统金融相比，区块链技术具有多方参与、多方维护的特点，各方参与者依托互联网平台及时记录每笔交易信息，自动形成信用记录，在一定程度上降低了金融机构的征信成本。其次，区块链技术凭借其分布式账本技术进行数据存储，具有不可篡改的特点，与此同时，新加入链条的数据块也需得到链上51%及以上参与者的同意才能加入该链条，保证了链上交易和数据交换的安全性，从而破解信任危机，使得链条上各个参与主体之间的信任加强，提高了交易的效率与质量。[1]最后，区块链技术凭借其技术优势，可根据客户的历史交易信息形成的征信记录对金融市场用户进行等级分类，将潜在价值客户分为优质客户与风险客户并建立信用白名单与黑名单。[2]一方面，金融机构在进行资金投资决策时只需考察用户的信用评级来决定贷款与否，从而避免了因用户身份而产生主观错误判断，从而造成金融资金的闲置与错误流向；另一方面，农户也可以直接通过信用评级获得贷款，避免因身份不同造成的"贷款歧视"，

————————

1 Kowalski M, Lee Z, Chan T. "Blockchain technology and trust relationships in trade finance" [J]. *Technological Forecasting and Social Change*, 2021（166）：120641.

2 张荣. 区块链金融：结构分析与前景展望 [J]. 南方金融, 2017（2）：57—63.

从而提高贷款效率。

2. 区块链技术有助于缓解信息不对称，降低农村金融市场交易成本

众多研究表明，交易费用是造成农户信贷困难的重要原因。[1]由于存在信息不对称，金融机构与农户双方的交易成本都显著提高。一方面，由于农村征信体系不完善，贷款前金融机构在用户资格审查时需耗费的时间、人力与资金成本增加，同时由于农户贷款金额少且频率高，在贷款审批后，金融机构监管成本也随之增加。[2]为维持资本收益率，金融机构要么将交易成本转嫁到农村金融产品价格中[3]，要么撤离农村金融市场，使得传统金融出现"疏农""离农"与"脱农"现象，脱离金融惠农初衷。另一方面，农户对于金融信息的了解不足，再加上农村金融网点有限且农村交通基础设施水平落后，因此农户从申请贷款到获得贷款往往需要多次往返金融机构，从而付出更多的时间与交通成本。农户贷款资金需求主要用于资金周转等急需用途，由于银行贷款审批手续复杂、审批时间长，不少农户因交易成本过高而向银行主动放弃申请，农村信贷市场交易费用配给现象普遍。[4]

区块链技术则可以有效破解农村金融市场交易成本高昂难题。交易费用是信息不对称的主要产物之一，区块链技术的引入正好克服农村金融市场信息不对称的问题。一方面，区块链中每一笔交易都将同步到链上所有参与主体的本地数据库中，且交易数据一旦形成便不可更改，历史数据方便检查。另一方面，记录到区块链中的每笔交易需要得到链上参与者的一致同意才能进入

1 Ladman J R. "Loan-ranseactons costs, credit rationing, and market structure: The case of Bolivia" [J]. *Journal of Political Economy*, 1984, 20 (3): 28-39；杨明婉, 张乐柱. 农户正规信贷交易费用约束识别及其影响因素——基于广东省 477 份农户调研数据 [J]. 农业经济与管理, 2020 (4): 90—100.

2 周鸿卫, 田璐. 农村金融机构信贷技术的选择与优化——基于信息不对称与交易成本的视角 [J]. 农业经济问题, 2019 (5): 58—64.

3 刘西川, 程恩江. 贫困地区农户的正规信贷约束: 基于配给机制的经验考察 [J]. 中国农村经济, 2009 (6): 37—50.

4 彭澎, 吕开宇. 农户正规信贷交易成本配给识别及其影响因素——来自浙江省和黑龙江省 466 户农户调查数据分析 [J]. 财贸研究, 2017, 28 (3): 39—49.

区块链，而新加入的链条则需得到链上 51% 及以上的参与者同意才能进入。因此，区块链的这种机制保证了信息在区块链中是公开透明、共享和安全的，各参与方之间的信息不对称得以缓解。在此基础上，针对传统金融的痛点，区块链技术一一作出了回应，具体如下：首先，区块链技术可以自动化处理金融业务的发起申请，避免时差限制；其次，依据区块链技术信息安全透明的特点，传统交易审批过程得以简化；最后，区块链技术的智能化合约取代传统纸质合约，合约一旦生效无须人为干预，自动进行清算与确认，减少人为失误与等待时长。与传统金融相比，区块链技术从金融业务发生前、进行中、发生后三个方面大大降低了金融业务交易成本，有效提高了金融服务效率。[1]

3. 区块链技术有助于提高风险防控能力

鉴于经营绩效考核与经营风险承担机制设计，商业银行在进行信贷服务时一般不愿意出现信用风险敞口，因此，为规避信用风险，大多数金融机构"唯抵押是贷"现象严重。其中，抵押、担保等非价格机制仍然是农村金融机构的主要风险防控手段。2017 年中国农业大学经济管理学院针对 2093 个农户的"中国农村普惠金融调查"结果显示，高达 55.55% 的农户通过抵押与担保方式获得正规信贷，而仅有 36.89% 的农户可依靠自身信用获得正规贷款。[2] 从抵押角度分析，金融机构在进行贷款抵押时，必须要求抵押物品是法律意义上的规范性物品，然而，一方面，农村土地缺乏法律意义上的抵押效力；另一方面，农村产权交易市场不健全也使得农村房产、农村机械设备、农产品存货与农村生物资产等难以发挥抵押品的功能，从而导致农村金融市场非人格化信息严重不足。[3] 从担保的角度分析，目前农户和银行机构之间主要采用多户联保的

1　蔡然. 区块链金融的发展趋势研究 [J]. 金融发展研究, 2018 (1)：37—41.

2　何广文, 刘甜. 基于乡村振兴视角的农村金融困境与创新选择 [J]. 学术界, 2018 (10)：46—55.

3　付琼, 郭嘉禹. 金融科技助力农村普惠金融发展的内在机理与现实困境 [J]. 管理学刊, 2021, 34 (3)：54—67.

担保方式，但随着农户经营规模的扩大，该担保方式便难以满足农户的资金需求。由于农村信用环境不理想，农户信用难以合理评估，且农村金融机构缺乏专业的信用担保机制，使得目前农村担保机构匮乏，且农村大多数担保经营机构运营不规范。一方面，担保机构从业人员专业知识欠缺，导致担保经营业务时对贷款对象的信用评估失误，从而造成经营风险；另一方面，在与银行机构进行合作时，银行机构将大部分风险转嫁给担保机构也增加了担保机构的运营成本[1]，从而抑制了农村担保机构的积极性。

区块链技术可为风险防控和风险分担提供新空间。在签订信贷合同前，基于区块链记录的数据信息，对客户群体进行精准画像，从源头上杜绝风险的可能；在操作信贷合同过程中，将区块链技术运用到贷款全过程，避免人为干预下可能出现的错误判断与道德风险；合约签订后，区块链技术将农户贷款的每一笔交易进行记录与监测，一旦农户出现支付异常、负面舆情等提示，金融机构可迅速拉响预警并采取应对措施。[2]杨蕾等（2018）从博弈论的视角从传统金融与"区块链+"农村金融两个角度分析了农户与金融机构的最优行为。[3]在传统金融模式下，与收益相比，农户的信息伪造成本与违约成本很低，因此博弈将得到"不贷款，违约"和"贷款，不违约"两个纳什均衡。引入区块链后，信息透明度提高，农户伪造信息成本与违约成本极大，在很大程度上降低了农户恶意违约的可能性，在有效规避了道德风险的同时提高了金融机构贷款的积极性。因此区块链技术的引入使得农户与金融机构的博弈只存在"贷款，不违约"唯一一个纳什均衡，从而实现农户与金融机构的双赢。

————————

1　李荣强，朱建华，廖小婷. 中国农村信用担保体系的问题分析及对策研究［J］. 农业与技术，2020，40（20）：156—158.

2　李敬，王琴. 金融科技在农村金融服务中的应用：基于文献综述的视角［J］. 贵州省党校学报，2022（2）：70—80.

3　杨蕾，杨兆廷，刘静怡. 基于区块链的金融支农模式创新研究［J］. 农村金融研究，2018（1）：49—52.

4. 区块链技术有助于提高普惠金融水平，助力农村金融"最后一公里"

金融服务是乡村振兴的重要抓手，但资本的本性使得金融服务具有极大的排斥性，大部分优质金融资源被城镇、中高收入群体与大型企业占有，而农村、低收入群体与小型企业则被金融机构排斥在外。"马太效应"进一步加剧农村金融排斥现象，农村金融资源匮乏程度加剧。上海财经大学针对农村金融现状的"千村调查"结果显示，中国农村金融排斥主要表现在农村金融供给不足、农户对农村金融使用率不高、农户对金融知识不了解以及政府在金融工作领域能力不足等。[1]该项调查从供给与需求两个维度将金融排斥的原因进行分类，并对农村主要金融行业排斥的原因作出分析。其中，以价格排斥和营销排斥为代表的供给排斥是造成农村银行业排斥的主要原因；由于农业保险的正外部性特征与农村信息不对称现象严重，农村保险市场则处于失灵状态，供给需求对农村保险业基本不发挥作用；供给侧的物理排斥则是造成农村互联网金融排斥的主要原因。罗剑朝等（2019）在供给与需求的基础上，指出农村政府主导力量不足、农村融资担保体系不健全、农村基础设施落后以及农村制度设施不完善等农村金融基础配套条件缺乏是实施普惠金融的主要困境。[2]因此，农村普惠金融任重而道远。

区块链技术的引入则为农村普惠金融提供了新的契机。首先，区块链技术通过高度透明的开放网络协议，将所有互联网端口相连，实现点对点的自组织网络的构建，从而打破空间界限，降低边际揽客成本，将金融服务延伸至农村地区与低收入群体，破解农村金融服务"最后一公里"难题。其次，区块链结合互联网、云计算等技术手段，利用分布式记账、公共信息维护与

1　粟芳，方蕾. 中国农村金融排斥的区域差异：供给不足还是需求不足？——银行、保险和互联网金融的比较分析［J］. 管理世界，2016（9）：70—83.

2　罗剑朝，曹璨，罗博文. 西部地区农村普惠金融发展困境、障碍与建议［J］. 农业经济问题，2019（8）：94—107.

智能化合约，简化交易流程，提升运营效率，降低交易费用，提高了金融服务的覆盖面；最后，区块链技术凭借去中心化、高度透明与不可篡改的技术优势，所构建的数据库安全可靠。在进一步完善农村个人征信体系的同时创建全新的信用模式，商业银行直接通过区块链技术对农户进行信用评级，无须任何信用背书，因此区块链技术极大缓解了农村地区信息不对称引起的道德风险与逆向选择问题，能够从根本上提高农村金融服务的可得性[1]和可持续性[2]。

二、国内外区块链技术在农村金融领域的应用情况

1. 区块链+农业供应链金融

农业供应链金融是指金融机构主要通过将农业核心企业与其上下游经营机构联合起来，通过对供应链上的商流、资金流、物流等信息进行整合，链上各主体凭借信用进行交易，突破了传统金融需要抵押物的困境，有效缓解了农业企业融资难、融资贵等问题。但目前传统农业供应链存在以下问题[3]：第一，供应链上交易信息的真实性难以把控。一方面，金融机构主要通过对农业核心企业的财务报表与生产情况来判断链上各主体交易信息的真实性，难以避免由于核心企业为维护自身利益而出现的信息造假所造成的信用风险；另一方面，由于农户生产经营情况不稳定，且金融机构与农户之间缺乏信息通道，使得金融机构线下获取农户信息成本较大且信息软化情况明显。第二，链上协调合作困难。一方面，农户与企业的合作普遍表现为短期、松散的特点，这种不稳定的合作关系容易导致供应链断裂；另一方面，对于金融行业，拥有数据等于拥

1　欧阳红兵，李雯. 区块链技术在中国普惠金融领域里的应用研究［J］. 武汉金融，2018（4）：36—40.

2　年综潜，付航. 区块链技术与普惠金融的契合及其路径［J］. 国际金融，2019（8）：76—80.

3　王宏宇，温红梅. 区块链技术在农业供应链金融信息核实中的作用：理论框架与案例分析［J］. 农村经济，2021（6）：61—68；苗家铭，姜丽丽，戴佳俊. 区块链赋能农业供应链金融的应用研究［J］. 市场周刊，2021，34（12）：112—114；Chen J，Chen S，Liu Q，et al. "Applying blockchain technology to reshape the service models of supply chain finance for SMEs in China"［J］. *The Singapore Economic Review*，2021：1–18.

有优先权，为维持竞争优势，金融机构间信息孤岛情况严重，从而导致其他金融机构在核实信息时变得困难。第三，资金流向跟踪困难，业务风险大。虽然农业供应链增加了链上农户信贷的可获得性，但农户获得资金后的真实用途难以监测，传统的金融机构难以建立风险预警防控机制。区块链技术的引入则为农业供应链金融交易信息的准确性、链上各主体合作协调性与业务风险防控保驾护航。首先，区块链技术凭借其分布式账本与不可篡改的技术优势，保障各项交易信息均被完整记录在对应数据板块，且杜绝了后期人为修改交易记录的可能性，保证了链上各主体交易信息的真实性，增加了链上各主体之间的信任。其次，区块链上各主体信息公开透明且共享，打破了以往金融机构信息孤岛的状态，促进链上主体协同合作。最后，通过交易记录与资源共享，金融机构可实时监测农业供应链上各参与者的经营状态变化，并结合区块链技术的大数据优势对信贷对象的交易风险进行预测，提前对金融风险进行预警，从而防范化解业务风险。

为农户、农村提供金融服务是中国农业银行成立的初心。2017 年，中国农业银行率先将区块链技术与农业供应链金融结合，推出"惠农 e 付""惠农 e 商"与"惠农 e 贷"三项业务，其中，"惠农 e 付"主要向农户提供支付、缴费等综合化基础服务，"惠农 e 商"主要是为商户提供交易结算的电商金融平台，二者分别将农户与商户的各项交易信息上传至区块链系统，该系统将对用户的各项信息进行资源整合并上传至中国农业银行各级分行。"惠农 e 贷"则是中国农业银行创立的农业供应链金融融资平台，旨在为农户提供高效便捷的线上贷款。该平台可通过"惠农 e 付"与"惠农 e 商"上传至区块链系统的信息对农业供应链上各经营主体的交易情况进行核实，有效克服了传统供应链金融中的信息壁垒。与此同时，该平台利用区块链技术，动态监测农户的交易状况和贷款资金流向，建立风险预警机制，对异常交易发出风险提示，有效降低了传统农业供应链可能出现的违约风险。截至 2022 年 2 月，中国农业银行"惠农 e 贷"业务累计贷款户数 395 万户，贷款余额 6039 亿元，大大提升了农村金融服务乡村振兴的能力。[1]新希望惠农（天津）科技有限公司利用区块链技术+农业供应链金融的发展模式，有效提升了农业供应链信息的共享化和业务的规范化，保障了业务全过程的真实性与安全性。截至 2020 年 10 月，该公司借贷金额累计 118.35 亿元，借款人数高达 38000 多人，借贷逾期率和坏账率均低于 0.1%。[2]

2. 区块链+保险业务

农业保险是服务"三农"的重要保障。自 2007 年启动中央政策性农业保险试点工程以来，中国农业保险取得了巨大的成就。数据显示，2007 年至2023 年，农业保险保费收入从 51.8 亿元增长至 1429.76 亿元，服务农户由4981 万户次增长至 1.64 亿户次，提供风险保障由 1126 亿元扩大至 4.98 万亿元，中国已成为全球最大的农业保险市场。[3]虽然如此，中国农村保险市场仍存在许多不足。从需求端来看，大部分农户与农村经营主体由于知识水平限制和保险意识薄弱，认为保险缺乏公开度与透明度，导致农户与保险公司之间的信任不足，再加上农户收入水平难以承担保费支出，因此农户对保险的有效需求不足。从供给端来看，由于农业面临自然、市场与技术三重风险，属于高风险产业。[4]据国家统计局发布的数据，2020 年农业保险赔付率高达 72.71%，是行业平均赔付率的 2.37 倍。与此同时，由于农村地区信息不对称情况严重，传统保险业道德风险与逆向选择问题突出，与其他行业相比，保险机构事中监管与事后赔付取证成本较高，在很大程度上打击了金融机构对农业保险供给的积

1　农业银行"惠农 e 贷"余额突破 6000 亿元［EB/OL］.［2022-03-21］https://baijiahao.baidu.com/s?id=1727898739931843682&wfr=spider&for=pc.

2　李荷雨，黄雨亭，肖凡."互联网+"农业供应链金融模式研究——以新希望集团为例［J］.农业展望，2024，20（4）：27—35.

3　李成，马桑，钟昌标.农业保险数字化的历史演进、理论逻辑与未来展望［J］.兰州学刊，2024（12）：148—160.

4　刘雨露，郑涛."三农"保险促进农村长效脱贫的作用机制及对策研究［J］.西南金融，2019（9）：63—72.

极性。最后，农业保险对财政支出依赖性强，政策性农业保险一直占据主导地位，近年来各级财政补贴占农业保险保费收入的 75%，长期依赖财政支出不利于农业保险市场化发展。区块链+保险的融合发展模式可在一定程度上缓解上述问题。[1]首先，区块链凭借其去中心化的技术特征，将保险机构与单个用户进行连接，使得用户之间可以通过授权的方式获取对方信息，在一定程度上减少保险机构与农户之间的信息不对称。其次，区块链拥有大数据与不可篡改的技术优势，通过对用户的各项交易信息进行记录储存，保障各项数据的真实性和安全性，农户与保险机构均可对数据进行溯源来进行事故情况调查和理赔判断，避免因信息不对称造成的道德风险和逆向选择，进一步增强用户之间的信任，从而增加合作的可能性。最后，区块链具有的智能化合约技术能大大提高业务运作效率。智能化合约将合约内容转换为编码，一旦农业风险发生，相应数据库的风险数据将触发智能化合约的自动执行，减少传统农业保险机构的纸质合约和人工审批程序，提高运行效率。

气候变化是农业生产重大的威胁，相关研究显示，在发展中国家，只有 1/5 的农户有机会获得农业保险，其中小额农业保险的获得性更低。然而全球 50% 的粮食产量是由 5 公顷以下的小农户产生的。在此背景下，为提高小农户对气候变化的适应能力，气候融资全球创新实验室于 2020 年 4 月在肯尼亚启动了气候风险区块链数字农险项目，旨在提供可大规模推广且小农户可负担的区块链农业气候风险作物担保服务。该项目依托区块链技术，将各项数据与保险合同嵌入区块链技术平台，从而构建一个标准化、数字化的一站式农险平台。与传统农业保险相比，该平台预计可降低 41% 的平均成本，其中农户保费可降低 30%，项目投资回报率高达 38%，最终实现投资方与农户的双赢。2019 年，分散式保险技术公司 Etherisc 联合保险公司 Aon 与斯里兰卡慈善乐施

1 王定祥，王华. 区块链技术与农业保险融合发展通道及机制研究［J］. 当代金融研究，2020（4）：11—19；汪剑明. 区块链在保险业的应用和展望［J］. 团结，2020（1）：38—40.

会推出一个基于区块链技术的农险平台，为斯里兰卡农民提供灭绝性天气条件下的农作物风险保护。一方面，保险公司利用区块链技术简化理赔流程、提升信息透明度与交易安全性，从而降低了管理成本；另一方面，农户则可通过区块链技术的智能化合约实现自动化赔付，提高赔付效率。2017 年 6 月，众安科技将区块链技术与人工智能、防伪等技术融合应用于农村散养鸡养殖业，并联合国元农业保险、连陌科技与安徽寿县茶庵镇人民政府等多家打造"步步鸡"品牌。该项目运用区块链技术记录从鸡苗入栏到用户餐桌的全过程，凭借区块链技术不可篡改和可溯源的技术特点，让信任回到餐桌。该项目一经售卖，单只"步步鸡"价格高达 238 元，为农民增收和乡村扶贫工作作出了巨大贡献。与此同时，该项目与银行机构、保险机构进行对接，银行机构和保险机构只需对链上数据进行验证来决定是否对农户进行贷款与事故理赔调查，大大减少了银行与保险机构的调查成本，同时也提高了农户的贷款获得性与保险理赔效率。

3. 区块链+支付结算业务

支付结算业务是农村金融业务的重要组成部分。目前，中国农村支付结算系统仍存在不足。[1]第一，支付服务供给不足。受交通、通信与农村经济环境的影响，金融机构在农村投入的金融资源有限，农村商业银行、邮政储蓄银行、农业银行和村镇银行仍是为农村提供支付结算业务的主力军。第二，农村支付结算效率不高，部分银行网点的异地、跨行支付清算仍存在渠道不畅通、速度慢的问题。区块链技术作为一种新型的底层技术，可在一定程度上弥补农村支付结算体系的不足。一方面，凭借去中心化机制，交易双方可直接进行点对点交易，节省往返中心机构的时间成本与结算成本，提高支付结算的便捷性和效率。[1]另一方面，区块链技术的可编程性使得传统交易智能化，有效降低了商业银行的服务成本，从而提高了商业银行开展普惠金融的积极性，扩大农村金融覆盖率。[2]

中国已有多家金融机构与互联网企业运用区块链技术对农村金融支付结算体系进行改进与创新。例如，2020 年，中国人民银行成都分行联合四川省发展改革委、成都农村商业银行等 9 个部门推出基于"区块链+大数据"的农村金融惠民服务系统，有效弥补了银行在农村地区网点覆盖不足的问题。农户可直接在该系统进行缴费、贷款等业务办理，金融机构则可通过该系统对用户进行资产、风险信息评估。截至 2021 年 10 月，该系统已经办结业务 50 余万次，金融科技赋能乡村振兴成果已初步显现。

4. 区块链+征信业务

完善的信用体系是金融业务开展的前提。现阶段中国农村征信系统仍存在一些问题。[3]第一，地方政府、人民银行与金融机构责任划分不明确、评级标准不一，导致征信难以有序进行，各方数据难以统一对接，目前尚有 42% 的农户游离在征信评定范围之外。第二，出于法律规制、利益捆绑等原因，征信记录不能共享。第三，农村信用意识淡薄，信用机制不规范。区块链的引入为农村征信体系建设提供了新的契机。区块链具有的不可篡改的技术优势保证了用户各项数据的真实性，其去中心化与点对点传输机制使得在信息获取时减少对第三方机构的依赖，简化信息共享过程。

2021 年，广州金电图腾软件有限公司推出"珠三角征信链"应用平台。该平台通过区块链技术与征信业务的深度融合，整理了大量覆盖政府机构、金

1　巴曙松，乔若羽. 区块链技术赋能数字金融［J］. 金融科技时代，2021，29（7）：14—18.

2　邢祎. 区块链助推商业银行农村普惠金融发展的路径研究［J］. 新金融，2021（7）：44—47.

3　李真，高旗胜，戎蕾. 中国农村信用体系建设存在的问题与对策建议［J］. 农村金融研究，2022（3）：63—71；王丽娟. 农村信用体系建设中存在的问题与对策［J］. 河北金融，2018（10）：24—26.

融机构以及商业机构的数据资源，为中小微企业与涉农主体融资服务提供信用支撑。截至 2022 年 5 月末，该平台累计为 207 家金融机构开立查询用户 1.47 万个，上链授权 9.77 万笔；累计授信 5.23 万户，金额 3233.48 亿元。[1]

三、区块链技术在农村金融产品开发中面临的问题

近年来，区块链技术与农村金融融合发展成为破解传统金融发展困局的重要途径，但作为一种新兴技术，其运用尚不完善，在农村金融产品开发中仍面临技术、安全、组织与法律监管等方面的困境与挑战。

1. 技术困境与挑战

"区块链+农村金融"在农村地区的推广应用，面临较大的成本负担与技术限制。[2]第一，区块链技术是基于互联网与大数据的一种新型网络技术，因此将区块链技术运用到农村金融市场需要大量的网络基础设施投资，以满足技术运用的硬件要求，如发达的信息通信网络与信息处理设备。中国互联网络信息中心发布的《中国互联网络发展状况统计报告》显示，截至 2021 年 12 月，中国农村网民规模已达 2.84 亿，农村地区互联网普及率为 57.6%，较 2020 年 12 月提升 1.7 个百分点。付琼和郭嘉禹（2021）研究表明，互联网普及率的差异导致大数据在农村的覆盖程度要低于城市地区，限制了金融科技优势在农村金融市场的发挥，农村互联网基础设施建设仍有待提高。[3]而大量互联网基建将给农村带来高昂的成本负担，尤其是对于相对欠发达农村地区而言，现有建设资金难以满足区块链技术应用的硬件要求，大量推广区块链技术将挤占对农村经济的其他投资。第二，区块链技术所具有的大量数据及时存储与实时交易

---

1 数据来源于中国（深圳）综合开发研究院与微众银行联合发布的《数"链"大湾区——区块链助力粤港澳大湾区一体化发展报告（2022）》。

2 李阳，于滨铜. "区块链+农村金融"何以赋能精准扶贫与乡村振兴：功能、机制与效应 [J]. 社会科学，2020（7）：63—73.

3 付琼，郭嘉禹. 金融科技助力农村普惠金融发展的内在机理与现实困境 [J]. 管理学刊，2021，34（03）：54—67.

技术特点也对硬件设施提出了更高的要求。每个农户参与区块链都将生成一个数据模块，每一个数据模块都需要足够的信息存储空间，以满足实时传输、下载、存储和更新数据信息的需求。农户个体数量是庞大的，如果农户在某个时间点大量涌入，当数据传输交易量超过系统容纳力时，整个信息系统极有可能出现堵塞与迟滞，这就对信息存储容量和实时共享提出了更高要求。与此同时，区块链技术具备信息不可篡改且可追溯的特点，当系统内用户越多、数据量越大，系统可能会出现性能下降问题，对信息设备迭代更新也提出了要求，进一步加大了农村建设成本。

2. 安全困境与挑战

区块链技术基于其独特的算法与技术属性，在具有自治性、开放性、不可篡改性等优良技术功能的同时，也存在一定的安全性风险。[1]第一，数据与隐私泄露风险。首先，区块链具有高度的开放性与信息透明度，链上每一个主体均可查询其他参与者的具体交易信息，并根据交易信息对账户主体进行身份锁定，不利于保护用户的商业隐私；其次，区块链上的参与者拥有所有参与者全部的交易数据，链上参与者将数据进行贩卖将造成用户数据泄露。第二，技术风险。将资产实现数字化交易是区块链技术的独特优势，也是交易效率提升的重要因素。然而在区块链系统内，资产数字化只是一连串的字符，这一系列字符串一旦丢失或者被篡改，现实资产将不复存在。虽然区块链技术在一定条件下可以保证存储安全，但目前区块链技术+农村金融仍处于初期运用阶段。金融本身就属于风险较高的产业，当一些技术自身还不够完善时，用该项技术对金融业务进行改革反而会增加其脆弱性，同时，区块链技术将大量金融业务进行线上化与网络化，使金融活动更容易受到网络的攻击。第三，信息不可逆损

1　李广子. 金融与科技的融合：含义、动因与风险 [J]. 国际经济评论，2020（3）：91—106+6；李斌. 中国区块链技术的风险、监管困境与战略路径——来自美国监管策略的启示 [J]. 技术经济与管理研究，2020（1）：18—22.

失问题。在区块链系统中，信息一经验证并录入后便不可修改，信息不可篡改是一把"双刃剑"，一方面保证了信息的真实性，另一方面也造成了失误不可挽回的结果。以比特币为例，一旦转账地址填写错误，损失将无法挽回。而农户对互联网的熟练程度不高，极有可能出现初始数据与交易信息录入错误的情况，金融科技反而造成农户损失。

3. 组织困境与挑战

"区块链+农村金融"发挥作用的关键在于实现对用户主体的全覆盖，其中包括农村金融用户、政府部门、金融机构以及金融管理机构等，从而构建一个多元化主体的信息共享平台。但目前，农村地区信息局部化、碎片化和间断化的态势明显。首先，数据代表着话语权，各部门可凭借所掌握的数据向上级争取更多的关注与资源。与此同时，数据造假与数据注水问题也是各机构存在的问题，数据一旦公开将引发众多利益问题。因此，在信息统计与报送过程中，各部门出于自身利益考量不愿意公开部门数据。其次，数据标准化问题难以实现。区块链技术助力信息共享需要将各参与主体整合到统一平台，并通过统一、标准的接口将数据进行上传和共享。但目前农村地区数据标准化对接工作的成效较低，各部门仍需建立统一协调的数据共享机制。最后，农村地区网络等基础设施落后，农户接受能力不高，而区块链技术用于农村金融需要每个节点的农户参与数据录入、校对与验证，如何统一组织、普及区块链技术的注册与使用，确保农户顺利对接金融网络信息系统，对现实组织工作提出挑战。

4. 法律监管困境与挑战

"区块链+农村金融"作为一项新兴的信息管理技术手段，传统的互联网和金融监管策略与法律规则并不能很好地适应其应用与发展。区块链技术最早应用于一线城市金融领域，为规范其运行，中国人民银行、银保监会、工商总局等机构相继出台监管政策，但区块链金融监管法律体系仍存在理念与技术不同步、方法传统、主体单一与操作不规范等一系列问题。[1]传统金融监管中，只要通过管理员身份对用户进行锁定，便可对客户资金往来进行监管，但在区块链技术去中心化和匿名性的特点下，中心系统不复存在，金融监管系统难以掌握匿名客户的资金流向，为犯罪分子洗钱、诈骗、偷漏税等提供了可乘之机。[2]与此同时，区块链技术去中心化机制使得各参与主体不再依赖中心机构的权威性来获得信任，势必会对政府（或其授权的）管理部门的信度及现行法律法规构成挑战。[3]

四、促进区块链融入农村金融领域的相关策略

1. 完善数字农村基础设施建设

数字基础设施建设是区块链技术落地的硬性指标。应依托数字乡村战略，加大农村信息化基础设施的投资力度，促进宽带通信网、移动互联网与电视网络下乡，提高农村网络覆盖率与网络服务质量；积极推进农业生产设施数字化改造，加强物联网、3S 遥感技术、卫星监测、人工智能等现代化生产技术在农业农村的生产应用，打造数字农业、乡村数字工厂，为区块链技术的应用奠定设施基础。与此同时，政府应积极在农村地区进行互联网、区块链等知识技术的宣传与普及，为数字技术营造良好的应用环境。

2. 加快建设专业人才队伍

人才是区块链技术与农村金融融合发展的智力支撑，政府工作人员、金融机构从业人员以及农村居民的知识技术水平直接决定了区块链技术在农村金融产品开发与应用中的进程和成果。当前，"区块链+农村金融"的融合发展模式需要政府、企业、高校以及科研机构共同努力，形成产学研一体化人才培养

1　朱娟. 中国区块链金融的法律规制——基于智慧监管的视角［J］. 法学，2018（11）：129—138.
2　王硕. 区块链技术在金融领域的研究现状及创新趋势分析［J］. 上海金融，2016（2）：26—29.
3　崔志伟. 区块链金融：创新、风险及其法律规制［J］. 东方法学，2019（3）：87—98.

机制。[1]目前区块链技术人才仍处于紧缺状态，相关高校与科研机构可增设区块链技术相关课程与研究，集中突破区块链运用中的存储和安全问题，培养专业的技术人员，同时也可在经管类院校增添区块链技术课程，注重复合型人才的培养。政府也应起到桥梁和领头的作用，积极牵头组织企业与高校、科研机构之间的合作，促进学科交叉与碰撞，实现产学研一体化。

3. 建立各部门沟通协调机制

利益部门化是"区块链+农村金融"全面覆盖的一大障碍，打破利益部门化，需要建立各部门之间的协同机制。一方面，政府应转变理念，积极建设数字政府，在数据共享方面起到带头作用；另一方面，政府应加强与金融部门的联系，通过财政补贴、税收减免等支持性政策积极引导金融部门参与区块链技术在农村金融领域的运用与创新。与此同时，政府也应加大区块链技术在农村居民中的普及力度，确保农户与区块链金融的顺利对接，进而打造政府、金融部门与农村用户的协同工作机制。此外，也可专门成立农村区块链金融决策指导委员会，由委员会牵头统一对政府、金融部门与农村用户进行组织协调。

4. 完善区块链金融相关法律法规

良好的政策与法律法规环境是促进区块链技术与农村金融融合发展的重要前提。地方政府与金融管理部门应及时商讨、出台相关法律法规，一方面营造鼓励"区块链+农村金融"发展的政策条件和商业环境，另一方面及时加强监管，出台相应的配套管理政策，充分发挥"区块链+农村金融"的正向效应。

---

1 戚学祥. 精准扶贫+区块链：应用优势与潜在挑战 [J]. 理论与改革，2019（5）：126—139.

第八章

推动农村资源资本化的农村金融
服务乡村振兴战略的功能创新

本章借鉴相关成功案例，从农村资源资本化角度探索城乡融合发展视角下农村金融服务乡村振兴战略的功能创新，激活农村大量的"沉睡"资源，推动农村资源资本化，让农民拥有更多资本，并畅通其投资渠道，发挥金融促收共富作用。

第一节　农村资源资本化的重要价值

农村金融发展的本义应当是有效促进农民收入增长。因此，理所应当，农村金融的重要功能是有效促进农民收入增长。就中国农村地区的普遍情况而言，农民收入增长乏力的重要原因在于缺乏资本和投资收益。事实上，中国大多数农村地区拥有丰富的耕地、林地、草地、水域、"四荒地"等自然资源，但这些资源大多处于"沉睡"状态，没有被激活起来。因此，促进农民收入增长的重要方式就是要激活农村大量的"沉睡"资源，使农村资源资本化，让农民拥有资本，并畅通其投资渠道。马华和王守智（2007）认为，新农村建设的持久动力在农村内部，在于农村资源的深度发掘。[1]李因果和陈学法

1　马华，王守智. 农村资源资本化：新农村建设的基础动力——以河南王岗镇北湖村的调查为例 [J]. 湖北社会科学，2007（5）：66—68.

（2014）指出，农村资源资本化的举措与市场在资源配置中起决定性作用是相适应的，农村资源资本化既能引导城乡资源合理配置，同时也是驱动农业产业化和新型城镇化建设的重要动力。[1]总而言之，农村资源资本化能带来经济效益、资源配置效应、城镇化效应和生态效应。

目前，全国一些地方就农村"资源变股权、资金变股金、农民变股民"的"三变"改革进行了探索实践，并取得成功经验。以重庆市为例，从2018年起开启农村"三变"改革试点工作，2020年农村"三变"改革试点村增加到591个（其中贫困村195个），占全市行政村的7.4%。全市累计入股耕地和林地92万亩，盘活闲置农房3986套，集体林地、草地、水域、"四荒地"20万亩以及集体经营性资产4.1亿元，撬动社会资本20亿元，吸引本科毕业大学生、离退休干部、企业家1009人和农民工5934人返乡创新创业。2020年，通过农村"三变"改革，试点村人均增收达510元，103万农民成为股东（其中贫困人口11.9万），通过股份化推动城乡要素"联营"，城乡居民收入比从2010年底的2.98∶1降至2020年底的2.45∶1。[2]重庆农村"三变"改革表明，农村资源资本化的实践有效促进了农民收入增长，缩小了城乡收入差距，促进了城乡融合发展，加快了乡村振兴的进程。

第二节　农村资源资本化的理论探索

农村资源资本化是指把农村欠流动性资源如土地、房产、人力、文化、生态等转化为流动性资本，进而创造新价值的过程。[3]中国农村资源的低度资本化引致了城乡资源配置失衡，这严重制约了农村经济发展。

---

1 李因果，陈学法. 农村资源资本化与地方政府引导［J］. 中国行政管理，2014（12）：48—52.
2 赵伟平. 今年重庆行政村"三变"改革试点将达30%以上［N］. 重庆日报，2022-02-08.
3 李因果，陈学法. 农村资源资本化与地方政府引导［J］. 中国行政管理，2014（12）：48—52.

一、农村资源资本化的主要渠道

1. 土地资源资本化

李国民（2005）以农村土地资源为研究对象，阐述了农村资源资本化运作的必要性和可行性，并总结了土地资源资本化的三种主要运作模式，最后分析了农村土地资源资本化运作的障碍因素，并提出相应对策。[1]王凤林（2018）指出，农村土地资源资本化是市场经济发展的必然需求，通过土地资源资本化，能够实现集约化经营、促进农业融资、加快经营制度的创新和完善以及提高农民收入。[2]Zhou 等（2019）利用中国的数据研究指出，土地整理有助于创造就业机会，促进土地资源的资本化，拓宽农民增收途径，解决贫困地区发展面临的缺土地、缺技术、缺资金的困境，振兴农村经济，为农村发展和脱贫攻坚作出贡献。[3]Zhou 等（2019）指出，深化农村土地制度改革，有利于提高土地资源利用效率，保障农民权益，促进人地关系协调，为乡村振兴注入新的活力和动力，协同推进土地资源资本化改革和户籍制度改革是未来中国土地制度改革的重点领域。[4]Zhang 等（2020）认为农村土地制度改革是乡村振兴的重要前提，因为宅基地流转可以为产业提供新的土地利用空间。[5]Fan 等（2021）认为土地流转是土地资源资本化的有效举措，并以河北阜平太行山土地流转为例，结合生命周期评价（LCA）、生命周期成本评价（LCC）和生态系统服务价值评价方法，量化土地资源资本化全过程和不同阶段的环境负荷、经济成本

1　李国民. 农村资源资本化运作问题探析［J］. 经济问题，2005（7）：53—55.

2　王凤林. 农村土地资源资本化的生态风险及其防范对策研究［J］. 农业经济，2018（6）：94—95.

3　Zhou Y，Guo L，Liu Y. "Land consolidation boosting poverty alleviation in China：Theory and practice"［J］. *Land Use Policy*，2019（82）：339-348.

4　Zhou Y，Li X，Liu Y. "Rural land system reforms in China：History，issues，measures and prospects"［J］. *Land Use Policy*，2019（91）：104330.

5　Zhang Y，Westlund H，Klaesson J. "Report from a Chinese village 2019：Rural homestead transfer and rural vitalization"［J］. *Sustainability*，2020，12（20）：8635.

和生态系统服务价值的变化。[1]Guo 和 Liu（2021）探讨了通过土地资产化扶贫的机制，并讨论了土地资产对乡村振兴的影响。结果表明，土地通过其生产生活生态功能的结合促进农村发展，中国农村的反贫困政策应更加重视土地制度改革，因为土地数量不足和质量差是农村贫困的重要原因。深化农地制度改革，优化了农村生产关系，激活了土地要素，实现了土地由资源向资产的转化，有效促进了中国农村的扶贫开发。此外，有必要建立利益联系和共享机制，以确保土地资产化的顺利进行。[2]Shi 和 Shang（2020）提出了一种创新的土地资产证券化的利益分享方式和方法，他们将被占用的土地作为发展计划中的资本投资，而不是仅仅基于自然资源转移理论的流离失所资产补偿，土地资产证券化采取的是土地资源化、土地资源资本化和土地资产证券化的方法。[3]

2. 生态资源资本化

严立冬等（2009）基于生态资源资本化的理论与现实视角，分析了生态资源、生态资产、生态资本的内在联系，对生态资源价值实现的资本化过程进行探讨，最后提出了生态资本积累以及生态资本价值评估、运营与管理等重要研究课题。[4]胡滨（2011）指出，在"合理利己主义"和"生态人假设"的前提下，生态资本化既可以满足人类对物质财富的追求，同时也可以实现生态环境的有效保护，从而达到人与生态的和谐共生及可持续发展这一终极目标。[5]严立冬等（2011）对水资源生态资本化运营进行了深入探讨，指出水资源生态

1 Fan W, Chen N, Yao W, et al. "Integrating environmental impact and ecosystem services in the process of land resource capitalization: A case study of land transfer in Fuping, Hebei" [J]. *Sustainability*, 2021, 13 (5): 2837.

2 Guo Y, Liu Y. "Poverty alleviation through land assetization and its implications for rural revitalization in China" [J]. *Land Use Policy*, 2021, 105 (3): 105418.

3 Shi G, Shang K. "Land asset securitization: An innovative approach to distinguish between benefit-sharing and compensation in hydropower development" [J]. *Impact Assessment and Project Appraisal*, 2020 (2): 1-12.

4 严立冬, 谭波, 刘加林. 生态资本化: 生态资源的价值实现 [J]. 中南财经政法大学学报, 2009 (2): 3—8+142.

5 胡滨. 生态资本化: 消解现代性生态危机何以可能 [J]. 社会科学, 2011 (8): 55—61.

资本化运营是水资源价值实现和增值的关键，并进一步分析了水资源生态资本化运营的前提条件、约束条件、支持条件和保障条件，最后从资产评估、产权制度建设、资本技术内生化创新和资本市场培育等方面对水资源生态资本化运营的可行性进行了探讨。[1]张文明和张孝德（2019）给出了生态资源资本化的定义，即通过认识、开发、利用、投资、运营等环节来实现生态资源价值保值增值的过程。[2]生态资源资本化遵循的演化路径为"生态资源—生态资产—生态资本"，这也体现了生态领域中"资源—资产—资本"三位一体新型资源管理观的实践运用。张文明（2020）研究指出，福建省的"森林生态银行"借鉴了银行运营模式，采取"分散式输入、集中式输出"的构建模式，进而收储、整合和优化具有碎片化和分散化特征的林业资源，打通了资源变资产、资产变资本的通道，具有一定的启发性。[3]葛宣冲和郑素兰（2022）指出，欠发达地区乡村生态资本化作为全面推进乡村振兴战略的重要内容，离不开新时代民营企业家精神的催化。[4]

3. 自然资源资本化

严立冬等（2018）阐明了自然资源资本化价值的构成内容，并结合中国自然资源制度与实情，提出要从产权、技术、市场和政策等方面建立健全自然资源资本化价值实现的必要条件，从价值认识上转变自然资源开发模式，进而实现保值增值。[5]崔莉等（2019）以福建省南平市为例分析了生态产品价值市场化路径，对于政府引导和企业主导结合的"生态银行"模式，从其设计思

1　严立冬，屈志光，方时姣. 水资源生态资本化运营探讨［J］. 中国人口·资源与环境，2011，21
（12）：81—84.

2　张文明，张孝德. 生态资源资本化：一个框架性阐述［J］. 改革，2019（1）：122—131.

3　张文明. 完善生态产品价值实现机制——基于福建"森林生态银行"的调研［J］. 宏观经济管理，
2020（3）：73—79.

4　葛宣冲，郑素兰. 新时代民营企业家精神：欠发达地区乡村生态资本化的"催化剂"［J］. 经济问题，
2022（3）：46—52+89.

5　严立冬，李平衡，邓远建，等. 自然资源资本化价值诠释——基于自然资源经济学文献的思考［J］.
干旱区资源与环境，2018，32（10）：1—9.

路、总体架构、交易流程、操作模式等四个方面进行了详细阐述，有效解决了自然资源前端分散输入、中端整合、后端集中开发等三个方面的具体问题，打通了资源变资产再成资本的渠道，是对市场化、可持续的生态产品实现价值机制的积极探索。[1]张伟（2020）指出，绿色创新合作型生态补偿是自然资源资本化的实现路径。绿色创新合作型生态补偿是指流域下游的受益方与上游的受损方开展绿色创新合作，代替传统的经济赔偿的过程或行为，其运作模式包括绿色创新股权合作型生态补偿模式和绿色创新非股权合作型生态补偿模式。[2]臧宏宽等（2021）以坚持市场主导、坚持适度干预、坚持透明公开为基本原则，系统分析了自然资源资产化、产权化、资本化、产业化的实施路径，从产权、市场、金融产品等方面构建了自然资源资本化框架，进而对自然资源资本化运行市场建设要素和交易形成进行了探讨和分析。[3]

二、农村资源资本化的可行路径

1. 土地资源资本化的路径

一是放活土地经营权，防止土地过度资本化。全世文等（2018）研究指出，放活土地经营权、实现土地资本化是现阶段中国农村土地"三权分置"制度改革的核心。[4]为引导农村土地合理资本化、严格防止农村土地过度资本化，国家需进一步规范土地经营权交易市场和调整农业补贴政策。二是加强风险防范，发挥村集体经济组织在土地资本化过程中的作用。王凤林（2018）研究指出，农村土地资源资本化过程中面临着自然风险、政策性风险和市场风

---

1 崔莉，厉新建，程哲. 自然资源资本化实现机制研究——以南平市"生态银行"为例 [J]. 管理世界，2019，35（9）：95—100.

2 张伟. 绿色创新合作型生态补偿：自然资源资本化的实现路径 [J]. 经济体制改革，2020（6）：5—12.

3 臧宏宽，胡睿，郝春旭，等. 自然资源资本化运行市场建设框架建立与实施路径 [J]. 生态经济，2021，37（12）：158—162.

4 全世文，胡历芳，曾寅初，等. 论中国农村土地的过度资本化 [J]. 中国农村经济，2018（7）：2—18.

险,需进一步加强对这些风险的防范。[1]Zhang等（2020）以浙江省义乌市万塘空心村改造为案例,系统分析了当地村集体经济组织在宅基地流转改革中的作用和功能。研究发现,当地村集体经济组织在宅基地流转改革中发挥了重要作用,有效促进了宅基地资源向资本的转化。[2]三是要建立健全利益联结和利益共享机制。Guo和Liu（2021）研究发现,深化农地制度改革,优化了农村生产关系,激活了土地要素,实现了土地由资源向资产的转化。[3]有必要建立利益联结和共享机制,以确保土地资产化的顺利进行。

2. 生态资源资本化的路径

一是完善资源产权制度和生态产品价值实现机制,可实施"生态银行"模式。张文明和张孝德（2019）研究指出,生态资源资本化需要经历三个主要阶段:资产化、资本化和可交易化。[4]生态资源资本化路径可分为直接和间接转化路径,具体包括生态产品直接交易、生态产权权能分割、生态资产优化配置、生态资产投资运营等。张文明（2020）认为,"生态银行"是促进农村生态资源资本化的可行渠道,完善生态产品价值实现机制的重点在于健全生态资源资产价值量化评估机制、完善自然资源产权制度、优化生态资源资产管理制度和营造有利于生态产品价值实现的市场环境。[5]二是可注入民营资本,推动生态资本化。葛宣冲和郑素兰（2022）分析了民营资本注入对欠发达地区乡村生态资本化的重要意义,提出通过新时代民营企业家精神规范引导资本下乡,

---

1 王凤林. 农村土地资源资本化的生态风险及其防范对策研究 [J]. 农业经济, 2018 (6): 94—95.

2 Zhang Y, Westlund H, Klaesson J. "Report from a Chinese village 2019: Rural homestead transfer and rural vitalization" [J]. *Sustainability*, 2020, 12 (20): 8635.

3 Guo Y, Liu Y. "Poverty alleviation through land assetization and its implications for rural revitalization in China" [J]. *Land Use Policy*, 2021, 105 (3): 105418.

4 张文明, 张孝德. 生态资源资本化: 一个框架性阐述 [J]. 改革, 2019 (1): 122—131.

5 张文明. 完善生态产品价值实现机制——基于福建森林生态银行的调研 [J]. 宏观经济管理, 2020 (3): 73—79.

壮大民营资本以带动欠发达地区生态经济发展。[1]三是统筹兼顾,从产权、科技、产业融合、社会资本等方面制定系统性的举措。贺奋清(2022)从四个方面提出推进新时代乡村生态资本化的突破路径:首先以明晰产权为逻辑起点,调动产权主体的积极性,增加生态资源的流动性;其次要发挥绿色科技的"助推器"作用,兼顾生态收益与生态补偿,促使生态资产向生态资本良性转化;再次要以三产融合为着力点,催生新产业、新业态、新模式,打造一体化的产业链;最后要多元共振打出"组合拳",发挥政府顶层设计引导作用,鼓励社会资本有序参与。[2]

3. 自然资源资本化的路径

国外学者大量研究表明,旅游是自然资源资本化的可行渠道。Popescu(2015)研究发现,生态旅游通过教育、研究和娱乐为旅游消费提供最佳条件,并旨在保护和保存生物多样性和景观,为农村资源资本化提供了可行渠道。[3]Awang 等(2017)研究指出,消费驱动型旅游业的发展导致各种旅游形式的出现,乡村旅游就是其中之一,乡村旅游有利于经济贫困的乡村地区的资源资本化。[4]Popescu 等(2022)对罗马尼亚莫耶丘地区乡村旅游活动的发展阶段进行分析发现,乡村旅游活动促进了当地资源的资本化水平。

国内学者立足中国实际情况,也提出了自然资源资本化的可行路径。[5]严立冬等(2018)分析了自然资源资本化价值实现的四个条件——产权界定、生态技术支撑、市场建设和政策支持,认为实现自然资源的保值增值需要转变资

---

1 葛宣冲,郑素兰. 新时代民营企业家精神:欠发达地区乡村生态资本化的"催化剂"[J]. 经济问题,2022(3):46—52+89.

2 贺奋清. 新时代乡村生态资本化:理论演进及实践理路[J]. 经济问题,2022(7):27—34.

3 Popescu M. "Management of ecotouristic resources in southern Dobrogea, Romania, public recreation and landscape protection-with man hand in hand" [J]. *Public recreation and landscape protection*, 2015:134-138.

4 Awang K W, Aslam M, Zamzuri N H, et al. "Accessing sustainable rural Tourism: A qualitative analysis of Gomantong Cave, Sabah" [J]. *Advanced Science Letters*, 2017, 23(9):8047-8050.

5 Popescu G, Popescu C A, Iancu T, et al. "Sustainability through rural tourism in Moieciu area-development analysis and future proposals" [J]. *Sustainability*, 2022, 14(7):4221.

源开发模式，关键在于转变对自然资源的价值认识。[1]崔莉等（2019）研究指出，"生态银行"的实践打通了资源变资产再成资本的通道，是市场化、可持续生态产品实现价值机制的积极探索。[2]张伟（2020）认为，绿色创新合作型生态补偿是自然资源资本化的有效实现路径。[3]

第三节　农村资源资本化的五种模式

一、资源股权化经营模式

要理解农村资源股权化经营，首先要厘清股权化经营的概念。股权化经营即我们通常所说的股份制经营，这一经营形式的典型特征在于将分散的、权属不一的经营要素通过资产入股的方式集中起来并进行统一的经营和管理，并对经营成果在货币形式上按照入股比率进行分红。在此基础上，我们可对农村资源股权化经营进行定义：将农民的多种资源（耕地、林地、房屋、现金和集体资源等）入股，形成经营实体，通过实体经营实现效益，农民通过按股分红获得收益的新型经营形式。

1. 资源股权化经营的实现方式

就全国各地的实践来看，农村资源股权化经营的实现形式不尽相同，不同资源的股权化经营实现形式也存在或多或少的差异。以较为普遍的农地股权化经营为例，较为典型的有三种方式：一是集中流转方式。这一方式又可进一步分为委托代理型和社区型。委托代理型是集体经济组织首先将农户分散的农地经营权集中起来，随后委托特定机构对农地流转、股权认定等进行运作，最后

1　严立冬，李平衡，邓远建，等. 自然资源资本化价值诠释——基于自然资源经济学文献的思考 [J]. 干旱区资源与环境，2018，32（10）：1—9.

2　崔莉，厉新建，程哲. 自然资源资本化实现机制研究——以南平市"生态银行"为例 [J]. 管理世界，2019，35（9）：95—100.

3　张伟. 绿色创新合作型生态补偿：自然资源资本化的实现路径 [J]. 经济体制改革，2020（6）：5—12.

集体经济组织拿到委托机构返还的收益并按照股权比例将其分配给农户。社区型作为一种新型的股权化制度，其特点在于依照股份合作制原则将一定社区范围内农户的农业生产要素进行联合，再由社区统一进行经营管理。这一模式确定配股对象的方法是依据社区户口，并设置多种不同的股权，例如基本股、承包权股和劳动贡献股，并按照不同系数来计算股权比例。二是企业化方式。这一方式的本质是将分散的农地进行集中经营，并循序渐进步入企业化轨道。其特点在于经营灵活，农户、集体经济组织、从事农业经营的企业等都可以作为出资对象，同时有利于提高农户的组织化程度，增强农户抵御市场风险的能力。三是家庭农场方式。这一方式是将分散的农地集中连片流转给受让方（主要是农业经营能人或农业生产大户），随后以家庭农场作为基本经营单位且进行股份合作经营。与集中流转方式和企业化方式相比，家庭农场方式的成本更低，收益更高。就集中流转、企业化、家庭农场三种农地股权化经营方式而言，尽管其特点各不相同，但具体的运作方式具有相似之处，包括以下几个流程：一是界定农地产权；二是签订农地股权化协议；三是评估折价、核算股权；四是股权配置；五是建立管理机制。

2. 资源股权化经营模式中农民增收的机制

大量的理论和实践经验表明，农村资源股权化经营是促进农民增收的可行路径。具体来看，资源股权化经营促进农民增收的机制在于以下几个方面：第一，激活农村"沉睡"资源，最大限度发挥资源的生产效能。以农地股权化经营为例，股权化经营模式进一步明晰了农户与土地的产权关系，农户通过股权成为土地的集体主人，必然激发农民对土地的使用与保护，进而释放闲置土地的功能，最大限度发挥土地的生产效能，促进农民收入增长。第二，降低资源流转成本，实现规模效益。资源股权化经营模式一定程度上缓解了资源流转过程中的供需矛盾，有效降低了资源的流转成本，将小农分散经营变为规模经营，提高了资源的利用效率，同时壮大集体经济实力，实现规模效益。第三，根据股权分配收益，直接增加农民收入。在资源股权化经营模式中，农民以资源要素入股，年终按照股权比例进行收益分配和配股分红，直接增加了农民的收入，同时也使农民的收入更有保障。第四，加速农村产业融合发展，有效拓宽了农民增收渠道。资源股权化经营模式在一定意义上促进了农村的第二次飞跃，因为这一模式促进了农村集体经济的重构。资源股权化为农村劳动力带来了更多第二、第三产业的就业机会，加速了农村产业融合发展和农业农村现代化进程。

3. 资源股权化经营模式的适用范围与条件要求

从理论上来看，资源股权化经营模式可用于所有农村地区，但从经营可持续性和经营效率的角度来看，其适用范围主要是"三农"组织化程度较高、某种或多种资源较为丰富且产权界定明晰的农村地区。以农地股权化经营模式为例，其实施基础在于坚持家庭联产承包责任制。除此之外，资源股权化经营模式的实施还需要两个前提条件：其一，发达的非农就业体系。理论和实践表明，农村资源股权化经营的推广受到大量富余劳动力滞留于农业的阻碍。以农地股权化经营为例，虽然农地流转发生在农村，但城镇却是创造流转条件的地方，城镇化为农业富余劳动力向外转移提供空间，工业化则为农村富余劳动力向内转化提供条件，这正是土地流转得以实现的关键。其二，社会保障到位。就农村地区的实际情况来看，农村资源难以流转的另一个重要原因是农民将这些资源视为解决基本生活问题的保障，因此不愿意放弃。农村社保机制的缺失或不健全导致资源难以流转，股权化经营也就无从谈起。因此，实现资源股权化经营一是要转移农村富余劳动力，二是要健全农村社保制度。

4. 资源股权化经营模式存在的问题与解决思路

通过调研发现，当前农村资源股权化经营存在着三个方面的主要问题：一是农民参与度不够。就本书课题组在重庆、四川、贵州等地的实地调研来看，农民对资源股权化改革的关注度还不高，对改革流程不熟悉，在资源股权化经营中的参与度不够，尤其是在一些较为落后的农村地区，农民参与热情不高，导致其对资源股权化经营模式中的流程不熟悉，例如清产核资、成员界定、量化确权等环节，这在一定程度上减缓了农村资源股权化经营的进程，制约了农民收入增长。二是专业人才匮乏。农村资源股权化经营模式涉及多个流程，其中清产核资、量化确权等环节更是重点和难点，需要专业人才及其专业技能知识的支撑。就当前农村地区来看，尤其是西部偏远农村地区，青壮年大量流向城市，而城市人才很少回流农村，导致清产核资、量化确权等环节所需的专业人才尤为匮乏，这严重制约了农村资源股权化改革。三是产权界定困难。随着经济社会发展和城镇化的推进，不少农村地区经历了合村并居和合村并镇，行政村、村民小组原有界限被打破、重整的情况普遍存在，这一情况为农村资源的清产核资带来了难题，尤其是存在争议性的农村集体资产，其产权主体界定较为困难。针对上述三个问题，可从以下思路来解决：一是积极宣传和引导，提高农民参与资源股权化经营的意愿。例如，加大力度宣传农村资源股权化经营的长远意义，从农户自身利益的角度出发，告知农户资源股权化经营的优点和重要性。二是加快培育和引进相关专业人才，为资源股权化经营筑牢人才基础。为此，可加强对村干部的相关专业知识培训，提升村干部对农村资源股权化经营的认识，同时加大力度鼓励和支持相关专业人才向农村地区的回流。三是以历史为依据，合理界定农村资源的产权边界。例如，针对行政村合并带来的资源产权界定争议情况，可以合并的时间为依据来界定产权归属，针对边界不清晰的集体资产，可通过村集体协商的形式予以解决。

5. 成功案例分析

（1）徐治塆八巷九弄乡村旅游合作社。徐治塆是位于湖北省武汉市新洲区邾城街巴徐村的一个村民小组，共有 119 户，386 人。2015 年，通过现金、房屋、土地、劳动力"四入股"的方式，徐治塆成立了"八巷九弄乡村旅游合作社"，以治理村湾环境，发展乡村休闲旅游。[1]八巷九弄乡村旅游合作社为村内资源资产定价的方式较为特殊，具体包括：现金 5000 元一股，户户入股；房屋每平方米 1000 元，每栋平均 198 平方米，总价 19.8 万元；土地以流转市价为基数（600 元/亩/年），并结合当时的银行定期存款利率（约 3%），折算下来一亩地的股本约 2 万元；劳动力方面，每天登记出工量，工钱的 80% 入股，20% 发放给村民作为生活费。经过上述定价后，合作社的总股本达到3000 余万元。

（2）何斯路村草根休闲农业专业合作社。何斯路村位于浙江省义乌市城西街道，面积 3.7 平方千米，村民 1166 人。为推动村庄休闲农业发展，何斯路村于 2011 年成立了草根休闲农业专业合作社，以股份合作方式，公开向村民和社会募集股本，并统一管理村庄的相关产业发展事务。[2]草根休闲农业专业合作社的一大特点在于首创了生态股份，村民人人入股，将何斯路的山水都折价算入股权中，以 25% 的生态股和 75% 的资源股形成最终的股份配比。经过一段时间的发展后，以 10∶3 的比例确定二次增扩股，既维护了原始股东的权益，又吸收了新的股本。不仅健全农业社会化服务体系，提高农民的组织化程度，又推进农业产业化经营，实现利润共享，大大提高了村庄的整体经济效益。

就上述两个合作社的成功实践来看，其资源股权化经营模式的主要差异在于入股资源，徐治塆八巷九弄乡村旅游合作社的入股方式包括现金、房屋、土地和劳动力，而何斯路村草根休闲农业专业合作社主要是生产资源入股。与此同时，二者也存在一些共同的经验做法：一是结合地区资源禀赋情况，对资源股权化经营进行创新；二是建立健全合作共享机制，增强农民参与资源股权化

1　傅才武. 推动乡村文化共同体与经济共同体协同共建［N］. 中国社会科学报，2017-11-29.
2　王辉，金子健. 新型农村集体经济组织的自主治理和社会连带机制——浙江何斯路村草根休闲合作社案例分析［J］. 中国农村经济，2022（7）：18—37.

经营的积极性；三是重视乡村休闲旅游，走产业融合发展道路。

二、资源抵押融资模式

农村资源抵押融资是指农业经营主体和农户通过抵押品向银行业金融机构申请贷款，抵押品则是其所拥有的资源资产及其相关权利。具体来看，作为资源抵押融资抵押品的包括土地承包经营权、集体建设用地使用权、住房财产权、林权、水域滩涂养殖权、集体资产股份、农业设施、大型农机具等。作为一种特殊的融资形式，农村资源抵押融资是盘活农村资源资产，解决"三农"融资难题的重要举措。

1. 资源抵押融资模式的实现方式

基于全国各地农村资源抵押融资实践，根据融资参与主体与实现路径的不同，可将农村资源抵押融资实现方式总结为以下三种：第一种，基本型资源抵押融资。这一方式又可细分为两种类型：一是参与主体为"资源产权持有人+银行"，其运行机制是借款人以资源产权为抵押，直接向银行申请贷款；二是参与主体为"资源产权持有人+抵押担保结构+银行"，其运行机制是借款人以资源产权为抵押，然后由担保机构提供抵押担保，进而向银行申请贷款。第二种，风险分担型资源抵押融资。这一方式也包括两种类型：一是参与主体为"资源产权持有人+抵押担保机构+政府+银行"，其运行机制是借款人以资源产权作为抵押，然后由担保机构提供抵押担保，进而向银行申请贷款，若出现不良贷款，则由政府提供不良贷款风险补偿金；二是参与主体为"资源产权持有人+抵押担保机构+政府+保险机构+银行"，其运行机制是借款人以资源产权作为抵押，然后由担保机构提供抵押担保，进而向银行申请贷款，若出现不良贷款，则由政府和保险机构提供配套风险补偿保障。第三种，增信型资源抵押融资。这一方式可分为四种类型：一是参与主体为"资源产权持有人+农户信用评级机构+政府+保险机构+银行"，其运行机制是借款人以资源产权作为抵押，担保机构为其提供抵押担保，与此同时通过农户信用评级予以担保，向银行申请贷款；二是参与主体为"资源产权持有人+结对农户+抵押担保机构+政府+银行"，其运行机制是在资源产权流转结对协议的基础上，借款农户将资源产权当作抵押物向银行申请贷款；三是参与主体为"资源产权持有人+合作社/村集体经济组织+抵押担保机构+政府+银行"，其运行机制是农户将资源产权折股入资，村集体经济组织或农业合作社作为抵押融资主体，向银行申请抵押担保融资；四是参与主体为"资源产权持有人+行业协会+抵押担保机构+政府+银行"，其中借款人为行业协会，通过农业产业链打包担保进行融资，进而为行业内的经营主体提供资金支持。

2. 资源抵押融资模式中农民增收的机制

与资源股权化经营模式相比，资源抵押融资对农户收入发挥的是间接增收作用。从理论上来看，在农村资源抵押融资模式的实践中，农户通过资源及其相关权利作为抵押向银行申请贷款，提升了农户获得生产发展所需金融资源的概率，一定程度上提高农户的资源（劳动力、土地等）配置效率，进而促进农民增收。一般来说，农户作为理性经济人，在获得抵押融资后会对长短期利益进行较好的权衡，进而作出合理的生产安排，进而实现收入增长。具体而言，资源抵押融资模式促进农民增收有如下两个主要机制：一是规模效应机制。农户通过资源抵押获得外部融资后，为使得收益最大化，农户会基于帕累托最优原则按确定的贷款用途进行资源配置，将外部融资用于扩大生产经营规模，进而实现收入增长。内部规模经济的存在是这一机制得以实现的原因，在技术条件不变的情况下，随着农户生产规模的扩大，农户分摊到每单位产品上的固定成本便会减少，生产利润随之增加。二是效率提升机制。农户通过资源抵押获得外部融资后，将所得贷款用于购买先进生产设备、改进生产管理技术等方面，在一定程度上能有效提升农业生产经营效率，降低生产成本，进而促进农民收入增长。

3. 资源抵押融资模式的适用范围与条件要求

(1) 资源抵押融资模式的适用范围。从前文分析可知，不同类型资源抵押融资实现方式，其运行机制存在差异，适用范围也必然有所不同。就基本型资源抵押融资来看，"资源产权持有人+银行"类型适用于资源产权权属清晰的地区，"资源产权持有人+抵押担保结构+银行"类型适用于已设立政策性农业抵押担保机构的地区。就风险分担型资源抵押融资来看，"资源产权持有人+抵押担保机构+政府+银行"类型适用于已建立风险补偿机制的地区，"资源产权持有人+抵押担保机构+政府+保险机构+银行"类型适用于资源产权融资相关配套机制健全的地区。就增信型资源抵押融资来看，"资源产权持有人+农户信用评级机构+政府+保险机构+银行"类型适用于农村征信系统完善的地区，"资源产权持有人+结对农户+抵押担保机构+政府+银行"类型适用于能实现农户间担保结对协议签订与实施的地区，"资源产权持有人+合作社/村集体经济组织+抵押担保机构+政府+银行"类型适用于农业合作社或村集体经济组织运营管理良好的地区，"资源产权持有人+行业协会+抵押担保机构+政府+银行"类型适用于行业协会具有一定规模且运行规范的地区。

(2) 资源抵押融资模式的条件要求。首先，中国农村资源抵押融资模式的实践离不开法律制度的支持。当前除集体林权抵押外，土地承包经营权、农房、自然资源等的抵押融资在一定程度上还存在法律障碍。其次，农村资源抵押融资还需要人才队伍、信息技术的支撑以及相应的配套服务，尤其是资源抵押融资中的确权、核算等环节。最后，农村资源抵押融资模式还离不开健全的社会保障，只有农村社会保障制度逐渐发展和完善，农村经济发展到一定水平，农民才有可能通过资源抵押获得融资投入生产生活的需求。

4. 资源抵押融资模式存在的问题与解决思路

(1) 资源抵押融资模式存在的问题。一是农村资源资产确权工作推进缓慢。一方面在于资源确权成本较高，以农村土地承包经营权的确权登记为例，确权面临的现实问题便是成本开支；另一方面在于资源产权专业评估体系的不完善，长期以来受城乡二元经济的影响，目前农村资源评估还处于前期探索阶段，专业评估机构与相关人才还非常紧缺，也尚未形成系统的评估方法、标准和长效机制。二是交易成本过高。当前农村资源抵押融资的实现程序较为复杂，增加了金融机构在信息、签约、经营等方面的费用，抑制了农村资源抵押融资的发展。究其根源，导致交易成本过高的主要原因在于信息不对称和复杂的操作程序。三是农业信贷担保体系尚不健全。现阶段，中国农业政策性担保机构尚未实现广覆盖，导致很多农村地区资源抵押融资无法推进和实现，这制约了广大农户和新型农业经营主体的发展。四是不良贷款风险转移机制不健全。农业属于易受自然灾害和气候变化影响的高风险产业，农村资源抵押融资产权的特殊性以及不良贷款抵押物难以处置，都加大了金融机构放贷的风险。

（2）资源抵押融资存在问题的解决思路。一是加快推进和完善农村资源确权工作。加大县级财政资金投入力度，以有效推进农村资源确权工作的开展，加快资源资产的权属登记；同时健全农村资源资产评估体系，加快建立农村产权专业评估委员会，规范资源价值评估流程和管理办法。二是多举措降低交易成本。简化农村资源抵押融资的程序和模式，鼓励和支持信息化、智能化的金融工具和技术应用于农村资源抵押融资，降低资源抵押融资过程中的交易费用。三是优化农村资源信贷担保与抵押登记服务体系。为此，要加快建立健全农业信贷担保体系和农村资源抵押登记管理网络信息系统，加强农业、林业、国土房管、工商等多个部门的沟通合作，健全资源抵押登记服务体系，完善抵押登记的操作规程与管理办法。四是完善农村资源抵押担保融资的风险分担补偿机制。一方面，成立农村资产管理公司，建立风险分担补偿机制，集中收购和处置相关不良贷款的抵押物；另一方面，设立资源抵押贷款风险补偿基金，独立运行与核算，以补偿不良贷款损失。

5. 成功案例分析

（1）福建连江县生态资源抵押融资案例。近年来，连江县通过构建"资源+评估+信贷"的市场化运行机制，就生态资源抵押融资进行了较为成功的探索实践，疏通了自然资源向产业资本转化的渠道。通过分析发现，连江县资源抵押融资实践具有三个步骤：首先是制定清晰明确的核算体系。探索建立了自然资源资产负债表，其中包含五大类表（存量、质量、流向、价值、负债），并充分利用现代信息技术搭建信息化管理平台，对自然资源做到定点、定量核算。其次是对资源价值评估标准化展开探索。连江县通过制定自然资源质量价值核算体系，为自然资源向可量化、有价值的生态产品的转化提供了可资借鉴的地方标准。最后实现自然资源资本化。连江县通过引入权威的专业评估机构来综合评估生态产品价值，使生态产品成为可进行抵押和融资的生态资产。

（2）浙江丽水大田村 GEP 核算与融资案例。2019 年，丽水市遂昌县大田村发布了全国首个村级 GEP（生态系统生产总值）核算报告。报告显示，2018 年，大田村 GEP 约为 1.6 亿元。大田村 GEP 包括物质产品、调节服务和文化服务三部分价值，分别约为 0.246 亿元、1.276 亿元和 0.081 亿元。[1] 凭借 GEP 核算结果，大田村向国家开发银行申请生态产品价值实现专项授信贷款，目前一批生态产品价值实现类项目已获得国家开发银行总行同意，预计后续将获得 30 亿元的贷款授信。浙江丽水大田村 GEP 核算的成功经验主要在于两个方面：一是注重顶层设计。通过与科研机构、著名高校进行合作开展理论研究与实践探索，构建形成一套科学制度体系，包括生态产品价值核算评估、质量认证、市场交易、生态信用等内容。二是强调市场参与。丽水市在生态产品政府采购和市场交易等制度建设方面，充分发挥市场在资源配置中的决定性

1　郑亚丽，钱关键. GEP 核算标准为绿水青山"定价"［N］. 浙江日报，2022-06-17.

作用。

（3）贵州罗甸单株活立木按揭贷款案例。近年来，贵州汇生林业有限公司在贵州省罗甸县成功流转了近3万亩荒山，用于种植一种珍贵林木——罗甸降香黄檀。在全国范围内，罗甸县率先为降香黄檀办理了单株活立木不动产登记证，这一举措不仅为珍贵林木市场交易开辟了新通道，也为金融资本进入林业产业提供了新渠道。国家林业和草原局因此将罗甸县列入"国家珍贵树种培育示范县"，对参与农户来说，他们可获得流转土地所产出林木资产价值20%的分红。为持续推动降香黄檀的资源转化，贵州乾朗交易中心搭建了"黔乾商城"交易平台，并与贵阳银行开展合作，客户在平台上支付首付款而购买活木产品后可以向贵阳银行申请"爽绿贷"，只需要将其所购活木的不动产权作为抵押担保即可，这一实践为破解森林资源变现难题闯出了新路。

三、资源股权化经营融资混合模式

资源股权化经营融资混合模式可谓是资源股权化经营模式与资源抵押融资模式的有机结合。作为农村资源资本化的一种创新形式，资源股权化经营融资混合模式既有资源股权化经营和资源抵押融资的特征，同时也表现出一些不同之处。为此，我们从实现方式、促进农民增收的机制、适用范围与条件要求、存在的问题与解决思路等多个方面对这一模式展开分析。

1. 资源股权化经营融资混合模式的实现方式

农村资源股权化经营融资混合模式主要通过成立村域资产管理公司来落地实践，其实现形式包括三种：一是直接经营模式。在直接经营模式中，作为农村资源的"整合者"，村集体首先对村内相关资源进行勘查，完成"三产"资源的内部"初次定价"，随后依法统一由村集体所有，按政策做股到户，并依据传统习惯与社会资本等有效促进村民股权交易合约结构化，进而实现村民股权的内部价值化流转。二是PPP组合投资模式。在这一模式中，新型农村集体经济组织充当了村域资产管理公司的角色，将村内部完成初次定价的资产参股或"发包"给村内不同的经营主体，或遵循"合作社法"将外来投资主体引入其中，从而形成 PPP 模式的组合投资，促进资源开发的多元化。三是资产证券化 ABS 融资模式。这一模式即将地方"场外交易"资本市场引入，作为直接融资渠道，以促进资源性资产的直接融资，推进生态资产证券化，实现权属可拆分交易，新型集体经济组织扮演"回购商"角色。

2. 资源股权化经营融资混合模式中农民增收的机制

就资源股权化经营融资混合模式来看，既可直接促进农民收入增长，也可间接促进农民收入增长。具体而言，主要体现在以下三个方面：第一，形成资产价格，促进农民财产性收入增长。如直接经营模式，通过"一级市场"使农村资源成功向价值化股权转化，既有利于提升集体经济对外谈判的地位，又能增加农民财产性收入。第二，引入多样化经营主体推动资产增值，进而促进农民收入增长。第三，做大信用资本，通过拓宽融资渠道助力农民增收。如资产证券化 ABS 模式，促进了资源性资产的直接融资，使乡村集体股权资产委托交易逐步走向证券化，通过全域生态资产的可拆分交易促进与外部过剩金融资本的有效对接，为农民增收开拓了更广阔的融资渠道。

3. 资源股权化经营融资混合模式的适用范围与条件要求

（1）资源股权化经营融资混合模式的适用范围。一方面，相对于资源股权化经营模式和资源抵押融资模式而言，资源股权化经营融资混合模式更为复杂，其适用范围也有所不同，这一模式的探索实践需要建立在资源股权化经营和资源抵押融资成果实践的基础之上；另一方面，就资源股权化经营融资混合模式来看，集体经济组织作为"中间人"，普遍充当了村域资产管理公司的角色。因此，对于一个地区而言，资源股权化经营融资混合模式是否适用，还要看集体经济组织或村域资产管理公司是否发育成熟。

（2）资源股权化经营融资混合模式的条件要求。就资源股权化经营融资混合模式的三种实现形式来看，这一模式的条件要求超过了资源股权化经营模式和资源抵押融资模式的要求。推行资源股权化经营融资混合模式，涉及一系列与现代资本市场相关的中介服务，如资产评估、资源抵质押、资产处置、资产流转交易、产权变更、保险担保、法律服务、信息查询和争议处理等。为此，这一模式的运作需要多个部门的协作，尤其是在相关政策制定等方面。

4. 资源股权化经营融资混合模式存在的问题与解决思路

（1）资源股权化经营融资混合模式存在的问题。就本书课题组调研结果来看，当前资源股权化经营融资混合模式主要存在以下三个问题：一是管理机制缺失或不健全。切实可行的制度与体系是做好村域资产管理工作的根本保障，然而目前多数地区的村域资产管理制度还存在问题，管理主体不明确，管理体系尚未建立健全，这制约了资源股权化经营融资混合模式的健康发展。二是相关专业人才较为匮乏，资产评估科学性较差。一方面，多数农村集体资产管理者素质不高，专业能力不强，无法满足村域资产管理的要求，降低了村域资产管理水平；另一方面，由于农村地区的经济、地域等因素，一些农村地区尤其是偏远贫困山区缺乏专业评估机构，导致对农村资源的评估存在很大偏差，很难挖掘出资源的真实价值。三是配套改革停滞不前。资源股权化经营融资混合模式对资本市场相关配套改革有了更高要求，涉及银行、保险、担保、证券等多方面金融机构，这便需要与之相匹配、相互协调的配套政策和支持体系。

（2）资源股权化经营融资混合模式存在问题的解决思路。一是加快建立健全村域资产管理机制。一方面，根据地区实际情况，有条件的地区可设立村域资产管理公司，通过专业化、规范化、现代化的管理体制机制促进村域资源管理，推动资源股权化经营融资混合模式发展；另一方面，对于没条件成立专业村域资产管理公司的地区，应进一步落实集体经济组织的管理职能。二是加快培育引进相关专业人才，提升村域资产管理水平，同时引进专业评估机构，推动农村资源评估科学化和合理化。三是推动配套改革，建立健全相关金融机构的配套支持体系，处理好政府与市场的关系，促进资源股权化经营融资混合模式的高质量发展。

5. 成功案例分析

就资源股权化经营融资混合模式来看，国内较为典型的案例为福建永春县探索培育生态产品"三级市场"。永春县位于福建省东南部，总面积为1455.43平方千米，生态环境良好，地热、水、农产品、药材、矿藏等资源丰富。近年来，永春县的主要做法与成效可概括为以下两个方面。

（1）创新体制机制改革，筑牢绿色金融转化基础。一是创新深化集体林权制度改革。坚持确权赋能，根据承包合同灵活确定确权期限，累计颁发34本非规划林地林权证，明晰产权面积1.3万亩。坚持搭建平台，建立健全和创新林业产权金融支持服务体系，设立产权招标中心，累计办理581宗林权流转，面积达到10.3万亩，总价值达1亿多元。建立产权抵押融资风险分担机制，成立永绿林业发展有限公司，提供林权流转交易、收储、担保等服务，累计完成林权（林地、林木）赎买1.3万亩。二是创新探索农村土地制度改革。永春县为破解农村发展体制机制性障碍，建立了农村土地资源有效流转机制，出台《农村承包土地的经营权抵押贷款试点实施方案》，累计发放贷款6270.5万元，被列入全国农村承包土地经营权抵押贷款试点县。[1]

（2）探索生态产品"三级市场"改革，推动资源转化。一是建立"一级市场"，推动生态资源转变为生态资产。主要做法包括建立"绿色资源"台账、实现确股确权、强化资源管理流转储备、谋划生态产品转化项目和深入挖掘文化生态价值等。二是培育"二级市场"，促进市场资产转化为资本。主要举措有：创新金融供给制度，推出"福村贷"等新型金融产品；引导生态资

1　绿色发展示范案例（135）丨"绿水青山就是金山银山"实践创新基地——福建省泉州市永春县［EB/OL］.［2021-08-17］https://www.mee.gov.cn/ywgz/zrstbh/stwmsfcj/202108/t20210817_857955.shtml.

源的村镇集体合股联营，由市场化运作主体进行统一运营和管理；引导成立专业合作社，鼓励村民以资源（土地、林地、房屋等）作价入股，以抱团谋发展、享收益；招商引入外部主体互惠共赢，探索构建"企业+集体+村民"的多元化合作机制。三是筹备"三级市场"，探索推动资本向股本转化。主要做法在于探索推进"板外"交易市场建设，建设县产权撮合交易平台；与海峡产权交易中心合作，推进生态资产证券化和期权化交易。探索生态产品证券化融资模式，发现村集体优质资源性资产，通过资本市场发行债券募集资金，开发绿色发展项目。探索构建生态产品金融组织体系，设立生态产品专营部门，推动金融租赁等中介机构创新绿色金融产品。永春县的资源股权化经营融资混合模式主要适用于生态环境优良、自然资源禀赋优势突出的地区，以发展绿色金融和盘活生态资源为主要目标，创新探索制度改革，适当推出绿色金融产品，通过市场化金融手段推动"生态资源—生态资产—生态资本—生态股本"间的适时转化，让绿色生态持续不断地"生金生银"，实现了生态环境与经济社会的可持续发展。

四、金融互助模式

金融互助的本质为合作金融。金融互助的内涵是以小额信贷发动群众，并对其普及金融知识，利用互助的方法组织农民按村社建立自己的银行，以此解决"三农"融资难、融资贵的问题，进而促进农民收入增长。接下来对农村资源资本化的金融互助模式进行剖析。

1. 金融互助模式的实现方式

就各地探索实践来看，目前推动农村资源资本化的金融互助模式主要有三种：一是互助担保模式。村级互助担保组织的成立由农村经济合作社或村委会发起，通过金融办的审批后，在民政部门登记为民办非企业单位，并接受金融办的监管。村级互助担保组织设立担保基金，资金来源于村民、村集体和政府，并与银行金融机构建立合作关系，将其担保基金存入在合作银行开设的账户。农户有资金需求时，以"三权"作为反担保资产向村级互助担保组织提出申请，审核通过之后双方签订贷款反担保协议，由村级互助担保组织向农户提供同意担保的承诺书。随后，农户可持该承诺书到合作银行办理贷款手续，并享受一定的贷款利率优惠。二是资金互助模式。这一模式的关键在于成立村级资金互助组织，初始资金来源于农民专业合作社及其社员，通过内部互助合作来解决社员生产经营的资金需求问题。就实践来看，资金互助模式在运行区域上具有封闭性特征。三是担保基金模式。这一模式的关键在于由社员共同出资成立农民专业合作社担保基金，为社员向银行申请贷款提供担保服务，银行与农业专业合作社建立合作关系，在担保基金的基础上增加授信额度。

2. 金融互助模式中农民增收的机制

大量实践表明，金融互助模式能有效促进农村经济发展，增加农民收入。具体来看，金融互助模式中农民增收的机制主要体现为以下三个方面：第一，完善农村金融服务体系，通过减少农村金融市场信息不对称和降低交易成本来促进农民收入增长。金融互助模式搭建起农民与国家财政、政策银行、商业银行沟通的桥梁，有助于国家扶农政策及相关资金的落实，提升农民生产经营的积极性。第二，拓展农民融资渠道，更便捷地满足农民的中小额融资需求，有利于增加农民非农收入。一般而言，农民贷款数额较小，通过正规银行业金融机构进行贷款面临着贷款手续复杂、成本高、放款慢等一系列问题，而金融互助模式能够很好地解决这些难题。第三，农民入股金融互助组织，可增加其财产性收入。金融互助模式中，农民可将闲置的资金、土地、房屋等作价入股，由合作社统一调配和运营。农民定期按股进行分红，实现村集体和农户双双增收。

3. 金融互助模式的适用范围与条件要求

（1）金融互助模式的适用范围。就金融互助模式的本质来看，农村金融互助组织是农民自愿联合形成的经济合作组织，它的成员既是生产者、经营者，又是其提供服务的对象。就适用范围来看，金融互助模式可适用地区和范围较广，尤其是那些因地理位置和经济发展水平而受到正规金融排斥的农村地区，或是正规金融机构难以满足农民生产经营融资需求的地区。

（2）金融互助模式的条件要求。金融互助组织的建立以自愿和开放为基础，管理上要求以社员的经济参与、自主自立和民主为核心；经营上以社员为优先服务对象。具体来看，金融互助模式有两个方面的条件要求：一是秉承合作互助理念，成立金融互助组织，实现农村经济主体的资金联合，同时不以营利为目标，提供社员间的金融互助合作服务；二是在一定的地域范围实施，如资金互助合作社，由同一地区的社员组成，他们之间信息对称，是金融互助组织运转的前提条件。

4. 金融互助模式存在的问题与解决思路

（1）金融互助模式存在的问题。虽然目前金融互助模式在很多地区取得较好的探索实践，但仍然存在以下问题：一是合法性问题。目前中国农村金融立法进程较缓慢，农村金融互助组织仍属于不具备法律地位的非正规金融组织，其设立、运营等环节缺乏顶层设计。由于缺乏政策依据，农村金融互助组织在设立、登记等环节往往面临着无部门审批的问题。二是风险监管问题。由于农村金融互助组织的设立缺乏法律依据，相关部门对金融互助组织的风险监管也存在空白。目前，全国各地农村金融互助组织出现风险导致农户（社员）入社资金受损的情况时有发生，这为农村金融互助模式的推广和复制蒙上了阴影。三是可持续发展问题。一方面，农村金融互助组织无法连接征信系统，难以实现与正规金融的有效衔接；另一方面，一些农村金融互助组织的资金盘子较小，抗风险能力也比较差，有限的内部调剂能力使其难以适应现代农业规模化经营的需要，持续性受到挑战。

（2）金融互助模式存在问题的解决思路。其一，完善相关法律制度。这方面可向美国、日本等学习，加快出台关于农村金融互助的相关法律法规，明确农村金融互助组织的合法地位，为金融互助模式的发展营造良好的法律制度和外部环境。其二，加强风险监管，构建风险共担机制。政府可将农村金融互助组织纳入金融监管范畴，且以监控、引导为主，通过组织专门培训等方式，加强金融互助组织的内部管理和风险防范能力。同时，要改变农户（社员）"单打独斗"的模式，明确金融互助模式各参与主体的责任划分，构建和推广风险共担机制。其三，加强与外部正规金融机构的合作，加大相关政策的支持力度。农村金融互助组织可加强与银行、担保公司、保险公司等外部机构的合作，同时政府可给予更多的配套政策支持，壮大资金池，提高金融互助组织的运营能力，促进农村金融互助模式的持续健康发展。

5. 成功案例分析

自 2006 年中国开展新型农村金融机构试点工作以来，国内诸多地区就农村金融互助模式开展了大量的探索和实践，较为普遍的做法是成立村级资金互助合作社，如吉林省梨树县榆树台镇农民资金互助合作社、山东省临沭县青云镇村民发展互助资金协会、内蒙古达拉特旗树林召镇的村级资金互助合作社等。具体来看：一是吉林省梨树县榆树台镇农民资金互助合作社。2004 年，榆树台镇闰家村成立了全国首家农民资金互助合作社，通过入股的方式将社员的资金集中起来，实现贷款互助，为农民解决了生产生活的资金需求。二是山东省临沭县青云镇村民发展互助资金协会。2007 年 8 月，临沭县青云镇运用国家拨付的 75 万元扶贫资金，通过赠股、参股和配股的方式分配给农户，成立资金互助合作组织。青云村民发展互助资金协会取得了不错的经济效益，得到了农民的高度认可。三是内蒙古达拉特旗树林召镇的村级资金互助合作社。2017 年，树林召镇建立了村级资金互助合作社，合作社以农户资金需求为切入点，引导农民成立股份经济合作社，以此作为发展基础，引导农村资源资产不断集聚。2019 年，树林召镇成立了镇级联合社和村投公司，成为村集体经济和"三农"发展的动力源泉。2022年以来，全镇23个行政村集中资金达3873万元，累计贷款3808万元，利息收益206万元，惠及农户995户。[1]

上述案例表明，尽管各地金融互助模式有所差别，但都具有合作性、互助性、灵活性和地域性等特征，有效解决了"三农"融资难题，促进了农民收入增长，是乡村振兴的重要力量。

五、"生态银行"模式

"生态银行"并非传统意义上的金融机构，而是由政府搭建的生态权属交易平台。国际上的"生态银行"主要包括森林银行、土壤银行、水银行、湿地缓解银行等，是推动乡村生态产品价值实现的重要平台。"生态银行"在国际上的成功实践，为中国探索金融助力乡村生态产品价值实现提供了重要的经验借鉴。

1. "生态银行"模式的实现方式

2018年，福建省率先开展了"生态银行"的建设实践，南平市成立了多个"生态银行"，较为典型的是顺昌"森林生态银行"、光泽"水生态银行"和武夷山"五夫镇文旅生态银行"。2020年，浙江省和江西省充分借鉴"生态银行"理论及福建省南平市的实践路径，启动了"两山银行"建设。相比较而言，除了面向的主要生态产品有所不同之外，"生态银行"和"两山银行"可谓一脉相承，二者在内涵、实施路径、保障机制等方面都具有一致性。从内涵来看，二者均是在借鉴商业银行分散化输入和集中化输出方式的基础上搭建起来的平台，该平台以自然资源大数据平台为技术支撑，基于"先筑巢后引凤"的思路，围绕相应的自然资源进行管理整合、转换提升、市场化交易和

---

[1] 【树林召镇】"一社四部"筑起乡村振兴的磅礴力量——树林召镇"一社四部"体系搭建总结会议暨村支部书记业务培训会圆满举行［EB/OL］.［2022-06-09］https://mp.weixin.qq.com/s?__biz=MjM5NDM3MDQ-2NQ==&mid=2649607616&idx=1&sn=c826f0cf6d53e8e9427e2fcac9b55a8f&chksm=be91ab0e89e622180694f611-ddd4f27151f7545d12ef62131663dd6a69b4c6df66e5224a6a33&scene=27.

可持续运营。简而言之，这两种模式以生态资源的"权"与"益"为运营管理对象，通过前端资源整合、中端资产提升和后端资本注入，为乡村生态产品价值实现提供可持续的路径。

2. "生态银行"模式中农民增收的机制

"生态银行"和"两山银行"作为生态资源组织运营机制的创新模式，为乡村生态资源资本化搭建起了有效的中介平台。在运作过程中，通过平台实现生态资源的重新配置，以生态项目产业化运营的方式获得金融助力，实现生态资产的优化利用，进而推动生态产业化和产业生态化，实现自然生态系统的可持续经营；同时，金融助力创新参与主体的利益联结机制也提高了乡村生态保护的可持续性。从福建等地的实践来看，"生态银行"和"两山银行"为金融助力乡村生态产品价值实现提供了一种可复制可推广的模式，通过唤醒乡村"沉睡"的生态资源，激发了农村发展潜力，促进了农民收入增长，是实现共同富裕的创新路径。具体来看，"生态银行"和"两山银行"模式下，农民具有如下两个主要增收渠道：一是资源转化带来的财产性收益。"生态银行"模式下，通过"生态银行"项目的落地实施，促进了土地、林地、水域等资源的流转，加速了农村资源向资产资本的转换，在这个过程中，农户可以通过租、卖、托管、入股等多种形式获得资源带来的回报。二是资源转化带来的工资性收入。"生态银行"通过集中收储和规模化整治等举措，将碎片化的生态资源转化为连片优质的"资源包"，将经营权委托给运营商，在生态保护的前提下实现了资源、资产、资本的"三级转换"。"生态银行"项目的落地实施，将农民从传统的小农生产中解放出来，为农民带来了更多的就业机会，进而促进了工资性收入增长。

3. "生态银行"模式的适用范围与条件要求

（1）"生态银行"模式的适用范围。中国地域辽阔，对于自然资源丰富但经济欠发达地区而言，受发展模式所限，推动自然资源价值的转化和实现尤为重要。因此，在乡村振兴战略背景下，对于生态资源富集的欠发达地区而言，亟须推动"绿水青山"向"金山银山"转化，比较适用"生态银行"模式。

（2）"生态银行"模式的条件要求。一是参与主体方面的要求。在平台建设方面，遵循"政府搭台、市场运作、农户参与、企业主体"的理念，要求搭建生态资源管理、整合、转化、提升的平台，以实现乡村生态产品价值的市场化、可持续运营。二是专业技术方面的要求。在数据整合方面，要求利用卫星遥感、区块链等技术精准测量生态资源，并对相关政府部门的自然资源数据进行全面整合以建立自然资源账本，随后运用大数据、数字化等手段，为生态资源基础数据的抓取、集成和应用提供支撑和保障。三是融资主体方面的要求。在融资主体方面，要坚持有为政府与有效市场的结合，通过传统政府融资平台向现代化市场主体的转变，重塑乡村生态资源资本化融资主体，通过引入专业运营商加速产业化、规模化运营机制的形成。四是保障机制方面的要求。在保障机制方面，通过组建专家智库强化人才支撑，提供技术指导与宏观把控，同时注重风险防控和考核评估，对生态产品价值实现全程潜在的风险进行识别、防范和动态监控，并定期组织各类专家和第三方机构对其进行综合的考核评估。

4. "生态银行"模式存在的问题与解决思路

（1）"生态银行"模式存在的问题。通过实地走访调研发现，目前"生态银行"模式主要存在以下瓶颈：一是缺乏开发经营人才。以福建南平市"森林生态银行"为例，由于在生态产品设计、开发、运营等方面以及珍贵林木培育方面缺乏专业人才，项目开发数目仍然较少、综合效益较低，资源培育管护方面距国际水平还存在一定差距。二是金融职能较为薄弱。就运营前期来看，"生态银行"模式更多的是依靠政策扶持资金，而在生态产品开发的金融领域尚未取得实质性突破，直接融资渠道如生态资源产权市场、绿色债券、绿色基金等尚未全面打通。三是生态产品价值实现渠道尚未完全畅通。目前，

"生态银行"模式下的生态补偿尚不健全,部分生态产品的市场体系也还存在缺陷。市场经营方面,生态资源流转、合作经营等相关补助资金和贴息较少,但却需要较大的一次性支出,压缩了运营资金的利用和发挥空间,制约了"生态银行"模式运营的持续性。与此同时,部分生态产品的市场交易体系尚不完善,不利于生态产品价值的完全实现。

(2)"生态银行"模式存在问题的解决思路。一是建立内部激励和外部引入的双重人才机制。为此,可通过政府出面委派科技特派员对项目开发进行技术指导,提升生态项目开发的质量;还可通过完善内部薪资待遇和人才补助政策,完善"生态银行"公司化经营制度,筑牢"生态银行"持续高效运营的根基。二是应用权益性融资工具和加大金融产品开发力度。在资产证券化方面,在相关政策融资支持的基础上,突出权益性融资工具的应用,为此可打造"公募+ABS+资产运营管理平台"的交易结构。就金融产品开发来看,要加强绿色金融产品的开发力度,提供更多期限选择(3—10年不等)的定投产品,按期付息以减少一次性支出,在保证准备金安全的基础上使更多运营资金服务项目开发,优化升级"生态银行"的金融功能。三是强化交易补偿制度和市场经营创新。一方面,政府要强化生态公益补偿和促进生态产权交易市场形成;另一方面,要充分发挥市场在生态产品价值实现中的作用,通过生态资源产业化开发、打造特色品牌等举措,满足市场生态产品需求。

5. 成功案例分析

就"生态银行"模式的实践来看,福建省南平市进行了较为成功的探索,典型的是顺昌县的"森林生态银行"和光泽县的"水生态银行"。

(1)顺昌县"森林生态银行"。南平市顺昌县是福建省的重点林业县,森林覆盖率达80.5%,为解决顺昌县林业资源价值实现的问题,2018年顺昌县开展了"森林生态银行"试点工作。通过两年多时间的探索实践,截至2020年底,顺昌县"森林生态银行"导入林地林木面积共计约0.51万公顷,林地收储成效显著；同时，绿昌林业融资担保公司大约投入 4.5 亿元，发放林权抵押贷款达 2.17 亿元；此外，顺昌县"森林生态银行"完成 7 个试点项目和 6 个合作企业整合工作，项目开发已初具规模。[1]

（2）光泽县"水生态银行"。位于闽江源头的光泽县有 110 多条大小河流，拥有 42.99 亿立方米地表水总量，人均水资源拥有量达 2.6 万立方米，全流域水质达到国家Ⅱ类及以上标准。2018 年，南平市在光泽县开展了"水生态银行"模式的试点工作。光泽县将水资源划分为两类：一是地表水，由运营公司进行集中收储；二是矿泉水，采、探矿权证通过国资公司以竞拍等方式取得。随着泽汇渔业、中石油武夷山矿泉水等项目的开发运营，实现了水资源生态价值的转化，并以产业收入对"绿水"维护进行反哺，实现了"绿水青山"向"金山银山"的成功转化。综合两种运行模式来看，"生态银行"实践包括前端模式设计、中端收储经营和后端项目开发，通过"分散化输入"和"集中式输出"的模式，收储、整合和优化具有碎片化、分散化特征的水资源，通过产业、项目和资金的导入，搭建起资源向资产、资本转化的平台，值得更多资源富集的农村地区借鉴学习。[2]

第四节　全面促进农村资源资本化的政策建议

一、加强顶层设计，为农村资源资本化奠定坚实基础

农村资源资本化是一个系统工程，虽然目前很多地区取得了较为成功的探索成果，但总体来看中国农村资源资本化的顶层设计还略显不足。为此，要进一步从以下两个方面加强顶层设计：一是加快建立健全农村资源转化的相关法

1　福建南平"森林生态银行"：探林改新路径［EB/OL］.［2021-11-28］https://www.chinanews.com.cn/cj/2021/11-28/9617782.shtml.

2　张瑜洪. 光泽水生态银行：让水"流金淌银"的有效路径［N］. 中国水利报，2020-08-27.

律法规。从 2021 年 6 月开始,《中华人民共和国乡村振兴促进法》正式生效,其中包括产业发展、人才支撑、文化繁荣、生态保护等九个方面的章节内容,但其中尚未明确涉及农村资源转化的内容。目前,中国农村金融立法进程较为缓慢,导致农村资源转化模式中的一些金融手段无法得到法律保障。因此,为促进农村资源转化,还需进一步加快农村金融以及农村资源产权认定、评估、流转、经营等方面的立法,从立法层面保障和推动农村资源资本化。二是完善农村资源转化的配套支持体系。从上述五种主要的农村资源资本化模式来看,财政资金、人才支撑等是农村资源资本化不可或缺的因素。为此,不仅要建立健全从国家到地方的农村资源资本化的财政支持体系,为农村资源转化提供坚实的资金保障;还要配套实施人才政策,如农村资源资本化中所需的资源产权界定、核算评估人才、管理运营人才以及生态资源培育管护人才等。

二、因时因地制宜,以适当模式促进农村资源资本化

就目前中国农村资源资本化的模式来看,资源股权化经营模式、资源抵押融资模式、资源股权化经营融资混合模式、金融互助模式和"生态银行"模式是五种主要的模式,但不同模式的适用范围和条件要求有所不同。因此,各地区要做到因时制宜和因地制宜,选择适合的模式以推进农村资源资本化。一方面,要因时制宜推动农村资源资本化。具体而言,就是要摸清各地区现阶段农村资源资本化的进程,掌握各类资源的资本化情况。做到适当程度的资源转化,促进农民收入增长,避免过度资本化带来的生态环境破坏。另一方面,要因地制宜推动农村资源资本化。中国地域辽阔,各地区农村资源禀赋、经济发展水平等方面存在较大差异,同时,农村资本化的条件和基础也千差万别,在某一个地方获得成功的探索实践不一定在其他地方适用。因此,各地区在借鉴推行农村资源资本化的模式时不能盲目,而是要结合本地区的资源禀赋和开发情况、农村金融发展情况、生态产品市场发展情况以及相应的配套支持情况等

多种因素，选择适合自身特点的农村资源资本化模式。

三、强化金融支撑，创新农村资源资本化多元服务机制

在城乡融合发展背景下，传统的农村金融已无法满足农村资源资本化的要求。因此，要革新传统的金融服务模式和金融产品，充分发挥金融赋能农村资源资本化的作用，做到靠前发力、精准发力和持续发力，切实加大农村资源资本化的金融支持。为此，可从以下三个方面来发力：一是推动绿色金融发展，发挥国家绿色金融改革创新试验区的示范带动效应，鼓励各地积极探索金融支持农村生态产业化和产业生态化的创新路径，实现绿色金融与农村资源转化的融合发展。二是开发农业价值链金融，探索城乡一体的价值链金融服务模式，实现农村生态产品与城市大市场的有效对接，将农村资源产权认定、资源开发运营、生态产品产出等环节与城市市场有效联结，形成从农村到城市、城乡一体化的生态产业链，促进农民增收和实现共同富裕。三是将区块链金融运用到农村资源资本化实践之中，开发低风险和低交易成本的金融产品，以解决农村资源资本化过程中交易成本高、信息不对称、风险较高等问题。

第九章
城乡融合发展视角下农村金融
服务乡村振兴战略的推进策略

本章根据乡村振兴战略 2020 年、2035 年和 2050 年的目标任务，设计城乡融合发展视角下农村金融服务乡村振兴战略的推进策略。根据乡村振兴战略目标，设计金融服务乡村振兴的长效机制；根据各地区农村金融基础设施差异，设计区域差异策略；提出将金融资源向乡村振兴重点领域和薄弱环节倾斜，实施两个"倾斜"策略；根据各类农村金融组织的特点，实施组织分工协同策略。

第一节　根据乡村振兴战略目标设计
农村金融服务的长效机制

以"政府+农村金融机构+资本市场"的模式，政府根据乡村振兴不同阶段的目标任务进行财政补贴、税收优惠、差异化监管等政策引导；农村金融机构增强服务乡村振兴的能力与内在动力；资本市场提供大额、长期资金支持。将政府引导、农村金融机构服务与资本市场支持相结合，三者协同建设与完善农村金融服务乡村振兴的长效机制。

一、政府引导

一是人民银行、银保监会等机构利用货币政策引导农村金融资源投入。利用定向降准工具，对服务县域农村金融机构继续执行最优惠的存款准备金政策，增加农村金融资源；下调支农、支小再贷款、再贴现利率水平，降低金融机构融资成本。二是对农村金融机构进行差异化监管。进一步放宽农村金融机构小微企业、"三农"不良贷款容忍度；在对金融机构考核时，加大小微企业、涉农业务的考核权重，督促金融机构主动增加对小微企业和涉农业务的支持力度。三是进一步推动农村改革。推广农村承包土地的经营权、林权、农民住房财产权抵押、厂房和大型农机具抵押，圈舍和活体畜禽抵押，生态公益林补偿收益权、仓单和应收账款质押等信贷业务，盘活农村资源和资产，争取更多金融资源支持。四是推广政策性融资担保，提升涉农贷款的获批率与贷款额度。国家农担公司与省级农担公司坚守政策性定位，聚焦国家重点支农政策，提升农业信贷担保服务水平；加强银担合作，畅通信贷资金"下乡入村"路径，降低综合融资成本。五是进一步推广地方优势特色农产品保险"以奖代补"试点，扩大试点范围、增加试点保险标的种类。六是政府引导、金融机构协同参与，开发"贷款+保险+期货""订单+贷款+保险"等组合项目，规避自然灾害和价格波动可能造成的减产风险与收入损失。

二、农村金融机构服务

一是坚持党建引领，形成组织保障。农村金融机构将"服务乡村振兴"纳入发展战略，在总公司党委统一部署下，各分公司、分支机构党组织因地制宜细化实施方案。基层党组织通过加强与当地政府党组织沟通，根据当地农村农业发展规划，充分发挥联系一线、关心群众的作用，实地调研了解当地乡村发展金融需求。以农村农业发展、农民需求为指引，针对性提供金融资源。二

是强化农村金融机构人才培育机制。将年富力强的业务骨干派往乡村振兴一线
锤炼，并把经营业绩和服务乡村振兴实绩作为重要的激励考核标准。三是强化
激励考核机制。对服务乡村振兴业绩较好的县域农村金融分支机构给予经济收
益方面的激励。四是建立差异化考核机制。提高对以服务乡村振兴为主的县域
农村金融机构涉农业务风险的容忍度，减轻相应机构负责人工作压力，增强其
服务乡村振兴的积极性、主动性。

三、资本市场支持

利用股权市场、债券市场、期货市场等多层次农村资本市场，支持符合条
件的涉农企业通过上市、发行企业债和公司债等方式开展直接融资，鼓励符合
条件的商业银行发行"三农"金融债券，募集资金全部用于涉农领域。[1]

第二节　明确各区域农村金融服务重点，
实施区域差异推进策略

农村金融支持乡村振兴的政府政策工具应体现出区域差异性。人民银行、
银保监会、农业农村部等制定农村金融服务乡村振兴的各种政策时，除将农村
金融与其他金融服务区分给予政策优惠外，还需考虑到东、中、西部现阶段农
村农业发展水平、农村金融发展水平、乡村振兴主要目标等差异，制定差异化
农村金融支持政策。

西部地区城乡融合进程较慢，农村农业发展水平、农业技术水平、农村金
融基础设施水平、金融科技应用水平较低，其乡村振兴的重点任务，一方面是
完善农村基础设施，为农村农业发展和农民生活改善提供条件；另一方面是发

1　陆静超. 新时期金融精准支持乡村振兴对策研究［J］. 理论探讨, 2021（3）：145—149.

展特色农产品，以特色农产品为基础，实现"接二连三"，发展农产品精深加工，推动农旅融合。与西部地区相比，中东部地区城乡融合进程较快，农村农业发展水平、农业技术水平、农村金融基础设施水平、金融科技应用水平较高，其乡村振兴的重点任务，一是进一步突破"卡脖子"农业技术，推动乡村产业高端化发展；二是确保国家粮食安全，打造一批关系国计民生重要行业的龙头企业和新型经营主体；三是发展县域特色产业，建设现代化农业产业园、产业集群，促进一二三产业融合，联农带农，吸引外流农村劳动力返乡创业就业。

基于以上区域差异，农村金融应为各地区"三农"事业提供差异化服务。服务西部地区，首先要完善农村金融基础设施，完善西部地区的信用体系、支付体系，提高金融素养，以便明确金融需求、便利金融供给，提升农村金融服务质量和效率；其次要为农村基础设施建设提供中长期信贷，这是因为农村基础设施建设具有投资规模大、回收期长、收益率低的特点。农村金融服务中、东部地区，首先利用保险补贴、税收优惠等政策支持，调动金融资源支持农业技术研发；其次鼓励龙头企业利用资本市场，通过上市、发行债券进行直接融资。

此外，无论是东部、中部还是西部地区，都应利用科技进步与数字乡村建设契机，大力发展农村数字普惠金融。东部地区应重点提升数字普惠金融在农村地区的使用深度，形成数字普惠金融推动农村产业融合的示范效应，发挥数字普惠金融的空间溢出效应；同时，加快人脸识别、电子签名等信息技术在农村金融领域的应用，开发出操作简便、"接地气"的数字金融产品和服务，引导数字普惠金融资源支持实体经济发展。中部和西部地区应重点加强农村地区互联网建设，提高农村地区互联网普及率，提升数字化程度和覆盖广度，提升农村数字普惠金融素养，为进一步提升数字普惠金融服务水平奠定基础。

第三节 实施金融资源向乡村产业振兴
领域两个"倾斜"策略

一、金融资源向乡村产业发展倾斜

乡村产业振兴是乡村振兴的基础和保障，是农村金融服务乡村振兴时应重点倾斜的领域。只有乡村产业得到发展，才能激活农村市场，持续促进农村经济发展，不断提高农民收入与消费水平。农村金融资源向乡村产业发展倾斜，重点要满足其缓解资金约束与风险管理的需求。

农村金融首先应着力缓解乡村产业发展的资金约束。首先，加大银行类金融机构对乡村产业的支持力度。发挥政策性银行、商业银行"三农"事业部和普惠金融事业部作用，为银行所在地特色农业、支柱产业提供专项贷款，并对贷款资金去向与使用效率进行监控。农村商业银行等小型农村金融机构应立足当地产业发展需求提供资金。对于资金使用效率高、创造效益好的新型农业经营主体，给予原贷款续贷展期、再次贷款期限延长、利率优惠等激励措施。其次，鼓励龙头企业充分利用资本市场的直接融资功能，通过首发上市、增发股份、发行债券等方式融资，满足企业资金需求。再次，以龙头企业带动农民专业合作社、小微企业等新型农业经营主体、农户发展特色农业和支柱产业，充分利用供应链金融缓解供应链链条上经营主体的融资困难。最后，发挥财政资金的引导作用，一方面通过政策性银行进行产业发展资金支持；另一方面利用"政策性农担+银行"模式，聚焦农业产业政策导向，支持特色产业集群建设。

农村金融还应当满足乡村产业发展的风险管理需求。对于乡村产业发展可能面临的自然风险和市场风险，鼓励农村农业经营主体利用金融工具进行风险转移和损失控制。一是政府对农业保险保费进行补贴，加大农业保险对农村产业发展的支持力度。农业保险是国际上通用的防范农业自然风险的工具，自然灾害发生时，由农业保险公司进行灾害赔偿，从而将风险从农业经营者转移至保险公司。农业再保险能够在降低保险公司风险的同时提升农业保险的服务水平。二是建立农业大灾风险基金，进一步提升农业保险保障水平。三是鼓励农村农业经营主体利用期货市场对冲市场价格变动可能导致的风险，通过套期保值降低可能遭遇的损失。四是推广"保险+期货"模式全面转移自然风险和市场风险。自然灾害发生时，将自然风险转移给保险公司；市场价格波动造成现货市场亏损时，以期货交易进行风险对冲，实现套期保值。

二、金融资源向农业农村基础设施建设倾斜

农业农村基础设施是实施乡村振兴的薄弱环节，是农村金融应当予以支持的重点领域。农业农村基础设施完善能够助力乡村产业兴旺、生态宜居、生活富裕的实现，但农业农村基础设施投资规模大、获取投资回报期限长、投资收益率低等特点决定了其获得资金支持的难度较大。因此，农村金融应强化农业农村基础设施建设的资金保障。

一是保证财政资金投入，引导社会资本与金融资本进入农业农村基础设施建设领域。公共财政支出应将农业农村领域作为优先支持领域之一，加大土地出让收入支持农业发展、农村建设的力度；政府、社会资本、金融机构共同设立农业农村基础设施基金，满足农业农村基础设施建设的资金需要。二是银行业金融机构加强合作，开发支持农业农村基础设施建设的专属产品，提供股权投资、融资租赁等多元化金融服务，组建银团，提升服务农业农村基础设施建设的综合实力。三是针对农业农村基础设施重点领域，农村金融应加大资金支持力度。2022 年 7 月，《关于推进政策性开发性金融支持农业农村基础设施建设的通知》中明确指出农业农村基础设施建设的七大重点领域，针对农业农村基础设施重点领域中的项目，政策性、开发性金融机构要开设绿色通道，优

先开展尽职调查、授信审批和资金投放等工作，为其提供期限长、利率低的贷款。

第四节 根据各类农村金融组织特点
实施分工协同创新策略

为促进乡村振兴战略顺利实施，实现农村美、农业强、农民富，农村金融组织应明确各自业务范围与功能，实施分工协同战略。在各类金融机构内部应细分市场、针对性提供产品与服务，各类金融机构之间应主动寻求合作，开发组合金融产品或服务，提升农村金融服务乡村振兴的效率和效果。

银行业金融机构中，政策性银行、大中型商业银行和农村中小银行明确各自功能定位开展农村金融服务。一是中国农业银行、中国农业发展银行、国家开发银行等涉农政策性、开发性银行分别根据自身支持农业科技创新推广、助力现代种业发展、支持高标准农田建设的定位，细化服务乡村振兴的业务范围和边界，强化对农业产业发展、农业农村基础设施建设的中长期信贷支持。二是大中型商业银行结合当地农业农村发展特色与自身业务特长，在服务对象、服务领域、网点布局、产品设计等方面提升差异化竞争能力，提供差异化农村金融产品和服务；积极寻找并填补农村金融市场服务空白，为首贷客户提供金融服务；向县域分支机构合理下放权限，支持县域分支机构根据当地农业农村发展需求进行信贷审批。三是农村中小银行机构坚守支农支小定位，充分发挥深耕当地的优势，为当地小微企业、新设立经营主体等长尾客户提供贷款服务；加快农村信用社改制为农村商业银行进程，提升其公司治理水平，降低经营风险；推进村镇银行改革，发挥"鲶鱼效应"，激活农村小型金融机构在农村金融市场上的活力。

农村金融组织服务乡村振兴，除银行业金融机构外，农业担保公司、证券公司、保险公司等其他金融机构也发挥着重要作用。资金融通方面，省级农业信贷担保公司与银行合作，提供"贷款+担保"服务，为缺乏抵押和担保的农村农业经营主体提供资金支持；证券公司培养农业龙头企业在证券交易所上市，畅通企业直接融资渠道。农业保险方面，发挥财政支农"放大器"作用，鼓励农业保险公司"扩面""增品""提标"。农业保险公司创新保险产品与服务，为地方特色农产品提供保障的同时扩大保险覆盖面，转移农业农村经营风险。农业保险公司通过再保险将风险进一步分散，提升自身农业保障水平和可持续发展能力。

金融机构间协同合作。保险公司与银行协同合作，提供"保险+贷款"服务，以保险保障农村农业经营主体的经营成本或收入，保障其还款能力，提升其获取贷款服务的概率，降低其融资难度；保险公司与期货市场主体协同合作，提供"保险+期货"服务，通过保险降低自然灾害风险可能造成的损失，通过期货交易对冲农产品价格波动可能造成的损失，为农村农业经营者提供"定心丸"。此外，银行、保险机构与期货市场主体协同合作，为新型农业经营主体提供"订单+贷款+保险+期货"等服务，将生产经营与金融服务直接对接，为订单提供专项贷款，保险和期货为订单提供保险保障。

第十章
农村金融服务乡村振兴战略的创新案例

　　本章以具有典型城乡二元结构特征的直辖市重庆为重要观测样本。重庆集大城市、大农村、大山区、大库区于一体，在城乡融合发展和实施乡村振兴战略方面具有典型性。2007 年，重庆被列为全国统筹城乡综合配套改革试验区；2019 年，重庆西部片区被列入 11 个国家城乡融合发展试验区名单；2024 年，重庆提出打造城乡融合乡村振兴示范区的目标。为深入观察农村金融运行与乡村振兴实际情况，本书课题组构建"田野调查—机构访谈—案例解析"三维调研方案，历时一年，深入重庆市 38 个涉农区县，实地走访 40 多家农村金融机构，采集形成包含 30 个典型样本的乡村振兴金融创新案例库。其中农业价值链金融创新案例 8 个、基于数字技术的科技金融创新案例 8 个、服务乡村振兴的综合金融创新案例 10 个和农业农村保险创新案例 4 个。这些源自改革试验田的鲜活样本，既验证了本书理论观点的实践可行性，又通过制度创新、模式创新的具象化呈现，形成可移植、可迭代的金融支农创新方案。特别是在破解山地农业规模化难题等特殊场景中形成的"重庆方案"，具有一定全国示范价值。案例库中一些重要创新模式已通过成渝双城经济圈建设等机制实现跨区域复制，成为观察中国式农业农村现代化进程的重要实证素材。

第一节　农业价值链金融创新案例

一、涪陵榨菜全价值链金融创新

涪陵榨菜诞生于 1898 年，重庆市涪陵区被称为"中国榨菜之乡"。多年来榨菜产业的逐步壮大有力带动了当地农业产业发展，成为推进乡村振兴的强大驱动。2019 年，全区有种植户 16 万余户（占全区农户 75%），半成品加工户 4000 户，榨菜生产企业 41 家，其中国家级龙头企业 2 家、市级龙头企业 17 家。2020 年，全区榨菜原料基地面积 72.9 万亩，总产量 160.8 万吨，产销成品榨菜 50.5 万吨；实现榨菜产业总产值 120 亿元，占全区 GDP 的 9.8%；榨菜产业创利税 29.6 亿元，带动全区 16 万种植户人均收入 3101 元。在涪陵银保监分局的有效组织协调下，动员多个银行保险机构为青菜头种植农户、榨菜合作社、榨菜生产企业、包装销售企业等提供一揽子金融服务，充分发挥了金融服务乡村振兴的作用。借助互联网与大数据技术，大力发展线上金融，持续增加金融供给，以小微企业纳税信息为基础，向榨菜种植户、加工企业等提供线上信用贷款。针对榨菜原料青菜头季节性强的特点，通过建立快速审批通道、简化审批流程、线上审批等方式缩短贷款办理时长。截至 2022 年一季度末，涪陵区银行累计对榨菜产业投放贷款 3.56 亿元。

1. 榨菜金融产品创新。涪陵区各银行机构为榨菜产业设计推出十余款专属信贷产品和信贷服务方案，包括建设银行的"榨菜贷"、重庆农商行的"涪陵榨菜贷"、哈尔滨银行的"惠农贷"、中银富登村镇银行的"榨菜池抵押贷"、邮储银行的"产业+信用村"服务模式以及三峡银行的"纯信用授信方案"等，信贷服务覆盖榨菜种植、加工、生产、销售全流程。银行机构主动聚焦农户、加工户缺乏抵押物的难题，推出的均为无须抵押或创新抵押的信贷产品和方案，量体裁衣，紧密贴合榨菜生产链条中各主体的信贷需求。农商行涪陵分行推出"渝快乡村贷"——涪陵榨菜贷款，专门用于支持榨菜种植、加工户的生产经营，贷款对象包括农户、专业大户、个体工商户以及新型农村经营主体的经营者和合伙人。贷款无须抵押，采取信用和担保公司担保方式，单户授信金额最高分别为 10 万元和 100 万元；授信期限最长为 3 年，贷款期限最长为 2 年，在有效期内可循环支用，贷款到期后符合条件的还可办理无还本续贷，利率最低至 4.35%。农商行涪陵分行还设立"榨菜专营支行"，成立 6 支榨菜产业链融资专项服务队，配备 50 余名专职融资客户经理，为 37 户榨菜产业链企业完成批量授信 1728 万元。哈尔滨银行涪陵支行量身定做贴合青菜头收储大户、青菜头粗加工户实际需求的信贷产品——惠农"彩虹贷"。创新营销、调查手段，通过线上联系、视频调查、照片核实、电话录音等措施大力提高信贷服务效率，精准对接涉农资金供需，及时满足客户资金需求。该信贷产品的主要特点是无须抵押担保、审批快、额度高、期限长、用款灵活，最快一天完成审批，额度最高 50 万元，综合授信最长 3 年，手机银行线上提款及还款，随借随还。

2. 推进榨菜种植区域农村信用体系建设，促进信用体系建设和榨菜产业发展有效结合。2021 年 12 月，在榨菜全产业链集中的百胜镇、珍溪镇开展农村信用体系建设试点工作。农商行涪陵分行作为责任银行，在两个试点镇对村社的"两委"干部进行现场培训，并现场指导农户通过"重庆信易贷"小程序、APP 自主填报信息。截至 2022 年 2 月末，"重庆信易贷"APP 涉农信用专区录入有效信息 2572 条。邮储银行涪陵分行推出"产业+信用村"模式，在百胜镇片区的桂花村挂牌成立信用村。通过实地调查并结合村委会出具的证明，对榨菜种植户、加工户、合作社发放无抵押信用贷款，并在其他榨菜种植、生产集中乡镇进行推广，产生示范村标杆效应。

3. 发挥金融对榨菜产业转型发展的引导作用。在信贷支持做大做强做优榨菜产业的同时，辖内银行机构积极支持榨菜产业绿色转型升级，在榨菜生产废水、废气达标排放和固废规范处置方面给予信贷支持，将榨菜产业打造成实践"两山论"、走实"两化路"的绿色名片。辖内银行累计投放贷款 2700 万元，支持榨菜废水集中处理厂的改、扩建。同时，推动榨菜产业园区建设。涪陵银保监分局联合区财政局、农业农村委等五部门联合制定《涪陵区创建国家现代农业产业园金融服务创新项目实施方案》，落实三家涉农银行为园区内榨菜全产业链各类主体提供精准信贷服务，建立常态化银企对接机制，定期开展现场对接，有效疏通银企双方信息交流的堵点。2019 年 12 月，重庆市涪陵区现代农业产业园成功通过农业农村部、财政部认定，正式入列"国字号"现代农业产业园，成为引领榨菜产业集中集约集聚发展的全国典范。产业园青菜头种植面积 19.13 万亩，有榨菜合作社 124 家，榨菜加工企业 26 家，年成品榨菜生产能力达 60 余万吨。

4. 建立多主体风险补偿机制。一是涪陵区政府建立榨菜产业贷款风险补偿机制，分担银行信用风险，设立 600 万元融资风险保证金。成立振涪农业科技公司，入股农民专业合作社，每家入股 5 万元，共入股 100 家合作社，增强其经营实力，提升银行支持榨菜专业合作社发展的信心。二是建立多渠道风险分担机制。针对"见贷即担"的贷款，银行与担保公司双方建立风险分摊机制，分摊比例为 2∶8，即贷款发生损失，银行承担本息损失比例为 20%，担保公司承担本息损失比例为 80%。针对批量授信发放用于生产经营的信用贷款，财政承担本息损失的 35%。银行机构加大对农村专业大户（家庭农场）贷款（涪陵榨菜）办理机构的检查力度，每年对新发放的保证贷款进行全面检查，对经办机构发放的贷款资金流向进行重点监测。当该部分贷款逾期率或不良率达到 3%（含）以上，或有其他重大不利影响时，暂停新增用于榨菜产业的农村专业大户（家庭农场）贷款，存量到期不得续贷；同时采取有效措施，待逾期率和不良率均降至 3% 以下（不含）或重大不利因素消除后，经乡村振兴金融部同意后方可继续办理相关业务。三是建立保险兜底机制。首创全国青菜头种植收益保险，创新设计涵盖价格和产量的保险条款，对青菜头价格下跌或产量降低导致种植户受损都给予赔偿，为种植户提供涵盖自然灾害风险和市场风险的"双保险"。充分发挥财政补贴杠杆作用，按照政府和农户7：3的比例对青菜头种植收益进行投保，构建"政府+保险公司+农户"的合作模式，青菜头收益保险种植业主每亩只需缴纳9元，各级财政每亩补贴21元。青菜头种植收益保险在推动涪陵区榨菜产业提质增效、实现疫情背景下青菜头价格稳中有升方面发挥了积极作用。

二、中国民生银行重庆分行农业价值链金融

中国民生银行重庆分行结合重庆本地市场特点，深挖业务机会与市场潜力，重点围绕农业供应链，对农业生产各环节进行系统梳理，细分为农作物种植、农产品加工、农产品贸易、农资农具四个层次进行链式开发，实现对重庆地区农业全产业链的深度经营。通过打造"巴渝农贷通"乡村振兴产品体系，截至 2022 年 6 月，涉农贷款规模为 16.5 亿元，涉农贷款新增 6622 万元，其中普惠涉农贷款 5433 万元，普惠口径新增 2489 万元。

中国民生银行重庆分行创新打造了乡村振兴专属品牌"巴渝农贷通"系列产品：①农担贷。这是民生银行重庆分行与本地政府性融资担保公司重庆农业融资担保集团有限公司合作的一款担保产品。核心围绕本地七大农业产业的种植户和经销商，包括花椒、茶叶、青菜（榨菜原料）、中药材、柑橘（含脐橙、广柑、柠檬、柚子等）、油橄榄、李子行业推出的专属产品。②橙 E 贷。针对重庆万州、奉节附近地区特色柑橘种植业，其中以奉节脐橙等龙头产业集群为主要支持对象。③富硒贷。针对江津等富硒区域涉农集群体，以花椒产业为主要支持对象。④腊味贷。主要聚焦在重庆市城口县，当地特色为腊肉经销，针对该客户群体提供专属政策和金融服务。⑤渔悦贷。以担保方式融资，主要为重庆市周边区县养殖业提供专属政策和金融服务。

在实践中，中国民生银行重庆分行在前期充分调研的基础上，将农作物种植客户的生产资料特别是土地，按照农作物特征和耕种时长，以一定的标准认定为资产，解决了种植客户生产投资难以量化、资产难以判定的难题。

三、重庆三峡银行农业价值链金融综合服务创新

重庆三峡银行聚焦成渝现代高效特色农业带建设和重庆现代山地特色农业质效提升等重点领域，加大对乡村振兴相关产业的金融支持力度。涉农贷款保持稳步增长，截至 2021 年末，涉农贷款余额为 182.96 亿元，较年初增加 20.76 亿元，增长 12.8%，高于全行各项贷款增速 10.82 个百分点；普惠涉农贷款余额 20.33 亿元，较年初增加 1.35 亿元，增长 7.11%，高于全行各项贷款增速 5.13 个百分点。

1. 聚焦乡村重点产业发展。加大对农、林、牧、渔业各类经营主体的支持力度，发放贷款 2900 笔，金额 7.63 亿元。根据经营机构区域禀赋，找准特色优势产业，积极支持农业龙头企业，向 65 家国家级、市级农业产业化龙头企业授信 43 亿元；加大对生猪产业链条金融服务力度，发放贷款 561 笔，金额 3.02 亿元；加大对乡村振兴项目建设贷款投放力度，提高区域产业发展动能，发放贷款 54 笔，金额 23.79 亿元，重点支持了"龙象寺水库项目""酉阳县油茶林基地及深加工项目（一期）"等一批特色鲜明、带动作用明显的乡村振兴项目。

2. 创新乡村振兴金融产品。推出"长江保护贷""巴味渝珍贷""涪陵榨菜贷""璧山旺农贷""奉节柑橘贷""乡村振兴青年贷""石柱辣椒贷""南川竹笋贷"等多款乡村振兴信贷产品，不断提升乡村金融服务的便捷性和可获得性。截至 2021 年末，"长江保护贷"授信余额 6.95 亿元，支持了水污染治理、水资源利用、林业保护等重点领域；"石柱辣椒贷""涪陵榨菜贷""奉节柑橘贷"等乡村振兴特色产品余额较上年净增近 800 万元；"乡村振兴青年

贷"为投身乡村振兴、农业农村现代化发展的青年提供信贷支持 700 余万元。此外，"脱贫人口小额信贷（脱贫贷）"余额 4000 余万元，为已脱贫人口、边缘易致贫户提供优质金融服务。

3. 推进服务乡村振兴模式创新。扩大普惠金融基地建设范围，拓宽金融服务半径，在巫溪县红池坝镇、黔江区黎水镇、秀山县平凯街道等乡镇建成 73 个"1+2+N 普惠金融服务到村"基地，配备室外服务点标牌、党建文化墙、金融知识宣传展板等设施，有序开展金融知识宣传、金融业务咨询等各项工作，保障基础金融服务不出村。

四、中国农业银行重庆市分行创新植物新品种权质押贷款

植物新品种权是种业领域的知识产权，存在无法定价、不易变现等难题。农行重庆市分行在全国首创专项信贷产品，为种业领域知识产权保"价"护航，首笔发放水稻等植物新品种权质押贷款 300 万元，帮助企业扩大生产 4000 余亩、增加销售收入 10% 以上。植物新品种权质押贷款拓宽了种业企业的融资渠道，增强了种业企业的发展后劲。将企业自有的植物新品种权创新增设为有效质押品，联合多方走通了一条全新的融资担保路径，为种业振兴金融服务提供了可复制推广的规范化模式。

植物新品种权质押贷款是向种业相关企业发放的，以其品种权设定质押，用于满足其种业研发、生产、推广、销售过程中资金需求的贷款。该产品主要具有以下特点：一是"估价"考量准。以植物新品种的研发投入、销售金额、推广种植面积、品种市场竞争力、剩余有效期等作为主要参考因素，采取市场法和成本法相结合的方式，确定植物新品种权的评估价值。二是"保价"时间长。植物新品种权质押贷款准入门槛低，单品种种植面积只需 1 万亩以上；可贷款期限长，在植物新品种权授权期限到期前 3 年均可办理质押贷款；质押率较高，最高可达 50%。三是"稳价"利率低。首笔植物新品种权贷款企业

执行利率较同类型客户下浮 65BP，为企业节约融资成本 19500 元。四是贷款手续简单。只需提供植物新品种权证书、农作物品种审定证书等材料，审批后 5 日内即可放款。五是持续性强。可通过转贷、延期等方式，支持种业企业长期发展。

五、交通银行针对农业产业链"链主"的金融创新

交通银行股份有限公司重庆市分行针对地区特色农业产业链"链主"量身定做金融产品，通过"链主"发展实现乡村振兴。

1. 丰都县重庆恒都食品开发有限公司融资案例

丰都县位于重庆市渝东地区，该县曾经多年是国家级贫困县，产业匮乏，工业企业稀少，经济以农业为主，但农业多以家庭农户、专业合作社经营为主，难以形成规模和品牌。重庆恒都食品开发有限公司成立于 2010 年 12 月，位于重庆市丰都县高家镇，是恒都农业集团的核心企业，主要经营肉牛收购、养殖、屠宰加工及销售业务。公司运营初期投入大量资金用于建设养牛场、采购架子牛，而养殖行业投资周期长，资金回收慢，导致公司流动资金紧张，普通农户及养殖合作社的牛款支付周期较长，部分养殖户缺乏信心，缺少资金扩大养殖规模，恒都农业集团的肉牛供应也出现困难。2019 年，交通银行在走访营销中得知企业经营困难，需要银行支持后，快速为企业审批授信额度 1.7 亿元，其中 6000 万元额度专项用于支持农业小微主体，以商票保贴和信用证的用信形式为丰都、梁平、云南、宁夏、四川等地的农民专业合作社支付牛款，由核心企业恒都食品支付融资利息，确保农户售牛后能够及时、足额收到牛款。农户信心足，养殖规模增，丰都县已发展成为远近闻名的"肉牛之都"。肉牛供应稳定，财务负担骤降，恒都农业集团也迅速发展，现已在重庆丰都、河南泌阳建成 2 座应用工艺国内领先的肉牛屠宰精深加工厂，牛肉精细化分割达 16 个部位、200 多个品种，年屠宰加工肉牛能力达到 20 万头，年生

产精品牛肉 5 万吨，产品顺利通过 ISO-9001、ISO-22000、清真食品、绿色食品、有机食品等认证，并进入国家储备牛肉库，竞争优势明显。

2. 江津区重庆凯扬农业开发有限公司融资案例

江津区是全国闻名的花椒之乡。2023 年，江津区鲜花椒产量超 30 万吨，总产值超 30 亿元，是重庆江津区农业支柱产业之一，也是重庆农业经济的明星招牌。重庆凯扬农业开发有限公司成立于 2013 年 4 月，位于重庆市江津区德感工业园区，主要经营种植、加工、销售花椒及花椒制品业务。公司属于江津三大花椒生产商之一，为江津区内唯一一家"农业产业化国家重点龙头企业"花椒生产企业。江津地区每年的 5 月至 8 月是花椒收购季节，花椒企业资金需求量大，季节性强。2023 年，交通银行高效为企业审批授信额度 1000 万元，并在 5 月初短短三天内实现放款，保障在花椒季初上游椒农就能收到花椒款，精准助力江津花椒产业发展。交通银行还专门设立"花椒贷"产品。"花椒贷"是专为江津花椒产业全产业链上下游提供的专属特色产品，贷款对象既可以是小微企业，也可以是商户个人，借款人既可以通过线上标准化流程申请，也可以通过线下绿色通道一户一议，贷款额度最高为 1000 万元，期限可达 10 年，贷款利率低至 3.7%，担保方式涵盖抵押、信用、质押、担保及组合等多种方式，从申请到落地耗时缩短至一周。

3. 潼南区双江镇重庆联耕农业发展有限公司融资案例

潼南区双江镇面积 119.06 平方千米，现有双江、五里、金龙、九道 4 个社区和白鹤、白云、菜湾等 17 个行政村，人口 5.4 万，是全国首批历史文化名镇。双江镇积极探索集体经济发展新模式，引导全镇 21 个村（社区）抱团发展，成立重庆联耕农业发展有限公司，主要发展花椒产业。花椒种植前期投入较大，种植周期长，从耕地开荒到花椒收获需要 2—3 年时间，公司资金需求较大。因公司花椒种植前期均为投入，未产生经营收益、无抵押资产，按公司与 21 个村（社区）经济联合社签订的《农村土地流转协议》约定，在流转期内联耕公司对流转土地上的农作物享有收益权。经测算，2022 年流转土地的花椒预计可产生收益 1852 万元，因此交通银行以农村流转土地农作物收益权质押作为担保方式，授信公司 500 万元额度用于支付花椒基地管理费用、采购农药、化肥等农用物资，保障了公司花椒基地的正常运转。

六、酉阳"茶油产业化联合体"金融创新

酉阳土家族苗族自治县地处重庆市东南部、武陵山区腹地，曾有建档立卡贫困人口 15.24 万人，曾经是重庆市面积最大、贫困人口最多的贫困县，也曾是原中西部 169 个深度贫困县之一。"十四五"期间，酉阳县被确定为国家乡村振兴重点帮扶县。面对紧张且繁重的脱贫攻坚和巩固脱贫攻坚成果的任务，酉阳县政府立足现实、着力长远，选择把发展茶油产业作为全县脱贫攻坚、巩固脱贫攻坚成果和农民致富的第一支柱产业。在一系列政策措施的支持下，全县油茶（茶油在加工前，其果实称为"油茶"）种植企业、专业合作社如雨后春笋快速发展，油茶种植面积很快突破 15 万亩，覆盖 28 个乡镇（街道）。但酉阳油茶产业发展中面临很多问题，有种植企业但无龙头牵引，有专业合作社但无整体协同。全县茶油产业在早期发展过程中，未完全摆脱粗放式发展的路径依赖，散而多、多而不大、大而不强，产业上下游未形成良好的分工协作机制，市场供需两端信息对接不畅，存在滞销和价格波动的较大风险。中国农业发展银行重庆市分行针对酉阳茶油产业发展现状，提出了"茶油产业化联合体"的发展模式构想，即构建"公司（龙头企业）+合作社+农户（贫困户）"的组织模式，以参与产业链经营管理的国有实体公司带动茶油产业发展。

1. 运作模式。酉阳县"茶油产业化联合体"由龙头公司酉州生态农业公司负责提供油茶种植的核心技术支持、产品最终收购和销售服务。专业合作社等新型经营主体负责按照龙头公司的技术标准开展生产经营，专业合作社与龙头公司实行两种合作方式：第一种是与龙头公司签订收购合同，实行订单式种

植；第二种是专业合作社以土地经营权入股+农户保底分红。龙头公司找准产业发展的清晰路径，专业合作社有了技术和标准指导，农户及脱贫户也不再为销路发愁，实现长期稳定增收。2019 年以来，中国农业发展银行重庆市分行累计向酉阳县 59 家农民专业合作社等新型经营主体发放流动资金贷款 1.26 亿元，用于满足油茶管护流动资金需求，支持新型经营主体生产经营。同时，先后审批中长期贷款 13.5 亿元，目前已发放贷款 9.3 亿元，支持"产业化联合体"中龙头企业建设 20 万亩标准化茶油基地，助力龙头企业发展壮大。2021年，中国农业发展银行重庆市分行向酉阳武陵山油茶研究院有限公司发放流动资金贷款 800 万元，用于满足企业在制种育种过程中购买种苗、农业生产资料等流动资金需求，支持了酉阳茶油产业链"最前端"。中国农业发展银行重庆市分行助力茶油全产业链发展，2022 年发放贷款 1 亿元用于茶油加工厂建设项目后，2023 年追加贷款 5000 万元支持观光基地建设，2024 年再提供 2 亿元用于扩大种植面积和深加工技术研发，总贷款额达 3.5 亿元。酉阳县 2023 年、2024 年分别建成茶油加工厂、茶油生态观光基地，不断延伸产业链条，推动一二三产业融合发展。截至 2024 年底，酉阳茶油种植面积达 35 万亩，形成种植加工、销售、旅游一体化产业链。

2. 风险防控。农民专业合作社等新型经营主体扎根农村、植根农业、服务农民，把千家万户的小农生产和千变万化的大市场连接起来，是实施乡村振兴战略的重要一环。中国农业发展银行重庆市分行为支持合作社等新型经营主体发展，创新推出了"农发行+政府+龙头企业+合作社+风险补偿基金+保证担保+保险"（1+6）风险共担贷款模式，解决合作社融资难的问题。"1"即农业发展银行，负责独立评审贷款，提供信贷资金支持。"6"分别是：①地方政府或主管部门，负责建立风险补偿基金项目库，审核合作社入库；②龙头企业，负责提供产业核心技术支持，负责产品收购和销售，并对合作社派驻财务人员进行指导；③农民合作社，负责按照龙头企业技术标准依指令开展生产经营；④风险补偿基金，合作社贷款出现不良时，由风险补偿基金按照贷款总额的 70% 代偿；⑤保证担保，龙头企业为合作社贷款总额的 30% 和贷款利息提供保证担保；⑥保险，合作社自主办理生产经营保险。截至目前，中国农业发展银行重庆市分行该模式下无不良贷款。

七、云阳县兴农融资担保聚焦"三有两不足""三农"主体金融创新

重庆市云阳县兴农融资担保公司作为政府性融资担保机构，聚焦重点对象，重点支持单户担保金额 500 万元以下的小微企业和"三农"主体；优先为"三有两不足"企业提供担保增信。"三有"即产品有市场、项目有前景、技术有竞争力；"两不足"指贷款信用记录和有效抵质押品不足。

云阳芸山农业开发有限公司，地处黄金旅游线长江三峡生态库区云阳县，公司成立于 2010 年。该公司致力于有机菊花（三峡阳菊）的种植、精深加工和销售，是以菊花全产业链为主的农业综合开发的市级龙头企业，目前是同行业西南地区最大的企业。为解决该公司发展出现的融资难题，云阳县兴农融资担保公司多次深入企业寻诊问脉、实地考察，优先为芸山农业这样"三有两不足的"优质企业提供担保支持，从 2012 年开始为该公司贷款担保 100 万元，截至 2024 年底尚有担保贷款余额 400 万元。通过云阳县兴农融资担保为其担保贷款，芸山农业公司的菊花种植面积从 2012 年只有堰坪镇 200 亩增加至 4.3 万余亩，涵盖全市 6 个区县，带动 2.1 万余户创收，其中累计带动贫困户 1238 户，解决农民就业 300 余人。公司注册并持有多个商标及品牌，产品包含传统的中药、饮用产品及新型功能性产品。产品在 2014 年获得中国、欧盟有机食品认证，2016 年获得国家级有机菊花综合栽培示范基地称号，2017 年获得美国 FDA 认证，2018 年获得日本有机食品认证；公司连续 7 年获评县级和市级优秀龙头企业。

云阳县林久农牧综合开发有限责任公司（以下简称"林久农牧"）成立于

2013年2月，注册资本100万元。公司主要从事奶牛、肉牛饲养销售业务。公司成立初期，只有简陋牛棚、办公房，奶牛数十头，员工20名，条件比较艰苦。要保证奶牛健康、产品品质过关，只能不断升级改造基础设施，融资需求由此产生。对于新成立的企业，云阳县兴农融资担保公司并未因其设施简陋、抵押物薄弱等问题放弃该项目，秉承"三有两不足"的原则，为帮助特色农业发展，从2014年起，每年对其提供350万元担保贷款。获得云阳县兴农融资担保支持后，截至2022年，在9年的时间里，"林久农牧"已扩建牛舍至4800平方米、饲料储藏间4000平方米、奶牛运动场800平方米。牛场外有青贮玉米基地1000余亩，打造了种植养殖一体的循环农业，并于2016年通过中国良好农业规范（GAP）认证。2022年，"林久农牧"已建成自动化饲养基地，现已成为重庆市农业产业化龙头企业。

生猪养殖行业是国民经济的支柱产业之一，随着中国人口的增长和生活水平的不断提高，城乡居民对肉食的需求越来越大，生猪作为主要的肉食之一，市场的需求是长期性的，在国内市场经济环境下猪价时常波动。为防止生猪产能大起大落，金融企业的介入十分重要。云阳县贵林生态养殖场成立于2013年8月，占地1.5万平方米。可容纳9000头左右的生猪，具备饲养母猪550头及年出栏1.1万头商品猪的条件和能力。2019年生猪价格持续上涨，2020年全年保持在较高价位。看到行情如此之好，养殖场决定将2020年的盈余扩大企业规模，增强企业的生产能力及容栏能力，又投入资金约500万元。但万万没想到的是2021年猪价大幅回落，资金回笼未达到预期，导致流动资金出现缺口，无法将现有的商品猪饲养到出栏。考虑到企业实际控制人的养殖经验丰富、品行良好、诚信意识较强，2021年12月，云阳县兴农融资担保公司为其融资担保99万元贷款，帮助企业走出困境。与贵林养殖场一样获得融资担保支持的养猪户还有很多，在保的生猪养殖项目共26笔，担保金额2804万元。其中，2021年新增12笔，担保金额1149万元。云阳县兴农融资担保公司主动优化金融供给，助力生猪养殖稳产保供，对因"非洲猪瘟"和新冠疫情影响，暂时遇到困难的养殖户，不限保、不抽保、不断保；同时，持续加大对生猪养殖、生产、储运、销售等全产业链的担保投放力度，帮助养殖户恢复生产经营，满足了养猪户的实际需求。

八、合川区"枇杷贷"全价值链金融创新

重庆市合川区具有枇杷种植的良好条件，先后被农业农村部、中国果品流通协会授予"中国美丽田园""枇杷种植标准化示范区""中国枇杷之乡"等荣誉称号。2019年，合川枇杷被农业农村部纳入全国名特优新农产品名录，2020年被认定为重庆优质气候农产品。目前合川区枇杷产业以古楼镇为中心，向大石、三庙、燕窝等镇街辐射，初步形成了渝西片区枇杷产业带。全区枇杷产业形成了较为完整的一体化产业，包括种植、养护、采摘、销售、枇杷加工等，其中枇杷酒酿造技艺已经成功申报合川区非物质文化遗产。2019年，古楼镇和顺丰合作发展枇杷电商，统一质量标准、统一包装、统一宣传、统一价格、统一物流，带动邮政、吉之汇、申通等物流公司共邮寄枇杷12.87万斤。2020年，五度传媒参与策划枇杷电商宣传，同时引进京东、德邦等物流公司，实现了枇杷电商的升级，2020年邮寄枇杷达30万斤。2021年，合川区枇杷产业产值达到1.92亿元，较上年度增长20%，且连续三年产值增幅超过10%；产值占合川区农业产值的1.14%，占GDP的0.2%。目前古楼镇枇杷种植面积超过40000亩，盛产期的枇杷25000亩左右，产业涉及人口20128人，占合川区农业人口数的2.6%，有种植大户30余家，种植农户7000余户。2022年，合川枇杷总产量约2600万斤。

为进一步支持枇杷产业发展，合川区各银行业金融机构不断创新信贷产品及服务，针对枇杷相关企业及种植户，推出专业"枇杷贷"。截至2022年3月31日，合川区各银行业金融机构累计向枇杷产业及其配套服务业投放"枇

杷贷"5000 余万元，有余额户数 86 户，贷款余额 1158 万元。"枇杷贷"有如下特点：

1. "枇杷贷"致力产品创新，降低准入门槛。一是创新贷款产品种类。针对企业及种植户的不同需求，推出"枇杷贷"（实业）、"枇杷贷"（种植）、"枇杷贷"（家庭农场）、"枇杷贷"（经营）等产品，较为完美地适配了不同群体的不同需求，实现产品与客户精准对接。二是革新传统抵押方式。古楼镇有 7000 余户枇杷种植户，家庭经营比例较高，获取信贷支持苦于无抵押物，融资难度较大。相关机构针对此种情况，革新抵押物模式，如将集体土地经营权、自建果蔬大棚等在内的非房产作为抵押物，进一步提升了枇杷种植户金融服务可得性。三是做大信用贷款投放。积极运用乡村振兴相关扶持政策，推出"枇杷贷"（信用），贷款期 1—3 年，全程线上自动审批放款，合同期限内可循环使用，相关机构提供上门开卡、办理、放款等全程服务，枇杷种植户足不出户便可获得高效、优质的金融服务。四是加强专业银担合作。加强与重庆市农业融资担保集团有限公司和重庆市合川兴农融资担保有限公司合作，以担保公司初筛+银行信贷审查的模式，拓展客户来源，降低种植户融资成本，有效解决企业、种植户无担保物、少担保物的问题。

2. "枇杷贷"精准群体画像，做实全程服务。一是差别准入，精准服务客户群体。各银行机构深化市场调研，细分客户群体，实施差别化滴灌式金融扶持。对成规模、产业化的大客户群体主要提供项目融资，支持产品深加工。例如，重庆市合川区福可吉农产品开发有限责任公司是古楼镇一家枇杷深加工企业，主要对枇杷进行加工，生产枇杷酒、枇杷花茶、枇杷膏等。该公司厂房占地 36 亩，计划开发枇杷饮料、枇杷罐头、枇杷干、枇杷糖、枇杷口服液等产品。该公司用于购买设备的资金缺口为 300 万元左右，中银富登等机构与其积极对接，正式投产后一年产值达 5000 万元。对已成为枇杷协会会员的种植户群体，主要是提供信用贷、周转贷等特色金融产品，满足其季节性临时性资金需求。如中银富登等机构为枇杷协会会员等发放了 18 笔共计 315 万元政府贴息贷款。对从事枇杷种植的脱贫人口，提供精准扶贫小额信贷，助力乡村振兴。截至 2022 年 3 月，累计发放 125 笔，共计 325 万元。二是着力优化全程全链金融服务。在品牌宣传推广方面，2021 年，由古楼镇政府牵头申请对枇杷进行农产品地理标志认定，中银富登等机构对此大力支持，冠名支持"枇杷王"评选比赛，努力提高地方特色农产品品牌认知度。在销售支付结算方面，各机构深入枇杷种植户及销售商户进行结算产品宣传，积极推广"渝快付""邮惠付""惠农 e 通"等快捷支付方式使用，及时满足枇杷销售中快速、流畅的资金收付需求。在打造营商环境方面，各机构积极落实优化营商环境政策，建立"无事不扰、无时不在、无微不至"的服务机制，积极开展"进村入户"活动，耐心解答解决不同客户特色化服务需求，如有针对性解决商户不懂线上收款结账操作、网上销售不知如何与客户沟通、达成购买意向后不会即时发货等难题，为提升客户服务满意度不懈努力。

3."枇杷贷"创新服务模式，振兴枇杷产业。一是前瞻介入助力产业规划发展。合川区各银行机构聚焦枇杷等特色优势农产品，前瞻介入，提早谋划，与地方特色产业共兴共荣。如中银富登等行积极协助古楼镇政府成立枇杷协会、枇杷研究院等机构。从开立验资专用账户到出具资金证明，从零起步帮助枇杷研究院建设完成，为钻研枇杷种植技术，提升枇杷品质提供及时到位的金融支持。有关银行还利用自身熟悉产业政策、了解地方特色农产品扶持政策等优势，积极主动向地方政府建言献策。二是创新模式缓解融资难融资贵问题。各机构主动拓展市场，积极对接客户需求，着力解决传统信贷模式不适用不配套等难题。在解决融资难方面，各机构积极落实各项政策，深入村"两委"和田间地头逐户走访，筛查枇杷产业融资需求，针对种植户抵押物不足的问题，创新抵押方式的同时，推出信用贷、担保贷等服务，如重庆银行合川支行等机构累计向重庆市琼怡枇杷发展有限公司发放担保贷款近 1000 万元，向十余户种植户发放担保贷款近 200 万元。在解决融资贵方面，积极争取地方政府贴息支持，并将其作为产业扶持政策加以固化，如利用好每年政府安排的贴息资金 50 万—200 万元，对当年付息超过 1 万元、从事枇杷种植或加工且不超过 LPR50% 的部分贷款利息给予补贴，切实为农户减轻负担。

4. 政企统筹协作，控制风险隐患。一是严格"三查"，确保信贷质量。建立专项客户经理团队，严格落实贷款"三查"制度，实地走访每位种植户，动态掌握种植经营实况，密切关注枇杷相关行业市场情况及生产收购信息变化，及时发现化解风险苗头。积极与区农业农村委、行业协会、镇政府合作，协助金融机构进行贷前审查、贷后管理催收等工作。二是创新保险产品，强化保障能力。为鼓励枇杷种植农户和农业经营者参与枇杷产量保险，增强农户抗风险能力，人保财险推出枇杷保险产品。2021 年共 3 个种植大户参保，保险面积 5000 亩，保险费 100 万元，其中农户自担 30 万元，政府补贴 70 万元。2022 年 5 月 9 日，合川区遭遇大风天气，3 名参保大户均有受损，获得保险金额约 45 万元。保险服务增强了种植户抗风险能力，为稳定并扩大枇杷种植坚定了信心。三是各方协同，优化产业服务。区人力社保局、农业农村委、古楼镇政府邀请专家服务团深入古楼镇提供帮助指导，枇杷种植资深技术人员和专家对种植问题进行把脉问诊。快递收派服务免征增值税政策一经发布，区税务部门第一时间前往古楼镇枇杷交易市场，向物流企业面对面讲解如何享受免税政策。

第二节　基于数字技术的科技金融创新案例

一、"马上消费"科技金融创新

马上消费金融股份有限公司（简称"马上消费"）是重庆市一家经原中国银保监会批准，持有消费金融牌照的科技驱动型金融机构。该公司以"数字金融"为依托，充分发挥人工智能、数据挖掘优势，持续发展面向县域、乡村用户的数字普惠金融，弥合"数字鸿沟"，提升金融服务可得性，进一步缩小城乡金融服务差距。截至 2021 年底，累计服务农村用户 2785 万人、交易总额 3296 亿元，服务县域用户 3374 万人、交易总额 4614 亿元，在服务县域、服务农户的同时，为超过 650 万信用"白户"建立了信用记录。"马上消费"利用金融科技服务农村金融，进行了两个方面的创新。

1. 通过金融科技建立金融风险防控体系

"马上消费"应用人工智能、大数据等技术，构建复杂网络防控、反欺诈决策、交易侦测、交易反欺诈、情报舆情监控、案件调查、全域监控、多模态检测八大功能模块，开展基于人工智能算法的多模态检测和智能外呼技术、无感知埋点和设备指纹数据采集技术，以及分布流式计算的实时数据立方引擎技术的研究应用，建立贷前防范、贷中监控和贷后处置三位一体的智能金融反欺诈安全解决方案。

（1）贷前防范。该业务阶段主要包括反欺诈核身体系构建、复杂关系网络防控、贷前反欺诈策略制定等业务活动，在反欺诈安全解决方案中构建复杂网络防控、反欺诈决策、多模态检测功能模块进行支撑。利用图数据库构建实时的小网络来关联可能涉及每个人的多维度信息，自动化对顶点和边的关联数量进行统计计算，形成小时级数据特征分析报告，构建实时复杂网络，实现智能化发现团伙特征，及时制定反欺诈策略；利用无感知埋点、设备指纹等数据采集技术，获取包括申请信息、埋点信息、外部数据信息、客户状态信息等各类信息，融合黑名单、逾期风险数据等，构建反欺诈关系网络防控体系，用于防控伪造信息、中介代办等风险；利用人工智能文本类防伪、语音类防伪、视觉类防伪等多模态反欺诈技术，构建反欺诈核身体系，通过各类手段综合识别客户身份信息的真伪，防控伪冒申请风险。

（2）贷中监控。该业务阶段主要包括早期风险预警、交易反欺诈模型构建和贷中反欺诈策略制定业务活动，在反欺诈安全解决方案中构建交易侦测、交易反欺诈功能模块进行支撑。利用复杂网络与决策引擎联动技术，通过规则引擎团伙侦测规则发现异常触碰，实时通知复杂网络构建团伙网络，发送群体事件侦测，人工确定团伙，反向通知决策引擎进行拒绝；利用分布流式计算平台架构技术，有效地对交易数据实时进行风险监控，并依据风险级别进行决策，实现反欺诈实时侦测、反欺诈数据收集、人工侦测、后置核身等。

（3）贷后处置。该业务阶段主要包括欺诈风险案件调查业务活动，在反欺诈安全解决方案中构建情报舆情、案件调查、全域监控功能模块进行支撑。利用大数据自动化抓取和分析代替传统的线下人工调查、调查员潜伏监控，并根据关键词及规则配置自动形成风险提示报告，提高负面舆情监控，欺诈情报获取，涉黑、涉恶信息搜集能力，增强欺诈风险识别能力；利用人工智能外呼和活体检测技术，对客户本人进行外呼，确认或排除风险，通过人工调查和机器智能相互辅助，提高效率的同时，保证调查的准确性；利用分布流式计算平台架构，基于流计算技术（JStorm/Flink）及 Kafka 技术组件进行自主研发，构建大数据实时数据立方引擎，用以支撑风险中介信息分析获取，并经过实时计算将交易量、交易离散系数、中介位置分布通过可视化大屏、PC 端网页直观展示出来，供反欺诈前端运营人员及时有效地对交易数据实时进行反欺诈风险监控，并依据风险级别指导进行决策。

2. 发挥金融科技优势，服务乡村产业振兴，发挥金融引领作用

依托自身在大数据分析、人工智能领域的技术禀赋，主动对接帮扶位于重庆市渝北区洛碛镇李家坝的土鸡养殖户，首期技术帮扶 100 余万元，启动实施了智慧林下养殖项目。自研"慧养鸡"智慧养殖大数据管理平台，通过 AI 智慧估重、AI 智慧计数、机器视觉体温检测、鸡舍污染气体监测等手段，对养鸡场进行数字化改造，有效解决散养土鸡行业痛点和传统人工管理效率低下的问题，提升附加值，预计助农增收 20% 以上。为进一步解决养殖户的后顾之

忧，公司还与本地农业龙头企业联合，发挥其市场优势，帮助农户解决销路问题。此外，公司依托"慧养鸡"平台对接相关金融机构，通过开放相关养殖、经营数据等，帮助银行实现对养殖户的精准授信，解决银企对接过程中的农户无抵押、银行不敢贷等问题，从而走出一条产供销联动、普惠金融助力乡村产业发展的路子，并形成可推广、可复制的经验模式，助力更多乡村产业振兴、农民增收致富。

二、基于大数据的秀山县乡村振兴金融综合服务平台

重庆市秀山县建立了乡村振兴金融综合服务平台。该金融服务平台以乡村振兴金融大数据库为基础，汇集秀山县县委组织部、公安局、法院、市场监管局、税务局等 29 个部门及单位、100 多项信息资源、1000 多个信息字段、超万条涉企数据，通过对乡村振兴系列主体数据的采集、融合管理、建模分析和运用，开展金融服务和各类涉农场景应用，满足乡村振兴多样化、多层次金融需求，完善金融支持乡村振兴考核评估机制，促进农村普惠金融发展。

该金融服务平台具有以下几个方面的特点：一是构建乡村振兴金融超市。主要通过政务平台对接、人工采集、自主申报、大数据挖掘等多种方式，依法全面收集中小微企业和涉农经营主体信用信息，构建区域涉农、小微等信用信息库。平台运用"1+3+N+1"模式，即 1 个平台（秀山县乡村振兴金融综合服务平台）、3 套体系（社会信用体系、风险防控体系、业务流程体系）、N 个应用、1 个中心，打造一站式金融服务，让数据多跑路、用户少跑腿。二是有效节约各方资源。对金融机构来说，近几年各家金融机构都推出了一系列乡村振兴金融服务创新产品，但限于宣传渠道，不少金融产品还"养在深闺人未识"，没有发挥出预期效果。平台的推出让各类金融机构的金融产品有了展示的舞台，并伴随着平台的推广走进千家万户，大大节约了金融机构产品宣传的成本。对农户来说，传统获得金融服务的方式，需要多次跑银行，现在在

家里、在村里就可以完成金融申请。通过让数据多跑路、农户少跑腿,农户实现了足不出村、足不出户获得金融服务。对政府来说,之前主要是通过行政力量指导金融机构共同做好乡村振兴金融服务,为金融机构做好服务支持还缺少有效抓手,乡村振兴金融综合服务平台的推出,既提升了服务金融机构的能力,又节约了政府行政资源。同时,政府各部门掌握的数据资源普遍处于"沉睡"状态,没有发挥出数据的价值。平台的大数据信用报告,让"沉睡"的数据"活"了起来,成为撬动金融机构融资服务的重要手段。

三、重庆渝北银座村镇银行"兴农卡"信用贷款和"易收款"支付服务

重庆渝北银座村镇银行推动"兴农卡"小额信用贷款和"易收款"支付服务两项金融服务产品创新,收到良好效果。

1. "兴农卡"小额信用贷款

农户时常因资金周转不及时无法进货,错过商品畅销期,造成经济损失;或因资金短缺问题无法及时购买肥料,错过最佳施肥时间,导致农作物收成不好甚至死亡,造成经济损失;等等。重庆渝北银座村镇银行为农户量身定制"兴农卡"产品,可为农户提供小额信用贷款。"兴农卡"平时可作为储蓄卡,当有资金需求时,可直接从卡内取出现金使用。这解决了信贷产品手续烦琐、审核严格、资产要求高等问题,为广大农户提供了更方便、快捷的金融服务。"兴农卡"在约定额度、期限内,一次授信、循环使用,随用随贷、随借随还,存取、转账、信用贷款一应俱全,可以让资金短缺的农户快捷地拿到资金进行周转,帮助"三农"群体解决融资难等问题。

33岁的小周是统景镇印盒村为数不多的年轻人之一,村子盛产"歪嘴李"。趁着家乡好政策,小周选择回家种植李子树,现有李子林10多亩、800余棵,年产量2万—3万斤,年销售额8万—12万元,一举成为印盒村数一数

二的"李子大户"。但李子一般三月开花，六七月结果。赏花期时，印盒村会有上万名游客来看花，除了种植果树，小周还开了家农家乐，想进行升级。但李子种植需要的农药、化肥等费用以及农家乐升级造成的资金缺口成了扩产致富的"拦路虎"，让他十分苦恼。针对小周的情况，重庆渝北银座村镇银行多次上门面对面详细沟通了解，核实实际情况，收集相关资料，仅2天的时间，小周凭借良好信用就获得了10万元"兴农卡"贷款审批额度。

2. "易收款"支付服务

老樊是统景镇裕华村的桃树种植农户，他的桃林占地面积约100亩，桃树4000余棵。2021年第一年产量大约在4000斤，2022年的果树更成熟，果子比上年生长得更好，产量上涨约一倍。5月中旬，桃树开始结果，越来越好的收成让更多的游客前来采摘游玩。伴随着丰收的喜悦，频繁线上收付款的烦恼也随之而来，各类支付方式、不易盘点的账目、较高的提现手续费让老樊开始发愁。重庆渝北银座村镇银行统景支行了解到这一情况后，立即安排客户经理带上移动设备，上门为老樊排忧解难。通过农户专属绿色通道，当天便成功为老樊办理了"易收款"码牌，并为其配套4G音箱，实时语音播报，防止收款漏单。截至2022年5月16日，重庆渝北银座村镇银行已成功为407户乡镇商户及农户办理扫码支付业务，交易笔数75万笔，交易金额9392.92万元。

四、重庆小雨点小额贷款有限公司科技金融创新

重庆小雨点小额贷款有限公司（简称"重庆小雨点"）依托互联网技术，运用大数据、人工智能、云计算、区块链等金融科技手段，在业务开拓、客户服务和产品设计等方面实现全面的智能提升，推出"雨商贷"系列产品，实现了金融产品、风控、获客、服务的全面智能化。随着与各产业的深入合作，通过科技与金融相结合、融智与融资相结合，"重庆小雨点"逐步探索出了一条以供应链（场景）金融为核心的金融创新发展路径。截至2022年2月末，

"重庆小雨点"的服务已覆盖近 6000 个乡镇地区，累计服务县域、农村用户超 110 万人，放款突破 180 亿元。"重庆小雨点"科技金融创新有两个值得关注的经验。

1. 科技金融支撑供应链金融，助推乡村产业振兴

"重庆小雨点"基于自身科技实力，将大数据、人工智能、区块链等技术与供应链金融、农业金融深度融合，打造线上、无抵押贷款新模式。客户通过手机应用程序即可在线自主申请，从申请到放款最快仅需 10 分钟。供应链金融是"重庆小雨点"通过金融科技助力乡村振兴的重点板块，即通过为产业供应链环节提供定制化金融服务，解决中小微企业融资难题，激活、优化产业链条，助力产业生态圈实现整体协同发展。以绿色农村出行行业为例。绿色农村出行是"重庆小雨点"供应链金融深耕多年、成果颇丰的行业。在乡镇街道上，销售电动车的夫妻门店随处可见，他们通常是某电动车品牌的经销商。这样的乡镇经销商，对资金需求普遍有三个特点：资金需求量小、资金需求急、不懂如何申请。由于这样的客群特点，传统金融申请周期长、手续烦琐，很难满足该客群的需求。而"重庆小雨点"坚持通过金融科技打造小、快、灵的供应链金融产品，在该行业中取得了良好口碑。比如，一个客户急需周转资金，与多个传统金融机构申请无果后，抱着试一试的心态下载了小雨点APP，通过手机申请，半小时就拿到了额度并成功提款。合作一年多后，该客户在"重庆小雨点"的授信额度从 20 万元增长到 100 多万元，客户门店从 1 家开到 3 家，销售从 1000 多台增长到 5000 多台。

2. 通过科技金融建立供应链金融全流程风险防控体系

首先是供应链金融贷前管理。"重庆小雨点"供应链金融自运营以来，累计服务客户数量达 10000 户，经过丰富的数据积累及政策不断迭代优化，建立了一套完善的贷前管理体系。主要以品牌厂商、区域代理商两大类核心企业为依托，在贷前准入环节，通过严格的宏观调研和核心企业经营模式、合作方尽

职调查，批量获取目标客户群经营情况、交易场景等，结合策略产品规则，深度分析客户画像，客观进行风险评估；项目开发前由公司专设的风险管理委员会（成员均由公司核心管理层组成）进行最终决策，使风险前置化考量，从源头把控相应客户群或场景可能存在的系统性潜在风险因素。在产品的前端进件、风控审批等全流程中充分嵌入人工智能、大数据、云计算、区块链、生物识别等科技手段，形成具有自身特色的一套成熟应用架构。主要在个人基本信息准入、风险信息扫描、多平台借贷申请检测、反欺诈等方面进行风险预筛准入区分，最终形成客户评级，根据全方位评级结果形成定价、批额、增值等决策，历经海量客户的实战检验，实现有效风险及时识别及管理的同时，兼顾良好的客户体验和高效的流程。

其次是供应链金融贷中管理。在贷中阶段，"重庆小雨点"供应链金融对全线产品均部署有自动化贷中管理策略模型。依据客户经营情况定期（每月）跟踪贷中数据（核心企业获取）表现，如贷中阶段的基础交易数据分析、三方数据的定期更新同步等（与超40家主流征信和大数据公司建立合作，服务于策略模型的有效运行），一方面实现对客户贷中风险的预先识别和自动预警，另一方面对优质客群实现适时调额、调价等策略，通过贷中管理对客户群特征深度挖掘提供数据基础。在贷中策略模型监控的同时，同时配置有对客户的标准化电话回访策略、对核心企业的现场回访策略、对特定大额客户的线下明访或暗访策略、对行业和场景宏观环境的跟踪分析机制等，全方位、立体化管理产品维度和单一客户维度的信贷风险。

最后是供应链金融贷后管理。在贷后管理阶段，公司在严格遵循法律法规要求的前提下，将制度化标准流程与动态管理措施有机结合，有效提高公司整体的贷后管理效率。在制度化标准流程方面，建立完备的风险客户催收管理制度体系（B端、C端），对不同阶段风险客户的识别及界定、贷后管理措施触发条件、自动化预警通知、相应的处置措施及操作指引（催收措施包括短信、

AI电话、人工电话、属地催收、委外催收、诉讼等）、相应的负责部门、不同风险阶段间的流转机制等进行详尽且可操作的规定，将贷后管理工作落实到具体部门和具体的负责人，确保贷后管理链条各节点的有效衔接和高效运转。在动态管理方面，公司的催收管理制度体系为贷后管理团队赋予了基于风险客户特征动态调整催收策略的灵活机制，如对于有证据证明特定客户资信情况可能持续恶化的情况，贷后管理团队可跳过中间阶段，在取得适当审批后采取快速委外、诉讼等措施，及时把握最佳窗口期，匹配适宜的催收措施，保障预期的催收效果。

五、新型农业经营主体大数据金融服务平台——"渝融农信"

为深入推进金融支持乡村振兴，加强重庆市农业金融体系深化改革，探索数字化金融支农模式，重庆市农业融资担保集团有限公司与数字重庆大数据应用发展有限公司双方合作，共同建立新型农业经营主体金融服务信息平台"渝融农信"产品，通过金融大数据科技，充分发挥政务数据、农业行业数据价值，缓解信息不对称难题，加强对新型农业经营主体的金融服务，为农业经营主体提供一个快速方便解决农业经营融资需求的金融服务平台。

"渝融农信"主要有以下四大特点：一是建档立卡。通过代办机构重点以镇乡（或区县、村社）为单位，作为技术工具，支持融资客户自主申请、第三方机构、业务人员等，在实时情况下，自助式为新型农业经营主体建立信用信息基础档案，并通过数据标准化、智能化采集动态管理；帮助担保业务人员更好地维护客户关系、发掘客户需求。二是预授信方式。转换现有的担保授信模式，由客户主动单笔申请，向整个区域主动授信，对已建档立卡的新型农业经营主体，根据采集数据完善程度（基础信息和产业基本信息），结合预授信评价模型，匹配对应乡镇及单户的预授信额度。三是提高效率。以标准化数据风控为目标，通过第三方数据集成及第三方调查方式，替代担保业务人员现场尽调的方式，提高风控效率，标准化风控过程。四是政务数据运用。充分利用大数据、智能化等新技术手段，依托政务数据，结合农业行业担保风控经验，构建面向农业的数据标签与算法模型，并建立数据评估标准，对农业经营主体进行智能画像，以辅助提升融资项目的评审速度，提高整体业务执行效率和解决项目保后动态管理的难题，最终实现线上审批、精准匹配、快速授信，为以后资金方多元化奠定基础。

"渝融农信"实现服务模式创新体现在三个方面：一是多部门联动，增强触达能力。在整个"渝融农信"平台运营过程中，基层村镇干部作为数据建档立卡的第一线人员，充分发挥其对基层情况熟悉与了解的优势，为其提供规范的数据建档立卡标准，并提供移动端工具，助其进行数据录入工作。同时，村镇干部工作在第一线，能够第一时间获取新型农业经营主体的经营状态和融资需求，有助于提升其现代化管理能力。通过调动基层干部的积极性，充分发挥基层动员能力，增强了对终端用户的触达能力。二是智能化筛选方式，助力精准识别客户。通过工商、司法、行政许可、行政处罚、社保、公积金等维度的数据构建新型农业经营主体的画像标签，并通过不同的标签组合形成企业初筛模型，通过初筛模型的运行，筛除掉不符合基础要求的相关客户对象，形成潜在客户名单，助力客户的精准识别，并结合基层村镇干部的触达动员与收集的融资需求信息，形成主动的客户服务体系，为各新型农业经营主体的融资需求保驾护航。三是大数据赋能风控，提升评审效率。以客户的政务数据为基础，构建预授信模型，通过五个等级的划分，评定客户的对应等级，并给予对应等级的担保额度作为客户的主体授信结果；同时基于融资中所涉及的个人的强授权，对担保过程中所涉及的多个反担保人包括社保、公积金、资产、对外投资等方面的信息进行集成，使担保业务人员能够进一步发挥反担保措施的有效性，增强风控能力，提升风控效率。

"渝融农信"加速破解农村金融服务供需矛盾，助力乡村振兴，其作用体现于四个"带动"。一是数字化产业带动情况。平台汇集了新型农业经营主体的自主申报数据、关联工商主体公开数据、政务数据、金融数据等，完善了农业经营主体画像，建立信用评价标准，完善农村信用体系，为农业政务数据应用提供场景，为农民政策补贴提供平台和依据，以金融扶持促进农业发展和农民增收。二是农业金融带动情况。平台依托大数据及智能风控技术实现融资流程的在线化、智能化、精准化，从而降低人工成本、提升管理效率，并可有效将其多年沉淀的专家经验风控模型线上化，依托金融科技手段提高决策水平。三是涉农主体带动情况。平台汇聚了多类信用、融资、公共等应用服务，让数据多跑路、农户少跑路，充分缓解农户/企业融资难、融资慢问题，提升农业主体信用意识。四是现代农业带动情况。整体以服务农业适度规模经营为己任，全力助推乡村产业振兴和农业现代化，并切实加大对乡村振兴重点帮扶地区和脱贫地区的担保服务力度，实现这些重点地区农担业务全覆盖，助力这些重点地区发展壮大农业产业，带动脱贫户增收。

六、重庆银行"好企助农贷银担合作贷款"

重庆银行是国有金融机构、西部地区首家"A+H"上市城市商业银行。重庆银行聚焦农业农村重点领域，探索创新金融服务乡村振兴的有效方式，推动金融资源向乡村倾斜，不断加大新型农业经营主体信贷支持力度，创设"好企助农贷银担合作贷款"，为乡村振兴注入源源不断的金融"活水"。

涉农贷款往往流程长、融资成本高、信用风险大，是金融助力乡村振兴要面临的一道"坡"；农村地区往往信用基础弱、农业抗风险能力弱、农业经营主体抵押担保能力不足，是缓解"三农"融资难题要跨越的一道"坎"。重庆银行立足重庆实际，深挖重庆特色，推动金融科技与乡村振兴重点领域和薄弱环节有机结合，加强渠道整合、数据整合和开放合作，做细做实农村数字普惠金融服务，自主研发"好企助农贷银担合作贷款"，实现了"一体化线上贷款申请、贷款需求与金融服务精准适配、线上线下联合风控"等功能，切实提升了金融服务温度和业务办理效率，为农业增效、农村繁荣、农民增收提供了有力支持。"好企助农贷银担合作贷款"给予最高 150 万元的授信额度，将借款人"好企助农贷银担合作贷款"的贷款授信权限下放至分支机构，分支机构在充分了解借款人经营情况的前提下，合理测算借款人营运资金需求，审慎确定贷款额度。对于季节性农业经营主体，可按连续生产时段作为计算周期估算流动资金需求，贷款期限则根据回款周期合理确定。截至 2021 年末，"好企助农贷银担合作贷款"投放 8.83 亿元，贷款余额 9.83 亿元，累计服务农业经营主体 3000 余户。"好企助农贷银担合作贷款"具有如下特点。

1. 线上线下协同，实现信贷业务便利化。传统信贷业务模式下，办理一笔业务需客户经理深入农村调查，回行准备资料，评审人员审批，客户面签放款，一笔业务平均耗时超过一周。"好企助农贷银担合作贷款"打造了"线上贷款申请—线上智能审批辅之线下审查—乡村客户手机在线签约放款"的业务模式，乡村客户无须再为准备资料一筹莫展，无须再为申请贷款多次奔波；同时结合涉农区域广和乡村地缘环境特点，深入乡里田间进行现场调研，根据调研结果，优化涉农信贷产品策略和信用评价模型，简化涉农贷款办理流程，贷款业务办理时限从一至两周缩短至最快 30 分钟。重庆银行还通过图像识别、生物识别、电子签章等技术手段，持续对数字信贷服务和运营模式进行再造和优化，自主研发了"巴狮数智银行"移动展业平台，将手机、移动展业（PAD）等业务前端与金融数据库直连，为客户经理走出网点、走近客户，现场办理业务提供技术支撑。依托"巴狮数智银行"摆脱柜台限制，深入山野田间，打通乡村金融服务的"最后一公里"，目前已全面覆盖数十县、上千村庄、上万农户，让客户足不出户即可体验开卡、申请、签约、放款一站式智能金融服务，使农业经营主体真正体会到，"好企助农贷银担合作贷款"等涉农数字信贷产品实实在在地将"个人申贷"的被动服务转变为"银行送贷"的主动服务,使村民切实感受到依托线上渠道办理贷款业务的高效便捷和客户体验的优化。"不用抵押、不用到银行,几分钟就获得了贷款,以前真是想都不敢想。"这是一线客户经理听到最多的话。

2. 升级"银担合作",提高涉农信贷办理效率。重庆银行与重庆市农业融资担保集团有限公司开展涉农信贷合作,乡镇(街道)、农业农村主管部门或金融机构进行客户推荐,重庆市农业融资担保集团有限公司预审批后经由线上渠道推荐至重庆银行。重庆银行依托金融科技平台和大数据、人工智能、云计算、生物识别等主流技术,将客户申请自动分配至经办人员,同时对农业经营主体的经营数据进行挖掘和分析,协助分支机构快速完成贷款审核审批,最快 30 分钟高效放款,实现了大数据分析对实时业务应用、管理决策的支撑,提高了涉农贷款的办理效率,提升了农村金融服务的便利度和农民的获得感。

3. 打造"无感担保",提高涉农信贷风险容忍度。新型农业经营主体的抵押担保能力弱,农户缺少资金,无法扩大生产规模,在疫情冲击之下,有的新型农业经营主体更是艰难维持经营。"好企助农贷银担合作贷款"客户由乡镇(街道)、农业农村主管部门或金融机构推荐,重庆市农业融资担保集团有限公司为农业经营主体提供担保,做到整个担保过程"无感化",解决了"三农"客户难以寻找保证人、缺乏抵押物的问题,担保效率有了质的提升。重庆市农业融资担保集团有限公司开展的客户调查、贷款担保和代偿约定,强化了风险分担机制,实质上提高了"好企助农贷银担合作贷款"的风险容忍度,也极大提升了农村金融服务的获得感。

4. 支持对象精准化。"好企助农贷银担合作贷款"在服务对象广泛的基础上,实现了信贷资金的精准化。服务面向农村、农业、农户,服务对象主要是从事农业相关生产经营或注册地址(经营场所)在农村的经营主体,包括从事种养殖业的种养大户、家庭农场、农民专业合作社以及农村小微企业，还包括从事农产品加工、销售、农村电商等非种养殖业客户群。重庆银行针对不同行业设置了不同的产品准入门槛，充分利用人脸识别、大数据风控、自动决策等业内领先的金融科技手段，对乡村客户精准画像，实现信贷资金精准投放。依托农担公司的专业能力，将农业经营主体的生产经营成效与信贷资金支持力度挂钩，以时段性的经营实效为导向，发挥贷款资金用在"刀刃"上的最大效用，从数据、技术层面提高信贷投放的精准度。

5. 创新"政银合作"新模式。因地制宜、实事求是，探索并打通了"银行+村党支部/农业基地/龙头企业+农业经营主体"的"政银合作"新模式。重庆银行属地分支机构积极对接地方政府及职能部门，定期深入重点村镇，与当地农委和党支部、村委会沟通联系，通过签订合作协议、与村党支部党建共建、开展金融知识宣传活动、涉农特色信贷产品介绍等多种形式，与农业农村委员会、村"两委"建立长效沟通和双向反馈的长效合作机制，在线下也做到了精准对接金融需求、精准落实支持措施。在开州，重庆银行与开州区麻柳乡签订合作协议，通过召开村委会座谈会、入户走访等方式，定期了解农村金融需求，开展慰问走访、金融知识下乡、涉农信贷产品宣传等活动，很多以前不敢贷、不愿贷的农户，也敢于主动贷款，共同营造了金融资源共帮共享、产业发展共商共赢的良好氛围。

6. 聚焦乡村产业振兴。乡村振兴的核心在于产业振兴，产业振兴离不开金融支持。以产业振兴为出发点，"好企助农贷银担合作贷款"在农业产业链上持续发力，锚定地方特色农业产业集群，重点支持柑橘、榨菜、柠檬、生态畜牧、生态渔业、茶叶、调味品、特色水果、特色粮油、特色经济林等现代山地特色高效产业集群发展，精准投放信贷资源，增加有效信贷供给。以产业振兴为抓手，持续"修渠引流"，推进农村一二三产业融合发展，推动"三农"金融业务由服务小农户向服务"大三农"全价值链金融转变，为乡村产业振兴提挡加速。

7. 建立智能化风险控制。"好企助农贷银担合作贷款"依托线上大数据、线下调查的支撑，打造智能化全流程风险防控体系，筑牢风险防控底线。一是把好准入关。通过内部数据与外部大数据的有效整合判断、线下调查复核的线上线下相结合的方式，严把准入关，做到授信对象精准化。二是把好模型关。针对不同行业设置了不同的产品准入门槛，充分利用人脸识别、大数据风控、自动决策等业内领先的金融科技手段，对乡村客户精准"画像"，优化涉农信贷产品策略和信用评价模型，合理确定授信额度。三是建立业务暂停机制。"好企助农贷银担合作贷款"依据监管要求和全行不良率水平设置合理的不良率标准，达到该标准即触发"熔断"机制，暂停业务，有效守住涉农贷款的风险底线。四是做好续贷纾困工作。当"好企助农贷银担合作贷款"业务出现逾期或到期后，充分考虑经营主体的生产资金需求和造成还款困难的原因，对确有还款意愿和吸纳就业能力、存在临时性经营困难的经营主体，合理运用展期、重组、借新还旧、调整还款方式以及无还本续贷等方式予以支持。五是强化贷后管理。充分依托金融科技管控手段，把制度规范和管理要求转化为风险控制模型，有效嵌入贷后业务流程，有效确保客户真实性、交易真实性和信贷资金需求与用途真实性，提高贷后风险管理的效率和灵活度。

七、农业银行潼南支行"惠农 e 贷"产品

针对农业贷款难、贷款贵、风险高等问题，农业银行潼南支行推出"惠农 e 贷"产品。截至 2022 年一季度末，农业银行潼南支行已建档行政村 157 个、已建档农户 9083 户、贷款客户 930 户、预授信金额 33424 万元；通过建档累计发放贷款 2739 笔、金额 36817 万元，贷款余额为 18230 万元，其中，为新型农业经营主体发放贷款 802 笔、金额 10722 万元，贷款余额为 4327 万

元，有效解决了经营主体融资难、融资贵问题。

1. "惠农 e 贷"的基本运行方式。运用互联网、大数据、人工智能等金融科技手段，通过系统预设的信贷模型核定授信额度，为客户提供线上线下多渠道贷款服务。贷款服务对象是农户、专业大户、家庭农场、农民合作社、农业企业等，贷款额度最高 1000 万元，贷款期限最长 8 年，最低利率 3.85%。可采用信用、抵押等多种担保方式：信用类可直接通过农行掌上银行放款，额度可循环使用，随借随还；抵押类可接受居住用房、商业用房、工业用房等多种押品作为贷款抵押物。还款可采取等额本息、按约结息、到期还本还款、一次性利随本清方式等多种方式。

2. 完善农村金融基础设施，为"惠农 e 贷"运行创造良好环境。一是按照乡村振兴战略布局，完善农村金融基础设施，设立银行网点 12 个，惠农服务点 252 个，力争打通金融服务"最后一公里"。二是充分发挥互联网金融作用，完善手机银行功能，提高手机银行等线上 APP 在农村的使用率，进一步推进移动支付工程便民建设，优化农村金融环境。三是采用农户信息综合建档的方式，系统导入白名单，以农户从事行业、经营规模、信用状况、资产规模等因素为主要授信依据，采用线上、线下审批相结合的形式，向农户匹配一定额度的贷款。

3. 严格控制风险。"惠农 e 贷"的风险主要在于农户受内外部因素影响，没有足够的资金还款：一是农业产业项目受干旱、洪涝、市场价格等不可控因素影响大，抗风险能力弱，容易造成亏损；二是部分借款人对于资金使用范围缺乏正确认识，将资金用作约定外的其他用途；三是个别农户自身信用意识淡薄，为获取贷款，在贷前调查环节刻意隐瞒和虚报资产收入信息，以提高贷款授信额度。针对以上风险，农业银行潼南支行主要采取以下措施：一是把好产业准入关，确定客户准入标准；二是建档环节做好数据收集，根据数据不同来源，加强数据管理，确保数据真实准确；三是制定"惠农 e 贷"业务白名单准入条件，严格审核筛选客户；四是把好贷后管理关，确保客户真实性；五是有序推进农村信用体系建设，引导农户树立诚信意识。

八、招商银行基于大数据的"招企贷"产品创新

为有效解决涉农企业面临的融资难、融资慢的痛点，招商银行推出"招企贷"产品，运用大数据风控模型，依托行内外多元数据，为企业提供纯信用、线上化、自动化的流动资金贷款。"招企贷"具有"轻、便、快、活"的特点。"轻"指该产品是一款纯信用贷款，无须抵押担保，利用纳税、征信、结算等数据，风控模型自动核额，额度最高300万元。"便"指包括数据授权、合同网签、提款、支付、还款等全流程都在招行企业 APP 线上操作。"快"是指核额、签约、提款、支用都是自动化处理，无须审贷官审批，从申请至放款最快半天完成。"活"是指自主支付，额度一年有效，循环使用，随借随还，只需每月付息，到期一次还本。招商银行因为实体营业网点覆盖面小，传统融资服务很难直接触达县级以下企业，线上产品能够打破地理位置的限制，通过精准化的媒体广告投放可以面向涉农企业宣传介绍融资产品，产品对象覆盖面较广。

自2022年5月7日产品推出以来，分行已为16户企业成功批复授信额度合计金额4664万元。其中一户企业主营农产品交易平台，近年来，企业运营情况比较稳定，但因缺少抵押物，一直未在银行融资。"招企贷"产品推出后，该企业被产品无抵押、线上化、操作简便的优势打动，和银行达成融资意向，从申请到出具额度只用了半天时间，解决了企业临时性资金周转问题。

"招企贷"是依托于招行内外多元数据，运用大数据风控模型自动审批的产品，能够客观评估企业的信用和经营情况，同时具有小额分散的特点，风险整体可控。

第三节 服务乡村振兴的综合金融创新案例

一、垫江县服务乡村振兴的综合金融创新

重庆市垫江县金融发展服务中心基于县域乡村振兴整体金融需求，进行了以区域发展为导向的综合金融服务创新。

1. 根据区域特色产业发展需求，有针对性创新金融产品

垫江县强化金融产品和服务创新，精准满足各类信贷主体的融资需求。一是探索开展家畜活体抵押贷款工作，创新推出奶牛活体抵押贷款。二是推动农行在垫江县发放了商业可持续模式老旧小区改造项目贷款 6300 万元。三是推动建行垫江支行基于政府采购合同推出"政采贷"。自 2021 年启动以来向 10 余家中标企业发放信用贷款 4000 余万元。四是依托"垫小二"平台，推出具有垫江特色的创新信贷产品"抗疫贷""垫易贷""双十贷""'三社'融合发展贷"。五是推进扶贫小额信贷工作，2022 年推出富民贷，分别为辖区脱贫户（包括边缘户）和其他一般农户发展产业、增收致富提供资金支持。垫江县大石乡大石村 1 组滕某，2014 年被识别为建档立卡贫困户。从 2018 年起，在扶贫小额贷款政策的扶持下滕某开始养殖肉牛，逐渐发展成为当地的致富能手。截至 2022 年 5 月，滕某养殖肉牛存栏量达到 17 头，总价值达 30 万元。因肉牛品质较好，出栏后直接供应重庆宰牛场，滕某接到的肉牛订单也持续增加。为了扩大规模和购买饲料等，农商行垫江支行于 2022 年 6 月 1 日向其发放农村专业大户贷款 15 万元，解了燃眉之急。

2. 完善基础设施，优化乡村金融环境

2021 年，围绕金融"基础设施到村、公共服务到户、数字普惠到人"的总体目标，中国人民银行垫江县支行和垫江县金融发展服务中心组织辖区 10 家银行业金融机构参与"1+2+N 普惠金融到村"惠民服务，实现"普惠金融

进村"，让村民足不出村就能获得小额现金存取、余额查询、转账支付、代收代缴等基础金融服务。垫江县还立足乡村地区群众需求，搭建了普惠金融到村线上服务平台，整合垫江县各类金融信息资源，集成包含金融网点导航、农村金融综合服务站、金融消费权益保护与金融知识宣传站等 8 大功能板块的垫江县"1+2+N 普惠金融到村"线上服务平台二维码，农户扫码"一码通"，实现了普惠金融政策宣传、普惠金融产品展示、农户农企金融需求收集、普惠金融数据采集等功能，垫江 50 万村民足不出村便可逛"银行"。2021 年底，垫江"1+2+N 普惠金融到村"线下基地、线上服务平台提前三年实现了全县 222 个行政村线下基地、线上服务平台全覆盖，成为重庆市首个"1+2+N 普惠金融到村"基地全覆盖县。同时，垫江县金融发展服务中心等单位联合编制《垫江县乡村振兴金融产品宣传手册》，分发到各镇街和村居。手册罗列了涉农金融机构的重点优惠金融产品和金融机构一线网点的联系方式，便于企业根据需要直接联系咨询，银企对接效率大幅提高。

3. 多渠道创新金融服务乡村振兴模式

一是银政联动助振兴。垫江县充分发挥政策性金融机构突出作用，与农发行重庆市分行、国开行重庆市分行建立了长期良好的战略合作关系，重点加大对农村重大基础设施建设项目等领域的信贷支持。2022 年 4 月 27 日，垫江县政府与中行重庆市分行、农行重庆市分行、重庆农商行、重庆银行、重庆三峡银行 5 家市级金融机构签署金融支持"十四五"期间垫江县发展战略合作备忘录，现场意向合作授信 400 亿元，加大对乡村振兴等领域的贷款支持。组建了垫江县中银富登村镇银行和垫江县兴农融资担保有限公司，积极对接重庆市农业担保公司在县设立分支机构，充分发挥支农支小作用。

二是对口帮扶促振兴。垫江县大石乡是市级乡村振兴重点帮扶乡镇。大石乡花寨村位于垫江、丰都和忠县三县交界处，地理位置偏远，村民出行不便，产业发展薄弱。为切实支持花寨村乡村振兴事业发展，2021 年 5 月，重庆市地方金融监督管理局派出干部驻花寨村任第一书记，与垫江县驻乡工作队等合力推动大石乡在脱贫攻坚成果持续巩固、产业发展夯实基础、乡村建设治理等方面取得积极成效。

三是致富带头人带动。垫江县发挥支农再贷款等政策工具的导向作用，引导金融机构创新信贷产品和服务，积极支持引进和培育的农业龙头产业，通过扶持"企业+基地+农户""农业龙头企业+家庭农场""农产品专业市场+家庭农场"等经营模式，补齐产业短板，带动产业发展和农民增收。2021年1—12月，全县银行业金融机构累计发放支农再贷款766笔，总计2.07亿元。2022年1—5月，发放支农支小再贷款4.2亿元。2021年8月，垫江县大石乡花寨村一对大学生夫妻返乡创业，成立重庆孔铃生态农业开发有限公司，制作生态腊肉和香肠制品，带领村里贫困人口脱贫致富。创业初期困难重重，最大的困难就是资金紧张。了解到网商银行普惠金融项目后，垫江县金融发展服务中心申请到了网商银行提供的30万元无息贷款、度小满3万元免息助农贷款，成功解决了企业发展的燃眉之急，经过半年的努力，公司实现了从零开始到经营收入40万元的良好开端。为带动更多的村民勤劳致富，2022年初重庆孔铃生态农业开发有限公司决定在花寨村开展"土猪代养"项目，农商行垫江支行立即提供20万元信用贷款，由公司免费向村民发放猪仔，村民只需按传统养殖方式养殖生态土猪。猪成品后，再由孔铃生态农业开发有限公司按每斤高于市场价一元左右的价格进行回购。通过这种"公司+农户"的模式，打消了村民们对销路和市场的担忧。同时，人保财险垫江支公司向土猪代养户提供30000元风险保障，在饲养期间因疫病或自然灾害死亡后，每头猪最高可获得1000元的保险赔偿，解决了农户的后顾之忧。如今，公司规模越做越大，又扩建了厂房，还雇了不少当地村民做工人，带动乡亲们共同致富。

四是科技赋能促振兴。垫江县自建了"垫小二"数字普惠金融平台，用金融科技手段让企业的数据变成资产。建成线上金融服务超市和"线上线下首贷续贷中心",推出具有垫江特色的创新信贷产品"抗疫贷""垫易贷""双十贷",有效缓解企业"融资难""融资贵"问题。截至 2022 年 5 月末,"垫小二"平台累计帮助 466 家企业贷款融资 506 笔,总计 2.66 亿元,其中首贷户占比 78.66%。垫江县大石乡花寨村引进了马上消费金融公司自研的"慧养鸡"智慧养殖大数据管理平台。平台通过 AI 自动体重监测、AI 鸡群数量监测、体温疾病监测、鸡舍环境监测等手段,对养鸡场进行数字化改造,有效解决散养土鸡行业痛点和传统人工管理效率低下的问题,提升附加值,助农增收 20%以上。同时,为进一步解决养殖户的后顾之忧,马上消费金融公司还依托"慧养鸡"平台对接相关金融机构,通过开放相关养殖数据等,帮助银行实现对养殖户的精准授信,解决银企对接过程中农户无抵押、银行不敢贷等问题。

4. 构建"三重"风险分担机制,控制区域金融风险

垫江县通过设立信贷风险补偿资金池、不断完善农业经营主体融资担保体系和农业保险体系,构建风险分担机制,着力解决经营主体融资难融资贵问题和农业经营风险难题。一是设立信贷风险补偿资金池。本级财政累计投入资金 9100 万元建立信贷风险补偿资金池,推出"垫易贷"、"'三社'融合发展贷"等银政合作信贷产品,10 倍比例放大撬动银行贷款,为企业引来"源头活水"。二是优化融资担保服务。为垫江县兴农融资担保公司增加注册资本金 2000 万元,推动其与重庆市再融资担保公司签订战略合作协议,拓宽风险分散渠道。积极推广重庆市农业担保公司"见担即贷""见贷即担"产品模式。2021 年,全县累计提供担保 519 笔,总计 4.36 亿元。三是创新农业保险服务。在做好传统种植、养殖自然风险保险的同时,积极探索收益保险,将传统保物化成本的损失保险向保市场风险的价格保险拓展,逐步建立了自然风险、市场风险"双托底"的保险机制。2021 年,全县农业保险包括生猪养殖收益、花椒收益、青菜头收益等 18 个品种,提供保险保障 9 亿元,2022 年新增水稻和晚柚收益保险,农业保险不断"提标、扩面、增品"。

二、重庆度小满小额贷款有限公司"小满助力计划"

重庆度小满小额贷款有限公司创新推出"小满助力计划"。"小满助力计划"提供无抵押、无担保、无利息的纯信用免息贷款服务，循环额度，还款周期为一年一次，如果还款状况良好可以续贷，享受连续免息三年的优惠。"小满助力计划"持续 3 年多，在重庆已覆盖了秀山县、万州区、丰都县、石柱县、巫溪县等地区超 50 个行政村，累计发放超过 2000 万元助农免息贷款，扶持的产业涵盖 60 多个种植业、20 多个养殖业，及乡村民宿、乡村电商等多个新兴产业。全国范围内，"小满助力计划"已覆盖 31 个省（自治区、直辖市）的 220 多个行政村，间接辐射超 15 万名农户。"小满助力计划"有三个方面重要探索。

一是聚焦重点产业和多类型客户，推出纯信用免息贷款。"小满助力计划"是通过企业贴息的方式，为有资金需求的农村地区人群提供免息贷款，帮助他们发展特色产业，比如特色种植养殖、民宿旅游、农产品加工和销售等乡村产业，探索绿色金融助农新模式。"小满助力计划"服务对象涵盖了多种不同类型的农村地区人群，包括新型农业经营主体（如专业大户、家庭农场、农民合作社、农业产业化龙头企业）的负责人和一般农户、扶贫车间负责人、致富带头人等。主要依据是否发展有益于振兴乡村的"三农"相关产业、是否有内生动力发展壮大、是否有带动周边实现共同致富的作用等方法确保精准性，通过进行"一对一"纳入审核和运用智能化风控技术，让帮扶有的放矢，真正达到完全精准助力乡村振兴的目标。

二是提升信用体系建设，为可持续金融服务建立基础。在金融扶持的基础上，度小满还选择县域产业带头人、合作社负责人、返乡青年等作为重点培训对象，为这些创新创业带头人提供培训指导，提升他们的专业技能。在课程设计上，根据学员实际需求，开设产业规划、创业技能、经营管理等三类十几门课程，从技术、生产、销售、金融等多方面为乡村带头人提供培训指导，助力乡村人才振兴。度小满与联合国开发计划署合作推出"可持续发展金融助力乡村振兴项目"，在县域层面搭建"可持续发展创新服务中心"，通过数字化产业服务平台，为农村小微企业和农户融资提供有效支持，并通过激励机制引导当地农村产业的绿色转型和高质量发展。

三是探索线下与线上相结合的金融风险控制模式。2019 年，风控策略主要依赖线下走访数据，实地调研农户产业规模、收支情况等信息，并以此作为决策依据。2019 年，"小满助力计划"在重庆地区发放了 1002 万元的免息贷款。2020 年，度小满搭建了线上化申请流程，通过用户线上提交的农业相关材料、视频面签能力、风险模型及其他数据，综合认定用户资质。从 2020 年开始，"小满助力计划"助农免息贷款面向全国开放申请，客群为开放申请用户和地方政府提供的名单用户。根据不同的客群和走访模式，建立开放申请策略体系、白名单未走访策略体系和白名单已走访策略体系三套风险策略体系；为防范潜在欺诈风险，增加反欺诈策略。此外，度小满通过与联合国开发计划署项目合作，与地方政府对接，建设数字化数据平台。借助地方政府数字化建设的农业数据，持续完善农业分析模型，探索建立长期可持续的农业金融服务模式。

三、建行重庆分行主动引领综合服务创新："裕农朋友圈"

建行重庆市分行以社交功能为切入点，整合党媒资源、银行金融资源、乡村治理资源以及相关社会资源，开创了"党媒+金融+互联网平台"服务乡村振兴新模式，创建了国内首个农民专属综合社交平台——"裕农朋友圈"。"裕农朋友圈"设立裕农资讯、金融服务、便捷乡村、农民夜话、田园牧歌、小康故事、乡村帮帮团等七大板块。平台通过"互动""开放"，成为农民可信赖的综合社交服务平台。

1. 为农民朋友提供了"交心""互助""融合"的社区。一是上线"农民夜话""田园牧歌""小康故事"板块，集中呈现农村的百态生活和新时代农民的观点、看法、建议、思考，积极发布新农村建设成果；二是创新"乡村帮帮团"模式，邀请农业、法律、医疗、教育等多个领域 400 余位专家在线互动，累计答疑 1.1 万余次；三是创新打造"好物件"展示平台，与双福国际商贸城合作，将各地应季的美食、美景展示出来，引导广大市民走向田间地头。仅半年时间，展示农事农情 3452 件，9480.86 万人次参与；已发布文章中，来自重庆市外的占比接近 40%，来自建行系统外的占比高达 94%；与重庆市司法局、西南政法大学开展"民法典和法律明白人"培训活动，无偿为农民朋友提供法律援助，助力 23 人次挽回损失 135 万元。"裕农朋友圈"组织开展"最美乡村"拍客大赛、"最美乡村·声动中国"等活动，超百万人在线围观。

2. 为农民朋友提供了自我提升、农特产品销售、金融服务的重要渠道。一是开办"裕农学堂"专题，免费为返乡创业人员、退役军人、农村能人大户等提供农业科技、现代管理等培训，助力农民朋友成为适应现代农业发展的新农人。已累计开办近 50 期，惠及农民朋友 26 万人次。二是创新"媒体矩阵引流+新闻官分享传播"的线上线下销售模式，助力农产品"进城"、工业品"下乡"。"裕农直播""裕农团购"先后为奉节脐橙、长寿沙田柚、黔江豆干、雷竹笋、泰国金枕等二十余种特色农产品带货，关注量超 100 万次，数万斤农产品远销北京、上海、广东、湖南等全国各地。携手重百电器、东风小康等知名企业开展家电汽车下乡活动，5 场直播吸引 30 多万人参与，其中仅信用卡分期消费额就超过 200 万元。三是接入"裕农快贷""惠懂你"等普惠金融产品，实现针对涉农小微、个体等客群的全线上"一站式"金融服务，惠及涉农企业、农户等 1100 余人次，高效便捷地满足了结算或投资服务 1000 余人次、金额 2.6 亿元。

3. 为农民朋友提供综合服务。一是及时准确发布、解读乡村振兴政策方针，让党的声音第一时间走进农村的千家万户。推动重庆市农业农村委、市乡村振兴局、市就业局、市供销合作社、市土地交易所等十余家重点市级单位以及各区县政府"入圈"，通过开设专题、携手举办活动等多种方式，深入开展涉农补贴、土地流转、产销对接等强农惠农政策宣传。二是进一步打通"裕农朋友圈"与"渝快办"的连接，助力网上办、就近办、跨省办。其中交通违法罚款缴纳查询、姓名重名查询等功能已服务 21.01 万人次。三是为重庆市最大的"菜篮子""百亿级农贸市场"——重庆双福国际农贸城设立"裕农朋友圈"专区，每周开展"裕农团购"，看生鲜果蔬新鲜溯源、享农产品直播优惠价、知每日价格实时发布，推动市场商户将生意做到"线上"，浏览量超过 85 万次。进一步全方位满足该市场金融服务合作需求，累计办理普惠业务 70 笔，投放金额 3160 万元；"裕农快贷"49 笔，授信金额 287 万元，投放 250.1 万元；拓展收单商户 188 户，吸引存款 4155 万元。四是与重庆银保监局、重庆银行业协会等深入开展金融启蒙活动，开展"共促消费公平　共享数字金融"等金融知识宣传活动 46 期，助力提升百姓防骗防诈意识，惠及 100 余万人次。

四、重庆市涪陵区促进"三社"融合发展的"三融贷"创新

为加快推进涪陵区乡村振兴战略实施，有效缓解新型农业经营主体融资难、融资贵的问题，促进"三社"融合发展，涪陵区于 2020 年制定并印发了《涪陵区"三融贷"管理办法》。"三融贷"是指由重庆农村商业银行涪陵分行向贷款主体发放贷款，以涪陵区政府提供专项资金即融资风险补偿金作为增信手段，并提供专项贴息资金的信贷业务。

"三融贷"创新体现了九个方面的重要机制。1. 放贷机构：重庆农村商业银行涪陵分行，银行按照风险补偿金 1∶10 放大贷款本金，即"三融贷"总贷款余额不超过风险补偿金的 10 倍，当"三融贷"逾期率超过 10% 时，业务

暂停新增。2. 担保机构：重庆市涪陵区银科融资担保有限责任公司，为涪陵区国有担保公司和政府性融资担保公司。3. 监督机构：涪陵区供销社。负责管理政府用于"三融贷"融资风险补偿的财政专项资金，即"风险补偿金"。"风险补偿金"由涪陵区财政局统筹设立，补偿金总额为 500 万元，其中风险补偿金 300 万元、贷款贴息资金 200 万元。4. 贷款额度：单户最高不超过 200 万元，期限 1 年，最长不超过 3 年。5. 低银行利息：当期 LPR+115 基点。6. 低担保费率：银科担保公司针对"三融贷"业务的担保费率为 1%/年，免收保证金。7. 灵活反担保：贷款主体可提供担保公司认可的信用担保、房产土地抵押、股权质押、应收账款质押等多种反担保方式。8. 贷款贴息：由区财政每年 12 月对贷款主体本年度归还的"三融贷"进行贴息，贴息比例为贷款发放前央行最近一次公布的 LPR。贷款主体在贷款期内按合同约定履行结息及还款义务，贷款本息正常结清后，由银行提供结息手续，贷款主体向供销社提供贴息资料，经供销社及职能部门审核通过后获得贴息。9. 风险机制：由重庆市涪陵区农民合作社服务中心有限公司（涪陵区供销社下属单位）和银行共同认定建立《目标客户库》，入库的经营主体方可获得"三融贷"准入条件。担保公司与风险补偿金按 1：1 的比例承担贷款本息损失风险。贷款逾期后先由风险补偿金在 10 个工作日内按贷款本息的 50% 予以代偿。担保公司在贷款逾期 3 个月内按贷款本息的 50% 予以代偿。"三融贷"贷款担保项目可纳入比例再担保项目和涪陵区代偿补偿资金申报范围。

五、中国银行重庆市分行"绿色金融、普惠金融、跨境金融"助农创新

近年来，中国银行重庆市分行汇聚"绿色金融、普惠金融、跨境金融"三大力量助力农村能源基础设施建设、农民致富增收和农业产业发展，推动区域实现乡村振兴。

一是绿色金融打造美丽乡村能源基础设施。在重庆巫山、黔江地区的广袤山地上，一块块多晶硅板错落有致地铺满一道道山梁，为绿色大地洒上一片星光。巫山三溪两坪和黔江五福岭光伏发电场是长江三峡集团旗下公司修建的两大乡村能源基础设施项目。中行重庆黔江支行为该公司提供近 8 亿元授信支持专项，用于可再生能源光伏发电，不仅将闲置的山区土地资源充分利用起来，还为当地农民解决了就业难题，同时使他们获得了土地使用补贴，增加了收入。坐落于重庆武隆弹子山巅之上的和顺镇四眼坪风力发电场、重庆石柱县中益乡利用当地丰富的水能资源开发的水电项目，在山高坡陡、沟深谷狭的是中行重庆丰都和梁平支行在分别为大唐武隆兴顺和中核通恒水电开发两家公司提供超 3 亿元的授信支持下投入开发建设的。项目采用全额上网方式实现并网发电，既有效解决了当地乡村通不上电的基础设施难题，还让绿色资源变成绿色能源，实现了经济效益和生态效益双赢。2022 年，中国银行重庆市分行充分发挥中长期固定资产项目贷款期限长、利率低的优势，在大力支持风电、水电等常规绿色能源以及光伏发电、垃圾焚烧发电等新能源基础设施项目建设中，不仅改变了当地农村以柴、煤为主的能源消费结构，有效带动了乡村能源结构绿色转型，同时还实现了变废为宝和生态环境的修复保护，拉动上百户农民就业增收，极大促进了山区经济社会可持续发展。

二是普惠金融助力农民务工生产生活。在国内规模最大、最集中的涪陵榨菜产区，中国银行重庆市分行积极发展农村普惠金融，针对持续经营两年以上且有固定经营场所、经营状况良好的榨菜加工企业，推出"榨菜贷"普惠金融产品解决资金难题。"中行'榨菜贷'是熬过困境最直接的力量源泉。"重庆某公司负责人称赞道。中行重庆涪陵分行及时为该公司发放的普惠贷款 389 万元，切实解决了企业受疫情影响经营受阻的燃眉之急。梁平某米业公司是当地承包土地用于种植水稻，同时雇佣农民发展订单农业的新型农业机构代表。2022 年春耕期间，由于自有稻谷加工厂存货垫资较多，该公司面临谷种、化肥采购资金难题。中国银行重庆梁平支行精准投放 1000 万元普惠金融贷款，帮助企业解决流动资金不足的问题，企业既顺利采购了谷种和化肥，还及时将工资发放到种植农户手中，不仅实现了当地贫困农民就业致富，还为粮食保供、当地农作物增产增收注入了金融活水。在重庆巴南标准化生猪规模养殖项目建设中，该行为有效解决当地生猪养殖企业因抵押物不足存在的融资难题，创新农业生态场景批量准入的授信合作模式，与当地生猪养殖企业以及新型农业经营主体签订三方合作协议，以规范生猪代养费管理并锁定授信还款来源。该行为巴南 4 户生猪养殖企业发放了 19 笔普惠金融贷款，促成了巴南生猪养殖项目建成投产。截至 2022 年 5 月，这些企业利用中行普惠涉农贷款已出栏育肥猪 3600 头。近年来，该行积极加强对活体畜禽、圈舍等乡村振兴特色押品的研究，在发展农村普惠金融中按照"一地一特色、一行一特色"的思路，深入挖掘地方特色农产品资源，同时做好情景分析和场景建设，让普惠金融业务上接政策、下接地气，围绕农民群众的"米袋子""菜篮子""肉盘子"等保民生、保就业项目加大授信支持。截至 2022 年 5 月末，该行农林牧渔贷款增幅为 3.25%。

三是跨境金融支持特色农产品"走出去"。在三峡库区腹地的大山深处，云阳泥溪镇村民老张家种植了 1 亩多菊花，通过订单收购年收入可达 4 万多元。"'冉菊花'能走出云阳、走向全球，多亏了中行牵线搭桥！"在当地发展订单农业的云阳某农业公司负责人冉女士感激地说道。"冉菊花"是该公司注册的菊花品牌，在中行举办的中国（西部）"一带一路"跨境投资与贸易对接会上，该公司与来自新加坡、匈牙利等国的 8 家外企达成合作。同时公司还以技术入股让当地村民参与发展，直接带动了周边乡镇 2000 余户农民种植菊花。得天独厚的地理环境还造就了重庆云阳柑橘果大形正、汁多浓甜的特点，柑橘产业成为当地农民增收致富的又一途径。云阳某农业公司自营出口直发印度尼西亚的柑橘从普安乡起运，远销新加坡、马来西亚等多个国家。中行重庆云阳支行不仅授信支持该企业扩大生产，还积极帮助企业联系海外客商，了解国际贸易规则，为企业顺利"走出去"提供本土便利化结算、合同文本翻译咨询等全流程金融服务。除此之外，该行充分发挥国际化、综合化经营优势，积极支持从事农副产品收购、鲜肉冷冻肉制品运输等外贸公司通过"国际陆海新通道"开展进出口贸易，以高效便捷的跨境金融结算服务实现了企业当日付款、货物当天发货。该行还为区域黑花生、木耳、香菇、茶叶、脐橙、花椒等丰富的特色产品走出大山发挥金融助力，有效带动了重庆特色农产品、食品加工出口等外贸农业产业发展。

六、江津区"银担保"花椒价值链金融创新

近年来，重庆市江津区推动银行、担保、保险机构为支持花椒产业高质量发展进行综合金融创新，探索了一条金融综合创新助力乡村特色产业振兴的新模式。有五个方面的经验做法。

1. 以"付"惠民，完成产业链移动支付改造。一是探索花椒产业链移动支付改造新路。2020 年，中国人民银行江津中心支行制定花椒产业链建设方案，建立每日反馈推广情况制度、巡查制度、考评机制，引导银行机构持续对农村地区移动支付环境进行升级改造，推广银联标准移动支付产品，进一步畅通农产品各生产环节支付渠道，增强农户的支付服务便利性和快捷性。截至2021 年 12 月，江津区完成花椒产业链生产、加工、收购、物流至销售各个环节的移动支付改造，累计拓展各类用户 100 余户，打造移动支付支持江津花椒产业链供销一体化工程，支持近 5 万笔花椒购销交易，累计为农民创收 156.1万元。二是全面推进普惠金融服务到村基地。2021 年，江津区印发《江津区"1+2+N"普惠金融服务乡村振兴工作方案》，通过银行与镇村联动、建立主办行制度、建立双向联络员制度等方式，全面整合银行的信贷、征信、支付、国债下乡、人民币反假等业务，完成全区行政村"1+2+N"普惠金融服务到

村基地 100% 覆盖，有效提升了农村金融服务的渗透率和覆盖率，实现椒农享受金融基础服务不出村的既定目标。

2. 以"信"助贷，全面优化花椒价值链金融环境。一是线下信用评级得到有效运用。江津区高度重视农村社会信用体系建设，2021 年通过银行机构评定信用村 83 个、信用户 1183 户，有效提升了农村居民的诚信意识。农行江津支行开展农户信用信息建档服务，覆盖 9425 户、授信 7.9 亿元；江津石银村镇银行创新整村授信模式，为津坪社区授信 1000 万元。二是线上信用评级。2021 年 11 月，江津区先锋镇（花椒产业）被列入"信易贷·渝惠融"农户信用体系建设试点范围，江津区有关部门、银行机构通过"信易贷·渝惠融"线上平台，为先锋镇花椒种植面积在 5 亩以上的 2528 户农业经营主体建立了信用档案，形成精准的信用画像，受理融资需求 980 万元、授信 260 万元。

3. 以"贷"稳链，"花椒贷"助力全产业链发展。一是积极创新"花椒贷"系列融资产品。2018 年以来，农商行江津分行大力支持花椒产业信贷，2020 年 5 月与江津区农业农村委签订花椒产业信贷扶持合作协议，推出"花椒贷"信贷产品，通过发挥网点优势、加强与花椒协会联系、主动对接区级部门、共享花椒收购大户信息、入户上门营销等方式，支持从事花椒种植、收购、加工等相关农业新型经营主体和椒农融资，贷款利率按 LPR 执行，最高额度达 3000 万元。农业银行江津支行创新"特色产业贷"，重点支持花椒、富硒产业。江津区支持花椒产业信贷的银行达 8 家，"花椒贷"系列融资产品有 20 种，有效满足了相关农业经营主体的融资需求。二是涉农信贷资源向花椒产业倾斜。银行机构瞄准江津花椒产业"致富大产业"的定位，结合花椒全产业链融资需求，加大信贷资源投入。2020—2022 年，农商行江津分行投放花椒产业贷款 1.88 亿元，支持花椒经营主体 260 余户，涉及花椒种植户 59 户、花椒仓储及收购 193 户、花椒加工 8 户，助力实现专业公益冷链仓储设备建设，促进"花椒银行"真正实现运转。建行江津支行为重庆申基特机械制造有限公司提供利率4.2%的信用贷款200余万元，助力该企业研发设计全国最大全自动一体式花椒烘干生产线。截至2022年5月末，江津区花椒贷款余额达1.6亿元，惠及种植、收购、加工、销售、仓储、冷链、农资等花椒全产业链各环节。

4. 以"担"补链，担保风险金补齐融资短板。一是设立2000万元涉农担保风险金。2019年，江津区政府与重庆市农担集团签订战略合作协议，共同出资2000万元设立担保风险金，按照10倍放大倍数，支持江津区包括花椒产业在内的特色效益第一、二、三等涉农产业链条发展，江津区政府和重庆市农担集团按照2.5∶7.5的比例进行风险分担。二是设立500万元花椒专项担保风险金。2022年4月，江津区农业农村委员会与重庆市农担集团签订花椒银行创建战略合作协议，设立500万元担保风险金，支持担保公司按1∶9比例进行风险分担，按照20倍放大担保规模，最高授信额度达1000万元，重点支持从事花椒种植、收储粗加工、贸易、加工的农户、专业大户、个体工商户、家庭农场、专业合作社、农场集体经济组织、个人独资企业和合伙企业等新型农村经营主体。截至2022年5月末，重庆市农担江津分公司发挥两项担保风险金的增信撬动作用，实现花椒产业在保268户、12638万元，有效缓解了花椒产业市场主体融资难题。

5. 以"保"强链，指数保险试点提升稳收水平。一是稳步推进多项花椒保险试点。2019年3月，江津区探索花椒（鲜椒）收益保险试点，针对采收前受灾损失、采收后市场损失的保险责任开展收益保险试点。2020年4月，江津区印发花椒保险试点方案，明确按照"市场运作、政府引导、参保自愿、规模适度、分类指导、稳步推开"原则开展花椒试点，采取试点区域享受财政限额补助、自愿投保的方式，向种植大户、家庭农场、农民合作社、农业企业等推广花椒种植保险，保险理赔覆盖花椒不同生长期。2020年12月，江津区以3个行政村作为试点开展花椒气象指数保险试点，重点保障花椒在遭遇连阴雨、高湿等气象事故时的损失。二是花椒价格指数保险助力椒农稳收。2021年，江津区印发《花椒价格指数保险试点实施方案》，创新采取"财政补助+个人缴纳"方式开展保险试点，按照每亩300元、财政和个人各承担7∶3的比例缴纳保费，对花椒实际交易价格低于每斤5元的，按照23档进行分级理赔，最高每亩理赔450元。2022年，江津区进一步深化花椒价格指数保险，将理赔档次优化细化至25档，将花椒每斤实际交易价格保障上调0.5元，有效保障椒农交易花椒价格稳定在每斤2.6元。截至2022年5月末，江津区花椒价格指数保险投保5万亩，收取保费1500万元，有效保障6000万斤花椒实现稳收，较好地保护了椒农种植积极性，增强了花椒产业抗风险能力。

七、工商银行重庆市分行"乡医贷"金融创新

"乡医贷"是工商银行重庆市分行经过详细的调查和分析，根据"乡镇卫生院"的收入结构，运用小微客户创新产品权限，创新设计的针对"乡镇卫生院"等基层公立医疗机构的融资产品，该产品一经推出就受到客户的热烈欢迎，取得了良好的成效。乡镇卫生院是各区县（自治县）人民政府在农村设置的基层医疗卫生机构，为非营利性公立综合卫生院，承担着所在街道乡镇的公共卫生服务和基本医疗服务工作，是新型农村合作医疗、城镇居民医疗保险定点单位。各卫生院均为独立事业单位法人，办理单独的医疗机构许可证和机构信用代码证，财务独立核算，具备融资主体资格。在各乡镇卫生院实行"先看病后付费，医保报销差额自费"政策的大背景下，乡镇卫生院因资金投入不足，存在患者"挂号时间长、候诊时间长、取药时间长、问诊时间短"的"三长一短"等问题。为配合推进健康乡村建设、强化农村公共卫生服务，工商银行重庆市分行详细调研各乡镇卫生院年均收入、医保报销款占比、医保报销时间及差额财政补贴等收入的稳定性，认为乡镇卫生院具备较强的抗风险能力和不断增强的偿债能力。并通过追加各乡镇卫生院应收医保报销款

质押担保、实现资金闭环管理等措施，有效把握业务实质性风险，推出"乡医贷"金融创新产品，有效地满足了乡镇卫生院的融资需求，收到良好的社会反响。

通过对乡镇卫生院的贷款支持，改善了各乡镇医疗水平，提升了乡镇医疗服务能力，为乡村振兴提供了医疗方面的保障。累计向 34 户乡镇卫生院发放贷款 1.43 亿元，余额 0.60 亿元。同时，借助乡镇卫生院融资业务平台，积极向各乡镇卫生院所在地的农业农村市场，大力推广和发展"农担贷"业务，助力各乡镇农业发展，加大支持乡村振兴的力度。累计向超过 1000 户客户发放贷款超 7 亿元。该产品的特点如下：一是创新性，其他银行同业无相应产品；二是乡镇卫生院专属产品，有针对性地放宽了准入条件；三是主担保方式为信用，无须提供固定资产抵押；四是对乡村振兴领域的客户均执行优惠利率，有效降低客户的财务成本；五是支持无还本续贷，可有效满足乡镇卫生院连续使用资金的需求。

"乡医贷"的风控策略。通过贷前、贷中、贷后三方面加强风险控制，较好地控制了贷款风险。一是融资发放前查询人民银行应收账款质押登记系统，确认借款人《定点医疗机构服务协议》项下的应收账款不存在出质、转让或异议登记的情形。融资期内，借款人形成的所有应收账款应全部转让给银行，并在人民银行应收账款质押登记系统中办理转让登记。二是借款人须在工商银行重庆市分行开立结算账户，并由医保机构将其变更为医保结算资金的唯一账户，并与工商银行重庆市分行签订《账户监管协议》。三是贷后定期监测医疗保险定点服务机构资格情况，以及服务协议是否有效等。四是系统自动对乡镇卫生院收入情况进行预测，如出现异常情况将会自动触发预警。

八、邮政储蓄银行信用镇（村）金融创新

中国邮政储蓄银行重庆分行充分发挥专业优势和网络优势，重点围绕普通

农户和新型农业经营主体，开展农村信用体系建设工作。自 2020 年以来，邮储银行重庆分行强化科技赋能，依托互联网技术，实现电子化、无纸化和批量化信息采集和信用评定，深入推进信用建档评级授信工作。截至 2022 年 5 月，采集评定信用村约 4000 个，采集评定信用户近 6 万户。通过持续优化评分模型，结合采集信用信息和各类大数据信息，向信用户提供"线上信用户贷款""E 捷贷"等信贷服务，实现"一次核定、随用随贷、余额控制、循环支用、动态调整"。根据村镇信用情况，授牌信用镇（村）。对于信用镇（村）在贷款机制方面给予明显优惠。邮储银行完成了濯水镇"样板信用镇"打造，评定濯水镇为"信用镇"，评定濯水镇双龙等 9 个行政村为"信用村"。濯水镇林峰村 2 组某村民，父母在老家务农，孩子在读初中，家庭开销较大。2021 年，该村民开始养猪，以缓解家庭经济压力。开始养了 20 头猪，赚了一点钱。2022 年开始扩大规模，购买了 30 余头幼猪，但自 2021 年以来猪肉价格大幅波动，造成流动资金周转困难。邮储银行重庆分行会同村委会干部在建设信用村走访中得知了该情况，表示信用户贷款能够帮助其解决资金困难。客户经理当日上门受理，收集资料，并于 2 天后为其放款 9.2 万元，该村民收到资金后，立即购买了幼猪、饲料，解了燃眉之急。

九、重庆市小微企业融资担保有限公司"乡村振兴保"

重庆市小微企业融资担保有限公司紧紧围绕乡村振兴战略，本着充分发挥财政资金"四两拨千斤"的撬动作用和政府性融资担保的逆周期调节功能，助力实现"农业强、农村美、农民富"目标，联合区县政府、银行，开发出专门服务"三农"领域融资需求的"乡村振兴保"产品。重庆市小微企业融资担保有限公司在重庆市梁平区试点该产品，已成功担保发放 11 户共计 1466 万元，取得了一定成效。同时，重庆市小微企业融资担保有限公司已与垫江、潼南等区县达成合作意向。

1. "乡村振兴保"产品要素

财政、金融、社会资金是推动农业农村发展的三大资金来源。财政支农资金拨付存在滞后性,难以满足"三农"发展需要;地方区县区位、生态、产业条件各异,导致社会资金吸附能力不一。开发接地气的政策性担保产品,能有效疏通金融服务和政策传导"最后一公里",撬动更多金融活水流入"三农"领域。重庆市小微企业融资担保有限公司作为重庆市唯一与国家融担基金合作机构,服务对象覆盖小微、"三农"全口径,可与市农担错位互补,通过整合金融资源,切实提升金融服务乡村振兴的效率和水平,增强农村地区金融资源承载力和农村居民金融服务获得感。"乡村振兴保"的产品要素是:(1)担保方式:公司通过向合作银行提供连带/一般保证担保的方式,为融资主体提供贷款担保。融资主体无须向银行、担保机构缴纳保证金;反担保方式根据项目实际情况可以采用抵质押反担保、保证反担保,也可以采用信用方式。(2)授信品种:流动资金贷款、固定资产贷款。(3)额度及费率:担保贷款额度根据融资主体的实际需求、财政奖补额度及风险评估综合确定,原则上单户额度不超过1000万元,其中保证类和信用类项目担保额度原则上最高为300万元。具体额度取银担双方评审的最低值。500万以下的年化担保费率不超过1%,500万以上1000万以下的年化担保费率不超过1.5%。担保贷款利率原则上控制在6%以下。如区县贴息50%,担保费全补,借款人融资成本控制在3%以内。(4)担保贷款期限:银担根据具体项目灵活设置担保贷款期限,贷款期限1—5年,流动资金贷款期限不超过3年,固定资产贷款期限不超过5年。(5)还款方式:期限在1年以下的,可采用按月/季结息,到期还款的方式;期限在1年以上的,采用按月结息分期还本的方式。涉及固定资产贷款的,根据项目具体情况合理设置分期还款计划(公益性项目除外),原则上在项目建成后,每年至少两次偿还本金,还款频率一般不低于每半年一次。(6)担保范围:借款主体(债务人)所应承担的全部债务本金、利息及罚息、复利、违约金、损害赔偿金及银行实现债权的费用。

2. "乡村振兴保"产品服务对象

"乡村振兴保"的服务对象主要为已经明确纳入当地财政资金奖补名单的涉农经营主体，包括已经获得过奖补资金及将来会获得奖补资金的主体。重庆市梁平区屏锦镇的某村民1991年开始做贩卖猪仔的生意，从临近的开县等地买回猪仔，再卖给梁平的老百姓，从中赚取一点利差。1999年，该村民外出到广东打工，帮别人养殖生猪，后来在广东租用圈舍自己当老板养猪。2018年由于国家加大环保整治工作，租来的圈舍不符合当地环保要求，养殖场被迫关闭。2019年，该村民回到老家屏锦镇，与刚大学毕业的儿子一起，在当地建设养殖场，计划养殖10万头生猪。2021年，养殖场建设后期，由于资金短缺，环保设备无法到位，猪场迟迟无法投入使用。眼看着合同约定的最后付款期限一天天临近，该村民把希望寄托在银行贷款上。然而，由于缺乏抵质押资产，当地多家银行均怀念贷款，唯一一家接受申请的银行给出的授信额度只有5000元，根本无法解决实际困难。正当进退两难之时，重庆市小微企业融资担保有限公司与重庆银行梁平支行小微业务部得知该情况后，马上联系并迅速上门对接，按照小微担保、重庆银行与梁平区财政三方共同打造的政银担合作产品"乡村振兴保"为其提供融资服务。重庆小微担保公司联合银行，当天就将100万元信用贷款成功发放到该村民的账户上，从前期上门调查到最后贷款成功发放，整个流程不超过7天。

3. "乡村振兴保"运作模式

"乡村振兴保"主要采取"政银担"三方联动的模式，区县政府出台贴息贴费政策并建立专项资金池，银行下调利率，延长贷款期限，重庆小微担保公司只收取最低担保费并免除抵质押反担保措施，三方政策叠加，缓解了"三农"融资难、融资贵问题，能有效引导更多金融"活水"流入农业和农村，对金融服务全面推进乡村振兴有积极的作用。

其特点主要有以下几方面：一是服务领域有所侧重。重庆小微担保在产品开发上摒弃了"大而全"的做法，将产品服务领域锁定在农村基础设施建设这一特定范畴内，通过"小而精"的产品设计，以高质量的担保服务，撬动更多金融资源进入"三农"领域，夯实乡村振兴之基。二是服务对象较为广泛。重庆小微担保将产品服务对象拓展为农村企业、农民专业合作社或农村集体经济组织等特定群体，不仅限于企业或者企业主，在一定程度上拓宽了服务对象覆盖面，有助于缓解需求主体融资难问题。三是有效撬动政策资源。重庆小微担保为"三农"贷款主体争取了更多的政策支持。区县政府出台政策，对融资主体进行担保费及利息补贴，切实降低融资成本。区县财政出资设立不低于300万元的专项风险补偿金资金池，对发生的风险进行补偿，使银行、担保机构在"三农"领域敢贷、敢担。四是融资成本有效降低。区县政府部门出台贴息贴费等利好政策，对融资主体进行担保费50%的补贴；银行主动让利，1年期贷款利率较其他普惠产品降低了50—100个基点，贷款期限1年以上加点不超过215个基点，远低于市场水平。重庆小微担保严控担保费率，将担保费率锁定在1%的最低水平。"政银担"三方合作机制有效降低了产品的综合融资成本，切实缓解了"三农"融资贵的难题。五是反担保要求降低。针对"三农"领域贷款对象缺少资产、产权不明晰、产权价值评估困难等问题，小微担保适度放开了反担保要求，一般仅要求提供保证反担保，极大地降低了融资门槛。

4. 有效的风控策略

得益于"政银担"三方合作机制，通过"政银担"三方贷前联合调查、贷中动态监管、贷后风险共担的方式，在地方政府各级主管部门、各镇（乡）人熟、地熟、项目熟的基础上，叠加银行、担保机构尽职调查和风控机制，通过对三方资源的整合，对借款主体实现全方位的精准画像，解决金融机构介入"三农"项目中信息不对称、项目风险不易把握等问题。具体从以下方面防控风险：一是贷前联合调查。区县政府主管部门初审并推荐借款主体至重庆小微担保和银行，银担双方按照自身风控要求独立审核，对贷款主体全部审核通过后，担保发放相应贷款。同时，重庆小微担保建立了独立的大数据风控模型，结合三方联合调查，能够实现对客户的精准画像。二是贷中动态监管。贷款发放后，区县政府主管部门将协助银担进行贷后保后管理。如果发生贷款逾期，重庆小微担保履行代偿责任，区县政府、银行协助开展催收。同时，三方建立联席会议制度，协同宣传，信息共享，定期通报工作情况、存在的问题并安排下一步工作。三是贷后风险共担。由区县政府出资设立专项风险补偿资金池，业务规模按照资金池存入资金的 10 倍放大，资金池资金专项用于项目风险补偿，政银担三方按 1∶2∶7 比例承担最终风险，保障乡村振兴金融服务的可持续性，构建了较为长效的合作机制。

十、巴南区农村信用体系建设"巴巴实"企业服务云平台

为夯实农村信用体系建设制度基础，推动农业增产和农民增收，重庆市巴南区金融发展中心以"先创信用村，再创信用镇（街），同步评选信用户"的工作思路，围绕区域内农业产业结构特点，探索实施信用村镇评选工作，使区域内涉农贷款持续增长，金融助力乡村振兴颇具成效。信用村、信用镇（街）评选实施以来，有效降低了辖区内涉农贷款不良率，有效提升了农村信用体系建设的速度和效率。截至 2021 年末，巴南区已成功创建信用村 171 个、信用镇（街）19 个，覆盖率近 90%。截至 2022 年 4 月末，巴南区涉农贷款余额 113.66 亿元，同比增长 34.46%；巴南区农户贷款余额 32.59 亿元，同比增长 34.65%，较信用村、信用镇（街）评选工作开展之初增长 25 倍。8 家涉农银行累计农户不良贷款 269 万元，不良率 0.09%，低于辖区内各项贷款平均不良率。农村地区信用风险整体可控，为精准推进乡村振兴构建了良好的信用基础。

信用村、信用镇（街）评选工作推进过程中，巴南区金融发展中心会同人民银行巴南中心支行借助"巴巴实"企业服务云平台完成线上申报、审批流程，线上线下工作协同，不断完善信用村、信用镇（街）评选组织机构、评选制度，协调区政府各成员单位，相关镇（街）、村、户共同参与建设，形成了较为成熟、服务广大农户、惠及各类农业主体的助农模式，从五方面为信用村、信用镇（街）提供政策、资金支持。一是贷款优先。同等条件下涉农银行优先支持信用村、信用镇（街）所辖农户、个体工商户、家庭农场、种植养殖大户、农村合作经济组织在生产、生活、消费、经营等方面的资金需求。二是利率优惠。涉农银行对信用村、信用镇（街）所辖农户、个体工商户、家庭农场、种植养殖大户、农村合作经济组织贷款，执行商业银行贷款优惠利率。三是服务优先。对信用村、信用镇（街）所辖农户、个体工商户、家庭农场、种植养殖大户、农村合作经济组织优先提供信息、技术、结算等金融相关服务。四是财政贴息。巴南区财政局对信用村未享受财政贷款贴息政策的农户、个体工商户、种植养殖大户、示范家庭农场、示范农村合作经济组织的信用贷款、农户联保贷款、农户农业产权抵押贷款、小额抵押贷款及保证贷款（50万元（含）以下）给予财政贴息。五是项目资金支持。巴南区农业农村委对被评定的信用村、信用镇（街），在农业产业发展、农业综合开发项目、支农扶农资金等方面予以支持。

第四节　服务乡村振兴的农业农村保险创新案例

一、荣昌生猪产业保险创新

重庆市荣昌区是中国畜牧科技城，是国务院确定的国家现代农业示范区、国家现代畜牧业示范区核心区。在猪瘟和新冠疫情影响下，生猪产业发展面临很大不确定性，尤其是"猪周期"导致的生猪价格大幅波动不利于生猪产业稳健发展。为支持荣昌区生猪产业发展，太平洋财产保险公司重庆分公司实施荣昌生猪产业保险产品创新，推出"猪福保"全产业链一揽子产品服务方案，风险保障覆盖生猪全生命周期，覆盖生猪产业全产业链。

一是开展以"猪周期"为期限的生猪现货价格保险。价格下跌阶段，保险目标价格覆盖生猪养殖成本，保险公司兜底中小规模养殖户生猪养殖的市场风险；价格上涨阶段，政府通过机制设置确保养殖户继续参保，以弥补保险公司价格下跌阶段的亏损，通过以丰补歉，保障生猪产业长期可持续发展。二是用生猪饲料价格成本保险"保险+期货"，兜底中小规模及以上规模养猪户上游饲料成本上涨风险，防范化解生猪饲料成本上涨对养殖利润的影响。三是用农产品运输责任保险兜底仔猪育肥猪运输过程中的风险。荣昌为渝西重要的仔猪繁育基地，每年仔猪、生猪均有跨区域运输，运输过程中生猪存在意外死亡（拥挤挤压或交通工具意外）风险，农产品运输责任保险有效化解了这一风险。四是用荣昌猪食用质量安全责任保险助推荣昌生猪产品价值提升，以稳定生猪市场价格。创新开发荣昌猪食用质量安全责任保险，让购买荣昌猪的消费者吃得安心，将荣昌猪放心农产品这张名片推到全市乃至全国，助推荣昌生猪产品价值提升。五是探索猪瘟疫情强制扑杀保险。荣昌区生猪产业率偏低，易受生猪疫情困扰，养殖企业、农户补栏积极性下降，一定程度上影响到产业可持续发展。为此，探索政府出资投保强制扑杀补偿保险，优化生猪疫情应急处置机制，推动试点开展生猪政府强制扑杀保险统保工作，借助保险稳定的赔偿机制，将不确定的产业发展、扑杀补贴等财政资金投入预算转换为固定的保险费支出，为生猪产业发展筹集更多的保障资金，消除了养殖户"不敢养""不愿养"顾虑，推动了生猪产业长期可持续发展。

二、政策性出口信用保险产品助力乡村振兴

中国出口信用保险公司重庆分公司自 2004 年起，主要通过短期出口信用

保险支持 35 家涉农相关外贸企业，为相关企业提供出口收汇保障、风险预警、行业咨询、商账追收等服务，支持企业提升国际市场开拓和竞争应对的能力。累计向涉农主体提供 17.81 亿美元出口信用保险支持和 15.68 亿元融资增信支持。

短期出口信用保险产品包括短期出口信用保险综合险保单、短期出口信用保险中小企业综合保险单、短期出口信用保险中小企业综合保险单（小微企业适用）等多种产品。保险产品为真实、合法的货物出口或服务提供政治风险和商业风险两大类风险保障服务，在信用期限不超过一年的信用证或非信用证支付方式下，保险责任具体如下：1. 信用证支付方式。商业风险：开证行破产、停业或被接管；开证行拖欠；开证行拒绝承兑。政治风险：开证行所在国家或地区颁布法律、法令、命令、条例或采取行政措施，禁止或限制开证行以信用证载明的货币或其他可自由兑换的货币向被保险人支付信用证款项；开证行所在国家或地区，或信用证付款须经过的第三国颁布延期付款令；开证行所在国家或地区发生战争、内战、叛乱、革命或暴动，导致开证行不能履行信用证项下的付款义务；导致开证行无法履行信用证项下付款义务、经保险人认定属于政治风险的其他事件。2. 非信用证支付方式。商业风险：买方破产或无力偿付债务；买方拖欠货款；买方拒绝接受货物。政治风险：买方所在国家或地区颁布法律、法令、命令、条例或采取行政措施，如禁止或限制买方以合同约定的货币或其他可自由兑换的货币向被保险人支付货款；禁止买方所购的货物进口；撤销已颁发给买方的进口许可证或不批准进口许可证的有效期展延。买方所在国家或地区，或货款须经过的第三国颁布延期付款令；买方所在国家或地区发生战争、内战、叛乱、革命或暴动，导致买方无法履行合同；导致买方无法履行合同、经保险人认定属于政治风险的其他事件。

重庆涉农主体出口业务风险偏高，净赔付率超过 100%，出险率高于 2%，均超过行业平均值。辖区内涉农行业外贸企业普遍存在专业人员欠缺、信息获取渠道有限、风控能力偏弱等问题。中国出口信用保险公司重庆分公司风控管理的主要措施是：1. 加大对行业探索研究力度。农产品加工业是现代农业延长产业链、提升价值链、优化供应链、构建利益链的关键环节。近年来，公司持续开展对现代农业探索研究，加大承保、风险监控及配套服务支持力度。2. 加大走访、培训和预警提示频率。结合涉农主体业务风险偏高的情况，公司不断加大对企业走访的频率，从国际局势、合同条款、法律依据等多方面增加对企业的培训服务与沟通交流，深入了解企业发展的难点痛点，帮助企业逐步建立并优化业务内部风险管理体系，提升风险意识，增加风险防范和处置措施。3. 承保条件加深企业对于风险的认知。根据国家地方政策变化、监管机构要求，结合公司内部制度，在签署与续转保单时，根据政策环境、行业风险、海外市场风险、买方风险等多方面因素确定保单赔付比例、最高赔偿限额、保险费率等承保条件，通过承保条件或方案的变化向企业进行业务风险提示。4. 发挥风险保障作用，应赔尽赔，能赔快赔。截至 2022 年 5 月，公司累计向涉农外贸企业支付赔款 1327 万美元，占分公司赔付总额的 7.4%。其中，2022 年当年向涉农外贸企业支付赔款 6 笔，赔付金额 264 万美元，占当年赔款总额的 47.2%，切实体现了政策性保险对企业的出口支持与风险保障作用。

三、政策性生猪"保险+期货"产品创新

为全面落实乡村振兴战略重大决策，充分发挥保险、期货等金融工具作用，有效增强农业保险防灾减损能力，保障农民降本增效，促进生猪产业和农业保险高质量发展，拓展农业保险的宽度和深度，中华财险重庆分公司创新政策性生猪"保险+期货"产品。

1. "保险+期货"产品运行模式。农产品"保险+期货"模式是指农业经营者向保险公司购买期货价格保险产品，保险公司通过向期货经营机构购买场外期权将价格风险转移，期货经营机构利用期货市场进行风险对冲的业务模

式，是价格保险的"再保险"。①保险期间和金额。保险期间为 1 个月，同一批次的生猪在生长周期内，只能投保 1 次。保险金额按照以下方式计算，单猪平均出栏重量（吨）、数量需在保险单中载明：保险金额 = 每头生猪保险金额×保险数量。每头生猪保险金额 = 生猪目标价格×单猪平均出栏重量（由投保人与保险人协商确定）。②保险费率和保费补贴比例。保险费率受入场价、期限、波动率等因素影响。保险费 = 保险金额×保险费率，其中保费补贴为：区级财政补贴 40%，期货公司和其他主体补贴 30%，养殖户自缴 30%。③保险赔偿标准。在约定时期内，保险生猪发生保险责任范围内的损失，保险人按以下方式计算赔偿：赔偿金额 =（生猪目标价格−生猪结算价格）×单独平均出栏重量×保险数量。结算基准价根据大连商品交易所生猪期货合约在保险期限内按收盘价格计算。④保险责任。保险期间内，生猪结算价格低于生猪目标价格时，视为保险事故发生，保险人按照保险合同的约定负责赔偿。投保后约定锁定期为保单起保前 10 天。锁定期内，被保险人不得提出索赔。锁定期外的剩余时间，被保险人可以选定理赔结算日，提出索赔请求。保险人赔付对应数量的赔偿金额后，保险责任即终止，如之后再出现价格波动，保险人不负责赔偿。

2. "保险+期货"模式的优势。"保险+期货"模式的诞生是保险公司渠道优势和期货公司专业优势的有机结合，双方互补融合，共同探索出的具有中国特色的农产品价格保险保障方式，具有以下优势：一是可以有效弥补期货公司在人力、网络、客户等方面的短板，降低期货公司拓展中小型农业企业、农业合作社、新型农村集体经济组织、家庭农场、种养专业户的展业难度和成本，也为这些农业客户提供了套期保值抵御市场价格风险的平台。二是运用专业的期货市场操盘经验和价格预判能力，弥补保险公司期货专业知识和技能的不足，为其提供专业化、多样性、高保障的期权服务方案，同时降低了保险公司经营风险。三是"保险+期货"模式与银行联动，可以化解养殖户融资难题。2022 年 5 月 11 日，中华财险重庆分公司联合邮储银行永川分行以养殖户 658 头生猪投保的养殖险和"保险+期货"产品为风险缓释措施，向其发放流动资金贷款 50 万元，用于补栏和购买饲料。这种"银行+保险+期货"模式，是基于已有的生猪养殖险解决生猪养殖中的生产风险，"保险+期货"解决生猪养殖面临的猪价下跌风险，两种产品组合解决了生猪活体灭失或大幅贬值的风险，达到为猪"保值"的目的。银行机构可以放心接受生猪活体抵押或保单所保利益作为风险缓释措施，为养殖户融资，有效解决了养殖户缺少抵押物融资难的问题。

四、安诚财产保险"保险+"产品创新

安诚财产保险公司以保险为依托，积极探索"保险+"新模式，助力乡村振兴。公司推出了四个方面的"保险+"创新产品。

1. "保险+特色产品"。①安诚保险重庆分公司柑橘气象指数保险。安诚财产保险公司与中国农业保险再保险共同体合作研发了创新险种柑橘低温气象指数保险。该保险运用气象监测数据，为柑橘种植户提供风险预警，有效提升种植户的风险意识和防范能力，同时根据监测数据对低温冻灾进行定损，提高理赔效率。当种植户遭遇低温天气时，通过开展防灾减损工作降低了损失的，依然可以获得保险合同约定的赔偿，避免种植户对保险产生依赖性而放弃防灾减损。2020 年 11 月，安诚保险率先在开州区签下重庆市第一单柑橘低温气象指数保险，开州区政府给予 70% 的保费补贴，农户只承担 30% 的保费，试点面积 2 万亩，保额超 4000 万元。2020 年 12 月开始，当地遭遇连续低温天气，影响的柑橘种植户 34 名，安诚财产保险公司累计支付赔偿金额 201.76 万元，单笔最高赔款达到 25.25 万元，简单赔付率 100.89%。安诚财产保险公司及时、高效的理赔对农户灾后再生产起到积极作用，也增进了果农对政策性农业保险的依赖和信任，有效弥补了果农因冻灾导致的损失。②安诚保险重庆分公司肉牛养殖保险。在合川区肖家镇，安诚财产保险公司与由养殖企业、肖家镇供销合作社、肖家镇村集体经济组织等多个新型农业经营主体及建卡贫困户、贫困边缘户组成的合川区肖家镇肉牛扶贫产业化联合体，开展了肉牛养殖保险业务。该保险依据肉牛市场价值，将原有 3000 元/头的政策性肉牛保险金额提高到 1 万元/头，由财政进行保费补贴，在减轻扶贫产业化联合体主体投保资金压力的同时，确保委托养殖的肉牛因不可抗力等因素死亡后各方利益不受损。经营主体以 1 万元/头牛的标准，委托村集体经济组织集中购买并代养肉牛，享受 1000 元/头牛/年的固定收益；村集体经济组织购买牛犊后，将剩余资金作为饲养费用再委托养殖公司进行肉牛养殖，并签订委托养殖、包销及回购协议，村集体享受 1200 元/头牛/年的固定收益，养殖公司补足饲养费用不足部分并承担养殖风险；养殖公司以 12000 元/头的保底价格回购肉牛，确保肉牛成本 10000 元、群众固定收益 1000 元、村集体经济组织固定收益 200 元和养殖合作社人工成本 800 元得到保障，回购后，肉牛产权转至养殖公司并由其享有肉牛处置权和销售收益。2021 年该镇扶贫肉牛死亡 51 头，安诚财产保险公司累计赔付 51 万元，受益农户 70 户共计 200 余人，简单赔付率为 170%。

2. "保险+期货"。长期以来，农产品市场看天吃饭，价格风险一直缺乏有效的对冲手段。"保险+期货"模式是保险与期货业务融合的一项创新尝试，是金融支持乡村振兴一个非常重要和行之有效的工具。保险公司为农户出具关联期货价格的农产品价格保险保单，通过期货公司购买与保险业务风险一致的场外期权产品将风险完全对冲，最终由期货公司通过期货交易将风险转移至期货交易市场，实现让农民、涉农企业、农业合作社等通过金融工具来规避价格风险、保障收益、提升生产积极性的目的，最终实现农户、保险、期货三方共赢。安诚保险与宏源期货合作成功推出商业性鸡蛋期货价格保险，标志着公司首单"农险+期货"业务正式落地。还将持续开展生猪、饲料等多个品种的"农险+期货"业务，带动保险服务乡村振兴能力提升。

3. "保险+服务"。安诚保险积极在重庆各区县设立"三农"服务机构与队伍，不断拓展"三农"服务网络，服务网点已在重庆各个区县实现全覆盖。同时不断完善农业保险协办机制，积极争取区县政府的支持，与乡镇农（林、渔、牧）技术站或农业技术服务中心建立农业保险协办合作关系。通过招募熟悉所在乡镇农村情况、在农（林、渔、牧）业种养方面具有一定的专业技能与工作经验的协保人员，承揽农险承保、理赔辅助工作，为广大农户提供"零公里"服务。不断扩大协保、协办队伍覆盖面，在重庆 26 个区县配置基层协保人员共计 3144 名、协办员 724 名，助推服务"三农"工作不断上台阶。

4. "保险+科技"。安诚保险积极支持重庆市合川区"智慧畜牧业信息系统"建设，该系统可运用高清视频监控平台和办公 PC、手机端实时查看各点位的图像信息，提高生猪保险承保公司开展畜禽保险理赔查勘和畜牧兽医人员防疫检疫、核查病死畜禽无害化处理、信息采集、养殖污染防治日常巡查等业务的工作效率，有利于进一步加快农业体系建设，提升畜禽养殖业抗风险能力，促进生猪等畜禽养殖稳定健康发展。已累计建成 371 个站点，包括 321 个养殖场、6 个生猪定点屠宰场以及 31 个动物检疫站、13 个重点养殖场的信息化管理高清监控系统摄像头 1042 个。还积极探索运用移动 APP、无人机、卫星遥感等新技术优化风险防范措施。

参考文献

［1］习近平. 论把握新发展阶段、贯彻新发展理念、构建新发展格局［M］. 北京：中央文献出版社，2021.

［2］习近平谈治国理政（第四卷）［M］. 北京：外文出版社，2022.

［3］习近平. 论"三农"工作［M］. 北京：中央文献出版社，2022.

［4］安佳，王丽巍，田苏俊. 互联网金融与传统金融农村信贷风控模式比较研究［J］. 新金融，2016（9）：54—58.

［5］巴曙松，白海峰. 金融科技的发展历程与核心技术应用场景探索［J］. 清华金融评论，2016（11）：99—103.

［6］巴曙松，乔若羽. 区块链技术赋能数字金融［J］. 金融科技时代，2021，29（7）：14—18.

［7］本报评论员. 依法规范和引导我国资本健康发展［N］. 人民日报，2022-05-01.

［8］蔡然. 区块链金融的发展趋势研究［J］. 金融发展研究，2018（1）：37—41.

［9］曹俊勇，张乐柱. 财政金融协同支持农村产业：效率评价、经验借鉴与启示［J］. 西南金融，2022（8）：97—108.

［10］曹明贵，高琪. 推进河南农村金融产品和服务方式创新的政策建议［J］. 现代农业科技，2014（24）：339—341.

［11］曾福生，蔡保忠. 农村基础设施是实现乡村振兴战略的基础［J］.

农业经济问题, 2018 (7): 88—95.

［12］陈红, 郭亮. 金融科技风险产生缘由、负面效应及其防范体系构建 [J]. 改革, 2020 (3): 63—73.

［13］陈军, 帅朗. 新型农业经营主体供给型融资约束与融资担保——基于湖北省的数据考察 [J]. 农村经济, 2021 (2): 95—104.

［14］陈亮, 杨向辉. 农村金融的区域差异影响因素及政策分析 [J]. 中国特色社会主义研究, 2018 (3): 42—50.

［15］陈林. 习近平农村市场化与农民组织化理论及其实践——统筹推进农村"三变"和"三位一体"综合合作改革 [J]. 南京农业大学学报（社会科学版）, 2018, 18 (2): 1—11+157.

［16］陈小君, 肖楚钢. 农村土地经营权的法律性质及其客体之辨——兼评《民法典》物权编的土地经营权规则 [J]. 中州学刊, 2020 (12): 48—55.

［17］陈一明, 李敬. 城乡融合视角下的农村金融发展：使命变化、局限突破与创新方向 [J]. 农业经济问题, 2024 (1): 49—62.

［18］陈一明. 数字经济与乡村产业融合发展的机制创新 [J]. 农业经济问题, 2021 (12): 81—91.

［19］陈志武. 互联网金融到底有多新? [N]. 经济观察报, 2014-01-06.

［20］成德宁, 汪浩, 黄杨. "互联网+农业"背景下中国农业产业链的改造与升级 [J]. 农村经济, 2017 (5): 52—57.

［21］崔宝玉, 王孝璇, 孙迪. 农民合作社联合社的设立与演化机制——基于组织生态学的讨论 [J]. 中国农村经济, 2020 (10): 111—130.

［22］崔莉, 厉新建, 程哲. 自然资源资本化实现机制研究——以南平市"生态银行"为例 [J]. 管理世界, 2019, 35 (9): 95—100.

［23］崔占峰, 辛德嵩. 深化土地要素市场化改革　推动经济高质量发展 [J]. 经济问题, 2021 (11): 1—9.

［24］崔志伟. 区块链金融：创新、风险及其法律规制［J］. 东方法学，2019（3）：87—98

［25］邓斌，汪维清，张乐柱. 农村互联网金融体系整合与路径研究［J］. 技术经济与管理研究，2020（4）：107—111.

［26］邓创，徐曼. 金融发展对中国城乡收入差距的非线性影响机制——基于规模和结构双重视角的研究［J］. 南京社会科学，2019（6）：8—18.

［27］邓衡山，王文烂. 合作社的本质规定与现实检视——中国到底有没有真正的农民合作社？［J］. 中国农村经济，2014（7）：15—26+38.

［28］丁焕峰，张蕊，周锐波. 城市更新是否有利于城乡融合发展？——基于资源配置的视角［J］. 中国土地科学，2021，35（9）：84—93.

［29］丁忠民，玉国华，王定祥. 土地租赁、金融可得性与农民收入增长——基于 CHFS 的经验［J］. 农业技术经济，2017（4）：63—75.

［30］董翀，冯兴元. 农业现代化的供应链金融服务问题与解决路径［J］. 学术界，2020（12）：130—139.

［31］董翀. 农业价值链金融、价值链组织与农户技术采纳［J］. 农村经济，2017（12）：56—61.

［32］董继刚. 农村信用社支持农民专业合作社发展的创新性金融服务模式研究［J］. 山东农业大学学报（社会科学版），2010，12（2）：11—15.

［33］董晓林，吴以蛮，熊健. 金融服务参与方式对农户多维相对贫困的影响［J］. 中国农村观察，2021（6）：47—64.

［34］杜晓山，孙同全. 中国公益性小额信贷政策法规与组织制度发展研究［J］. 农村金融研究，2019（12）：3—12.

［35］樊文翔. 数字普惠金融提高了农户信贷获得吗？［J］. 华中农业大学学报（社会科学版），2021（1）：109—119+179.

［36］范斯义，刘伟. 科技创新促进城乡融合高质量发展作用机理及实践

路径 [J]. 科技管理研究, 2021, 41 (13): 40—47.

[37] 冯琦, 冯占军. 扩大和优化新疆棉花"价格保险+期货"试点的建议 [J]. 中国棉花, 2021, 48 (11): 1—6+14.

[38] 冯亚玲, 汤维晋. 区块链+农村金融: 优势、应用与挑战 [J]. 当代金融研究, 2023, 6 (2): 62—75.

[39] 弗里德里希·恩格斯, 卡尔·马克思. 马克思恩格斯选集 (第1卷) [M]. 北京: 人民出版社, 2012.

[40] 傅才武. 推动乡村文化共同体与经济共同体协同共建 [N]. 中国社会科学报, 2017-11-29.

[41] 付海英, 郝晋珉, 朱德举, 等. 市域城乡统筹现状评价及其影响因素关联分析 [J]. 农业技术经济, 2006 (5): 44—49.

[42] 付琼, 郭嘉禹. 金融科技助力农村普惠金融发展的内在机理与现实困境 [J]. 管理学刊, 2021, 34 (3): 54—67.

[43] 甘天琦, 李波, 邓辉. 农地"三权分置"改革与县域农业经济增长 [J]. 华中农业大学学报 (社会科学版), 2021 (5): 147—157+198—199.

[44] 戈大专, 龙花楼. 论乡村空间治理与城乡融合发展 [J]. 地理学报, 2020, 75 (6): 1272—1286.

[45] 葛宣冲, 郑素兰. 新时代民营企业家精神: 欠发达地区乡村生态资本化的"催化剂" [J]. 经济问题, 2022 (3): 46—52+89.

[46] 郭连强, 祝国平, 李新光. 新时代农村金融的发展环境变化、市场功能修复与政策取向研究 [J]. 求是学刊, 2020 (2): 66—76.

[47] 郭上铜, 王瑞锦, 张凤荔. 区块链技术原理与应用综述 [J]. 计算机科学, 2021, 48 (2): 271—281.

[48] 郭淑芬. 基于共生的创新系统研究 [J]. 中国软科学, 2011 (4): 97—103+53.

［49］郭树华，裴璇. 新型农业经营主体融资影响因素分析［J］. 经济问题探索，2019（11）：173—179.

［50］何广文，何婧，郭沛. 再议农户信贷需求及其信贷可得性［J］. 农业经济问题，2018（2）：38—49.

［51］何广文，刘甜. 基于乡村振兴视角的农村金融困境与创新选择［J］. 学术界，2018（10）：46—55.

［52］何广文，潘婷. 国外农业价值链及其融资模式的启示［J］. 农村金融研究，2014（5）：19—23.

［53］何婧，李庆海. 数字金融使用与农户创业行为［J］. 中国农村经济，2019（1）：112—126.

［54］何婧. 涉农网络借贷平台的信息不对称缓释机制研究［J］. 农业经济问题，2020（4）：89—97.

［55］何仁伟. 城乡融合与乡村振兴：理论探讨、机理阐释与实现路径［J］. 地理研究，2018，37（11）：2127—2140.

［56］贺奋清. 新时代乡村生态资本化：理论演进及实践理路［J］. 经济问题，2022（7）：27—34.

［57］侯世英，宋良荣. 数字金融对地方政府债务融资的影响［J］. 财政研究，2020（9）：52—64.

［58］胡滨，任喜萍. 金融科技发展：特征、挑战与监管策略［J］. 改革，2021（9）：82—90.

［59］胡滨. 生态资本化：消解现代性生态危机何以可能［J］. 社会科学，2011（8）：55—61.

［60］胡海，庄天慧. 共生理论视域下农村产业融合发展：共生机制、现实困境与推进策略［J］. 农业经济问题，2020（8）：68—76.

［61］胡伦，陆迁. 贫困地区农户互联网信息技术使用的增收效应［J］.

改革, 2019 (2): 74—86.

［62］胡晓鹏. 产业共生: 理论界定及其内在机理 ［J］. 中国工业经济, 2008 (9): 118—128.

［63］胡振华, 徐世刚. 农村合作组织变迁与创新路径选择 ［J］. 社会科学战线, 2010 (10): 238—241.

［64］华中昱, 林万龙. 贫困地区新型农业经营主体金融需求状况分析——基于甘肃、贵州及安徽 3 省的 6 个贫困县调查 ［J］. 农村经济, 2016 (9): 66—71.

［65］黄斌, 张琛, 孔祥智. 联合社组织模式与合作稳定性: 基于行动理论视角 ［J］. 农业经济问题, 2020 (10): 122—134.

［66］黄红光, 白彩全, 易行. 金融排斥、农业科技投入与农业经济发展 ［J］. 管理世界, 2018, 34 (9): 67—78.

［67］黄季焜. 加快农村经济转型, 促进农民增收和实现共同富裕 ［J］. 农业经济问题, 2022 (7): 4—15.

［68］黄少安. 改革开放 40 年中国农村发展战略的阶段性演变及其理论总结 ［J］. 经济研究, 2018, 53 (12): 4—19.

［69］黄益平, 黄卓. 中国的数字金融发展: 现在与未来 ［J］. 经济学 (季刊), 2018, 17 (4): 1489—1502.

［70］黄卓, 王萍萍. 数字普惠金融在数字农业发展中的作用 ［J］. 农业经济问题, 2022 (5): 27—36.

［71］黄祖辉. 改革开放四十年: 中国农业产业组织的变革与前瞻 ［J］. 农业经济问题, 2018 (11): 61—69.

［72］贾丽丽. 国外农业价值链融资案例研究及其借鉴——以秘鲁洋蓟产业为例 ［J］. 世界农业, 2016 (12): 71—77.

［73］贾蕊, 陆迁. 信贷约束、社会资本与节水灌溉技术采用——以甘肃

张掖为例［J］.中国人口·资源与环境，2017（5）：54—62.

［74］江光辉.“互联网+农业价值链”融资模式及收益分配研究［D］.安徽财经大学，2017.

［75］江生忠，朱文冲.基于 Logit 模型对新型农业经营主体农业保险购买偏好的特征研究［J］.财经理论与实践，2021，42（2）：50—56.

［76］姜其林，苏晋绥，杜敏.银行业金融机构数字普惠金融实践与思考——基于国内 35 家银行业金融机构的调查［J］.华北金融，2018（8）：76—80.

［77］姜松，喻卓.农业价值链金融支持乡村振兴路径研究［J］.农业经济与管理，2019（3）：19—32.

［78］姜松.农业价值链金融创新的现实困境与化解之策——以重庆为例［J］.农业经济问题，2018（9）：44—54.

［79］姜振水，王开栋.大数据在农户网络融资领域的应用研究［J］.农村金融研究，2018（7）：25—29.

［80］蒋永穆，王丽程.新中国成立 70 年来农村合作金融：变迁、主线及方向［J］.政治经济学评论，2019，10（6）：78—94.

［81］金强.增强农业价值链　以农业产业振兴推动乡村振兴［J］.蔬菜，2022（3）：1—12.

［82］鞠光伟，张燕媛，陈艳丽，等.养殖户生猪保险参保行为分析——基于 428 位养殖户问卷调查［J］.农业技术经济，2018（6）：81—91.

［83］阚立娜，李录堂，文龙娇.金融支持对农地产权流转效率影响的实证研究——以陕西省杨凌示范区为例［J］.华东经济管理，2015，29（8）：55—61.

［84］郎波.农村金融与担保机制研究——基于专业农牧担保的实证分析［D］.西南财经大学，2013.

[85] 冷志明，张合平. 基于共生理论的区域经济合作机理 [J]. 经济纵横，2007（7）：32—33.

[86] 李斌. 中国区块链技术的风险、监管困境与战略路径——来自美国监管策略的启示 [J]. 技术经济与管理研究，2020（1）：18—22.

[87] 李朝晖，贺文红. 精准扶贫目标下贫困农户增信路径探索——以保证保险贷款和联保贷款为例 [J]. 西部论坛，2018，28（6）：42—49.

[88] 李成，马桑，钟昌标. 农业保险数字化的历史演进、理论逻辑与未来展望 [J]. 兰州学刊，2024（12）：148—160.

[89] 李广子. 金融与科技的融合：含义、动因与风险 [J]. 国际经济评论，2020（3）：91—106+6.

[90] 李国民. 农村资源资本化运作问题探析 [J]. 经济问题，2005（7）：53—55.

[91] 李海金，焦方杨. 乡村人才振兴：人力资本、城乡融合与农民主体性的三维分析 [J]. 南京农业大学学报（社会科学版），2021，102（6）：119—127.

[92] 李荷雨，黄雨亭，肖凡. "互联网+"农业供应链金融模式研究——以新希望集团为例 [J]. 农业展望，2024，20（4）：27—35.

[93] 李继尊. 关于互联网金融的思考 [J]. 管理世界，2015（7）：1—7.

[94] 李建军，彭俞超，马思超. 普惠金融与中国经济发展：多维度内涵与实证分析 [J]. 经济研究，2020，55（4）：37—52

[95] 李建英，武亚楠. "互联网+"农业价值链融资的融合模式、运行机制及效果 [J]. 西南金融，2019（10）：66—72.

[96] 李江源，马松，李佳驹，等. 加快政策性担保和再担保机构建设破解中小微企业融资难融资贵难题——基于四川的思考 [J]. 现代管理科学，2017（7）：100—102.

[97] 李京蓉，申云，杨晶，等. 互联网金融使用对农户多维减贫的影响研究 [J]. 统计与信息论坛，2021，36（5）：104—118.

[98] 李敬，刘洋. 中国国民经济循环：结构与区域网络关系透视 [J]. 经济研究，2022（2）：27—42.

[99] 李敬，王琴. 金融科技在农村金融服务中的应用：基于文献综述的视角 [J]. 贵州省党校学报，2022（2）：70—80.

[100] 李敬，王琴. 数字金融与城乡融合发展——基于产业结构、人力资本和科技创新的三维中介机制 [J]. 农村金融研究，2022（12）：20—31.

[101] 李敬. 论构建城乡联结的农村产业链金融制度 [N]. 重庆日报，2013-04-26.

[102] 李敬. 中国区域金融发展差异研究 [D]. 重庆大学，2007.

[103] 李明贤，何友. 什么影响了农村居民的金融科技采纳行为？——基于 Heckman 模型的实证分析 [J]. 农村经济，2021（7）：94—102.

[104] 李泉. 互联网发展水平对农业保险发展的影响研究——基于双重中介效应的实证分析 [J]. 兰州学刊，2020（9）：115—130.

[105] 李荣强，朱建华，廖小婷. 中国农村信用担保体系的问题分析及对策研究 [J]. 农业与技术，2020，40（20）：156—158.

[106] 李树，鲁钊阳. 中国城乡金融非均衡发展的收敛性分析 [J]. 中国农村经济，2014（3）：27—35+47.

[107] 李涛. 区块链嵌入生产、供销、信用"三位一体"综合合作的经济效应分析 [J]. 商业经济研究，2021（11）：147—149.

[108] 李停. "三权分置"视域下中国农地金融创新研究 [J]. 现代经济探讨，2021（5）：127—132.

[109] 李晓龙，冉光和. 农村金融深化促进了农村产业融合发展吗？——基于区域差异视角的实证分析 [J]. 农业现代化研究，2020，41（3）：

453—463.

［110］李亚中. 四川农业担保体系发展的困境与对策［J］. 农村经济，2014（11）：87—91.

［111］李阳，于滨铜."区块链+农村金融"何以赋能精准扶贫与乡村振兴：功能、机制与效应［J］. 社会科学，2020（7）：63—73.

［112］李因果，陈学法. 农村资源资本化与地方政府引导［J］. 中国行政管理，2014（12）：48—52.

［113］李真，高旗胜，戎蕾. 中国农村信用体系建设存在的问题与对策建议［J］. 农村金融研究，2022（3）：63—71.

［114］李重，林中伟. 乡村文化振兴的核心内涵、基本矛盾与破解之道［J］. 北京工业大学学报（社会科学版），2022，22（6）：39—48.

［115］栗园园. 重庆"三社"融合怎样成为兴农样本［N］. 重庆日报，2022-03-09.

［116］梁剑峰. 中国农民合作社成长机理研究——基于共生理论的视角［M］. 北京：中国农业出版社，2014.

［117］梁双陆，刘培培. 数字普惠金融、教育约束与城乡收入收敛效应［J］. 产经评论，2018，9（2）：128—138.

［118］廖红伟，迟也迪. 乡村振兴战略下农村产业结构调整的政策性金融支持［J］. 理论学刊，2020（1）：86—96.

［119］廖开妍，杨锦秀，曾建霞. 农业技术进步、粮食安全与农民收入——基于中国31个省份的面板数据分析［J］. 农村经济，2020（4）：60—67.

［120］林毅夫. 制度、技术与中国农业发展［M］. 上海：上海人民出版社，1992.

［121］刘大洪，邱隽思. 中国合作经济组织的发展困境与立法反思［J］. 现代法学，2019，41（3）：169—180.

［122］刘凤，刘英恒太. 生态效率、农业机械化与农业经济发展——基于 pvar 模型的动态研究［J］. 农业经济与管理，2020（6）：43—54.

［123］刘俊奇，周杨. 新型农业经营主体的信贷需求及影响因素研究——基于辽宁样本的考察［J］. 广西大学学报（哲学社会科学版），2017，39（3）：74—78.

［124］刘骏. 互联网金融的农村延伸与激励性制度回应［J］. 安徽大学学报（哲学社会科学版），2017，41（5）：112—119.

［125］刘立光. 乡村振兴视域下农村基层党组织政治功能探析［J］. 湖南社会科学，2022（3）：37—44.

［126］刘明轩，姜长云. 农户分化背景下不同农户金融服务需求研究［J］. 南京农业大学学报（社会科学版），2015，15（5）：71—78+139.

［127］刘娜娜. 乡村振兴背景下中国农业价值链金融发展研究［J］. 西南金融，2021（10）：89—100.

［128］刘赛红，罗美方，朱建，等. 农村金融发展、农业科技进步与城乡经济融合研究［J］. 农业技术经济，2021（11）：31—45.

［129］刘赛红，杨颖，陈修谦. 信贷支持、农村三产融合与农民收入增长——基于湖南省县域面板数据的门槛模型分析［J］. 云南财经大学学报，2021，37（6）：56—66.

［130］刘世佳，魏亚飞. 深化农村金融改革助力乡村振兴发展［J］. 学术交流，2020（11）：12—18+191.

［131］刘婷婷. 新型农业经营主体的融资困境与金融支农改革路径［J］. 农村经济，2016（3）：73—77.

［132］刘同山，韩国莹. 要素盘活：乡村振兴的内在要求［J］. 华南师范大学学报（社会科学版），2021（5）：123—136+207.

［133］刘同山，苑鹏. 农民合作社是有效的益贫组织吗？［J］. 中国农村

经济，2020（5）：39—54.

[134] 刘魏，张应良，王燕. 数字普惠金融发展缓解了相对贫困吗？[J].
经济管理，2021，43（7）：44—60.

[135] 刘西川，程恩江. 贫困地区农户的正规信贷约束：基于配给机制的
经验考察 [J]. 中国农村经济，2009（6）：37—50.

[136] 刘西川，程恩江. 中国农业产业链融资模式——典型案例与理论含
义 [J]. 财贸经济，2013（8）：47—57.

[137] 刘彦随. 中国新时代城乡融合与乡村振兴 [J]. 地理学报，2018，
73（4）：637—650.

[138] 刘洋，李敬. 农业价值链金融包容性发展：国际经验与中国路径
[J]. 农村经济，2022（7）：65—76.

[139] 刘雨露，郑涛.“三农”保险促进农村长效脱贫的作用机制及对策
研究 [J]. 西南金融，2019（9）：63—72.

[140] 柳松，魏滨辉，苏柯雨. 互联网使用能否提升农户信贷获得水
平——基于 CFPS 面板数据的经验研究 [J]. 经济理论与经济管理，2020
（7）：58—72.

[141] 龙花楼，陈坤秋. 基于土地系统科学的土地利用转型与城乡融合发
展 [J]. 地理学报，2021，76（2）：295—309.

[142] 龙小宁. 科技创新与实体经济发展 [J]. 中国经济问题，2018
（6）：21—30.

[143] 芦风英，庞智强，邓光耀. 中国乡村振兴发展的区域差异测度及形
成机理 [J]. 经济问题探索，2022（4）：19—36.

[144] 鲁钊阳，李树. 农村正规与非正规金融发展对区域产业结构升级的
影响 [J]. 财经研究，2015，41（9）：53—64.

[145] 陆静超. 新时期金融精准支持乡村振兴对策研究 [J]. 理论探讨，

2021（3）：145—149.

　　[146] 罗必良. 科斯定理：反思与拓展——兼论中国农地流转制度改革与选择 [J]. 经济研究，2017，52（11）：178—193.

　　[147] 罗剑朝，曹瓅，罗博文. 西部地区农村普惠金融发展困境、障碍与建议 [J]. 农业经济问题，2019（8）：94—107.

　　[148] 罗千峰，罗增海. 合作社再组织化的实现路径与增效机制——基于青海省三家生态畜牧业合作社的案例分析 [J]. 中国农村观察，2022，163（1）：91—106.

　　[149] 吕庆喆. 以科技创新引领农业转型升级 [N]. 经济日报，2020-03-07.

　　[150] 马华，王守智. 农村资源资本化：新农村建设的基础动力——以河南王岗镇北湖村的调查为例 [J]. 湖北社会科学，2007（5）：66—68.

　　[151] 马九杰，崔恒瑜，王雪，等. 设立村镇银行能否在农村金融市场产生"鲶鱼效应"？——基于农信机构贷款数据的检验 [J]. 中国农村经济，2021（9）：57—79.

　　[152] 马九杰，罗兴. 农业价值链金融的风险管理机制研究——以广东省湛江市对虾产业链为例 [J]. 华南师范大学学报（社会科学版），2017（1）：76—85+190.

　　[153] 马九杰，吴本健. 互联网金融创新对农村金融普惠的作用：经验、前景与挑战 [J]. 农村金融研究，2014（8）：5—11.

　　[154] 马九杰，张永升，佘春来. 基于订单农业发展的农业价值链金融创新策略与案例分析 [J]. 农村金融研究，2011（7）：11—17.

　　[155] 马威，张人中. 数字金融的广度与深度对缩小城乡发展差距的影响效应研究——基于居民教育的协同效应视角 [J]. 农业技术经济，2022（2）：62—76.

［156］马晓河. 准确把握农业农村基础设施和公共服务供给方向［J］. 农村工作通讯，2018（21）：54.

［157］马延安. 中国东北地区农村金融发展问题研究［D］. 东北师范大学，2015.

［158］毛政，兰勇，周孟亮. 新型农业经营主体金融供给改革探析［J］. 湖南农业大学学报（社会科学版），2016，17（1）：9—14.

［159］孟维福，任碧云. 包容性金融发展、产业结构优化升级与贫困减缓［J］. 西南民族大学学报（人文社科版），2020，41（6）：97—107.

［160］米晋宏，杨哲. 关于涉农金融机制与大数据的简要研究［J］. 山东农业大学学报（自然科学版），2016，47（6）：957—960.

［161］苗家铭，姜丽丽，戴佳俊. 区块链赋能农业供应链金融的应用研究［J］. 市场周刊，2021，34（12）：112—114.

［162］奈杰尔·吉尔伯特. 基于行动者的模型［M］. 盛智明，译. 上海：格致出版社，2012.

［163］年综潜，付航. 区块链技术与普惠金融的契合及其路径［J］. 国际金融，2019（8）：76—80.

［164］聂秀华，江萍，郑晓佳，等. 数字金融与区域技术创新水平研究［J］. 金融研究，2021（3）：132—150.

［165］聂左玲，汪崇金. 专业合作社信用互助：山东试点研究［J］. 农业经济问题，2017，38（11）：23—30+110.

［166］宁泽逵，解舒惠，屈桥. 中国农村互联网金融发展问题探析［J］. 西安财经大学学报，2021，34（5）：62—71.

［167］牛浩，陈盛伟，安康，等. 农业保险满足新型农业经营主体的保障需求了吗？——基于山东省422家省级示范家庭农场的证据［J］. 保险研究，2020（6）：58—68.

[168] 牛晓冬，罗剑朝，牛晓琴. 农户分化、农地经营权抵押融资与农户福利——基于陕西与宁夏农户调查数据验证 [J]. 财贸研究，2017，28（7）：21—35.

[169] 欧阳红兵，李雯. 区块链技术在中国普惠金融领域里的应用研究 [J]. 武汉金融，2018（4）：36—40.

[170] 潘劲. 供销社系统专业合作社的组建与运作——以河北省武安市为例 [J]. 中国农村经济，2002（6）：48—52.

[171] 庞金波，李宗瑛. 农业价值链融资模式研究——基于农产品价格保险视角 [J]. 农村金融研究，2017（11）：62—67.

[172] 彭澎，刘丹. "三权分置"下农地经营权抵押融资运行机理——基于扎根理论的多案例研究 [J]. 中国农村经济，2019（11）：32—50.

[173] 彭澎，吕开宇. 农户正规信贷交易成本配给识别及其影响因素——来自浙江省和黑龙江省466户农户调查数据分析 [J]. 财贸研究，2017，28（3）：39—49.

[174] 彭澎，周月书. 新世纪以来农村金融改革的政策轨迹、理论逻辑与实践效果——基于2004—2022年中央一号文件的文本分析 [J]. 中国农村经济，2022（9）：2—23.

[175] 彭雁. 制约农村金融产品创新的因素及解决途径 [J]. 西安建筑科技大学学报（社会科学版），2015（10）：46—49.

[176] 戚学祥. 精准扶贫+区块链：应用优势与潜在挑战 [J]. 理论与改革，2019（5）：126—139.

[177] 乔海曙，陈力. 金融发展与城乡收入差距"倒U型"关系再检验——基于中国县域截面数据的实证分析 [J]. 中国农村经济，2009（7）：68—76+85.

[178] 全世文，胡历芳，曾寅初，等. 论中国农村土地的过度资本化

［J］.中国农村经济，2018（7）：2—18.

［179］冉光和，王定祥，熊德平.金融产业可持续发展理论的内涵［J］.管理世界，2004（4）：137—138.

［180］戎承法，楼栋.专业合作基础上发展资金互助的效果及其影响因素分析——基于九省68家开展资金互助业务的农民专业合作社的调查［J］.农业经济问题，2011，32（10）：89—95+112.

［181］石连忠.新时代中国农村金融机构发展改革效率评价研究——基于中国农村信用合作机构的实证分析［J］.山东社会科学，2020（3）：148—153.

［182］史歌，郭俊华.农村金融对农业经济增长贡献率的测算［J］.统计与决策，2020，36（21）：155—158.

［183］宋洪远，石宝峰，吴比.新型农业经营主体基本特征、融资需求和政策含义［J］.农村经济，2020（10）：73—80.

［184］宋洪远.中国农村改革40年：回顾与思考［J］.南京农业大学学报（社会科学版），2018，18（3）：1—11+152.

［185］宋华.智慧供应链金融［M］.北京：中国人民大学出版社，2019.

［186］宋敏，周鹏，司海涛.金融科技与企业全要素生产率——"赋能"和信贷配给的视角［J］.中国工业经济，2021（4）：138—155.

［187］宋雅楠，赵文，于茂民.农业产业链成长与供应链金融服务创新：机理和案例［J］.农村金融研究，2012（3）：11—18.

［188］苏岚岚，彭艳玲，孔荣.社会网络对农户创业绩效的影响研究——基于创业资源可得性的中介效应分析［J］.财贸研究，2017，28（9）：27—38.

［189］苏鹏，赫永达，孙巍.收入分布变迁的需求效应及内需问题——基于准面板数据门限模型的分位数回归［J］.山西财经大学学报，2014，36（6）：28—38.

［190］苏昕，付文秀，于仁竹.互惠共生：村干部领办型合作社的成长模

式——以山东省南小王合作社为例［J］. 经济社会体制比较，2021（6）：155—164.

［191］粟芳，方蕾. 中国农村金融排斥的区域差异：供给不足还是需求不足？——银行、保险和互联网金融的比较分析［J］. 管理世界，2016（9）：70—83.

［192］孙嫱，李凌云. 中国农村金融服务覆盖面状况分析——基于层次分析法的经验研究［J］. 经济问题探索，2011（4）：131—137.

［193］孙少岩，张奎. 存款准备金率政策效应研究［J］. 财经问题研究，2013（05）：59—63.

［194］孙同全. 从制度变迁的多重逻辑看农民资金互助监管的困境与出路［J］. 中国农村经济，2018（4）：41—53.

［195］孙晓，罗敬蔚. 金融科技赋能乡村产业振兴的核心优势与基本模式研究［J］. 学习与探索，2022（2）：136—143.

［196］孙延滨，贾军福. 农村金融产品与服务创新存在的问题应予重视［N］. 金融时报，2012-09-06.

［197］谭昶，吴海涛，彭燕. 农村劳动力流动对农户共同富裕的影响研究［J］. 中国农业资源与区划，2023，44（9）：223—231.

［198］唐建军，龚教伟，宋清华. 数字普惠金融与农业全要素生产率——基于要素流动与技术扩散的视角［J］. 中国农村经济，2022（7）：81—102.

［199］陶慧，张梦真，刘家明. 共生与融合：乡村遗产地"人—地—业"协同发展研究——以听松文化社区为例［J］. 地理科学进展，2022，41（4）：582—594.

［200］陶涛，樊凯欣，朱子阳. 数字乡村建设与县域产业结构升级——基于电子商务进农村综合示范政策的准自然实验［J］. 中国流通经济，2022，36（5）：3—13.

[201] 汪剑明. 区块链在保险业的应用和展望 [J]. 团结, 2020 (1): 38—40.

[202] 汪雯羽, 孙同全. 互联网农业价值链金融模式分析——以蚂蚁金服、京东金融和农金圈为例 [J]. 农村金融研究, 2019 (7): 13—19.

[203] 王定祥, 王华. 区块链技术与农业保险融合发展通道及机制研究 [J]. 当代金融研究, 2020 (4): 11—19.

[204] 王凤林. 农村土地资源资本化的生态风险及其防范对策研究 [J]. 农业经济, 2018 (6): 94—95.

[205] 王国刚. 从金融功能看融资、普惠和服务 "三农" [J]. 中国农村经济, 2018 (3): 2—14.

[206] 王汉杰, 温涛, 韩佳丽. 贫困地区农村金融减贫的产业结构门槛效应 [J]. 财经科学, 2018 (9): 26—37.

[207] 王宏宇, 温红梅. 区块链技术在农业供应链金融信息核实中的作用: 理论框架与案例分析 [J]. 农村经济, 2021 (6): 61—68.

[208] 王辉, 金子健. 新型农村集体经济组织的自主治理和社会连带机制——浙江何斯路村草根休闲合作社案例分析 [J]. 中国农村经济, 2022 (7): 18—37.

[209] 王吉鹏, 肖琴, 李建平. 新型农业经营主体融资: 困境、成因及对策——基于 131 个农业综合开发产业化发展贷款贴息项目的调查 [J]. 农业经济问题, 2018 (2): 71—77.

[210] 王军. 供销社领办农民专业合作社的相关问题分析 [J]. 中国农村观察, 2012 (5): 65—69+96.

[211] 王克强, 蒋涛, 刘红梅, 等. 中国农村金融机构效率研究——基于上市农商行与村镇银行对比视角 [J]. 农业技术经济, 2018 (9): 20—29.

[212] 王力恒, 何广文, 何婧. 农业供应链外部融资的发展条件——基于

信息经济学的数理分析 [J]. 中南大学学报（社会科学版），2016，22（4）：79—85.

[213] 王丽娟. 农村信用体系建设中存在的问题与对策 [J]. 河北金融，2018（10）：24—26.

[214] 王蔷，郭晓鸣. 新型农业经营主体融资需求研究——基于四川省的问卷分析 [J]. 财经科学，2017（8）：118—132.

[215] 王琴，李敬."三社"融合发展的机制、困境与路径研究——基于共生理论视角 [J]. 西南大学学报（社会科学版），2023，49（5）：77—88.

[216] 王韧，潘家宝，陈嘉婧. 异质性视角下"二元主体"的农业保险需求研究 [J]. 云南财经大学学报，2022，38（7）：48—62.

[217] 王少平，欧阳志刚. 中国城乡收入差距的度量及其对经济增长的效应 [J]. 经济研究，2007，42（10）：44—55.

[218] 王硕. 区块链技术在金融领域的研究现状及创新趋势分析 [J]. 上海金融，2016（2）：26—29.

[219] 王素珍，高阳宗. 推动农村支付环境建设提档升级 [J]. 中国金融，2022（5）：34—35.

[220] 王文信，徐云，王正大. 农机购置补贴对农户购机行为的影响 [J]. 农业机械学报，2020（5）：151—155.

[221] 王小华，杨玉琪，程露. 新发展阶段农村金融服务乡村振兴战略：问题与解决方案 [J]. 西南大学学报（社会科学版），2021，47（6）：41—50+257—258.

[222] 王修华，赵亚雄. 数字金融发展与城乡家庭金融可得性差异 [J]. 中国农村经济，2022（1）：44—60.

[223] 王勋，黄益平，苟琴，等. 数字技术如何改变金融机构：中国经验与国际启示 [J]. 国际经济评论，2022（1）：70—85+6.

［224］王雅卉，谢元态，谢奇超. 试论中国农民专业合作社与农村信用合作社共生机理构建［J］. 农村金融研究，2012（11）：74—78.

［225］王一婕. 以互联网金融推动乡村普惠金融向纵深发展［J］. 人民论坛，2020（1）：100—101.

［226］王勇，张耀辉. 创业水平对产业结构升级的影响［J］. 经济问题，2022（2）：69—78.

［227］王长征，冉曦，冉光和. 农民合作社推进农村产业融合的机制研究——基于生产传统与现代市场的共生视角［J］. 农业经济问题，2022（10）：60—71.

［228］王珍珍，鲍星华. 产业共生理论发展现状及应用研究［J］. 华东经济管理，2012，26（10）：131—136.

［229］魏春华. 互联网金融背景下的农村普惠金融发展困境与出路［J］. 农业经济，2019（11）：99—101.

［230］魏后凯. "十四五"时期中国农村发展若干重大问题［J］. 中国农村经济，2020（1）：2—16.

［231］魏后凯. 深刻把握城乡融合发展的本质内涵［J］. 中国农村经济，2020（6）：5—8.

［232］魏后凯. 新常态下中国城乡一体化格局及推进战略［J］. 中国农村经济，2016（1）：2—16.

［233］魏岚. 农村金融产品与服务创新研究［D］. 吉林大学，2013.

［234］温涛，陈一明. 社会金融化能够促进城乡融合发展吗？——来自中国31个省（直辖市、自治区）的实证研究［J］. 西南大学学报（社会科学版），2020，46（2）：46—58+191.

［235］温涛，陈一明. 数字经济与农业农村经济融合发展：实践模式、现实障碍与突破路径［J］. 农业经济问题，2020（7）：118—129.

［236］温涛，何茜. 中国农村金融改革的历史方位与现实选择［J］. 财经问题研究，2020（5）：3—12.

［237］吴本健，毛宁，郭利华."双重排斥"下互联网金融在农村地区的普惠效应［J］. 华南师范大学学报（社会科学版），2017（1）：94—100+190.

［238］吴本健，王蕾，罗玲. 金融支持乡村振兴的国际镜鉴［J］. 世界农业，2020（1）：11—20+57.

［239］吴比，尹燕飞，张龙耀. 东北农村金融需求现状分析——基于东北三省的农户调查数据［J］. 农村金融研究，2017（5）：58—62.

［240］吴磊. 乡村振兴战略下广西金融支持农村产业发展研究［J］. 区域金融研究，2021（10）：79—84.

［241］吴卫星，吴锟，王琎. 金融素养与家庭负债——基于中国居民家庭微观调查数据的分析［J］. 经济研究，2018（1）：97—109.

［242］吴笑语，蒋远胜. 社会网络、农户借贷规模与农业生产性投资——基于中国家庭金融调查数据库 CHFS 的经验证据［J］. 农村经济，2020（12）：104—112.

［243］吴寅恺. 脱贫攻坚和乡村振兴有效衔接中金融科技的作用及思考［J］. 学术界，2020（12）：147—153.

［244］武小龙. 城乡对称互惠共生发展：一种新型城乡关系的解释框架［J］. 农业经济问题，2018（4）：14—22.

［245］谢平，邹传伟，刘海二. 互联网金融的基础理论［J］. 金融研究，2015（8）：1—12.

［246］谢平，邹传伟，刘海二. 互联网金融监管的必要性与核心原则［J］. 国际金融研究，2014（8）：3—9.

［247］谢绚丽，沈艳，张皓星，等. 数字金融能促进创业吗？——来自中国的证据［J］. 经济学（季刊），2018，17（4）：1557—1580.

［248］星焱. 农村数字普惠金融的"红利"与"鸿沟"［J］. 经济学家，2021（2）：102—111.

［249］邢祎. 区块链助推商业银行农村普惠金融发展的路径研究［J］. 新金融，2021（7）：44—47.

［250］熊德平. 农村金融与农村经济协调发展的机制与模式研究［M］. 北京：社会科学文献出版社，2009.

［251］徐光华，陈良华，王兰芳. 战略绩效评价模式：企业社会责任嵌入性研究［J］. 管理世界，2007（11）：166—167.

［252］徐鹏杰，吴盛汉. 基于"互联网+"背景的供应链金融模式创新与发展研究［J］. 经济体制改革，2018（5）：133—138.

［253］徐旭初，金建东，吴彬. "三位一体"综合合作的浙江实践及思考［J］. 农业经济问题，2018（6）：58—66.

［254］徐旭初，吴彬. 异化抑或创新？——对中国农民合作社特殊性的理论思考［J］. 中国农村经济，2017（12）：2—17.

［255］徐旭初. 谈发展"三位一体"综合合作［J］. 中国农民合作社，2017（3）：29—30.

［256］徐旭初. 中国农民专业合作经济组织的制度分析［M］. 北京：经济科学出版社，2005.

［257］许秀川，高远东，梁义娟. 借贷能力、风险收益与新型农业经营主体经营效率［J］. 华中农业大学学报（社会科学版），2019（1）：54—67+165.

［258］许玉韫，张龙耀. 农业供应链金融的数字化转型：理论与中国案例［J］. 农业经济问题，2020（4）：72—81.

［259］许月丽，李帅，刘志媛，等. 利率市场化改革如何影响了农村正规金融对非正规金融的替代性？［J］. 中国农村经济，2020（3）：36—56.

[260] 薛桂霞, 孙炜琳. 对农民专业合作社开展信用合作的思考 [J]. 农业经济问题, 2013, 34 (4): 76—80.

[261] 严谷军, 何嗣江. 统筹城乡发展背景下农村新型金融组织创新研究 [M]. 杭州: 浙江大学出版社, 2014.

[262] 严立冬, 李平衡, 邓远建, 等. 自然资源资本化价值诠释——基于自然资源经济学文献的思考 [J]. 干旱区资源与环境, 2018, 32 (10): 1—9.

[263] 严立冬, 屈志光, 方时姣. 水资源生态资本化运营探讨 [J]. 中国人口·资源与环境, 2011, 21 (12): 81—84.

[264] 严立冬, 谭波, 刘加林. 生态资本化: 生态资源的价值实现 [J]. 中南财经政法大学学报, 2009 (2): 3—8+142.

[265] 阎庆民. 简政放权: 推进银行业转型升级 [J]. 求是, 2014 (24): 39—41.

[266] 杨皓月, 李庆华, 孙会敏, 等. 金融支持农业机械化发展的路径选择研究——基于31省 (区、市) 面板数据的实证分析 [J]. 中国农机化学报, 2020 (12): 202—209.

[267] 杨久栋, 马彪, 彭超. 新型农业经营主体从事融合型产业的影响因素分析——基于全国农村固定观察点的调查数据 [J]. 农业技术经济, 2019 (9): 105—113.

[268] 杨俊, 王佳. 金融结构与收入不平等: 渠道和证据——基于中国省际非平稳异质面板数据的研究 [J]. 金融研究, 2012 (1): 116—128.

[269] 杨蕾, 杨兆廷, 刘静怡. 基于区块链的金融支农模式创新研究 [J]. 农村金融研究, 2018 (1): 49—52.

[270] 杨玲丽. 共生理论在社会科学领域的应用 [J]. 社会科学论坛, 2010 (16): 149—157.

[271] 杨明婉, 张乐柱, 颜梁柱. 基于家庭禀赋视角的农户家庭非正规金

融借贷行为研究［J］. 金融经济学研究，2018（5）：105—116.

　　［272］杨明婉，张乐柱. 农户正规信贷交易费用约束识别及其影响因素——基于广东省 477 份农户调研数据［J］. 农业经济与管理，2020（4）：90—100.

　　［273］杨皖宁. 农民专业合作社信用合作业务风险的软法治理［J］. 甘肃社会科学，2020（3）：170—176.

　　［274］杨伟明，粟麟，孙瑞立，等. 数字金融是否促进了消费升级？——基于面板数据的证据［J］. 国际金融研究，2021（4）：13—22.

　　［275］杨伟明，粟麟，王明伟. 数字普惠金融与城乡居民收入——基于经济增长与创业行为的中介效应分析［J］. 上海财经大学学报，2020，22（4）：83—94.

　　［276］杨小玲. 我国农村金融产品创新存在问题及其对策研究［J］. 农村金融，2013（4）：70—73.

　　［277］杨怡明. 从服务“小农户”迈向服务“大三农”［N］. 农村金融时报，2022-10-10.

　　［278］杨兆廷，孟维福. 依托农业价值链破解农民专业合作社融资难：机制、问题及对策［J］. 南方金融，2017（3）：91—98.

　　［279］姚琥. 应用区块链技术推进普惠金融发展［J］. 金融电子化，2017（10）：68—70.

　　［280］叶德珠，李鑫，王梓峰，潘爽. 金融溢出效应是否促进城市创新？——基于高铁开通的视角［J］. 投资研究，2020，39（8）：76—91.

　　［281］叶菲菲. 乡村振兴背景下城乡融合发展的困境与出路［J］. 农业经济，2020（10）：94—95.

　　［282］叶璐，王济民. 中国城乡差距的多维测定［J］. 农业经济问题，2021（2）：123—134.

　　[283] 尹振涛，李俊成，杨璐. 金融科技发展能提高农村家庭幸福感吗? ——基于幸福经济学的研究视角 [J]. 中国农村经济，2021 (8)：63—79.

　　[284] 余春苗，任常青. 农村金融支持产业发展：脱贫攻坚经验和乡村振兴启示 [J]. 经济学家，2021 (2)：112—119.

　　[285] 宇龙.《农民专业合作社法》实施的实证调查与法律建议——以四川省农民专业合作社发展实际为例 [J]. 农村经济，2016 (6)：107—112.

　　[286] 袁纯清. 共生理论及其对小型经济的应用研究（上）[J]. 改革，1998 (2)：100—104.

　　[287] 袁纯清. 共生理论——兼论小型经济 [M]. 北京：经济科学出版社，1998.

　　[288] 袁勇，王飞跃. 区块链技术发展现状与展望 [J]. 自动化学报，2016，42 (4)：481—494.

　　[289] 苑鹏. 供销合作社在推进中国农村合作事业中的作用研究 [J]. 学习与探索，2020 (5)：132—140.

　　[290] 苑鹏. 深化供销合作社综合改革的进展与挑战初探 [J]. 重庆社会科学，2017 (9)：5—11+2.

　　[291] 约翰·斯科特，彼得·J. 卡林顿. 社会网络分析手册 [M]. 刘军，刘辉，等，译. 重庆：重庆大学出版社，2019.

　　[292] 云梦丽. 重庆金融支持农村产业发展的模式与路径研究 [J]. 当代金融研究，2023，6 (3)：87—95.

　　[293] 臧宏宽，胡睿，郝春旭，等. 自然资源资本化运行市场建设框架建立与实施路径 [J]. 生态经济，2021，37 (12)：158—162.

　　[294] 张广辉，张建. 宅基地"三权分置"改革与农民收入增长 [J]. 改革，2021 (10)：41—56.

　　[295] 张海朋，何仁伟，李立娜，等. 环首都地区城乡融合水平时空分异

及乡村振兴路径［J］. 自然资源学报，2021，36（10）：2652—2671.

［296］张贺，白钦先. 数字普惠金融减小了城乡收入差距吗？——基于中国省级数据的面板门槛回归分析［J］. 经济问题探索，2018（10）：122—129.

［297］张红宇. 中国农村改革的未来方向［J］. 农业经济问题，2020（2）：107—114.

［298］张吉岗，吴嘉莘，杨红娟. 乡村振兴背景下中西部脱贫地区产业兴旺实现路径［J］. 中国人口·资源与环境，2022，32（8）：153—162.

［299］张亮，江庆勇. 引导农村土地经营权有序流转的政策建议［J］. 经济纵横，2019（1）：99—106.

［300］张林，温涛. 数字普惠金融如何影响农村产业融合发展［J］. 中国农村经济，2022（7）：59—80.

［301］张林，张雯卿. 普惠金融与农村产业融合发展的耦合协同关系及动态演进［J］. 财经理论与实践，2021，42（2）：2—11.

［302］张梅，谢志忠. 新时期农村信用社金融产品创新的成本收益研究［J］. 经济学动态，2012（2）：75—78.

［303］张梦林，李国平，侯宇洋. 从脱贫攻坚到乡村振兴：金融素养如何防范返贫［J］. 统计与信息论坛，2022，37（2）：117—128.

［304］张庆亮，许浩. "互联网+"背景下我国农业价值链的构建［J］. 金陵科技学院学报（社会科学版），2017，31（4）：19—22.

［305］张庆亮. 农业价值链融资：解决农业融资难的新探索［J］. 财贸研究，2014，25（5）：39—45.

［306］张荣. 区块链金融：结构分析与前景展望［J］. 南方金融，2017（2）：57—63.

［307］张伟. 绿色创新合作型生态补偿：自然资源资本化的实现路径［J］. 经济体制改革，2020（6）：5—12.

［308］张文明，张孝德. 生态资源资本化：一个框架性阐述［J］. 改革，2019（1）：122—131.

［309］张文明. 完善生态产品价值实现机制——基于福建"森林生态银行"的调研［J］. 宏观经济管理，2020（3）：73—79.

［310］张霞. 我国涉农保险的发展现状与法律制度优化研究［J］. 农业经济问题，2021（2）：146.

［311］张夏青. 三类担保公司运行效率实证分析——以河南省担保公司为研究样本［J］. 科技进步与对策，2015，32（8）：29—34.

［312］张晓山. "三位一体"综合合作与中国特色农业农村现代化——供销合作社综合改革的龙岩探索［J］. 农村经济，2021（7）：11—24.

［313］张新林，仇方道，朱传耿. 时空交互视角下淮海经济区城乡融合发展水平演化［J］. 自然资源学报，2020，35（8）：1867—1880.

［314］张勋，万广华，吴海涛. 缩小数字鸿沟：中国特色数字金融发展［J］. 中国社会科学，2021（8）：35—51+204—205.

［315］张勋，万广华，张佳佳，等. 数字经济、普惠金融与包容性增长［J］. 经济研究，2019，54（8）：71—86.

［316］张勋，杨桐，汪晨，等. 数字金融发展与居民消费增长：理论与中国实践［J］. 管理世界，2020，36（11）：48—63.

［317］张雅博. 中国农业价值链金融扶贫模式研究［D］. 辽宁大学，2018.

［318］张益丰，孙运兴. "空壳"合作社的形成与合作社异化的机理及纠偏研究［J］. 农业经济问题，2020（8）：103—114.

［319］张瑜洪. 光泽水生态银行：让水"流金淌银"的有效路径［N］. 中国水利报，2020-08-27.

［320］张智光. 新时代发展观：中国及人类进程视域下的生态文明观

[J]. 中国人口·资源与环境, 2019, 29 (2): 7—15.

[321] 赵培, 郭俊华. 产业振兴促进农民农村共同富裕: 时代挑战、内在机理与实现路径 [J]. 经济问题探索, 2022 (9): 1—11.

[322] 赵燕妮, 冯志勇. 中国农村互联网金融的发展现状、问题与战略对策 [J]. 世界农业, 2018 (2): 47—52.

[323] 赵伟平. 今年重庆行政村 "三变" 改革试点将达 30% 以上 [N]. 重庆日报, 2022-02-08.

[324] 郑美华. 农村数字普惠金融: 发展模式与典型案例 [J]. 农村经济, 2019 (3): 96—104.

[325] 郑秀峰, 张雅博. 农户参与农业价值链金扶贫的行为分析——基于 SEM 模型的实证研究 [J]. 经济经纬, 2019, 36 (4): 141—148.

[326] 郑秀峰, 朱一鸣. 普惠金融、经济机会与减贫增收 [J]. 世界经济文汇, 2019 (1): 101—120.

[327] 郑亚丽, 钱关键. GEP 核算标准为绿水青山 "定价" [N]. 浙江日报, 2022-06-17.

[328] 中国人民银行征信中心与金融研究所联合课题组, 纪志宏, 王晓明, 等. 互联网信贷、信用风险管理与征信 [J]. 金融研究, 2014 (10): 133—147.

[329] 周晨阳, 何彩云, 王云艺. 支付结算精准扶贫效应及可持续性发展研究——对农村支付服务规范化建设的思考 [J]. 金融会计, 2019 (5): 35—41.

[330] 周广肃, 谢绚丽, 李力行. 信任对家庭创业决策的影响及机制探讨 [J]. 管理世界, 2015 (12): 121—129+171.

[331] 周鸿卫, 田璐. 农村金融机构信贷技术的选择与优化——基于信息不对称与交易成本的视角 [J]. 农业经济问题, 2019 (5): 58—64.

［332］周佳宁，秦富仓，刘佳，等．多维视域下中国城乡融合水平测度、时空演变与影响机制［J］．中国人口·资源与环境，2019，29（9）：166—176.

［333］周立，潘素梅．金融服务"村村通"有助于实现农村金融普惠——三省农户调查与信息经济学分析［J］．金融教学与研究，2015（4）：3—10.

［334］周利，冯大威，易行健．数字普惠金融与城乡收入差距："数字红利"还是"数字鸿沟"［J］．经济学家，2020（5）：99—108.

［335］周妮笛，李明贤．农民专业合作社融资难问题解析——基于供应链金融视角［J］．中南林业科技大学学报（社会科学版），2013，7（3）：85—87.

［336］周全，韩贺洋．金融科技发展及风险演进分析［J］．科学管理研究，2020，38（6）：127—133.

［337］周全，韩贺洋．数字经济时代下金融科技发展、风险及监管［J］．科学管理研究，2020，38（5）：148—153.

［338］周应恒，胡凌啸．中国农民专业合作社还能否实现"弱者的联合"？——基于中日实践的对比分析［J］．中国农村经济，2016（6）：30—38.

［339］周振，伍振军，孔祥智．中国农村资金净流出的机理、规模与趋势：1978—2012年［J］．管理世界，2015（1）：63—74.

［340］朱成晨．农村职业教育发展的共生逻辑：结构与形态［J］．华东师范大学学报（教育科学版），2022，40（7）：58—68.

［341］朱健齐，操群，李文标．农民住房财产权抵押贷款：实践困境与优化机制［J］．福建论坛（人文社会科学版），2021（8）：48—58.

［342］朱娟．中国区块链金融的法律规制——基于智慧监管的视角［J］．法学，2018（11）：129—138.

［343］朱丽萍，杨绪彪，李程．数字金融助推乡村产业兴旺［J］．宏观经济管理，2022（8）：42—49.

［344］朱乾宇，龙艳，钟真．"三位一体"：从单一合作到综合合作的制度

创新——基于三个案例的比较分析［J］. 农业经济问题，2021（6）：19—33.

［345］朱睿博. 低碳农业发展的生产经营组织模式创新与金融支持——基于四川成都的实践案例［J］. 西南金融，2022（10）：78—91.

［346］左正龙. 绿色金融创新助力乡村振兴：机制、困境、路径［J］. 学术交流，2021（9）：83—95.

［347］Abate G T, Rashid S, Borzaga C, et al. "Rural finance and agricultural technology adoption in Ethiopia: Does the institutional design of lending organizations matter?"［J］. *World Development*, 2016（84）：235-253.

［348］Arner D, Barberis J, Buckley R. "The evolution of fintech: A new post-crisis paradigm?"［J］. *Georgetown Journal of International Law*, 2016, 47（4）：1271-1319.

［349］Avery R, Berger A. "Loan commitments and bank risk exposure"［J］. *Journal of Banking and Finance*, 1991, 15（1）：173-192.

［350］Awang K W, Aslam M, Zamzuri N H, et al. "Accessing sustainable rural Tourism: A qualitative analysis of Gomantong Cave, Sabah"［J］. *Advanced Science Letters*, 2017, 23（9）：8047-8050.

［351］Bachas P, Gertler P, Higgins S, et al. "Digital financial services go a long way: Transaction costs and financial inclusion"［J］. *American Economic Review*, 2018（1）：444-448.

［352］Beck T, Klapper L F, Mendoza J C. "The typology of partial credit guarantee funds around the world"［J］. *Journal of Financial Stability*, 2010, 6（1）：10-25.

［353］Bettinger A. "Fintech: A series of 40 time shared models used at Manufacturers Hanover Trust Company"［J］. *Interfaces*, 1972, 2（4）：62-63.

［354］Birthal P S, Negi D S. "Livestock for higher, sustainable and inclusive agricultural growth" [J]. *Economic and political weekly*, 2012 (47): 89-99.

[355] Bu Y, Li H, Wu X. "Effective regulations of FinTech innovations: The case of China" [J]. *Economics of Innovation and New Technology*, 2021 (7): 1-19.

[356] Bunnell L, Osei-Bryson K M, Yoon V Y. "FinPathlight: Framework for an multiagent recommender system designed to increase consumer financial capability" [J]. *Decision Support Systems*, 2020, 134 (6): 1-14.

[357] Chai S, Chen Y, Huang B, et al. "Social networks and informal financial inclusion 2017 in China" [J]. *Asia Pacific Journal of Management*, 2019 (2): 529-563.

[358] Chaudhry S M, Ahmed R, Huynh T L D, et al. "Tail risk and systemic risk of finance and technology (FinTech) firms" [J]. *Technological Forecasting and Social Change*, 2022 (174): 121191.

[359] Chen J, Chen S, Liu Q, et al. "Applying blockchain technology to reshape the service models of supply chain finance for SMEs in China" [J]. *The Singapore Economic Review*, 2021: 1-18.

[360] Chen K Z, Joshi P K, Cheng E, et al. "Innovations in financing of agri-food value chains in China and India: Lessons and policies for inclusive financing" [J]. *China Agricultural Economic Review*, 2015, 7 (4): 616-640.

[361] Chen M, Wu Q, Yang B. "How valuable is FinTech innovation?" [J]. *Review of Financial Studies*, 2019, 32 (5): 2062-2106.

[362] Chen S. "Aging with Chinese characteristics: A public policy perspective" [J]. *Ageing International*, 2009, 34 (3): 172-188.

[363] Chuen D K, Teo E G S. "Emergence of FinTech and the LASIC principles" [J]. *Social Science Research Network Electronic Journal*, 2015, 3 (3):

1-26.

[364] Coon J, Campion A, Wenner M D. "Financing agricultural value chains in central America" [J]. *General Information*, 2010, 3 (2): 123-149.

[365] Darko-Koomson S, Aidoo R, Abdoulaye T. "Analysis of cassava value chain in Ghana: implications for upgrading smallholder supply systems" [J]. *Journal of Agribusiness in Developing and Emerging Economies*, 2020, 10 (2): 217-235.

[366] Davis, J A. "Clustering and hierarchy in interpersonal relations: testing two graph theoretical models on 742 sociomatrices" [J]. *American Sociological Review*, 1970, 35 (5): 843-852.

[367] Fan W, Chen N, Yao W, et al. "Integrating environmental impact and ecosystem services in the process of land resource capitalization: A case study of land transfer in Fuping, Hebei" [J]. *Sustainability*, 2021, 13 (5): 2837.

[368] Flifli V, Okuneye P A, Akerele D, et al. "Lenders and borrowers' collaboration-based risk mitigation credit market: Factors influencing access to formal credit in the agricultural sector in the Benin Republic" [J]. *Agricultural Finance Review*, 2019, 80 (2): 173-199.

[369] Frost J, Gambacorta L, Huang Y, et al. "BigTech and the changing structure of financial intermediation" [J]. *Economic Policy*, 2019, 34 (100): 761-799.

[370] Gabor D, Brooks S. "The digital revolution in financial inclusion: international development in the FinTech era" [J]. *New Political Economy*, 2017, 22 (4): 423-436.

[371] Gai K, Qiu M, Sun X. "A survey on FinTech" [J]. *Journal of Network and Computer Applications*, 2018, 103 (2): 262-273.

［372］ Gale F, Lohmar B, Tuan F. "How tightly has China embraced market reforms in agriculture?" ［J］. *Amberwaves*, 2009, 7 (2): 30-35.

［373］ Gomber P, Kauffman R J, Parker C, et al. "On the Fintech revolution: interpreting the forces of innovation, disruption and transformation in financial services" ［J］. *Journal of Management Information Systems*, 2018, 35 (1): 220-265.

［374］ Gomber P, Koch J A, Siering M. "Digital finance and FinTech: Current research and future research directions" ［J］. *Journal of Business Economics*, 2017, 87 (5): 537-580.

［375］ Guo H, Jolly R W. "Contract farming in China: perspectives of smallholders" ［C］. Paper Presented at the Conference of the International Association of Agricultural Economists, Beijing, 2009.

［376］ Guo Y, Liu Y. "Poverty alleviation through land assetization and its implications for rural revitalization in China" ［J］. *Land Use Policy*, 2021, 105 (3): 105418.

［377］ Hayek F A. "The use of knowledge in society" ［J］. *American Economic Review*, 1945, 35 (4): 519-530.

［378］ Holland P W, Leinhardt S. "Transitivity in structural models of small groups" ［J］. *Social Networks*, 1977, 2 (2): 49-66.

［379］ Houessou J A, Mugonola B, Odongo W. "Value chain and marketing margins analysis of watermelon: An insight from Northern Uganda" ［J］. *African Journal of Science Technology Innovation and Development*, 2020 (2): 1-9.

［380］ Karim M, Sarwer R H, Phillips M, et al. "Profitability and adoption of improved shrimp farming technologies in the aquatic agricultural systems of south-western Bangladesh" ［J］. *Aquaculture*, 2014 (428): 61-70.

［381］Kong S T, Loubere N. "Digitally down to the countryside: Fintech and rural development in China" ［J］. *The Journal of Development Studies*, 2021, 57 (10): 1739-1754.

［382］Kowalski M, Lee Z, Chan T. "Blockchain technology and trust relationships in trade finance" ［J］. *Technological Forecasting and Social Change*, 2021 (166): 120641.

［383］Kumar S M. "Does access to formal agricultural credit depend on caste?" ［J］. *World Development*, 2013, 43: 315-328.

［384］Ladman J R. "Loan-ranseactons costs, credit rationing, and market structure: The case of Bolivia" ［J］. *Journal of Political Economy*, 1984, 20 (3): 28-39.

［385］Langley P, Leyshon A. "The platform political economy of FinTech: Reintermediation, consolidation and capitalisation" ［J］. *New Political Economy*, 2020, 26 (3): 376-388.

［386］Leng B, Ying H, Fei S. "The Development of agricultural supply chain finance in Jinan" ［C］. *International Conference on Civil*, 2016.

［387］Leontief W W. *Input-output Economics* ［M］. New York: Oxford University Press, 1966.

［388］Liu J, Li X, Wang S. "What have we learnt from 10 years of fintech research? a scientometric analysis" ［J］. *Technological Forecasting and Social Change*, 2020, 155 (3): 1-12.

［389］Lospinoso J A, Schweinberger M, Snijders T, et al. "Assessing and accounting for time heterogeneity in stochastic actor oriented models" ［J］. *Advances in Data Analysis and Classification*, 2011 (5): 147-176.

［390］Luan D X, Kingsbury A J. "Thinking beyond collateral in value chain lending: access to bank credit for smallholder Vietnamese bamboo and cinnamon farmers" [J]. *International Food and Agribusiness Management Association*, 2019, 22 (4): 1-22.

[391] Luan D X. "Motivation and barriers to access to formal credit of primary cinnamon producers from the perspective of value chain development in Northwestern Vietnam" [J]. *Journal of Agribusiness in Developing and Emerging Economies*, 2019, 10 (2): 117-138.

[392] Maertens M, Dries L, Dedehouanou F A, et al. "High-value supply chains, food standards and rural households in Senegal" [J]. *Wallingford UK: CABI*, 2007: 159-172.

[393] Magruder J R. "An assessment of experimental evidence on agricultural technology adoption in developing countries" [J]. *Annual Review of Resource Economics*, 2018 (10): 299-316.

[394] Mcnally S F, Ahmadjian V, Paracer S, et al. "Symbiosis: An introduction to biological associations" [J]. *Journal of Ecology*, 1987, 75 (4): 1199.

[395] Meyer R L, Cuevas C E. "Reduction of transaction costs of financial intermediation: Theory and innovation" [C]. *New York: United Nations*, 1992.

[396] Meyer R L. "Analyzing and financing value chains: Cutting edge developments in value chain analysis" [C]. African Microfinance Conference: New Options for Rural & Urban Africa, 2007.

[397] Miller C, Jones L. *Agricultural value chain finance: Tools and lessons* [M]. Warwickshire: Practical Action Publish, 2010.

[398] Miller C. *Agricultural value chain finance strategy and design* [M]. Rome: Published by FAO and Practical Action, 2012.

［399］Mulema J, Mugambi I, Kansiime M, et al. "Barriers and opportunities for the youth engagement in agribusiness: Empirical evidence from Zambia and Vietnam" [J]. *Development in Practice*, 2021 (2): 1-17.

［400］Mutura J K, Nyairo N, Mwangi M, et al. "Analysis of determinants of vertical and horizontal integration among smallholder dairy farmers in lower central Kenya" [J]. *International Journal of Agricultural and Food Research*, 2016, 5 (1): 1-13.

［401］Myers S C, Majluf N S. "Corporate financing and investment decisions when firms have information that investors do not have" [J]. *Journal of financial economics*, 1984, 13 (2): 187-221.

［402］Nakano Y, Magezi E F. "The impact of microcredit on agricultural technology adoption and productivity: Evidence from randomized control trial in Tanzania" [J]. *World Development*, 2020 (133): 104997.

［403］Namchoochai R, Kiattisin S, Ayuthaya S, et al. "Elimination of FinTech risks to achieve sustainable quality improvement" [J]. *Wireless Personal Communications*, 2020, 115 (4): 3199-3214.

［404］Narayanan S. "Notional contracts: the moral economy of contract framing arrangements in India" [R]. *Indira Gandhi Institute of Development Research*, 2012.

［405］Norgaard R B. "Coevolutionary agricultural development" [J]. *Economic Development and Cultural Change*, 1984, 32 (3): 525-546.

［406］Pal D. "Managing rural institutional credit: Lessons from interlinked transactions" [R]. *Indian Institute of Management*, 2012.

［407］Piesse J, Thirtle C. "Agricultural R&D, technology and productivity" [J]. *Philosophical Transactions of the Royal Society B: Biological Sciences*, 2010,

365（1554）：3035-3047.

[408] Popescu G, Popescu C A, Iancu T, et al. "Sustainability through rural tourism in Moieciu area-development analysis and future proposals" [J]. *Sustainability*, 2022, 14 (7)：4221.

[409] Popescu M. "Management of ecotouristic resources in southern Dobrogea, Romania, public recreation and landscape protection-with man hand in hand" [J]. *Public Recreation and Landscape Protection*, 2015：134-138.

[410] Rajan R G, Zingales L. "Financial dependence and growth" [J]. *American Economic Review*, 1999, 88 (3)：559-586.

[411] Ratinger T, Kristkova Z. "R&D investments, technology spillovers and agricultural productivity, case of the Czech Republic" [J]. *Agricultural Economics*, 2015, 61 (7)：297-313.

[412] Reardon T, Minten B. "The quiet revolution in India's food supply chains" [R]. IFPRI Discussion Paper 1115. Washington, DC：International Food Policy Research Institute (IFPRI), 2011.

[413] Robert J Shiller. *Finance and the good society* [M]. New Jersey：Princeton University Press, 2013.

[414] Rogito J M, Makhanu E, Mombinya B K, et al. "Relationship between access to financial services and youth involvement in agricultural value chains in Kakamega county, Kenya" [J]. *Agricultural and Resource Economics：International Scientific E-Journal*, 2020, 6 (2)：24-336.

[415] Saviotti P P, Pyka A. "The co-evolution of innovation, demand and growth" [J]. *Economics of Innovation and New Technology*, 2013, 22 (5)：461-482.

[416] Schweinberger M. "Statistical modelling of network panel data：Good-

ness of fit" [J]. *British Journal of Mathematical & Statistical Psychology*, 2012, 65 (2): 263-281.

[417] Shi G, Shang K. "Land asset securitization: an innovative approach to distinguish between benefit-sharing and compensation in hydropower development" [J]. *Impact Assessment and Project Appraisal*, 2020 (2): 1-12.

[418] Shwedel K. "Agricultural value chain finance" [R]. Paper Presented at the Conference on Agricultural Value Chain Finance in Costa Rica, 2010.

[419] Snijders T, Bunt G, Steglich C. "Introduction to stochastic actor-based models for network dynamics" [J]. *Social Networks*, 2010, 32 (1): 44-60.

[420] Stiglitz J E, Weiss A. "Credit rationing in markets with imperfect information" [J]. *The American Economic Review*, 1981, 71 (3): 393-410.

[421] Sufi, A. "Information asymmetry and financing arrangements: Evidence from syndicated loans" [J]. *Journal of Finance*, 2007, 62 (2): 629-668.

[422] Teye E S, Quarshie P T. "Impact of agricultural finance on technology adoption, agricultural productivity and rural household economic wellbeing in Ghana: A case study of rice farmers in Shai-Osudoku District" [J]. *South African Geographical Journal*, 2022, 104 (2): 231-250.

[423] Thakor A V. "Fintech and banking: What do we know?" [J]. *Journal of Financial Intermediation*, 2020, 41 (1): 1-13.

[424] Tsai K S. "Imperfect substitutes: The local political economy of informal finance and microfinance in rural China and India" [J]. *World Development*, 2004, 32 (9): 1487-1507.

[425] Vorley B, Lundy M, Macgregor J, et al. "Business models that are inclusive of small farmers" [C]. *Papers From the First Global Agro-Industries Fo-*

rum, 2009.

［426］Wasserman S, Faust K. *Social network analysis: Methods and applications* ［M］. Cambridge: Cambridge University Press, 1994.

［427］Wójcik D. "Financial geography I: Exploring FinTech-maps and concepts" ［J］. *Progress in Human Geography*, 2021, 45 (3): 566-576.

［428］Yao T, Song L R. "Examining the differences in the impact of fintech on the economic capital of commercial banks' market risk: Evidence from a panel system GMM analysis" ［J］. *Applied Economics*, 2021, 53 (23): 2647-2660.

［429］Yue M, Liu D. "Introduction to the special issue on Crowdfunding and FinTech" ［J］. *Financial Innovation*, 2017 (3): 1-4.

［430］Zhang A, Wang S, Liu B, Liu P. "How fintech impacts pre-and post-loan risk in Chinese commercial banks" ［J］. *International Journal of Finance & Economics*, 2020, 27 (2): 2514-2529.

［431］Zhang X, Zhang J, Wan G, et al. "Fintech, growth and inequality: evidence from China's household survey data" ［J］. *The Singapore Economic Review*, 2020 (65): 75-93.

［432］Zhang Y, Westlund H, Klaesson J. "Report from a Chinese village 2019: Rural homestead transfer and rural vitalization" ［J］. *Sustainability*, 2020, 12 (20): 8635.

［433］Zhang, D H. "The innovation research of contract farming financing mode under the block chain technology" ［J］. *Journal of Cleaner Production*, 2020, 270 (5): 1-9.

［434］Zhang-Zhang Y, Rohlfer S, Rajasekera J. "An eco-systematic view of cross-sector fintech: The case of Alibaba and Tencent" ［J］. *Sustainability*, 2020, 12 (21): 1-16.

［435］Zhou Y，Guo L，Liu Y. "Land consolidation boosting poverty alleviation in China：Theory and practice" ［J］. *Land use policy*，2019（82）：339-348.

［436］Zhou Y，Li X，Liu Y. "Rural land system reforms in China：History，issues，measures and prospects" ［J］. *Land Use Policy*，2019（91）：104330.